BIBLIOTHÈQUE LATINE-FRANÇAISE

PUBLIÉE

PAR

C. L. F. PANCKOUCKE.

ÉLÉGIES
DE PROPERCE

TRADUCTION NOUVELLE

PAR M. GENOUILLE

PROFESSEUR AU COLLÈGE SAINT-LOUIS.

PARIS
C. L. F. PANCKOUCKE
MEMBRE DE L'ORDRE ROYAL DE LA LÉGION D'HONNEUR
ÉDITEUR, RUE DES POITEVINS, N° 14.

M DCCC XXXIV.

Lit 21
66

BIBLIOTHÈQUE
LATINE-FRANÇAISE

PUBLIÉE

PAR

C. L. F. PANCKOUCKE.

PARIS, IMPRIMERIE DE C. L. F. PANCKOUCKE,
Rue des Poitevins, n. 14.

ÉLÉGIES

DE

PROPERCE

TRADUCTION NOUVELLE

PAR J. GENOUILLE

PROFESSEUR AU COLLÈGE SAINT-LOUIS.

PARIS
C. L. F. PANCKOUCKE
MEMBRE DE L'ORDRE ROYAL DE LA LÉGION D'HONNEUR
ÉDITEUR, RUE DES POITEVINS, N° 14.

M DCCC XXXIV.

VIE DE PROPERCE.

Sextus Aurelius Propertius naquit en Ombrie, mais sur les frontières de la Toscane, l'an de Rome 697, selon Vulpius; ou, selon Barth, l'an 702. Lui-même nous indique sa patrie dans la 22e élégie du premier livre, quand il dit :

> Si Perusina tibi patriæ sunt nota sepulcra,
> . . . .
> Proxima subposito contingens Umbria campo
> Me genuit, terris fertilis uberibus.

Neuf villes, Mévanie, aujourd'hui Bévagna, Amérie, Assisse, Spello, Spolète, Pérouse, et trois autres moins célèbres, se disputent l'honneur d'avoir donné naissance à notre poète. Lui-même a laissé encore, dans la première élégie du quatrième livre, deux indications précieuses pour guider la critique. En effet, il écrit au vers 65 :

> Scandentes si quis cernet de vallibus arces,
>   Ingenio muros æstimet ille meo;

et plus bas, au vers 121 :

> Umbria te notis antiqua Penatibus edit;
>   Mentior? an patriæ tangitur ora tuæ?
> Qua nebulosa cavo rorat Mevania campo,
>   Et lacus æstivis intepet Umber aquis,
> Scandentisque arcis consurgit vertice murus,
>   Murus ab ingenio notior ille tuo.

Ces deux passages concentrent la difficulté entre Spello et Mévanie : car les autres villes se trouvent dans l'Étrurie, ou sont trop éloignées des lieux indiqués plus haut. Mais à laquelle de ces villes accorderons-nous l'honneur qu'elles réclament toutes deux, comme se trouvant dans la vallée de Spolète, et non loin du Clitumnus, que Properce désignerait par *lacus Umber?* Si l'on en croyait le second des deux passages, on nommerait aussitôt Mévanie, et c'est l'opinion à laquelle se sont rangés presque tous les biographes; mais Thaddée Donnola a fait sur les lieux mêmes une dissertation savante pour défendre les intérêts de Spello. Il observe d'abord que, d'après le texte lui-même, il n'est pas clairement démontré que la patrie de Properce soit Mévanie, puisqu'il y a seulement *ta patrie est dans ces lieux où la ville de Mévanie*, etc. Après avoir ainsi infirmé l'opinion contraire, il avance : 1° que l'expression *noti penates*, traduite, il est vrai, par *ville célèbre*, ne peut convenir à Mévanie, et s'applique très-bien à sa rivale ; 2° que l'expression *scandentes* et *scandentis*, signifiant des murs *qui s'élèvent en amphithéâtre*, ne saurait indiquer que Spello, puisque la ville de Mévanie est bâtie dans la vallée elle-même.

S'il faut prendre parti dans cette querelle d'un assez mince intérêt, j'avoue que les motifs invoqués par Donnola me paraissent peu concluans. En effet, il est très-facile de comprendre le *scandentes de vallibus arces*, sans l'expliquer comme lui, d'autant plus que le verbe *scandere*, quoi qu'il en dise, n'a pas toujours eu la signification exclusive qu'il lui impose; et si, d'un autre côté, on traduit *noti penates* par *famille illustre*, que devient l'échafaudage d'érudition élevé à grands frais par Donnola?

Il est vrai que, le 7 juin 1722, il a été trouvé auprès de Spello une pierre tumulaire qui paraît indiquer avec certitude le tombeau de Properce, et que, près de là, on voit les restes d'une maison qu'une tradition ancienne faisait appeler *la maison du poète*, à l'époque même de la découverte. Mais Properce ne pouvait-il pas naître à Mévanie, habiter et mourir à Spello? Cette preuve ne serait donc pas plus convaincante que les autres; et dèslors pourquoi enlever à Mévanie l'honneur dont elle a joui pendant tant de siècles? Cette opinion, je le sais, n'est pas celle de Barth, de Lachmann et de Lemaire. Leurs argumens n'ont pu me convaincre : mais j'ai dû les reproduire dans toute leur force, et avec fidélité, en sorte que le lecteur, ayant sous les yeux toutes les pièces du procès, puisse en prendre aussi connaissance, et juger ensuite d'après lui-même.

Quant à la famille Aurelia, on convient qu'elle était originairement plébéienne; mais qu'avec le temps elle parvint aux dignités curules, et s'ouvrit, par conséquent, l'entrée du sénat. Cette illustration fut celle des Cottas et des Scaurus, deux des branches principales de cette famille. Il n'en est pas de même de celle dont Properce fut le rejeton : elle vécut toujours en Ombrie dans une médiocrité aisée, et notre poète, entraîné par son goût pour les plaisirs, ne rechercha jamais les honneurs ni les vaines jouissances de l'ambition. Sa vie en fut-elle moins heureuse?

A neuf ans environ, il perdit son père. Crinitus, le premier, et après lui plusieurs auteurs distingués ont prétendu que celui-ci avait embrassé le parti d'Antoine, et qu'il avait été immolé par l'ordre d'Octave aux mânes du *divin* César avec un assez grand nombre de chevaliers et de sénateurs. Si le fait est vrai, on ne saurait flétrir avec trop d'énergie l'adulation basse et lâche avec laquelle Properce aurait baisé mille fois la main qui le priva d'un père. Heureusement pour sa mémoire, l'assertion de Crinitus est dénuée de preuves. Ne le condamnons donc pas, ou plutôt aimons à croire qu'on a essayé injustement de le flétrir. Il est si doux de penser qu'une belle âme est la compagne inséparable du génie!

Ce qui a pu motiver l'opinion de Crinitus, c'est que Properce rappelle à la fois la mort de son père (IV, I, 130), et la manière dont il fut dépouillé de ses biens, lorsque après la guerre de Modène, l'an de Rome 713, suivant les critiques, Octave partagea à ses soldats une partie de l'Ombrie. Mais, pour peu que l'on réfléchisse avec impartialité, l'on apercevra facilement combien ce motif est futile. Le père de Virgile n'avait jamais songé à prendre parti pour ou contre Octave, et cependant Virgile fut aussi dépouillé de son champ auprès de Mantoue. Plus âgé que Properce, il réclama en vers son patrimoine, et on le lui rendit parce qu'il avait su plaire; mais que pouvait faire Properce, alors âgé de douze ans, déjà privé d'un père, et de sa mère peut-être : car il est constant qu'elle ne survécut guère à son époux? Il plia sous une condamnation injuste, mais générale; et quand la faveur de Mécène pouvait lui rendre ce qu'il avait perdu, distrait par les plaisirs et les charmes de sa maîtresse, à peine s'il songeait quelquefois à ses malheurs passés.

Sa famille le destinait au barreau, parce qu'il mène l'homme de talent par une route plus sûre, soit à la fortune, soit aux honneurs, dans les temps surtout de révolutions et de troubles. Mais à vingt ans, il vit Lycinna et s'en fit aimer; deux ans après, il éprouva pour Cynthie un sentiment plus profond et plus durable. Son amour lui révéla son talent, et dès-lors sa carrière fut changée. Bientôt ses poésies lui méritèrent la faveur de Mécène, et l'amitié non moins précieuse de Gallus, d'Ovide, de Ponticus, de Bassus, et en général de tous les poètes célèbres qui furent ses contemporains. Ce fut au milieu d'eux et auprès de Cynthie que s'écoula presque sans nuage pour l'insouciant Properce une vie de poésie et d'amour.

On ne saurait dire avec certitude quelle fut l'époque de sa mort. Vulpius prétend qu'il parvint à une assez grande vieillesse; mais Barth et Lachmann le font mourir l'an de Rome 739, à l'âge de 38 ans; et si leurs preuves ne forment point encore une démonstration évidente, elles rendent au moins très-probable l'opinion que ces deux savans critiques ont embrassée.

Properce consacre à peine à Lycinna un souvenir dans la 15ᵉ élégie du troisième livre, tandis qu'il ne cesse de célébrer Cynthie et son amour pour elle. La curiosité des critiques a dû naturellement se porter sur la femme qu'il a immortalisée par ses chants. Le témoignage précis d'Apulée nous apprend que son véritable nom était Hostia. Les vers de Properce lui-même (III, 20, 8) attestent qu'elle eut pour aïeul un Hostius, qui écrivit sur la guerre d'Istrie au temps de Jules César; sur tout le reste le champ est ouvert aux hypothèses. On a prétendu qu'elle était d'une famille noble, et plus âgée que lui, ce qui est probable; on a voulu prétendre de plus, les uns qu'elle était mariée, les autres qu'elle était libre, et d'autres même, en s'appuyant de quelques passages, que ce n'était qu'une courtisane. Rien ne prouve cette dernière assertion. Un examen approfondi a montré, au contraire, que les passages avaient été mal compris; et certes, si l'assertion eût été vraie, il faut convenir que Properce aurait bien mérité les rigueurs dont il se plaint, et même d'être éconduit pour toujours : car, d'après l'explication qu'alors il faudrait admettre, il serait difficile de lancer des allusions plus maladroites et souvent plus mordantes. Quant à la question de savoir si Hostia était libre ou mariée, la 7ᵉ élégie du livre II la résout d'une manière péremptoire, et l'on pourrait, au besoin, citer à l'appui plusieurs autres passages. Properce nous apprend encore (IV, 7) que Hostia mourut avant lui, et qu'elle fut enterrée auprès de l'Anio, dans les champs de Tibur. Il paraît, d'ailleurs, qu'elle ne lui fut pas toujours fidèle : car il lui adresse des reproches que tout porte à croire mérités. Nombre de traducteurs et de commentateurs avaient pris à la lettre le commencement de la 16ᵉ élégie (II), qui en contient de sanglans; ce qui était faire peser sur Properce une prévention de bassesse et d'immoralité que rien n'appuie.

La *Biographie universelle* dit, en parlant des ouvrages de Properce : « Il chante ses sensations plutôt que sa maîtresse, et cette fougue ardente qui le caractérise est bien plus dans son imagination que dans son cœur. » Ce jugement me paraît sévère, je dirais même injuste et mal fondé. Sans doute, Properce a chanté souvent le plaisir; défaut inséparable du genre, et dans lequel sont tombés parmi nous et les Bertin et les Parny, ces modèles de la galanterie la plus délicate. Mais quoi! ne montre-t-il pas aussi le sentiment le plus pur, et quand il dit à Cynthie (I, 11, 23), en terminant ses plaintes jalouses :

Tu mihi sola domus, tu, Cynthia, sola penates;

et dans la 18e élégie du même livre, et dans celle du second livre, où la maladie de Cynthie arrache au poète des accens si vrais, et dans mille endroits qu'il serait trop long d'énumérer? S'il a recours maintes fois à son imagination, d'abord ne nous en plaignons pas, tant elle a déployé de richesses ; et, en second lieu, reconnaissons encore un défaut nécessaire, surtout à une époque où les femmes menaient une vie si monotone et si retirée.

Barth et Lachmann ont prétendu donner la chronologie des différentes pièces de Properce. Nous ne la reproduirons pas ici, parce qu'elle est très-hypothétique, et qu'il n'en résulte aucune lumière, ni pour l'histoire, ni pour l'intelligence du poète. Disons seulement, avec ces deux critiques, que l'ordre dans lequel les élégies ont été publiées, peut-être par leur auteur lui-même, n'est point l'ordre chronologique, mais qu'elles ont été assemblées au hasard, comme les odes d'Horace. Ce qui le prouve avec plus d'évidence, c'est le vers de cette élégie, au second livre, dans lequel Properce fait mention de trois livres déjà mis au jour :

> Sat mihi, sat magna est si tres sint pompa libelli,
> Quos ego Persephonæ maxima dona feram.

Lachmann a voulu conclure de ce passage que nous n'avions pas tous les écrits de Properce. La remarque précédente anéantit l'induction dans son principe; mais, en émettant cette opinion, Lachmann répétait ce que plusieurs critiques avaient dit avant lui. On s'appuyait, pour le prouver, sur des passages de Fulgence et de Servius, dont l'exactitude est contestée avec justice, et sur un distique d'Ovide (*Tristes*, II, 465) :

> Invenies eadem blandi præcepta Properti :
> Districtus minima nec tamen ille nota est;

qui ne prouve rien, parce que le mot *præcepta* peut s'appliquer très-bien à quelques-unes des élégies que nous avons, notamment à la dixième du premier livre. Ce que l'on accorderait plutôt à Lachmann et à Barth, c'est que les pièces du quatrième livre n'ont été publiées qu'après la mort de Properce, et, pour ainsi dire, malgré sa volonté. On n'y retrouve ni la même correction, ni la même chaleur que dans ses élégies, et l'on ne voit pas comment Vulpius a pu dire qu'elles prouvaient un véritable talent pour la poésie héroïque.

L'édition *Princeps* des poésies de Properce porte la date de 1472, et a été faite sur un manuscrit mutilé. Turnèbe, Muret, et Passerat dans sa compilation souvent indigeste, commencèrent à réparer les altérations nombreuses que le texte avait souffertes, mais avec toute la circonspection d'une sage critique. Scaliger, au contraire, *réglant tout, brouilla tout*, fit un Properce à sa mode, et fut cependant suivi par Burmann et Broukhusius. On cite encore l'édition de Barth (1777), celle de Kuinoël (1805), et celle de Sylvius (*ad usum Delphini*), copie assez pâle de Passerat. Dans ces dernières années, le savant Lachmann en a publié une pleine de mérite, qui a été suivie dans la collection Lemaire. On y remarque un soin particulier et assez rare dans la ponctuation, mais pas assez de circonspection peut-être dans les jugemens portés sur le texte et dans les corrections admises.

La meilleure traduction de Properce a été publiée par Delongchamps en 1772, et réimprimée en 1802; le style en est pur et le sens généralement assez exact. Avant elle, on avait l'essai informe de l'abbé de Marolles, et après on a vu paraître la traduction de la Houssaye (1785), qui ne vaut pas celle de Delongchamps; et une autre de Piètre (1801), qui a suivi les erreurs de Scaliger, en y ajoutant à chaque page les siennes. Plusieurs écrivains ont essayé aussi de le reproduire en vers. Parmi eux, nous nommerons M. Denne-Baron, qui n'a traduit que les élégies les plus belles, mais quelquefois avec bonheur; Mollevaut, qui n'a donné que trois livres, et Ch. de Saint-Amand, dont la traduction est la plus complète. En outre, Properce a été imité, disons mieux, presque littéralement traduit, dans une foule de passages, par Lebrun, Bertin et André Chénier.

Puissent l'édition et la traduction que j'offre en ce moment mériter quelque bienveillance, et populariser dans le monde un poète dont la lecture a été jusqu'à présent trop négligée!

15 novembre 1834.

J. G.

PROPERCE.

SEXTI AURELII
PROPERTII
ELEGIARUM
LIBER I.

ELEGIA I.

AD TULLUM.

Cynthia prima suis miserum me cepit ocellis,
  Contactum nullis ante cupidinibus.
Tum mihi constantis dejecit lumina fastus,
  Et caput impositis pressit Amor pedibus;
Donec me docuit castas odisse puellas
  Improbus, et nullo vivere consilio.
Et mihi jam toto furor hic non deficit anno,
  Quum tamen adversos cogor habere deos.
Milanion nullos fugiendo, Tulle, labores
  Sævitiam duræ contudit Iasidos.
Nam modo Partheniis amens errabat in antris,
  Ibat et hirsutas ille videre feras.
Ille etiam Hylæi percussus vulnere rami,

ÉLÉGIES

DE

PROPERCE

LIVRE I.

ÉLÉGIE I.

A TULLUS.

Cynthie est la première dont les yeux m'aient séduit. Infortuné! j'avais toujours vécu exempt de faiblesse. Mais aujourd'hui mon regard a déposé sa longue fierté, et l'Amour a courbé ma tête sous ses pieds. Le cruel m'apprit à dédaigner une chaste flamme, et à passer ma vie au hasard. L'année entière me voit abandonné à ses fureurs, tandis que je lutte constamment contre ma destinée. Méléagre a pu vaincre les rigueurs de la fière Atalante, en ne refusant aucun péril. Tantôt il la suivait, ivre d'amour, dans les antres de Thrace, et combattait sous ses yeux les bêtes les plus féroces; tantôt, blessé par les flèches d'Hylé, il faisait retentir de ses plaintes les montagnes d'Arcadie. Enfin, Tullus, il vainquit par sa constance la fille agile d'Iasius : tant les prières et les

Saucius Arcadiis rupibus ingemuit.
Ergo velocem potuit domuisse puellam:
  Tantum in amore preces et benefacta valent!
In me tardus Amor non ullas cogitat artes,
  Nec meminit notas, ut prius, ire vias.
At vos, deductæ quibus est fallacia lunæ,
  Et labor in magicis sacra piare focis;
En agedum, dominæ mentem convertite nostræ,
  Et facite illa meo palleat ore magis.
Tunc ego crediderim vobis, et sidera et amnes
  Posse Cytææis ducere carminibus.
Aut vos, qui sero lapsum revocatis, amici,
  Quærite non sani pectoris auxilia.
Fortiter et ferrum, sævos patiemur et ignes:
  Sit modo libertas, quæ velit ira, loqui.
Ferte per extremas gentes et ferte per undas,
  Qua non ulla meum femina norit iter.
Vos remanete, quibus facili deus adnuit aure,
  Sitis et in tuto semper amore pares.
In me nostra Venus noctes exercet amaras,
  Et nullo vacuus tempore defit amor.
Hoc, moneo, vitate malum: sua quemque moretur
  Cura, neque adsueto mutet amore locum.
Quod si quis monitis tardas adverterit aures,
  Heu referet quanto verba dolore mea!

bienfaits peuvent fléchir l'Amour. Cependant il est sourd à mes vœux ; il ne m'inspire aucune ressource, et dédaigne de suivre, comme autrefois, une route bien connue.

Vous, dont les enchantemens ont attiré la lune sur la terre, vous, qui apaisez les dieux par vos sacrifices magiques, changez le cœur de ma maîtresse ; rendez son visage plus pâle encore que le mien, et alors je croirai à votre art ; je croirai que vos chants peuvent conduire à leur gré les astres et arrêter les fleuves.

Et vous, dont l'amitié tardive cherche à me relever d'une chute, trouvez des remèdes qui cicatrisent les blessures de mon cœur. Je me sens le courage de supporter le feu et le fer : mais que je puisse exhaler du moins mon courroux. Entraînez-moi aux extrémités du monde ; entraînez-moi sur les mers les plus reculées, partout où une femme ne pourra suivre mes traces. Mais restez, vous à qui l'Amour prête une oreille facile, et jouissez heureusement d'un sentiment qu'on partage. Pour moi, Vénus se plaît à tourmenter mes nuits amères, et l'Amour ne m'accorde jamais un instant de repos. Puissiez-vous échapper à mes tourmens ! Que chacun de vous, retenu dans ses liens, ne soit point infidèle à ses premières ardeurs. S'il en est un seul qui ferme l'oreille à mes avis, hélas ! avec quelle douleur se rappellera-t-il mes paroles !

ELEGIA II.

AD CYNTHIAM.

Quid juvat ornato procedere, vita, capillo,
  Et tenues Coa veste movere sinus;
Aut quid Orontea crines perfundere myrrha,
  Teque peregrinis vendere muneribus,
Naturæque decus mercato perdere cultu,
  Nec sinere in propriis membra nitere bonis?
Crede mihi, non ulla tuæ medicina figuræ est:
  Nudus Amor formæ non amat artificem.

Adspice, quos submittit humus formosa colores;
  Ut veniant hederæ sponte sua melius;
Surgat et in solis formosius arbutus antris;
  Et sciat indociles currere lympha vias.
Litora nativis collucent picta lapillis,
  Et volucres nulla dulcius arte canunt.
Non sic Leucippis succendit Castora Phœbe,
  Pollucem cultu non Elaira soror;
Non, Idæ et cupido quondam discordia Phœbo,
  Eveni patriis filia litoribus;
Nec Phrygium falso traxit candore maritum
  Avecta externis Hippodamia rotis:
Sed facies aderat nullis obnoxia gemmis,
  Qualis Apelleis est color in tabulis;

ÉLÉGIE II.

A CYNTHIE.

Pourquoi, mon âme, pourquoi cette chevelure élégante? Pourquoi la soie frôle-t-elle en mille plis moelleux? Pourquoi ces parfums de l'Orient que tu répands sur ta tête? Pourquoi te rendre esclave des produits étrangers, ensevelir sous un éclat emprunté les charmes de la nature, et ne pas laisser ton corps briller de ses propres richesses? Crois-moi, Cynthie, il n'est point de fard qui convienne à tes traits. L'Amour est nu; il chérit la beauté pour elle-même, et dédaigne de vains artifices.

Vois les couleurs dont se parent les riantes prairies; vois le lierre se déployer lui seul avec plus d'énergie, l'arboisier s'élever plus florissant sur la roche solitaire, et le ruisseau se frayer une route vagabonde. Nos rivages sont naturellement émaillés de mille cailloux, et l'art n'imitera jamais la douce harmonie des oiseaux.

Ce n'est point par la parure que Phébé, la fille de Leucippe, enflamma Castor, que sa sœur Élaïre charma Pollux, que la fille d'Évènus plut jadis, sur les rives de son père, à Idas et à Phébus, qui se disputèrent sa conquête. Hippodamie n'avait point séduit le Phrygien Pélops par des couleurs empruntées, lorsqu'un char ravisseur la transporta sur des rivages lointains. La beauté ne se cachait point encore sous les pierreries; mais elle se contentait de briller du coloris d'Apelle: car alors on ne

Non illis studium vulgo conquirere amantes;
  Illis ampla satis forma, pudicitia.
Non ego nunc vereor, ne sim tibi vilior istis:
  Uni si qua placet, culta puella sat est.
Quum tibi præsertim Phœbus sua carmina donet,
  Aoniamque libens Calliopea lyram;
Unica nec desit jucundis gratia verbis,
  Omnia quæque Venus, quæque Minerva probat:
His tu semper eris nostræ gratissima vitæ,
  Tædia dum miseræ sint tibi luxuriæ.

ELEGIA III.

DE CYNTHIA.

Qualis Thesea jacuit cedente carina
  Languida desertis Gnosia litoribus;
Qualis et adcubuit primo Cepheia somno
  Libera jam duris cautibus Andromede;
Nec minus adsiduis Edonis fessa choreis
  Qualis in herboso concidit Apidano;
Talis visa mihi mollem spirare quietem
  Cynthia, non certis nixa caput manibus.
Ebria quum multo traherem vestigia Baccho,
  Et quaterent sera nocte facem pueri,
Hanc ego, nondum etiam sensus deperditus omnes,
  Molliter impresso conor adire toro:
Et quamvis duplici correptum ardore juberent

cherchait pas sans cesse de nouveaux amans ; et les femmes étaient assez belles, ornées de leur seule pudeur.

Je ne crains plus aujourd'hui que tu m'accordes un sentiment moins tendre : mais on a assez d'attraits quand on plaît à celui qu'on aime. Toi surtout, à qui Phébus accorde le don des vers et à qui Calliope prête volontiers sa lyre ; toi, dont les moindres discours ont un charme secret ; toi, qui réunis aux talens de Minerve les grâces de Vénus, oui, tant que je vivrai, tu me seras chère : mais désormais dédaigne un luxe inutile.

ÉLÉGIE III.

SUR CYNTHIE.

Telle reposait sur le rivage Ariadne languissante, tandis que Thésée fuyait à pleines voiles ; telle Andromède, délivrée du rocher funeste, se livrait au premier sommeil auprès de son libérateur ; ou telle une Bacchante, fatiguée d'une danse continuelle, tombe sur la rive fleurie de l'Apidanus : telle j'ai vu ma Cynthie goûter un doux repos, la tête appuyée sur ses mains défaillantes.

La nuit était avancée, et les esclaves ranimaient les feux à demi éteints, lorsque je dirigeai vers sa couche mes pas que faisait chanceler une douce ivresse. Cependant de nombreuses libations ne m'avaient point enlevé ma raison entière. Le duvet fléchissait mollement sous

Hac Amor, hac Liber, durus uterque deus,
  Subjecto leviter positam tentare lacerto,
  Osculaque admota sumere et arma manu;
Non tamen ausus eram dominae turbare quietem,
  Expertae metuens jurgia saevitiae:
Sed sic intentis haerebam fixus ocellis,
  Argus ut ignotis cornibus Inachidos.
Et modo solvebam nostra de fronte corollas,
  Ponebamque tuis, Cynthia, temporibus;
Et modo gaudebam lapsos formare capillos;
  Nunc furtiva cavis poma dabam manibus,
Omniaque ingrato largibar munera somno,
  Munera de prono saepe voluta sinu.
Et quoties raro duxti suspiria motu,
  Obstupui vano credulus auspicio,
Ne qua tibi insolitos portarent visa timores,
  Neve quis invitam cogeret esse suam;
Donec diversas percurrens luna fenestras,
  Luna moraturis sedula luminibus,
Compositos levibus radiis patefecit ocellos.
  Sic ait, in molli fixa toro cubitum:
Tandem te nostro referens injuria lecto
  Alterius clausis reppulit a foribus!
Namque ubi longa meae consumsti tempora noctis,
  Languidus exactis, hei mihi! sideribus.
O utinam tales producas, improbe, noctes,
  Me miseram quales semper habere jubes!
Nam modo purpureo fallebam stamine somnum,
  Rursus et Orpheae carmine fessa lyrae;
Interdum graviter mecum deserta querebar

le poids de Cynthie. Deux dieux téméraires, Bacchus et l'Amour, m'enflammaient à l'envi, et m'excitaient à approcher de cette tête légèrement posée sur un bras d'albâtre, à la soutenir moi-même de mes mains, à cueillir un baiser et à savourer tous ses charmes : mais je n'osais troubler le repos de mon amante, moi qui avais éprouvé déjà ses reproches et son courroux. Mon regard, du moins, restait attaché sur elle comme celui d'Argus sur la forme trompeuse d'Io. Tantôt je détachais de mon front une couronne, et je la déposais sur le tien, ô ma Cynthie; tantôt j'aimais à toucher ta chevelure en désordre, et à charger furtivement tes mains de quelque fruit : mais ces offrandes ne pouvaient rien contre un sommeil ingrat, et bientôt elles s'échappaient en roulant sur ton sein. Que de fois un léger mouvement trahissait un soupir! et moi, crédule, j'en tirais un fâcheux présage : je craignais qu'un songe ne t'apportât une crainte frivole, qu'un rival ne te forçât malgré toi de céder à ses feux. Cependant la lune pénétrait de toutes parts, et sa clarté secondait depuis long-temps mon audace. Un de ses rayons tombe légèrement sur les yeux de Cynthie. Elle s'éveille, et me dit, le bras appuyé mollement sur sa couche : « Enfin les mépris d'une rivale qui te ferme sa porte te ramènent donc auprès de moi! Cependant tu as perdu les longs momens d'une nuit qui m'était destinée; tu reviens languissant, quand les étoiles vont disparaître. Si tu pouvais, ingrat, passer une seule nuit comme tu me forces à les passer en proie à l'inquiétude! J'ai trompé le sommeil en brodant la pourpre; je me suis fatiguée à chanter sur ma lyre; quelquefois je me plaignais sur ma couche solitaire du nouvel amour qui t'éloignait de moi si long-temps. Mais le sommeil m'a

Externo longas sæpe in amore moras;
Dum me jucundis lapsam sopor impulit alis.
Illa fuit lacrymis ultima cura meis.

ELEGIA IV.

AD BASSUM.

Quid mihi tam multas laudando, Basse, puellas
  Mutatum domina cogis abire mea?
Quid me non pateris, vitæ quodcumque sequetur,
  Hoc magis adsueto vivere servitio?
Tu licet Antiopæ formam Nycteidos et tu
  Spartanæ referas laudibus Hermionæ,
Et quascumque tulit formosi temporis ætas;
  Cynthia non illas nomen habere sinet:
Nedum, si levibus fuerit collata figuris,
  Inferior duro judice turpis eat.
Hæc sed forma mei pars est extrema furoris.
  Sunt majora, quibus, Basse, perire juvat:
Ingenuus color, et multis decus artibus, et quæ
  Gaudia sub tacita ducere veste libet.
Quo magis et nostros contendis solvere amores,
  Hoc magis accepta fallit uterque fide.
Non impune feres: sciet hæc insana puella,
  Et tibi non tacitis vocibus hostis erit.
Nec tibi me post hæc committet Cynthia, nec te
  Quæret: erit tanti criminis illa memor;

enfin poussée d'une aile propice ; il est venu apporter un dernier soulagement à mes peines. »

ÉLÉGIE IV.

A BASSUS.

Pourquoi, Bassus, vouloir me rendre infidèle à Cynthie, en me vantant sans cesse d'autres beautés? Pourquoi ne pas souffrir que je passe toute ma vie dans un esclavage qui m'est cher? Célèbre, si tu le veux, et les charmes d'Antiope, et les attraits d'Hermione, et toutes les beautés des temps anciens ; leur gloire s'éclipse devant Cynthie. Que sera-ce, si tu la compares aux beautés communes de nos jours? Il n'est point de juge qui leur accorde une indigne préférence.

Mais cet attrait, Bassus, est le moindre de ceux qui m'enflamment : il en est de plus puissans qui me font mourir ; c'est l'incarnat de la pudeur, les arts qu'elle cultive avec gloire et ces plaisirs voilés que l'on soupçonne. Plus tu veux rompre nos liens d'amour, et plus nous t'échappons en renouvelant nos sermens. Insensé ! ta conduite ne restera pas impunie. Cynthie saura tes efforts, et te déclarera ouvertement une guerre éternelle. Crois-tu qu'elle me confie ensuite à ton amitié, ou qu'elle te recherche encore? Non, mais elle se rappellera un tel crime ; mais, dans sa colère, elle te dénoncera à toutes

Et te circum omnes alias irata puellas
　Deferet : heu! nullo limine carus eris.
Nullas illa suis contemnet fletibus aras,
　Et quicumque sacer, qualis, ubique, lapis.
Non ullo gravius tentatur Cynthia damno,
　Quam sibi quum rapto cessat amore deus,
Praecipue nostri. Maneat sic semper, adoro;
　Nec quidquam ex illa, quod querar, inveniam.

ELEGIA V.

AD GALLUM.

Invide, tu tandem voces compesce molestas,
　Et sine nos cursu, quo sumus, ire pares.
Quid tibi vis, insane? meos sentire furores?
　Infelix! properas ultima nosse mala,
Et miser ignotos vestigia ferre per ignes,
　Et bibere e tota toxica Thessalia.
Non est illa vagis similis collata puellis :
　Molliter irasci non sciet illa tibi.
Quod si forte tuis non est contraria votis,
　At tibi curarum millia quanta dabit!
Non tibi jam somnos, non illa relinquet ocellos.
　Illa feros animis adligat una viros.
Ah mea contemtus quoties ad limina curres,
　Quum tibi singultu fortia verba cadent,
Et tremulus moestis orietur fletibus horror,

les femmes, et tu ne trouveras aucune porte qui s'ouvre à ton amour. Il n'est point d'autel qui ne soit arrosé de ses larmes ; point de dieu, quelque faible qu'il soit, dont elle ne réclame les vengeances. Le plus grand malheur pour Cynthie, ce serait de perdre son amant, et surtout mon amour. Oh! qu'elle me conserve son cœur, je l'en supplie, et jamais je ne trouverai en elle aucun sujet de plainte.

ÉLÉGIE V.

A GALLUS.

Cesse enfin des plaintes importunes, envieux ami, et laisse-nous suivre tous deux la carrière où nous sommes entrés. Que veux-tu, insensé? éprouver aussi mes tourmens? Malheureux! tu te précipites dans un abîme d'infortunes; tu portes imprudemment tes pas vers des feux cachés; tu voudrais t'enivrer des poisons de la Thessalie. Cynthie ne ressemble point à tant d'autres : son courroux est toujours terrible; et si par hasard elle n'est point contraire à tes vœux, combien de soucis cuisans elle te prépare! Bientôt tu perdras le sommeil, et tes yeux seront noyés de larmes : elle seule, par ses rigueurs, s'attache encore les cœurs les plus farouches. Hélas! que de fois ses mépris te feront accourir auprès de moi! que de fois tu détesteras, par tes sanglots, son inconstance! Je verrai ton chagrin et tes larmes, un frémissement pénible agiter ton corps, et la crainte imprimer sur ton

Et timor informem ducet in ore notam,
Et quæcumque voles fugient tibi verba querenti,
  Nec poteris, qui sis aut ubi, nosse miser!
Tum grave servitium nostræ cogere puellæ
  Discere, et exclusum quid sit abire domum;
Nec jam pallorem toties mirabere nostrum,
  Aut cur sim toto corpore nullus ego.

Nec tibi nobilitas poterit succurrere amanti :
  Nescit Amor priscis cedere imaginibus.
Quod si parva tuæ dederis vestigia culpæ,
  Quam cito de tanto nomine rumor eris!
Non ego tum potero solatia ferre roganti,
  Quum mihi nulla mei sit medicina mali :
Sed pariter miseri socio cogemur amore
  Alter in alterius mutua flere sinu.
Quare, quid possit mea Cynthia, desine, Galle,
  Quærere : non impune illa rogata venit.

ELEGIA VI.

AD TULLUM.

Non ego nunc Hadriæ vereor mare noscere tecum,
  Tulle, neque Ægeo ducere vela salo;
Cum quo Rhipæos possim conscendere montes,
  Ulteriusque domos vadere Memnonias :

visage ses couleurs livides. Tu chercheras des paroles, et les paroles te manqueront; tu te méconnaîtras toi-même; à peine si tu sentiras ton infortune. Tu apprendrais alors, malgré toi, combien est dur l'esclavage de Cynthie, et ce qu'il en coûte de se voir fermer la porte d'une maîtresse adorée. Alors, Gallus, tu n'admirerais plus si souvent ma pâleur, et pourquoi mon corps se dessèche ainsi de jour en jour.

Ne crois pas que ta noblesse puisse modérer ses rigueurs; l'Amour ne sait point obéir à d'antiques images. Mais si tu laisses saisir les moindres traces de ta folie, comme ton nom sera livré bientôt à la risée publique! Et moi, qui ne trouve aucun remède à mes propres maux, je ne pourrais te consoler, malgré tes prières. Infortunés tous deux, nous ne pourrions qu'unir nos peines, et que pleurer mutuellement dans le sein l'un de l'autre un amour malheureux. Cesse donc, Gallus, de vouloir éprouver ce que peut ma Cynthie. Ce n'est point impunément qu'elle permet de s'approcher d'elle.

ÉLÉGIE VI.

A TULLUS.

Non, Tullus, je ne crains point d'affronter avec toi les périls de l'Adriatique, et de diriger ma voile sur la mer Égée; avec toi je pourrais gravir les plus hautes montagnes et pénétrer jusqu'aux lieux reculés où se lève

Sed me complexæ remorantur verba puellæ,
 Mutatoque graves sæpe colore preces.
Illa mihi totis argutat noctibus ignes,
 Et queritur nullos esse relicta deos :
Illa meam mihi se jam denegat; illa minatur,
 Quæ solet irato tristis amica viro.
His ego non horam possum durare querelis.
 Ah pereat, si quis lentus amare potest!
An mihi sit tanti doctas cognoscere Athenas,
 Atque Asiæ veteres cernere divitias;
Ut mihi deducta faciat convicia puppi
 Cynthia, et insanis ora notet manibus,
Osculaque opposito dicat sibi debita vento,
 Et nihil infido durius esse viro ?
Tu patrui meritas conare anteire secures,
 Et vetera oblitis jura refer sociis :
Nam tua non ætas umquam cessavit amori,
 Semper at armatæ cura fuit patriæ;
Et tibi non umquam nostros puer iste labores
 Adferat, et lacrymis ultima nota meis.
Me sine, quem semper voluit fortuna jacere,
 Hanc animam extremæ reddere nequitiæ.
Multi longinquo periere in amore libenter,
 In quorum numero me quoque terra tegat.
Non ego sum laudi, non natus idoneus armis :
 Hanc me militiam fata subire volunt.
At tu seu mollis qua tendit Ionia, seu qua
 Lydia Pactoli tinguit aratra liquor,
Seu pedibus terras, seu pontum carpere remis
 Ibis, et accepti pars eris imperii;

l'Aurore : mais Cynthie m'arrête par ses caresses et ses plaintes, par ses tendres prières et la pâleur de ses traits. Elle passe la nuit entière à me reprocher ses feux trahis; elle ne croit plus aux dieux, puisque je l'abandonne; déjà elle me retire son amour, elle me répète les menaces d'une amante plaintive à son amant volage, et me dévoue au malheur. Comment résisterais-je un instant à ses plaintes? Ah! périsse l'amant qui peut aimer avec froideur! Est-ce donc pour moi tant de plaisir de connaître Athènes la savante, ou de parcourir l'antique opulence de l'Asie? et faut-il que, pour une curiosité futile, Cynthie vienne maudire ma voile qui s'éloigne, se déchirer le visage d'une main égarée, redemander aux vents des baisers qui lui sont dus, et me proclamer le plus volage, le plus cruel des amans?

Efforce-toi, Tullus, de surpasser la trop juste gloire de ta famille, et fais revivre chez nos alliés cette vieille équité romaine qu'ils ne connaissent plus. Ton cœur n'a jamais battu sous l'acier que pour la patrie; l'Amour ne reçut jamais l'hommage de tes premiers ans; eh bien! qu'il ne t'ouvre jamais ses peines et la carrière que j'ai sillonnée de mes larmes. Pour moi, que le destin condamne à ramper toujours, laisse-moi rendre au sein de la mollesse mon dernier soupir. Bien d'autres ont succombé sans regret loin d'une amante chérie; que je meure comme eux, si j'imite leur exemple. Je ne suis point né pour la gloire, ni pour les combats; ma destinée m'enchaîne sous les drapeaux de l'Amour. Toi, Tullus, pars vers la molle Ionie, vers ces rives du Pactole où la charrue trouve l'or; que tu foules la terre, ou que l'Euxin plie sous tes rames, exerce le pouvoir que tu partages; et si parfois un souvenir vient te rappeler

Tum tibi si qua mei veniet non immemor hora,
  Vivere me duro sidere certus eris.

ELEGIA VII.

AD PONTICUM POETAM.

Dum tibi Cadmeæ dicuntur, Pontice, Thebæ,
  Armaque fraternæ tristia militiæ;
Atque, ita sim felix, primo contendis Homero,
  Sint modo fata tuis mollia carminibus;
Nos, ut consuemus, nostros agitamus amores,
  Atque aliquid duram quærimus in dominam;
Nec tantum ingenio, quantum servire dolori
  Cogor, et ætatis tempora dura queri.
Hic mihi conteritur vitæ modus; hæc mea fama est;
  Hinc cupio nomen carminis ire mei.
Me laudent doctæ solum placuisse puellæ,
  Pontice, et injustas sæpe tulisse minas:
Me legat adsidue post hæc neglectus amator,
  Et prosint illi cognita nostra mala.
Te quoque si certo puer hic concusserit arcu,
  Quod nolim nostros eviolasse deos,
Longe castra tibi, longe miser agmina septem
  Flebis in æterno surda jacere situ;
Et frustra cupies mollem componere versum;

ton ami, plains-le de vivre sous une étoile malheureuse.

ÉLÉGIE VII.

AU POÈTE PONTICUS.

Tu célèbres la ville de Cadmus et les funestes combats de deux frères ambitieux. Puisque tu veux lutter contre le vieil Homère, j'applaudirai à tes chants, Ponticus, et je leur souhaite d'heureuses destinées. Cependant, fidèle à mes maximes, je rêve de mon côté à mes amours, et je cherche à fléchir ma maîtresse. Quand je chante, quand je plains les tourmens de ma jeunesse, j'obéis à ma douleur non moins qu'à mon génie. Telle est, Ponticus, l'occupation de ma vie entière; elle a fait ma célébrité, et je ne veux l'immortalité que pour mes chants d'amour. Qu'on me loue d'avoir su plaire à la beauté réunie aux talens, et d'avoir souffert tant de fois son injuste courroux; que plus tard l'amant rebuté d'une maîtresse lise assidûment mes vers; qu'il apprenne mes peines, et qu'il en profite pour son bonheur.

Oh! si l'Amour te frappait aussi d'une flèche assurée, et puisse ce dieu ne point troubler ton repos! que tu abandonnerais promptement, dans ton infortune, et des combats frivoles et l'armée des sept chefs à une éternelle poussière! En vain tu voudrais composer une molle élé-

Nec tibi subjiciet carmina serus Amor.
Tunc me non humilem mirabere saepe poetam;
  Tunc ego Romanis praeferar ingeniis;
Nec poterunt juvenes nostro reticere sepulcro:
  Ardoris nostri magne poeta, jaces!
Tu cave nostra tuo contemnas carmina fastu:
  Saepe venit magno foenore tardus Amor.

ELEGIA VIII.

AD CYNTHIAM.

Tune igitur demens, nec te mea cura moratur?
  An tibi sum gelida vilior Illyria?
Et tibi jam tanti, quicumque est, iste videtur,
  Ut sine me vento quolibet ire velis?
Tune audire potes vesani murmura ponti
  Fortis, et in dura nave jacere potes?
Tu pedibus teneris positas sulcare pruinas,
  Tu potes insolitas, Cynthia, ferre nives?
O utinam hibernae duplicentur tempora brumae,
  Et sit iners tardis navita Vergiliis;
Nec tibi Tyrrhena solvatur funis arena,
  Neve inimica meas elevet aura preces;
Atque ego non videam tales subsidere ventos,
  Quum tibi provectas auferet unda rates,

gie ; car le cruel Amour se refuserait à des chants tardifs. Alors, Ponticus, tu ne dédaignerais pas mon talent; tu m'admirerais souvent comme un grand poète ; tu me préfèrerais aux premiers génies ; comme les jeunes Romains, tu inscrirais aussi sur mon tombeau : « Ci-gît le grand poète qui célébra nos amours. » Ne va donc pas frapper mes vers de ton orgueil et de tes mépris : souvent l'amour vient tard, mais il fait payer son triomphe.

ÉLÉGIE VIII.

A CYNTHIE.

Quel transport t'agite ? N'as-tu point pitié de mes soucis, ou suis-je plus vil à tes yeux que la froide Illyrie ? Quel que soit ce rival, te paraît-il d'un si grand prix, que tu te confies sans moi à l'inconstance des vents ? Quoi ! tu pourrais entendre les murmures d'une mer agitée ? tu reposerais courageusement sur la planche du vaisseau ? tu sillonnerais d'un pied délicat les frimas ? tu braverais la neige et les rigueurs inconnues d'un climat moins doux ? Oh ! si l'hiver et ses orages prolongeaient deux fois leur cours ! si le nautonnier oisif accusait la lenteur des Pléiades ! ton vaisseau, ma Cynthie, n'abandonnerait point la rive de Toscane ; un odieux Zéphyr ne ferait point taire, au mépris de mes vœux, les vents propices dont le souffle empêche l'onde d'emporter au loin ton navire, et tu ne m'abandonnerais

Et me defixum vacua patietur in ora
  Crudelem infesta sæpe vocare manu!
Sed quocumque modo de me, perjura, mereris,
  Sit Galatea tuæ non aliena viæ;
Ut te felici vectam per cærula remo
  Accipiat placidis Oricos æquoribus.
Nam me non ullæ poterunt corrumpere tædæ,
  Quin ego, vita, tuo limine verba querar;
Nec me deficiet nautas rogitare citatos:
  Dicite, quo portu clausa puella mea est?
Et dicam : Licet Atraciis considat in oris,
  Et licet Eleis, illa futura mea est.

Hic erit, hic jurata manet : rumpantur iniqui :
  Vicimus! adsiduas non tulit illa preces.
Falsa licet cupidus deponat gaudia livor :
  Destitit ire novas Cynthia nostra vias.
Illi carus ego et per me carissima Roma
  Dicitur; et sine me dulcia regna negat.
Illa vel angusto mecum requiescere lecto
  Et quocumque modo maluit esse mea,
Quam sibi dotatæ regnum vetus Hippodamiæ,
  Et quas Elis opes ante pararat equis.
Quamvis magna daret, quamvis majora daturus,
  Non tamen illa meos fugit avara sinus.
Hanc ego non auro, non Indis flectere conchis,
  Sed potui blandi carminis obsequio.
Sunt igitur Musæ neque amanti tardus Apollo;
  Quîs ego fretus amo : Cynthia rara mea est.
Nunc mihi summa licet contingere sidera plantis :
  Sive dies seu nox venerit, illa mea est,

point seul, anéanti sur la plage déserte, moi qui te nommerais cruelle, et qui te rappellerais en vain d'une main impuissante.

Mais non; quelque peine que mérite ton parjure, que Galatée soit propice à tes vœux; que ta voile, aidée d'un calme heureux, te porte à travers les flots paisibles, et te dépose sur les rivages d'Orique. Ton hymen lui-même ne me rendra point infidèle. Je me plaindrai à ta porte des sermens que tu oublies; je ne cesserai d'appeler et d'interroger le nautonnier. Dis-moi quel port renferme une amante chérie? lui demanderai-je. Qu'elle s'arrête aux rives de l'Étolie ou sur les rivages d'Élée, elle doit m'appartenir un jour.

Elle reste à Rome; elle reste : car elle l'a juré, et que mes rivaux en frémissent! J'ai vaincu : Cynthie n'a pu résister à mes prières continuelles. Que la noire envie dépose une joie prématurée; ma Cynthie ne veut plus franchir des routes nouvelles. Oui, je suis aimé d'elle. Écoutez : elle dit qu'avec moi Rome est le plus charmant séjour; qu'un trône sans moi n'aurait plus de douceurs. Elle préfère reposer à mes côtés sur une couche modeste. Cynthie veut m'appartenir, quel que soit mon sort; elle dédaigne, et l'antique royaume que reçut en dot Hippodamie, et les trésors qu'Élis obtint jadis par ses courses. Un rival offrait de riches présens, et en eût donné de plus riches encore; mais Cynthie n'a point voulu fuir loin de moi; car elle n'est point avare : et cependant je n'avais pour la fléchir ni des trésors ni les pierres de l'Inde; je n'avais que mes vers et mon amour. Apollon et les Muses ne sont donc point insensibles aux amans. Appuyé de leur secours, j'aime Cynthie et j'en suis aimé : maintenant je puis toucher de mes pieds les

Nec mihi rivalis certos subducit amores.
Ista meam norit gloria canitiem!

ELEGIA IX.

AD PONTICUM.

Dicebam tibi venturos, irrisor, amores,
 Nec tibi perpetuo libera verba fore.
Ecce jaces supplexque venis ad jura puellae,
 Et tibi nunc quaevis imperat emta modo.
Non me Chaoniae vincant in amore columbae
 Dicere, quos juvenes quaeque puella domet.
Me dolor et lacrymae merito fecere peritum:
 Atque utinam posito dicar amore rudis!

Quid tibi nunc misero prodest grave dicere carmen,
 Aut Amphioniae moenia flere lyrae?
Plus in amore valet Mimnermi versus Homero:
 Carmina mansuetus lenia quaerit Amor.
I, quaeso, et tristes istos compone libellos,
 Et cane quod quaevis nosse puella velit.

Quid, si non esset facilis tibi copia? nunc tu
 Insanus medio flumine quaeris aquam.

astres les plus élevés. Que le jour vienne ou que la nuit succède, elle est à moi; un rival ne m'enlève plus un amour dont je suis assuré; tant de bonheur couvrira de gloire ma vieillesse elle-même.

ÉLÉGIE IX.

A PONTICUS.

Ne t'ai-je pas dit, Ponticus, que tu sentirais l'amour dont tu plaisantais, et que ton langage aurait un jour plus de réserve? Te voilà tombé et suppliant aux pieds d'une femme; celle que tu achetas naguère te commande aujourd'hui. La colombe de Dodone ne prédirait pas plus sûrement que moi comment une femme dompte en amour les esprits les plus farouches. Mes chagrins et mes larmes ne m'ont, hélas! que trop bien instruit. Plût au ciel que je perdisse à la fois et mon amour et ma science!

Infortuné! que te servent aujourd'hui tes vers majestueux et tes pleurs sur les ruines de Thèbes, qui s'éleva jadis aux accords d'Amphion? En amour, Mimnerme dépasse de bien loin Homère; le dieu de la tendresse ne veut que de tendres accens. Va donc, Ponticus, va brûler ces tristes ouvrages, et n'écris plus désormais que ce qu'une femme aime lire.

Que sera-ce, si ton amante était rebelle à tes vœux? Maintenant, insensé, tu cherches de l'eau au milieu des

Necdum etiam palles, vero nec tangeris igni:
  Haec est venturi prima favilla mali.
Tum magis Armenias cupies accedere tigres,
  Et magis infernae vincula nosse rotae,
Quam pueri totties arcum sentire medullis,
  Et nihil iratae posse negare tuae.

Nullus Amor cuiquam faciles ita praebuit alas,
  Ut non alterna presserit ille manu.
Nec te decipiat, quod sit satis illa parata:
  Acrius illa subit, Pontice, si qua tua est.
Quippe ubi non liceat vacuos seducere ocellos,
  Nec vigilare alio nomine, cedat Amor;
Qui non ante patet, donec manus attigit ossa.
  Quisquis es, adsiduas aufuge blanditias!
Illis et silices possunt et cedere quercus;
  Nedum tu possis, spiritus iste levis.
Quare, si pudor est, quam primum errata fatere:
  Dicere quo pereas, saepe in amore levat.

ELEGIA X.

AD GALLUM.

O Jucunda quies, primo quum testis amori
  Adfueram vestris conscius in lacrymis!
O noctem meminisse mihi jucunda voluptas,

fleuves. Ton visage n'est point encore pâle, et l'incendie ne dévore point ton cœur; tu ne sens que la première étincelle du mal qui doit te consumer. Alors tu affronterais les tigres d'Arménie et les liens qui enchaînent Ixion à sa roue infernale, plutôt que de sentir à chaque instant les flèches de l'Amour dévorer tes entrailles et une maîtresse en courroux t'arracher ce que tu voudrais lui refuser.

L'Amour n'accourut jamais d'une aile propice sans la replier bientôt d'une main prompte. Aussi, Ponticus, sois sur tes gardes quand une amante te cède avec facilité; car c'est pour mieux t'enlacer dans l'esclavage. Loin de nous l'amour qui fixe nos yeux sur un objet unique, en ne leur permettant ni repos ni sommeil, et qui ne se laisse apercevoir que quand sa main a pénétré nos chairs! Qui que tu sois, Ponticus, fuis des caresses continuelles. Le chêne et la pierre cèderaient à leur action : comment y résister, toi dont l'énergie est si faible ? Surmonte donc toute honte, et confesse au plus tôt ta faute; car souvent, en amour, on se soulage en racontant ses ennuis.

ÉLÉGIE X.

A GALLUS.

L'HEUREUSE nuit! Moi, le confident de vos larmes, je fus aussi le témoin de vos premiers transports. Quel plaisir de me rappeler cette nuit délicieuse, et que de

O quoties votis illa vocanda meis!
Quum te complexa morientem, Galle, puella
 Vidimus, et longa ducere verba mora.
Quamvis labentes premeret mihi somnus ocellos,
 Et mediis coelo Luna ruberet equis,
Non tamen a vestro potui secedere lusu:
 Tantus in alternis vocibus ardor erat!
Sed quoniam non es veritus concredere nobis,
 Accipe commissae munera laetitiae.
Non solum vestros didici reticere dolores:
 Est quiddam in nobis majus, amice, fide.
Possum ego divisos iterum conjungere amantes;
 Et dominae tardas possum aperire fores;
Et possum alterius curas sanare recentes;
 Nec levis in verbis est medicina meis.
Cynthia me docuit semper, quaecumque petenda
 Quaeque cavenda forent: non nihil egit Amor.
Tu cave ne tristi cupias pugnare puellae,
 Neve superba loqui, neve tacere diu;
Neu, si quid petiit, ingrata fronte negaris;
 Neu tibi pro vano verba benigna cadant.
Irritata venit, quando contemnitur illa,
 Nec meminit justas ponere laesa minas:
At quo sis humilis magis et subjectus amori,
 Hoc magis effecto saepe fruare bono.
Is poterit felix una remanere puella,
 Qui numquam vacuo pectore liber erit.

fois je la redemanderai par mes vœux! Je t'ai vu, Gallus, défaillir d'amour entre les bras d'une amante, et ne plus prononcer qu'à de longs intervalles des mots entrecoupés. Le sommeil accablait mes yeux languissans, et la lune, au milieu de sa carrière, brillait au haut du ciel; cependant je n'ai pu détourner mes regards de vos jeux : tant vos paroles brûlaient d'une ardeur mutuelle! Mais puisque tu n'as pas craint de me confier tes amours, sois récompensé du plaisir que tu m'as fait. J'ai su taire vos douleurs; mais je puis encore pour un ami quelque chose de plus. Je sais unir une seconde fois deux cœurs qui se détachent, ouvrir à l'amant la porte tardive d'une maîtresse, guérir dans autrui une blessure récente, et ma voix est toujours un remède efficace. Cynthie m'a souvent appris ce qu'il faut demander ou éviter; l'Amour a fait le reste. Prends donc garde, ami, de lutter contre la mauvaise humeur de ton amante, ou de lui parler avec fierté, ou de garder trop long-temps un silence boudeur. Si elle t'adresse une demande, ne refuse pas d'un front soucieux, et ne lui réponds pas non plus par une vaine bienveillance. Une amante n'a jamais su retenir son courroux quand on la méprise, ou de justes menaces quand on la blesse. Plus tu seras soumis, plus tu seras esclave de l'amour, et plus tu obtiendras souvent le bonheur que tu désires. Enfin, pour être heureux constamment avec une seule belle, il faut un cœur qui ne soit jamais ni oisif ni libre.

ELEGIA XI.

AD CYNTHIAM.

Ecquid te mediis cessantem, Cynthia, Baiis,
  Qua jacet Herculeis semita litoribus,
Et modo Thesproti mirantem subdita regno,
  Et modo Misenis aequora nobilibus,
Nostri cura subit memores ah! ducere noctes?
  Ecquis in extremo restat amore locus?
An te nescio quis simulatis ignibus hostis
  Sustulit e nostris, Cynthia, carminibus?
Atque utinam mage te remis confisa minutis
  Parvula Lucrina cymba moretur aqua;
Aut teneat clausam tenui Teuthrantis in unda
  Alternae facilis cedere lympha manu;
Quam vacet alterius blandos audire susurros
  Molliter in tacito litore compositam:
Ut solet amoto labi custode puella
  Perfida, communes nec meminisse deos.
Non quia perspecta non es mihi cognita fama;
  Sed quod in hac omnis parte timetur amor.
Ignosces igitur, si quid tibi triste libelli
  Adtulerint nostri : culpa timoris erit.
Ah! mihi non major carae custodia matris
  Aut sine te vitae cura sit ulla meae.
Tu mihi sola domus, tu, Cynthia, sola parentes,
  Omnia tu nostrae tempora laetitiae.

ÉLÉGIE XI.

A CYNTHIE.

Quand tu t'arrêtes, Cynthie, sur les collines de Baies; quand tu parcours le sentier tracé par la main d'Hercule; ou bien quand tu admires et le cap célèbre de Misène, et les flots soumis à l'empire des fils de Thesprotus, te rappelles-tu, dis-moi, et mon amour et nos nuits charmantes? Me conserves-tu, si loin de moi, quelque espoir? ou faut-il que, par ses feux mensongers, un rival inconnu t'arrache, ô ma Cynthie, à mes tendres vers? Ah! plutôt qu'une barque fragile et qu'une faible rame t'arrête sur le Lucrin, ou que l'eau facilement coupée sous ta main te retienne captive, malgré tes efforts, au milieu des flots mobiles! Quoi! mollement couchée sur le rivage silencieux, tu écouterais les doux propos d'un autre amant! Ainsi une amante perfide succombe loin des yeux qui veillaient sur elle, et souvent ne pense plus aux dieux, témoins de son parjure.

Mais de tels soupçons, ô ma Cynthie, n'ont pour fondement ni la renommée ni mes sens; ils sont le fruit d'un amour qui craint jusqu'à son ombre. Pardonne-moi donc si mes vers t'ont causé quelque peine, et n'en accuse que mes frayeurs. Ma vigilance pour toi ne dépasse-t-elle pas les soins d'une mère chérie? Sans toi, la vie aurait-elle encore quelque charme? Toi seule es ma patrie, toi seule es ma famille; c'est toi qui fais en tout temps mon allégresse. Que mes amis me voient triste ou

Seu tristis veniam, seu contra lætus amicis,
  Quidquid ero, dicam: Cynthia causa fuit.
Tu modo quam primum corruptas desere Baias:
  Multis ista dabunt litora dissidium,
Litora, quæ fuerant castis inimica puellis.
  Ah pereant Baiæ, crimen amoris, aquæ!

ELEGIA XII.

AD AMICUM.

Quid mihi desidiæ non cessas fingere crimen,
  Quod faciat nobis conscia Roma moram?
Tam multa illa meo divisa est millia lecto,
  Quantum Hypanis Veneto dissidet Eridano;
Nec mihi consuetos amplexu nutrit amores
  Cynthia, nec nostra dulcis in aure sonat.
Olim gratus eram: non illo tempore cuiquam
  Contigit, ut simili posset amare fide.
Invidiæ fuimus: num me deus obruit, an quæ
  Lecta Prometheis dividit herba jugis?
Non sum ego, qui fueram: mutat via longa puellas.
  Quantus in exiguo tempore fugit amor!
Nunc primum longas solus cognoscere noctes
  Cogor, et ipse meis auribus esse gravis.
Felix, qui potuit præsenti flere puellæ:
  Non nihil adspersis gaudet Amor lacrymis;

joyeux, ce que je suis, leur dirai-je, Cynthie en est la seule cause. Mais abandonne au plus tôt les rivages corrupteurs de Baïes, ces rivages qui sèmeront les querelles entre tant d'amans, ces rivages, l'écueil éternel de la pudeur et de la fidélité. Ah! périssent à jamais des eaux que réprouve l'Amour!

ÉLÉGIE XII.

A UN AMI.

Pourquoi me reprocher chaque jour ma paresse, et me faire un crime de ce que Rome me retienne et me plaise? Cynthie est aussi éloignée de moi, que l'Hypanis de l'Éridan et de la Vénétie. Elle ne fomente plus, comme autrefois, mon amour dans ses embrassemens, et sa voix ne résonne plus doucement à mon oreille. Oui, je lui fus cher, et alors il n'était point d'homme qui pût aimer avec autant de constance : mais l'envie a flétri mon bonheur. Est-ce un dieu qui m'accable? ou quelle herbe, cueillie sur les sommets du Caucase, a pu nous diviser? Je ne suis plus aimé comme autrefois; un long voyage change le cœur des belles; et qu'il faut peu de temps pour que l'amour s'envole! Aujourd'hui je compte, hélas! de longues nuits dans une solitude affreuse; je n'entends que ma voix qui pèse à mes oreilles. Heureux qui peut pleurer en présence de sa maîtresse! car l'Amour aime souvent à voir répandre quelques larmes. Si du moins

Aut si despectus potuit mutare calores,
  Sunt quoque translato gaudia servitio.
Mi neque amare aliam, neque ab hac discedere fas est:
  Cynthia prima fuit, Cynthia finis erit.

ELEGIA XIII.

AD GALLUM.

Tu, quod saepe soles, nostro laetabere casu,
  Galle, quod abrepto solus amore vacem.
At non ipse tuas imitabor, perfide, voces:
  Fallere te numquam, Galle, puella velit!
Dum tibi deceptis augetur fama puellis,
  Certus et in nullo quaeris amore moram;
Perditus in quadam tardis pallescere curis
  Incipis, et primo lapsus abire gradu.
Haec erit illarum contemti poena doloris;
  Multarum miseras exiget una vices.
Haec tibi vulgares istos compescet amores,
  Nec nova quaerendo semper amicus eris.
Haec ego, non rumore malo, non augure doctus:
  Vidi ego; me, quaeso, teste negare potes?
Vidi ego te toto vinctum languescere collo;
  Et flere injectis, Galle, diu manibus;
Et cupere optatis animam deponere verbis;

l'amant méprisé pouvait changer ses chaînes; il y a encore quelque plaisir à varier son esclavage. Mais pour moi, je ne puis en aimer une autre, ni abandonner Cynthie : elle fut mes premières amours, et je l'aimerai jusqu'au tombeau.

ÉLÉGIE XIII.

A GALLUS.

Selon ta coutume, Gallus, tu te réjouiras de mon malheur, en me voyant seul, arraché à mon amour. Pour moi, je n'imiterai pas ta conduite perfide. Que jamais une maîtresse, ô Gallus, ne songe à te tromper!

Tandis que tu augmentes ta gloire en trompant mille conquêtes, et que tu ne cherches dans l'amour que le plaisir de l'inconstance, tu t'éprends enfin pour une belle, tu te dessèches par les inquiétudes d'un amour sérieux, et tu vois, bien qu'un peu tard, ton ancien orgueil humilié. Voilà le juste retour des douleurs que tu as méprisées ; une seule venge le malheur d'une foule d'autres; c'est elle qui mettra un terme à de vulgaires amours. Tu aimeras, mais non plus pour un temps et jusqu'au premier caprice. Je n'en parle point sur un vain bruit ou sur la foi des augures; je l'ai vu de mes yeux, et refuserais-tu, dis-moi, mon témoignage? Je t'ai vu, Gallus, attaché languissamment à son cou, pleurer en la pressant dans tes bras, vouloir donner ta vie pour un seul mot d'es-

Et quæ deinde meus celat, amice, pudor.
Non ego complexus potui diducere vestros;
 Tantus erat demens inter utrosque furor!
Non sic Hæmonio Salmonida mixtus Enipeo
 Tænarius facili pressit amore deus:
Nec sic cœlestem flagrans amor Herculis Heben
 Sensit ab OEtæis gaudia prima jugis.

Una dies omnes potuit præcurrere amantes:
 Nam tibi non tepidas subdidit illa faces;
Nec tibi præteritos passa est succedere fastus,
 Nec sinet abduci: te tuus ardor aget.
Nec mirum, quum sit Jove digna et proxima Ledæ,
 Et Ledæ partu, gratior una tribus;
Illa sit Inachiis et blandior heroinis;
 Illa suis verbis cogat amare Jovem.
Tu vero, quoniam semel es periturus amore,
 Utere; non alio limine dignus eras.
Quæ tibi sit felix, quoniam novus incidit error;
 Et quodcumque voles, una sit ista tibi.

poir, et te livrer enfin, cher Gallus, à ce que j'aurais honte de redire. Je n'ai pu arrêter vos embrassemens, tant était grande l'ardeur insensée qui vous animait l'un et l'autre! Le dieu du Ténare était moins pressant, lorsque, sous les traits d'Éniphée de Thessalie, il poursuivait d'un amour facile la fille de Salmonée. Hercule ne fut point brûlé de feux aussi violens, lorsque, purifié sur les bûchers de l'OEta, il obtint les premières faveurs de la divine Hébé.

Un seul jour t'a poussé dans la lice plus loin que tous les autres. Lycoris a brûlé ton cœur du feu le plus ardent; elle n'a pas souffert que tu reprisses ton ancienne fierté, et elle ne permettra pas que tu te détaches d'elle. Ton ardeur t'entraînera toujours. Et qui s'en étonnerait? Elle est digne de Jupiter, belle comme Léda, plus gracieuse que les filles de Léda et que toutes trois ensemble. Les filles d'Inachus n'avaient point sa caressante tendresse, et sa voix mélodieuse charmerait malgré lui le maître des dieux. Puisqu'il fallait que tu périsses enfin d'amour, ô Gallus! jouis de ta conquête; car tu étais digne de ton bonheur. Tu es tombé dans une erreur nouvelle; qu'elle te soit heureuse, et que ton amie rassemble en elle seule tout ce qui pourrait te charmer.

ELEGIA XIV.

AD TULLUM.

Tu licet abjectus Tiberina molliter unda,
  Lesbia Mentoreo vina bibas opere;
Et modo tam celeres mireris currere lintres,
  Et modo tam tardas funibus ire rates;
Et nemus omne satas intendat vertice silvas,
  Urgetur quantis Caucasus arboribus:
Non tamen ista meo valeant contendere amori;
  Nescit Amor magnis cedere divitiis.
Nam sive optatam mecum trahit illa quietem,
  Seu facili totum ducit amore diem;
Tum mihi Pactoli veniunt sub tecta liquores,
  Et legitur rubris gemma sub æquoribus;
Tum mihi cessuros spondent mea gaudia reges;
  Quæ maneant, dum me fata perire volent.

Nam quis divitiis adverso gaudet Amore?
  Nulla mihi tristi præmia sint Venere!
Illa potest magnas heroum infringere vires;
  Illa etiam duris mentibus esse dolor.
Illa neque Arabium metuit transcendere limen,
  Nec timet ostrino, Tulle, subire toro,
Et miserum toto juvenem versare cubili.
  Quid relevant variis Serica textilibus?

ÉLÉGIE XIV.

A TULLUS.

Bois à longs traits le vin de Lesbos dans les coupes les plus précieuses, lorsque, couché mollement sur les rives du Tibre, tu admires ou l'esquif léger qui vogue à pleines voiles, ou la lente chaloupe qu'on remorque avec peine, ou l'ombre épaisse de ces arbres nouvellement plantés, dont les magnifiques sommets se pressent en aussi grand nombre que dans les forêts du Caucase : tout cela n'est rien auprès de mon amour; car jamais les richesses ne l'emportent sur le dieu de Cythère. Quand Cynthie accorde à mes vœux une de ces nuits délicieuses, ou qu'elle prête tout un jour à mes sermens une oreille facile, je vois rouler dans ma demeure tous les flots du Pactole, et les perles que l'Océan recèle au fond de ses abîmes. Un plaisir pur me garantit alors une félicité plus grande que celle des rois; qu'elle dure seulement autant que durera ma vie!

Qui peut jouir de ses trésors, quand l'Amour lui est contraire? L'or n'a point de charme pour moi contre les rigueurs de la beauté. C'est la beauté qui brise les forces des plus grands héros, et qui imprime la douleur à l'âme la plus dure. L'Amour franchit avec confiance le seuil des riches palais; il s'approche de ce lit où brille la pourpre; il tourmente à son gré sa jeune et infortunée victime : et que servent alors et l'étoffe soyeuse et ses riches dessins? Mais qu'il répande sur moi ses faveurs,

Quæ mihi dum placata aderit, non ulla verebor
  Regna, nec Alcinoi munera despicere.

ELEGIA XV.

AD CYNTHIAM.

Sæpe ego multa tuæ levitatis dura timebam,
  Hac tamen excepta, Cynthia, perfidia.
Adspice me quanto rapiat Fortuna periclo :
  Tu tamen in nostro lenta timore venis;
Et potes hesternos manibus componere crines,
  Et longa faciem quærere desidia,
Nec minus Eois pectus variare lapillis,
  Ut formosa novo quæ parat ire viro.
At non sic Ithaci digressu mota Calypso
  Desertis olim fleverat æquoribus.
Multos illa dies incomtis mœsta capillis
  Sederat, injusto multa locuta salo;
Et quamvis numquam post hæc visura, dolebat
  Illa tamen, longæ conscia lætitiæ.
Alphesibœa suos ulta est pro conjuge fratres,
  Sanguinis et cari vincula rupit amor.
Nec sic Æsoniden rapientibus anxia ventis
  Hypsipyle vacuo constitit in thalamo :
Hypsipyle nullos post illos sensit amores,
  Ut semel Hæmonio tabuit hospitio.
Conjugis Evadne miseros elata per ignes

et je ne vois plus qu'avec dédain ou le sceptre des rois, ou les trésors d'Alcinoüs.

ÉLÉGIE XV.

A CYNTHIE.

J'ai souvent redouté, Cynthie, et ton inconstance et ses dangers, mais jamais cette dernière perfidie. Tu vois dans quel abîme la fortune m'entraîne, et tu viens à peine pour soulager mes terreurs; et tu peux rétablir d'une main tranquille ta chevelure en désordre, consacrer de longues heures pour relever tes attraits, et charger artistement ton sein des perles de l'Orient, comme la vierge qui s'avance, belle de jeunesse et de parure, à un premier hymen.

Calypso fut bien plus émue du départ d'Ulysse. Elle pleurait dans son île déserte. Assise, les cheveux épars, sur le rivage, elle maudissait pendant des jours entiers un injuste élément; et, quoiqu'elle n'espérât plus de revoir jamais le parjure, elle se livrait encore à la douleur, en se rappelant une longue félicité.

Alphésibée vengea sur ses frères le trépas d'un époux, et l'amour rompit les liens du sang les plus sacrés. Quand un vent favorable entraîna le fils d'Éson, Hypsipyle, enfermée tristement dans son palais solitaire, ferma désormais son cœur aux charmes de l'amour, et dépérit de jour en jour dans un morne veuvage. La pudique Évadné, l'honneur des femmes argiennes, se précipita

Occidit, Argivæ fama pudicitiæ.
Quarum nulla tuos potuit convertere mores,
  Tu quoque uti fieres nobilis historia.
Desine jam revocare tuis perjuria verbis,
  Cynthia, et oblitos parce movere deos,
Audax ah! nimium; nostro dolitura periclo,
  Si quid forte tibi durius inciderit.
MUTA prius vasto labentur flumina ponto,
  Annus et inversas duxerit ante vices,
Quam tua sub nostro mutetur pectore cura,
  Sis quodcumque voles, non aliena tamen,
Quamve mihi viles isti videantur ocelli,
  Per quos sæpe mihi credita perfidia est!
Hos tu jurabas, si quid mentita fuisses,
  Ut tibi suppositis exciderent manibus.
Et contra magnum potes hos adtollere Solem,
  Nec tremis admissæ conscia nequitiæ?
Quis te cogebat multos pallere colores,
  Et fletum invitis ducere luminibus?
Quîs ego nunc pereo, similes moniturus amantes:
  O nullis tutum credere blanditiis!

ELEGIA XVI.

JANUA LOQUITUR.

Quæ fueram magnis olim patefacta triumphis,
  Janua Tarpeiæ nota pudicitiæ,

dans le fatal bûcher qui consumait son époux. Mais de si beaux exemples n'ont pu changer le cœur de Cynthie. Que lui importe l'hommage de la postérité? Cesse donc, Cynthie, cesse de nouveaux parjures, et crains de réveiller le courroux des dieux. Trop de bonheur, hélas! t'encourage. Que tu gémirais sur mes dangers, si tu éprouvais jamais quelque peine!

Des fleuves entiers se perdront sans murmure dans l'immensité des mers, et l'année changera le cours des saisons, avant qu'un autre sentiment remplace ton amour dans mon cœur. Oui, quelles que soient tes rigueurs, Cynthie, je t'aimerai toujours; je ne verrai jamais avec indifférence ces yeux charmans qui m'ont fait croire tant de sermens trompeurs. Tu jurais naguère que si tu te rendais coupable d'un parjure, tu les arracherais toi-même de tes propres mains; et tu oses aujourd'hui les lever au ciel? et tu ne trembles pas au souvenir de ton crime? Qui te forçait à pâlir, à changer de couleur, à arracher de tes yeux une larme feinte? Voilà ce qui m'a perdu. Mais j'apprendrai par mon exemple, aux amans crédules, qu'il n'est pas sûr d'en croire de trompeuses caresses.

ÉLÉGIE XVI.

LA PORTE.

Moi que l'on ouvrait jadis pour de magnifiques triomphes, et que l'on connaissait chaste comme une vestale,

Cujus inaurati celebrarunt limina currus,
  Captorum lacrymis humida supplicibus :
Nunc ego, nocturnis potorum saucia rixis,
  Pulsata indignis sæpe queror manibus;
Et mihi non desunt turpes pendere corollæ
  Semper, et exclusi signa jacere faces;
Nec possum infamis dominæ defendere noctes,
  Nobilis obscænis tradita carminibus.
Nec tamen illa suæ revocatur parcere famæ,
  Turpior et sæcli vivere luxuria.

Has inter gravibus cogor deflere querelis,
  Supplicis a longis tristior excubiis.
Ille meos numquam patitur requiescere postes,
  Arguta referens carmina blanditia :
Janua, vel domina penitus crudelior ipsa,
  Quid mihi tam duris clausa taces foribus?
Cur numquam reserata meos admittis amores?
  Nescia furtivas reddere mota preces?
Nullane finis erit nostro concessa dolori,
  Tristis et in tepido limine somnus erit?
Me mediæ noctes, me sidera prona jacentem,
  Frigidaque Eoo me dolet aura gelu.
Tu sola humanos numquam miserata dolores
  Respondes tacitis mutua cardinibus.

O utinam trajecta cava mea vocula rima
  Percussas dominæ vertat in auriculas!
Sit licet et saxo patientior illa Sicano,
  Sit licet et ferro durior et chalybe;

au lieu du char doré qui honorait mon seuil, au lieu des supplications et des larmes des infortunés captifs, je ne vois plus aujourd'hui que des libertins, qui viennent, au sortir d'une orgie nocturne, me frapper et m'assaillir d'une main indigne. Chaque jour me retrouve chargée de couronnes qui me déshonorent, entourée des flambeaux qu'abandonne un amant éconduit. Comment défendrais-je maintenant les nuits d'une maîtresse trop célèbre, moi qu'on a livrée au scandale par des vers obscènes? Mais, hélas! elle n'en ménage pas plus son honneur; au milieu d'un âge corrompu, elle se distingue encore par ses désordres.

Et cependant je ne puis écouter, sans partager sa tristesse et ses larmes, les plaintes amères d'un amant, hélas! trop fidèle, qui passe auprès de moi de longues heures en vaines prières. Jamais il ne me laisse aucun repos; à chaque instant il m'assiège de ses vers langoureux. « O porte, dit-il, plus cruelle que ta maîtresse elle-même! pourquoi restes-tu fermée et silencieuse? Ne t'ouvriras-tu donc jamais à mon amour? ne saurais-tu, par un bruit léger, rendre furtivement mes prières? ne puis-je donc espérer aucun terme à mes ennuis, et faut-il que je réchauffe ton seuil en y cherchant un triste sommeil? C'est là que me trouvent gisant et la nuit et les étoiles au milieu de leur carrière; c'est là qu'au matin la brise compâtira à mes peines. Pour toi, toujours insensible, tu n'as jamais répondu que par le silence de tes gonds aux accens redoublés de mes douleurs.

Oh! si ma faible voix, se glissant par une fente légère, allait frapper enfin celle que j'aime! Bien qu'elle soit plus insensible que les rochers de la Sicile, plus inflexible que l'airain et le fer, elle ne pourrait cependant

Non tamen illa suos poterit compescere ocellos,
  Surget et invitis spiritus in lacrymis.
Nunc jacet alterius felici nixa lacerto :
  At mea nocturno verba cadunt Zephyro.
Sed tu sola mei, tu maxima causa doloris,
  Victa meis numquam, janua, muneribus.
Te non ulla meæ læsit petulantia linguæ,
  Quæ solet irato dicere verba loco,
Ut me tam longa raucum patiare querela
  Sollicitas trivio pervigilare moras.
At tibi sæpe novo deduxi carmina versu,
  Osculaque impressis nixa dedi gradibus.
Ante tuos quoties verti me, perfida, postes,
  Debitaque occultis vota tuli manibus!
Hæc ille, et si quæ miseri novistis amantes,
  Et matutinis obstrepit alitibus.
Sic ego nunc, dominæ vitiis et semper amantis
  Fletibus, æterna differor invidia.

ELEGIA XVII.

AD CYNTHIAM.

Et merito, quoniam potui fugisse puellam!
  Nunc ego desertas adloquor alcyonas.
Nec mihi Cassiope solito visura carinam est,
  Omniaque ingrato litore vota cadunt.

retenir quelques larmes, et la compassion se peindrait, malgré elle, dans son œil humide. Maintenant un autre plus heureux la possède dans ses bras, et moi, le Zéphyr de la nuit emporte au loin mes plaintes. Toi seule es la principale cause de mes chagrins, ô porte, que mes présens n'ont jamais pu vaincre; et cependant tu fus toujours ménagée par ma langue, qui respecta rarement quelque chose dans ses emportemens. Pourquoi souffrir que je m'épuise par mille plaintes, que je passe dans les carrefours de Rome des nuits d'inquiétude et d'insomnie? Souvent, au contraire, j'ai composé en ton honneur une élégie nouvelle, et j'ai imprimé sur tes marches des baisers brûlans. Que de fois encore, perfide, ne me suis-je pas prosterné devant toi, et ne t'ai-je pas rendu en secret l'hommage que je t'avais promis? »

Ces plaintes, et celles que vous connaissez tous, amans infortunés, troublent chaque jour l'harmonie matinale des oiseaux. Ainsi les mœurs de ma maîtresse et les larmes d'un amant fidèle m'exposent sans défense à d'éternels reproches.

ÉLÉGIE XVII.

A CYNTHIE.

Oui, puisque j'ai pu m'éloigner de Cynthie, je mérite d'invoquer l'alcyon solitaire. L'étoile de Cassiope ne luira plus sur mon navire, et tous mes vœux se dissipent en fumée loin d'un ingrat rivage. Vois, Cyn-

Quin etiam absenti prosunt tibi, Cynthia, venti:
    Adspice quam sævas increpat aura minas.
Nullane placatæ veniet fortuna procellæ?
    Hæccine parva meum funus arena teget?
Tu tamen in melius sævas converte querelas:
    Sat tibi sit pœnæ nox et iniqua vada.
An poteris siccis mea fata reponere ocellis,
    Ossaque nulla tuo nostra tenere sinu?
Ah pereat, quicumque rates et vela paravit
    Primus, et invito gurgite fecit iter!

NONNE fuit levius dominæ pervincere mores,
    Quamvis dura, tamen rara puella fuit,
Quam sic ignotis circumdata litora silvis
    Cernere, et optatos quærere Tyndaridas?
Illic si qua meum sepelissent fata dolorem,
    Ultimus et posito staret amore lapis;
Illa meo caros donasset funere crines,
    Molliter et tenera poneret ossa rosa;
Illa meum extremo clamasset pulvere nomen,
    Ut mihi non ullo pondere terra foret.

AT vos, æquoreæ formosa Doride natæ,
    Candida felici solvite vela choro.
Si quando vestras labens Amor adtigit undas,
    Mansuetis socio parcite litoribus.

thie, vois la tempête te venger de mon absence, et faire retentir autour de moi des menaces terribles. Hélas! un calme heureux ne viendra-t-il point apaiser l'orage? Faut-il qu'un sable léger me serve de tombeau? Ah! répare de tes vœux une malédiction fatale; je suis assez puni par l'absence du jour et les fureurs de la tempête. Te retracerais-tu d'un œil sec mon trépas? Serait-ce sans regret que tu ne presserais point sur ton cœur mes tristes restes? Périsse à jamais celui qui se confia le premier à un vaisseau et à des voiles pour s'ouvrir, malgré les dieux, une route à travers mille abîmes!

N'eût-il pas mieux valu supporter les dédains de Cynthie, qui, malgré ses rigueurs, se distinguait par des qualités rares, que d'errer ainsi sur des rivages inconnus, bordés d'impénétrables forêts, et de chercher au ciel l'étoile désirée des enfans de Léda? Si le destin eût enseveli auprès d'elle mes douleurs, si le marbre funéraire marquait la fin de mon amour, elle eût sacrifié du moins sa belle chevelure à des restes chéris; elle les eût déposés mollement sur un lit de roses, et, en prononçant une dernière fois sur ma tombe le nom de son amant, elle eût demandé aux dieux que la terre me fût légère.

Vous cependant, nymphes de la mer, qui devez le jour à la belle Doris, enflez à l'envi et d'un souffle propice mes blanches voiles. Si l'Amour, dans son vol, effleura jamais vos demeures humides, rendez ces rivages favorables à votre compagnon d'esclavage.

ELEGIA XVIII.

DE CYNTHIA QUERELÆ.

Hæc certe deserta loca et taciturna querenti,
 Et vacuum Zephyri possidet aura nemus.
Hic licet occultos proferre impune dolores,
 Si modo sola queant saxa tenere fidem.

Unde tuos primum repetam, mea Cynthia, fastus?
 Quod mihi das flendi, Cynthia, principium?
Qui modo felices inter numerabar amantes,
 Nunc in amore tuo cogor habere notam.
Quid tantum merui? quæ te mihi crimina mutant?
 An nova tristitiæ causa puella tuæ?
Sic mihi te referas levis, ut non altera nostro
 Limine formosos intulit ulla pedes.
Quamvis multa tibi dolor hic meus aspera debet,
 Non ita sæva tamen venerit ira mea,
Ut tibi sim merito semper furor, et tua flendo
 Lumina dejectis turpia sint lacrymis.
An quia parva damus mutato signa calore,
 Et non ulla meo clamat in ore fides?
Vos eritis testes, si quos habet arbor amores,
 Fagus et Arcadio pinus amica deo.
Ah quoties teneras resonant mea verba sub umbras,
 Scribitur et vestris *Cynthia* corticibus!
An tua quod peperit nobis injuria curas,

ÉLÉGIE XVIII.

LES PLAINTES.

Oui, le Zéphyr seul anime de son souffle ces ombrages solitaires et ces lieux écartés, toujours muets à mes plaintes. Ici je puis redire sans crainte mes douleurs secrètes, à moins que les rochers eux-mêmes ne deviennent infidèles.

A quelle époque, ô ma Cynthie, reporterai-je tes premiers dédains? Quelle fut la cause de mes premiers pleurs? Moi que l'on citait naguère parmi les amans fortunés, je me trouve aujourd'hui marqué du sceau de tes mépris. Comment ai-je mérité tant d'infortunes? quel crime a pu changer ton cœur? Une rivale est-elle cause de ta tristesse? Ah! reviens à moi, s'il est vrai que jamais une autre femme, quelle que fût sa beauté, n'a mis le pied dans ma demeure. La douleur dont tu me rends victime demanderait cependant une vengeance; mais je ne suis point assez aveugle pour me rendre à jamais l'objet de ta haine, et pour ternir l'éclat de tes beaux yeux en les condamnant aux larmes. Crains-tu mon inconstance, parce que tu ne vois dans mon extérieur et sur mon visage que de faibles marques de mon amour? J'en appelle à témoin le hêtre, le pin, chéri du dieu d'Arcadie, et vous, arbres, si jamais vous avez connu l'amour. Que de fois mes accens ont retenti sous leurs voluptueux ombrages! que de fois ton nom, ô ma Cynthie, fut gravé sur leur écorce!... Ne me crois pas insensible

Quæ solum tacitis cognita sunt foribus?
Omnia consuevi timidus perferre superbæ
  Jussa, neque arguto facta dolore queri.
Pro quo, divini fontes et frigida rupes!
  Et datur inculto tramite dura quies;
Et quodcumque meæ possunt narrare querelæ,
  Cogor ad argutas dicere solus aves.
Sed qualiscumque es, resonent mihi *Cynthia* silvæ,
  Nec deserta tuo nomine saxa vacent.

ELEGIA XIX.

AD CYNTHIAM.

Non ego nunc tristes vereor, mea Cynthia, Manes,
  Nec moror extremo debita fata rogo :
Sed ne forte tuo careat mihi funus amore,
  Hic timor est ipsis durior exsequiis.
Non adeo leviter nostris puer hæsit ocellis,
  Ut meus oblito pulvis amore vacet.
Illic Phylacides jucundæ conjugis heros
  Non potuit cæcis immemor esse locis;
Sed cupidus falsis adtingere gaudia palmis,
  Thessalis antiquam venerat umbra domum.

à tes rigueurs, si je n'ai raconté qu'à tes portes muettes les nombreux soucis qui me dévorent. Timide amant, j'ai appris à plier sous les lois d'une maîtresse superbe, sans faire retentir au loin mes plaintes amères. Ce n'est toutefois qu'au bord d'une eau limpide, ou au milieu des rochers glacés, ou dans un sentier solitaire, que je goûte un pénible repos. Là, sans témoin, je redis à l'oiseau, qui m'écoute à peine, les plaintes que peut m'inspirer le désespoir. Oui, que tu sois contraire ou propice à ma tendresse, je veux, Cynthie, que les forêts retentissent de ton nom, que les rochers les plus déserts ne cessent de le redire.

ÉLÉGIE XIX.

A CYNTHIE.

Non, Cynthie, je ne redoute plus maintenant le triste séjour des Ombres, et je ne recule point devant le bûcher où la nature réclame un dernier tribut. Mais que ton amour, hélas! ne survive point à mes funérailles, voilà ma crainte, voilà ce qui est pour moi plus dur que le trépas lui-même. L'enfant de Vénus n'a point porté à mes yeux une blessure si légère, que ma cendre puisse oublier jamais l'objet de mes feux. Ainsi Protésilas conserva, jusque dans les ténèbres du Tartare, le souvenir d'une épouse adorée; et l'ombre du héros revint encore au palais antique de ses pères pour goûter dans de vains embrassemens un plaisir mensonger.

Illic, quidquid ero, semper tua dicar imago :
  Trajicit et fati litora magnus amor.
Illic formosæ veniant chorus heroinæ,
  Quas dedit Argivis Dardana præda viris :
Quarum nulla tua fuerit mihi, Cynthia, forma
  Gratior; et Tellus hoc ita justa sinat.
Quamvis te longæ remorentur fata senectæ,
  Cara tamen lacrymis ossa futura meis.
Quæ tu viva mea possis sentire favilla!
  Tum mihi non ullo mors sit amara loco.
Quam vereor, ne te contemto, Cynthia, busto
  Abstrahat a nostro pulvere iniquus amor,
Cogat et invitam lacrymas siccare cadentes!
  Flectitur adsiduis certa puella minis.
Quare, dum licet, inter nos lætemur amantes :
  Non satis est ullo tempore longus amor.

ELEGIA XX.

AD GALLUM.

Hoc pro continuo te, Galle, monemus amore,
  Id tibi ne vacuo defluat ex animo :
Sæpe imprudenti fortuna occurrit amanti.
  Crudelis Minyis dixerit Ascanius.

Est tibi non infra speciem, non nomine dispar,

Quelle que soit ma destinée, je t'appartiendrai toujours, ô ma Cynthie; un vif amour peut franchir à son gré le fatal rivage du Styx. Qu'elles viennent alors à moi, ces beautés célèbres qu'Ilion en cendres abandonna aux Grecs victorieux : il n'en est point, Cynthie, qui puisse te le disputer en grâces, et que la terre équitable te pardonne cette gloire. Aussi, quand même le destin t'accorderait une longue vieillesse, tes restes chéris seraient encore arrosés de mes larmes. Oh! si tu pouvais sentir sur mes cendres les mêmes feux! alors le trépas perdrait pour moi toute son amertume. Mais je crains, Cynthie, que tu n'oublies mon tombeau, que le cruel Amour ne t'arrache à une vaine poussière, qu'il ne te force à sécher tes pleurs malgré toi ; car il n'est point de femme dont la constance résiste à ses continuelles attaques. Livrons-nous donc, tandis qu'il en est temps, au plaisir d'une flamme mutuelle; l'amour ne saurait avoir jamais une trop longue durée.

ÉLÉGIE XX.

A GALLUS.

Écoute, cher Gallus, le conseil d'un ami fidèle, et qu'il reste toujours gravé dans ta pensée. L'amour sans la prudence est souvent exposé aux coups de la fortune; j'en appelle aux flots de l'Ascanius, de ce lac fatal aux Argonautes.

Hylas est l'objet de tes feux; Hylas, dont le nom et la

Thiodamanteo proximus ardor Hylae.
Huic tu, sive leges umbrosae flumina silvae,
  Sive Aniena tuos tinxerit unda pedes,
Sive Gigantea spatiabere litoris ora,
  Sive ubicumque vago fluminis hospitio:
Nympharum semper cupidas defende rapinas,
  Non minor Ausoniis est amor in Driasin,
Ne tibi sit durum montes et frigida saxa,
  Galle, neque expertos semper adire lacus;
Quae miser ignotis error perpessus in oris
  Herculis indomito fleverat Ascanio.

NAMQUE ferunt olim Pagasae navalibus Argo
  Egressam longe Phasidos isse viam;
Et jam praeteritis labentem Athamantidos undis
  Mysorum scopulis adplicuisse ratem.
Hic manus heroum placidis ut constitit oris,
  Mollia composita litora fronde tegit.
At comes invicti juvenis processerat ultra
  Raram sepositi quaerere fontis aquam.
Hunc duo sectati fratres, Aquilonia proles,
  Hunc super et Zetes, hunc super et Calais,
Oscula suspensis instabant carpere palmis,
  Oscula et alterna ferre supina fuga.
Ille sub extrema pendens secluditur ala,
  Et volucres ramo submovet insidias.
Jam Pandioniae cessit genus Orithyiae:
  Ah dolor! ibat Hylas, ibat Hamadryasin.
Hic erat Arganthi Pegae sub vertice montis
  Grata domus Nymphis humida Thyniasin;
Quam supra nullae pendebant debita curae

beauté rappellent le jeune ami d'Hercule. Que tu côtoies le fleuve à l'ombre d'une forêt épaisse, que tu baignes tes pieds dans les flots de l'Anio, que tu parcoures ces rivages illustrés par les combats des géans, ou que tu t'abandonnes à la foi d'une onde fugitive, défends ton Hylas contre l'amour et les embûches des Nymphes et des Dryades, qui ne sont pas moins sensibles dans notre Italie; autrement, Gallus, crains d'avoir à parcourir sans cesse les montagnes, les rochers glacés et les lacs inconnus; crains d'avoir à gémir, comme autrefois Hercule sur les rives de l'Ascanius, lorsqu'il eut erré long-temps éperdu dans des contrées lointaines.

En effet, l'on rapporte qu'autrefois le navire Argo sortit des chantiers de Pagasa pour se diriger vers le Phase, et que, laissant derrière lui les eaux de l'Hellespont, il vint aborder au milieu des écueils de la Mysie. Dès que l'essaim des héros grecs se fut arrêté sur ces rives paisibles, ils se font à l'envi des lits d'un tendre feuillage. Cependant le jeune Hylas s'était avancé plus loin pour chercher à l'écart une source dans ces lieux arides. Les deux fils d'Aquilon, Calaïs et Zéthès, l'accompagnent en volant autour de lui. Suspendus sur sa tête, ils planent, se rapprochent ou s'éloignent, et cependant lui ravissent tour-à-tour des baisers. Hylas se réfugie sous l'extrémité de leur aile, et cherche à s'y suspendre; puis il se débarrasse avec une baguette de leurs jeux amoureux. Mais, hélas! s'il met en fuite les fougueux enfans d'Orithye, c'est pour devenir bientôt la victime des Hamadryades.

Au pied du mont Arganthe étaient les sources de l'Ascanius que chérissaient les nymphes de Bithynie. On y voyait des fruits délicieux pendre sans culture à l'arbre

Roscida desertis poma sub arboribus,
Et circum irriguo surgebant lilia prato
Candida purpureis mixta papaveribus.
Quæ modo decerpens tenero pueriliter ungui,
Proposito florem prætulit officio;
Et modo formosis incumbens nescius undis,
Errorem blandis tardat imaginibus.
Tandem haurire parat demissis flumina palmis,
Innixus dextro plena trahens humero.
Cujus ut accensæ Dryades candore puellæ
Miratæ solitos destituere choros,
Prolapsum leviter facili traxere liquore.
Tum sonitum rapto corpore fecit Hylas.
Cui procul Alcides iterat responsa : sed illi
Nomen ab extremis fontibus aura refert.
His, o Galle, tuos monitus servabis amores
Formosum Nymphis credere tutus Hylan.

ELEGIA XXI.

GALLI UMBRA LOQUITUR.

Tu, qui consortem properas evadere casum,
Miles, ab Etruscis saucius aggeribus,
Quid nostro gemitu turgentia lumina torques?
Pars ego sum vestræ proxima militiæ.
Sic te servato possint gaudere parentes!

solitaire, et le lis, tapissant au loin la prairie humide, mêler sa blanche fleur à la pourpre des pavots. Hylas oublie son devoir pour les jeux de son âge; tantôt il cueille des fleurs d'une main légère; tantôt il se penche imprudemment sur la source limpide et trompe encore le temps, pendant qu'il regarde sa gracieuse image. Il veut enfin remplir son urne. Appuyé sur l'épaule droite, il tend le bras et la retire pleine. Mais les Dryades, enflammées d'amour pour tant de beauté, avaient abandonné à l'envi leurs danses ordinaires. Tout à coup leur main entraîne facilement le jeune Hylas, qui cède et tombe sous l'eau avec bruit. Hercule l'appelle et entend répéter son nom; mais c'est l'écho du rivage qui redit seul dans l'éloignement le nom du malheureux Hylas.

Que cette leçon, Gallus, te fasse veiller sur tes amours. Ton Hylas est trop beau pour le confier avec sûreté aux Nymphes.

ÉLÉGIE XXI.

L'OMBRE DE GALLUS PARLE.

Guerrier, qui reviens blessé du siège de Pérouse, et qui te hâtes d'éviter mon destin, pourquoi rouler de toutes parts tes yeux humides quand tu m'entends gémir? Et moi aussi, je fus le compagnon de toutes vos guerres. Que tes parens se réjouissent de te voir revenir plein de

Hæc soror acta tuis sentiat e lacrymis,
Gallum per medios ereptum Cæsaris enses
  Effugere ignotas non potuisse manus;
Et quæcumque super dispersa invenerit ossa
  Montibus Etruscis, hæc sciat esse mea.

ELEGIA XXII.

AD TULLUM.

Qualis, et unde genus, qui sint mihi, Tulle, Penates,
  Quæris pro nostra semper amicitia.
Si Perusina tibi patriæ sunt nota sepulcra,
  Italiæ et duris funera temporibus,
Quum Romana suos egit discordia cives;
  Sic, mihi præcipue, pulvis Etrusca, dolor,
Tu projecta mei perpessa es membra propinqui;
  Tu nullo miseri contegis ossa solo;
Proxima supposito contingens Umbria campo
  Me genuit, terris fertilis uberibus.

vie! Que ma sœur comprenne à tes larmes mon funeste sort! Dis-lui que son Gallus, échappé au glaive meurtrier de César, n'a pu éviter les embûches de vils brigands; et si l'on trouve jamais sur les collines de l'Étrurie des ossemens dispersés, qu'on les recueille pour ceux de l'infortuné Gallus.

ÉLÉGIE XXII.

A TULLUS.

Tu me demandes, Tullus, au nom d'une amitié constante, qui je suis, d'où je viens, et quels lieux m'ont vu naître? Tu connais ces murs de Pérouse, qui furent le tombeau des Romains et la ruine de l'Italie à une époque de deuil : alors la discorde armait nos citoyens entre eux; alors, fatale Étrurie, tu causas surtout mes douleurs, lorsque tu reçus dans tes plaines les membres dispersés de mon infortuné parent, et aujourd'hui encore tu refuses à ses restes un peu de terre. Non loin de là, Tullus, s'étendent les fertiles campagnes de l'Ombrie, où ton Properce a vu le jour.

SEXTI AURELII PROPERTII ELEGIARUM

LIBER II.

ELEGIA I.

AD MÆCENATEM.

Quæritis unde mihi toties scribantur amores,
　Unde meus veniat mollis in ora liber.
Non hæc Calliope, non hæc mihi cantat Apollo:
　Ingenium nobis ipsa puella facit.
Sive togis illam fulgentem incendere Cois,
　Hoc totum e Coa veste volumen erit;
Seu vidi ad frontem sparsos errare capillos,
　Gaudet laudatis ire superba comis;
Sive lyræ carmen digitis percussit eburnis,
　Miramur faciles ut premat arte manus;
Seu quum poscentes somnum declinat ocellos,
　Invenio causas mille poeta novas;
Seu nuda erepto mecum luctatur amictu,

ÉLÉGIES

DE

PROPERCE

LIVRE II.

ÉLÉGIE I.

A MÉCÉNE.

On demande pourquoi j'ai si souvent chanté les amours, et pourquoi mes écrits ne respirent que la mollesse? C'est qu'Apollon ni Calliope ne m'ont jamais dicté mes vers; c'est que mon talent n'est que mon amour pour Cynthie. Si je la vois s'avancer brillante sous les étoffes de Cos, je consacre un volume entier à leur magnificence. Si j'aperçois sa chevelure errer au hasard sur son front, je veux célébrer ce désordre, et qu'elle en soit fière. Frappe-t-elle de ses doigts d'ivoire les cordes d'une lyre, j'admire comme elle plie facilement à l'art son jeu léger. Un sommeil désiré ferme-t-il ses paupières, je trouve aussitôt mille sujets pour des chants nouveaux. Vient-elle enfin, demi-vêtue, me disputer un dernier vêtement, je compose à mon tour une longue Iliade.

Tunc vero longas condimus Iliadas;
Seu quidquid fecit, sive est quodcumque locuta,
  Maxima de nihilo nascitur historia.
Quod mihi si tantum, Maecenas, fata dedissent,
  Ut possem heroas ducere in arma manus,
Non ego Titanas canerem, non Ossan Olympo
  Impositam, ut coeli Pelion esset iter;
Non veteres Thebas, nec Pergama, nomen Homeri,
  Xerxis et imperio bina coisse vada,
Regnave prima Remi, aut animos Carthaginis altae,
  Cimbrorumque minas et benefacta Mari:
Bellaque resque tui memorarem Caesaris, et tu
  Caesare sub magno cura secunda fores.
Nam quoties Mutinam, aut civilia busta, Philippos,
  Aut canerem Siculae classica bella fugae;
Eversosque focos antiquae gentis Etruscae,
  Et Ptolemaeeae litora capta Phari;
Aut canere inciperem et Nilum, quum tractus in urbem
  Septem captivis debilis ibat aquis;
Aut regum auratis circumdata colla catenis,
  Actiaque in Sacra currere rostra via:
Te mea Musa illis semper contexeret armis,
  Et sumta et posita pace fidele caput.
Theseus infernis, superis testatur Achilles,
  Hic Ixioniden, ille Menoetiaden.

Sed neque Phlegraeos Jovis Enceladique tumultus
  Intonet angusto pectore Callimachus;
Nec mea conveniunt duro praecordia versu
  Caesaris in Phrygios condere nomen avos.

Oui, quelque chose qu'elle fasse ou qu'elle dise, un rien fournit matière à tout un poëme.

Si les destins, Mécène, m'avaient accordé assez de génie pour peindre à grands traits les combats des héros, je ne chanterais ni les Titans, qui entassaient l'Ossa sur l'Olympe pour que le Pélion touchât le ciel, ni les anciennes guerres de Thèbes, ni Pergame, illustrée par Homère, ni Xerxès, qui réunissait deux mers par sa volonté, ni le berceau de Rome, ou la fierté de Carthage, ou les menaces des Cimbres et les trophées de Marius ; je rappellerais les exploits et l'empire de ton Auguste, et tu serais après lui le sujet ordinaire de mes chants. En effet, quand je dirais les guerres civiles de Modène et de Philippes, ou les victoires remportées, dans les mers de Sicile, sur un ennemi en fuite, ou la ruine des foyers antiques dont s'enorgueillissait l'Étrurie ; quand je célèbrerais la conquête du Phare, orgueil des Ptolémées, ou l'humiliation du Nil, dont les eaux captives coulaient languissamment dans leurs sept canaux au milieu des murs de Rome, ou enfin les rois qui s'avançaient courbés sous nos chaînes d'or, et les trophées d'Actium qui couvraient au loin la voie Sacrée : ma Muse t'associerait toujours à ces glorieux triomphes, toi, le fidèle ami d'Auguste et dans la guerre et dans la paix. Ainsi Thésée, dans les enfers, et Achille, chez les dieux, n'oublient point encore leur amitié pour Patrocle et pour Pirithoüs.

Mais Callimaque n'eût jamais entonné avec si peu d'haleine les guerres de Jupiter et des Géans, et mon génie ne saurait placer le nom de César, par des chants majestueux, au milieu des noms glorieux de son antique

Navita de ventis, de tauris narrat arator,
  Enumerat miles vulnera, pastor oves;
Nos contra angusto versamus proelia lecto.
  Qua pote quisque, in ea conterat arte diem.
Laus in amore mori; laus altera, si datur uno
  Posse frui : fruar o solus amore meo!
Si memini, solet illa leves culpare puellas,
  Et totam ex Helena non probat Iliada.

Seu mihi sunt tangenda novercae pocula Phaedrae,
  Pocula privigno non nocitura suo;
Seu mihi Circaeo pereundum est gramine; sive
  Colchis Iolciacis urat ahena focis;
Una meos quoniam praedata est femina sensus,
  Ex hac ducentur funera nostra domo.
Omnes humanos sanat medicina dolores :
  Solus amor morbi non amat artificem.
Tarda Philoctetae sanavit crura Machaon,
  Phoenicis Chiron lumina Phillyrides;
Et deus exstinctum Cressis Epidaurius herbis
  Restituit patriis Androgeona focis;
Mysus et Haemonia juvenis qua cuspide vulnus
  Senserat, hac ipsa cuspide sensit opem.
Hoc si quis vitium poterit mihi demere, solus
  Tantaleae poterit tradere poma manu;
Dolia virgineis idem ille repleverit urnis,
  Ne tenera adsidua colla graventur aqua;
Idem Caucasia solvet de rupe Promethei
  Brachia, et a medio pectore pellet avem.

famille. Le pilote parle des vents et le laboureur de ses taureaux ; le soldat compte ses blessures, et le berger ses brebis ; pour moi, je livre, sur une couche étroite, des combats pleins de charmes. Que chacun, à mon exemple, consacre ses jours à la carrière pour laquelle il est né ! Ma gloire, c'est de mourir dans mon amour, ou, s'il en est une autre, c'est de pouvoir triompher par ma constance : mais qu'aucun rival, ô ma Cynthie, ne m'enlève ta conquête ! Souvent, si je l'ai bien compris, tu accusais l'inconstance des femmes ; Hélène infidèle ternissait à tes yeux l'Iliade entière.

Quand je devrais approcher de mes lèvres les philtres amoureux que Phèdre préparait en vain pour son Hippolyte ; quand je devrais périr par les breuvages de Circé, ou que Médée recommencerait pour moi les enchantemens d'Iolcos ; puisque Cynthie a captivé seule tous mes sens, de sa demeure partira un jour mon cortège funèbre. L'homme n'a point de douleurs qui ne le cèdent enfin à l'art ; mais l'amour seul repousse la main qui veut le guérir. Machaon ferma la plaie cruelle de Philoctète ; Chiron, fils de Phillyre, rendit la vie à Phénix ; le dieu d'Épidaure, à l'aide des simples de la Crète, arracha Androgée au trépas, et le ramena au foyer paternel ; Télèphe, frappé aux bords troyens par la lance d'Achille, sentit sa blessure soulagée par le fer même qui l'avait faite : mais si l'on pouvait m'ôter le mal qui me consume, on fixerait aussi dans les mains de Tantale les fruits qui lui échappent toujours ; on remplirait le tonneau des Danaïdes, et l'urne pesante ne chargerait plus sans cesse leurs jeunes épaules ; on détacherait des cimes du Caucase l'infortuné Prométhée, et l'on éloignerait de son cœur le cruel vautour qui le ronge.

Quandocumque igitur vitam mea fata reposcent,
  Et breve in exiguo marmore nomen ero;
Maecenas, nostrae spes invidiosa juventae,
  Et vitae et morti gloria justa meae,
Si te forte meo ducet via proxima busto,
  Esseda caelatis siste Britanna jugis,
Taliaque illacrymans mutae jace verba favillae:
  Huic misero fattim dura puella fuit!

ELEGIA II.

DE CYNTHIA.

Liber eram, et vacuo meditabar vivere lecto:
  At me composita pace fefellit Amor.
Cur haec in terris facies humana moratur?
  Juppiter, ignosco pristina furta tua.
Fulva coma est, longaeque manus, et maxima toto
  Corpore; et incedit vel Jove digna soror,
Aut quum Dulichias Pallas spatiatur ad aras,
  Gorgonis anguiferae pectus operta comis;
Qualis et Ischomache, Lapithae genus heroinae,
  Centauris medio grata rapina mero,
Mercurio et sanctis fertur Boebeidos undis
  Virgineum Brimo composuisse latus.
Cedite jam, divae, quas pastor viderat olim
  Idaeis tunicam ponere verticibus.

Aussi, quand les destins me redemanderont mes jours, et qu'il ne restera de moi qu'un nom sur un marbre fragile, ô toi, l'espoir de ma jeunesse; toi, Mécène, qui attaches à ma vie, qui attacheras à mon trépas et tant d'envie et tant de gloire, si le hasard te conduit un jour auprès de mon tombeau, arrête un instant ton char magnifique, et jète à ma cendre muette quelques pleurs, et ces mots : L'infortuné! son destin fut d'aimer, hélas! et sans retour!

ÉLÉGIE II.

ÉLOGE DE CYNTHIE.

J'étais libre, et je voulais vivre sans amante; car l'amour échappait à mes regards sous une tranquillité trompeuse. Pourquoi tant de beauté se trouve-t-elle encore sur la terre? O Jupiter, je comprends aujourd'hui tes faiblesses. Voyez cette blonde chevelure, ces doigts effilés, cette taille, ce port majestueux que ne désavouerait pas Junon. Ainsi marche Pallas, quand elle couvre sa poitrine, comme à Dulichium, des serpens affreux de la Gorgone. Telle parut encore Ischomaque, quand les Centaures, séduits par ses charmes, l'enlevèrent au milieu des festins à sa mère tremblante; ou telle, sur les rives de Bébéide, Proserpine, encore vierge, abandonna pour la première fois ses jeunes attraits à Mercure. Cédez la palme à Cynthie, déesses que Pâris vit autrefois sans voiles sur les sommets de

Hanc utinam faciem nolit mutare senectus,
  Etsi Cumaeae saecula vatis aget!

ELEGIA III.

DE CYNTHIA.

Qui nullam tibi dicebas jam posse nocere,
  Haesisti; cecidit spiritus ille tuus.
Vix unum potes, infelix, requiescere mensem,
  Et turpis de te jam liber alter erit.

Quaerebam sicca si posset piscis arena,
  Nec solitus ponto vivere torvus aper,
Aut ego si possem studiis vigilare severis:
  Differtur, numquam tollitur ullus amor.
Nec me tam facies, quamvis sit candida, cepit;
  Lilia non domina sunt magis alba mea;
Ut Maeotica nix minio si certet Hibero,
  Utque rosae puro lacte natant folia;
Nec de more comae per laevia colla fluentes,
  Non oculi, geminae, sidera nostra, faces;
Nec si qua Arabio lucet bombyce puella,
  Non sum de nihilo blandus amator ego,
Quantum quod posito formose saltat Iaccho,
  Egit ut evantes dux Ariadna choros;
Et quantum, Aeolio quum tentat carmina plectro,

l'Ida. Que la vieillesse épargne seulement tant de beauté, quand même Cynthie devrait vivre autant que la sibylle de Cumes!

ÉLÉGIE III.

SUR CYNTHIE.

Tu disais, me répète-t-on, que rien désormais ne saurait te nuire : te voilà pris, et ton orgueil est tombé. A peine si tu as pu demeurer un mois tranquille; voici déjà d'autres vers qui dévouent ton nom à l'infamie.

Je cherchais si le poisson pouvait vivre à sec sur le rivage, et le sanglier farouche au fond des eaux, ou si je pourrais me livrer à des goûts plus sérieux. On se distrait, mais l'on n'arrache jamais l'amour de son cœur.

Ce n'est pas seulement la beauté de Cynthie qui m'a séduit, quoique son teint puisse le disputer aux lis en blancheur, et qu'il rappelle la pourpre d'Espagne mêlée aux neiges de Scythie, ou la feuille de rose sur le lait le plus pur; ce ne sont pas les cheveux qui flottent au hasard sur un cou d'albâtre, ni ces yeux, brillantes étoiles que je prends pour guides, ni les riches vêtemens que l'Arabie envoie à nos belles; il faut, pour me charmer, des avantages moins vulgaires. Comme elle danse, au sortir du festin, avec plus de grâce qu'Ariadne quand elle conduit les chœurs des Bacchantes! comme son archet le dispute à la lyre des Muses, lorsqu'elle essaie de

Par Aganippeæ ludere docta lyræ;
Et sua quum antiquæ committit scripta Corinnæ,
　Carminaque Erinnes non putat æqua suis.

Num tibi nascenti primis, mea vita, diebus
　Candidus argutum sternuit omen Amor?
Hæc tibi contulerunt cœlestia munera divi;
　Hæc tibi ne matrem forte dedisse putes.
Non, non humani sunt partus talia dona;
　Ista decem menses non peperere bona.
Gloria Romanis una es tu nata puellis.
　Romana adcumbes prima puella Jovi,
Nec semper nobiscum humana cubilia vises:
　Post Helenam hæc terris forma secunda redit.
Hac ego nunc mirer si flagret nostra juventus?
　Pulchrius hac fuerat, Troja, perire tibi.

Olim mirabar, quod tanti ad Pergama belli
　Europæ atque Asiæ causa puella fuit:
Nunc, Pari, tu sapiens, et tu, Menelae, fuisti;
　Tu, quia poscebas, tu, quia lentus eras.
Digna quidem facies, pro qua vel obiret Achilles;
　Vel Priamo belli causa probanda fuit.

Si quis vult fama tabulas anteire vetustas,
　Hic dominam exemplo ponat in ante meam.
Sive illam Hesperiis, sive illam ostendet Eois,
　Uret et Eoos, uret et Hesperios.
His saltem ut tenear jam finibus! aut mihi si quis,
　Acrius ut moriar, venerit alter amor!

savans accords sur le luth harmonieux d'Éolie ! Ses écrits l'emportent en grâce sur ceux de Corinne elle-même, et la célèbre Érynna n'oserait rivaliser avec elle de poésie.

Ne faut-il pas, ma Cynthie, que l'Amour ait marqué des plus doux présages les premiers jours de ta vie ? Ces dons célestes, tu ne les dois qu'aux dieux ; ne va pas en faire hommage à ta mère. Non, non, les mortels ne sauraient donner de tels trésors, et neuf mois de travail n'engendreraient jamais ces qualités précieuses. Tu es née pour devenir l'orgueil des dames romaines, et pour partager la première la couche du maître des dieux. De tels attraits n'ont point été créés pour les seuls mortels ; car jamais la terre n'a vu, depuis Hélène, une beauté aussi parfaite. Comment s'étonner ensuite que la jeunesse romaine brûle tout entière pour elle ? Ta gloire, Ilion, serait plus belle encore, si tu étais tombée pour Cynthie.

Je m'étonnais autrefois qu'une femme eût pu causer entre l'Europe et l'Asie une guerre aussi funeste. Mais aujourd'hui, Pâris, Ménélas, je vous regarde comme sages ; toi, de réclamer Hélène, et toi, de la refuser. Oui, tant de beauté méritait bien qu'Achille succombât pour elle ; oui, même aux yeux de Priam, jamais guerre ne fut plus légitime.

S'il est un peintre qui veuille effacer tous les chefs-d'œuvre anciens, qu'il prenne ma Cynthie pour son modèle ; qu'il la montre aux peuples du Couchant ou de l'Aurore, et les peuples de l'Aurore ou du Couchant s'enflammeront à sa vue. Puissé-je au moins rester toujours dans ses chaînes ; ou que je périsse au comble des maux, si j'écoutais jamais quelque autre amour !

Ac veluti primo taurus detractat aratra,
　Post venit adsueto mollis ad arva jugo;
Sic primo juvenes trepidant in amore feroces,
　Dehinc domiti post hæc æqua et iniqua ferunt.
Turpia perpessus vates est vincla Melampus,
　Cognitus Iphicli subripuisse boves;
Quem non lucra, magis Pero formosa coegit,
　Mox Amythaonia nupta futura domo.

ELEGIA IV.

Multa prius dominæ delicta queraris oportet;
　Sæpe roges aliquid, sæpe repulsus eas,
Et sæpe immeritos corrumpas dentibus ungues,
　Et crepitum dubio suscitet ira pede.
Nequidquam perfusa meis unguenta capillis,
　Ibat et expenso planta morata gradu.
Non hic herba valet, non hic nocturna Cytæis,
　Non Perimedeæ gramina cocta manus.
Quippe ubi nec causas nec apertos cernimus ictus,
　Unde tamen veniant tot mala, cæca via est.
Non eget hic medicis, non lectis mollibus æger;
　Huic nullum cœli tempus et aura nocet.
Ambulat; et subito mirantur funus amici.
　Sic est incautum, quidquid habetur amor.

Le taureau refuse d'abord le joug; mais bientôt il s'y accoutume, et conduit avec patience la charrue dans nos sillons: ainsi le jeune homme repousse d'abord avec fierté l'Amour; mais bientôt le dieu triomphe et le plie à tous ses caprices. Le devin Mélampe se vit chargé d'indignes fers, lorsqu'il fut honteusement surpris à dérober les troupeaux d'Iphiclus; l'amour du gain ne l'entraînait point au larcin, mais plutôt la beauté célèbre de Péro, que devait épouser un an après l'heureux Bias, son frère.

ÉLÉGIE IV.

Avant d'obtenir les faveurs d'une maîtresse, il faut se plaindre de mille caprices, demander souvent, se voir souvent repoussé, ronger de ses dents des ongles bien innocens de nos peines, et, dans son courroux, frapper mille fois la terre d'un pied incertain. Je prodiguais inutilement les parfums à ma chevelure, et je m'approchais en vain d'un pas suspendu par le respect. Ni les philtres, ni les enchantemens nocturnes de Médée, ni les breuvages que préparerait Périmédé elle-même, ne peuvent rien contre l'amour. C'est un mal dont nous ne connaissons ni la cause ni les symptômes; nous sentons les coups qu'il nous porte, mais sans voir par où il nous frappe. L'art des médecins devient inutile. Le duvet ne soulage point le malade; les intempéries et le grand air ne peuvent lui nuire : il se promène, et tout à coup ses

Nam cui non ego sum fallaci praemia vati?
  Quae mea non decies somnia versat anus?

Hostis si quis erit nobis, amet ille puellam:
  Gaudeat in puero, si quis amicus erit.
Tranquillo tuta descendis flumine cymba:
  Quid tibi tam parvi litoris unda nocet?
Alter saepe uno mutat praecordia verbo:
  Altera vix ipso sanguine mollis erit.

ELEGIA V.

AD CYNTHIAM.

Hoc verum est, tota te ferri, Cynthia, Roma,
  Et non ignota vivere nequitia?
Hoc merui sperare? dabis mihi, perfida, poenas:
  Et nobis aliquo, Cynthia, ventus erit.
Inveniam tamen e multis fallacibus unam,
  Quae fieri nostro carmine nota velit;
Nec mihi tam duris insultet moribus, et te
  Vellicet. Heu sero flebis, amata diu!

Nunc est ira recens, nunc est discedere tempus:
  Si dolor abfuerit, crede, redibit amor.
Non ita Carpathiae variant Aquilonibus undae,

amis étonnés apprennent son trépas. Ainsi l'amour, et tel est son caractère, ne frappe que des coups imprévus. Qui le sait comme moi? De quel devin aux trompeuses promesses n'ai-je pas été tributaire? Quelle vieille magicienne n'a pas commenté plus de dix fois mes songes?

Je souhaite à mon ennemi, si j'en ai, qu'il aime une maîtresse; à mon ami, l'amour d'un jeune garçon. Une barque vogue en sûreté sur un fleuve tranquille; et que pourrait l'eau contre elle, quand le rivage est si proche? Un mot seul change souvent le cœur d'un ami; une maîtresse dépose à peine ses rigueurs, quand elle voit le sang couler à longs flots.

ÉLÉGIE V.

A CYNTHIE.

Il est donc vrai, Cynthie; tes amours sont la fable de Rome, et tes nombreuses perfidies ne sont plus un mystère. Devais-je m'attendre à ton parjure? Mais je t'en punirai, cruelle, et le même zéphyr dissipera aussi mes sermens. Peut-être, parmi tant de beautés trompeuses, en trouverai-je une qui consente à devenir célèbre par mes chants, qui ne m'insulte pas chaque jour par ses rigueurs, et qui te pique : alors tu pleureras, mais trop tard, un amour long-temps dédaigné.

Fuyons : voici l'instant propice, et ma colère est dans toute sa force; l'amour reviendrait encore, je le crains, si ma douleur se calmait. Les flots de l'Adriatique obéis-

Nec dubio nubes vertitur atra Noto;
Quam facile irati verbo mutantur amantes :
  Dum licet, injusto subtrahe colla jugo.
Nec tu non aliquid, sed prima nocte, dolebis :
  Omne in amore malum, si patiare, leve est.

At tu, per dominæ Junonis dulcia jura,
  Parce tuis animis, vita, nocere tibi.
Non solum taurus ferit uncis cornibus hostem,
  Verum etiam instanti læsa repugnat ovis.
Nec tibi perjuro scindam de corpore vestes,
  Nec mea præclusas fregerit ira fores;
Nec tibi connexos iratus carpere crines,
  Nec duris ausim lædere pollicibus.
Rusticus hæc aliquis tam turpia prœlia quærat,
  Cujus non hederæ circuiere caput.
Scribam igitur, quod non umquam tua deleat ætas :
  Cynthia forma potens, Cynthia verba levis.
Crede mihi, quamvis contemnas murmura famæ,
  Hic tibi pallori, Cynthia, versus erit.

ELEGIA VI.

AD CYNTHIAM.

Non ita complebant Ephyreæ Laidos ædes,
  Ad cujus jacuit Græcia tota fores;
Turba Menandreæ fuerat nec Thaidos olim

sent moins souvent au caprice de l'aquilon, ou les sombres nuages au vent du midi qui les chasse, qu'un amant en courroux ne change au moindre mot de son amante. Secouons un joug odieux, tandis qu'il en est temps : il m'en coûtera sans doute, mais pour une seule nuit ; les maux que cause l'amour deviennent légers, quand on résiste à la première atteinte.

Ah ! Cynthie, je t'en conjure au nom des droits sacrés de Junon, prends garde qu'une erreur ne te nuise à toi-même. Le taureau frappe son ennemi de ses cornes menaçantes ; mais quelquefois aussi la brebis timide se révolte contre la main qui la blesse. Malgré ton parjure, je n'irai pas déchirer tes vêtemens, briser tes portes dans ma colère, saisir, dans mon désespoir, tes boucles gracieuses, et te meurtrir enfin dans une dure étreinte ; ces honteuses violences ne conviennent qu'à l'amant grossier, dont le lierre ne ceignit jamais la tête. Pour moi, je ne veux qu'écrire ces mots, que ta vie entière n'effacera pas : « Cynthie fut belle, mais Cynthie fut volage ; » et, crois-moi, bien que tu méprises de vains murmures, tu pâliras, Cynthie, en lisant ma vengeance.

ÉLÉGIE VI.

A CYNTHIE.

Laïs, à Corinthe, voyait sa maison pleine d'amans, et la Grèce entière à ses portes ; Thaïs, que célébra Ménandre, s'applaudit autrefois, à Athènes, d'un nom-

Tanta, iu qua populus lusit Erichthonius;
Nec, quæ deletas potuit componere Thebas,
Phryne tam multis facta beata viris.
Quin etiam falsos fingis tibi sæpe propinquos,
Oscula nec desunt qui tibi jure ferant.
Me juvenum pictæ facies, me nomina lædunt,
Me tener in cunis et sine voce puer;
Me lædit, si multa tibi dedit oscula mater;
Me soror, et quum quæ dormit amica simul;
Omnia me lædunt; timidus sum, ignosce timori;
Et miser in tunica suspicor esse virum.
His olim, ut fama est, vitiis ad prœlia ventum est;
His Trojana vides funera principiis.
Aspera Centauros eadem dementia jussit
Frangere in adversum pocula Pirithoum.
Cur exempla petam Graium? tu criminis auctor,
Nutritus duræ, Romule, lacte lupæ.
Tu rapere intactas docuisti impune Sabinas;
Per te nunc Romæ quidlibet audet Amor.
Felix Admeti conjux et lectus Ulyssis,
Et quæcumque viri femina limen amat!

Templa Pudicitiæ quid opus statuisse puellis,
Si cuivis nuptæ cuilibet esse licet?
Quæ manus obscenas depinxit prima tabellas,
Et posuit casta turpia visa domo,
Illa puellarum ingenuos corrupit ocellos,
Nequitiæque suæ noluit esse rudes.
Ah gemat, in terris ista qui protulit arte
Jurgia sub tacita condita lætitia!

breux cortège d'adorateurs qui papillonnait autour d'elle; Phryné, qui put relever Thèbes de ses ruines, dut aux amans qu'elle accueillit ces éclatantes richesses : mais toi, Cynthie, mille fois plus coquette, souvent encore tu te donnes de prétendus parens, qui viennent, sous ce titre, te prodiguer leurs caresses. Hélas! un portrait, un nom, l'enfant au berceau qui parle à peine, suffit cependant pour m'alarmer. Ta mère, si elle réitère ses baisers; ta sœur, l'amie qui partage ta couche, tout me porte ombrage. Pardonne une jalousie que je déplore; infortuné! je crois voir un homme près de toi jusque sous les vêtemens d'une femme.

L'amour! voilà ce qui causa jadis bien des combats. Ce fut l'étincelle qui réduisit Troie en cendres, ce fut l'instinct farouche qui poussa les Centaures à briser leurs coupes et à s'élancer contre Pirithoüs. Mais pourquoi emprunter aux Grecs des exemples? C'est toi que j'accuse, Romulus, toi à qui une louve fit sucer la férocité avec le lait. Tu enlevas impunément les chastes Sabines, et aujourd'hui l'amour justifie de ton nom les excès qui le déshonorent. Que j'envie, hélas! la fidèle épouse d'Admète, et la chaste Pénélope, et la femme qui trouve le bonheur auprès de son époux!

A quoi servent ces temples élevés à la Pudeur, si la vierge seule y sacrifie, si l'épouse peut rejeter à son gré toute contrainte? Qu'elle est coupable, la main qui peignit la première des tableaux obscènes et qui souilla par de honteux sujets la chasteté de nos demeures! Chaque jour elle corrompt l'innocence en parlant aux yeux, et elle lui enseigne avec orgueil tous ses vices. Qu'il périsse à jamais, hélas! celui qui reproduisit avec tant d'art ces charmans débats que l'amant ensevelit avec ivresse dans

Non istis olim variabant tecta figuris;
  Tum paries nullo crimine pictus erat.
Sed non immerito velavit aranea fanum,
  Et mala desertos occupat herba deos.

Quos igitur tibi custodes, quæ limina ponam,
  Quæ numquam supra pes inimicus eat?
Nam nihil invitæ tristis custodia prodest:
  Quam peccare pudet, Cynthia, tuta sat est.

Nos uxor numquam, numquam diducet amica:
  Semper amica mihi, semper et uxor eris.

ELEGIA VII.

AD CYNTHIAM.

GAVISA es certe sublatam, Cynthia, legem,
  Qua quondam edicta flemus uterque diu,
Ni nos divideret; quamvis diducere amantes
  Non queat invitos Juppiter ipse duos.

AT magnus Cæsar. Sed magnus Cæsar in armis:
  Devictæ gentes nil in amore valent.
Nam citius paterer caput hoc discedere collo,

un silence éternel! Nos pères, autrefois, ne décoraient point leurs demeures de ces peintures licencieuses, et n'affichaient point ainsi le vice sur leurs lambris. Pourquoi s'étonner encore si l'araignée voile de son réseau les autels de nos dieux, et si l'herbe tapisse à notre honte leurs temples abandonnés?

Au milieu d'une corruption aussi profonde, est-il un gardien, ô ma Cynthie, qui me réponde de ta constance? une porte qu'un rival odieux ne puisse franchir? Il n'est point de verroux qui protègent une femme malgré elle; la honte du vice, ô ma Cynthie, est la sauvegarde unique de sa vertu.

Pour moi, ni épouse ni maîtresse ne m'arracheront jamais à tes chaînes; toi seule, tu seras toujours et mon épouse et mon amante.

ÉLÉGIE VII.

A CYNTHIE.

Elle est donc abrogée, cette loi qui causa long-temps nos pleurs! et ta joie fut grande, sans doute, ô ma Cynthie! Nous redoutions une séparation cruelle, comme si Jupiter lui-même pouvait désunir sans leur aveu deux cœurs qui se chérissent.

César est grand, mais à la tête de ses armées, et les trophées des peuples qu'il a vaincus ne peuvent rien sur l'amour. Pour moi, j'aimerais mieux périr

Quam possem nuptæ perdere amore faces.
Anne ego transirem tua limina clausa maritus,
  Respiciens udis prodita luminibus?
Ah! mea tum quales caneret tibi, Cynthia, somnos
  Tibia, funesta tristior illa tuba!

Unde mihi patriis natos præbere triumphis?
  Nullus de nostro sanguine miles erit.
Quod si romanæ comitarent castra puellæ,
  Non mihi sat magnus Castoris iret equus.
Hinc etenim tantum meruit mea gloria nomen,
  Gloria ad hibernos lata Borysthenidas.
Tu mihi sola places: placeam tibi, Cynthia, solus.
  Hic erit et patrio sanguine pluris amor.

ELEGIA VIII.

AD AMICUM.

Eripitur nobis jam pridem cara puella,
  Et tu me lacrymas fundere, amice, vetas?
Nullæ sunt inimicitiæ, nisi amoris, acerbæ:
  Ipsum me jugula, lenior hostis ero.

Possum ego in alterius positam spectare lacerto?

du dernier supplice, que d'étouffer d'aussi beaux feux dans les embrassemens d'une épouse. Quoi! je passerais devant ta porte qui serait fermée désormais à l'époux d'une autre! je regarderais d'un œil humide le bien que j'ai perdu! Et toi, ma Cynthie, comme les chants d'hymen troubleraient ton sommeil! Ils seraient plus tristes, hélas! que les sons de la trompette funéraire.

Que m'importe de donner des fils aux triomphes de la patrie? Jamais guerrier ne sortira de ma famille. Mais que les dames romaines paraissent au milieu des camps, et le cheval de Castor ne volerait plus avec assez de rapidité pour moi. Si j'ai un nom, c'est de ton amour qu'il tire toute sa gloire; c'est par toi qu'il est connu dans les climats glacés que baigne le Borysthène. Toi seule me plais; que je possède seul ta tendresse, et cet amour mutuel sera pour moi plus que toute une famille.

ÉLÉGIE VIII.

A SON AMI.

On m'enlève une maîtresse que j'adore depuis long-temps, et cependant, ami, tu me défends les regrets et les larmes! Prends garde; les inimitiés les plus cruelles sont causées par l'amour. Arrache-moi la vie, si tu le veux: je pardonnerais plutôt tant de fureur.

Quoi! je la verrais d'un œil tranquille dans les bras

Nec mea dicetur, quæ modo dicta mea est?
Omnia vertuntur : certe vertuntur amores.
  Vinceris aut vincis, hæc in amore rota est.
Magni sæpe duces, magni cecidere tyranni,
  Et Thebæ steterunt, altaque Troja fuit.

Munera quanta dedi, vel qualia carmina feci!
  Illa tamen numquam ferrea dixit, Amo.
Ergo tam multos nimium temerarius annos,
  Improba, qui tulerim teque tuamque domum?
Ecquandone tibi liber sum visus? an usque
  In nostrum jacies verba superba caput?

Sic igitur prima moriere ætate, Properti?
  Sed morere : interitu gaudeat illa tuo;
Exagitet nostros Manes, sectetur et umbras,
  Insultetque rogis, calcet et ossa mea.
Quid? non Antigonæ tumulo Bœotius Hæmon
  Corruit ipse suo saucius ense latus,
Et sua quum miseræ permiscuit ossa puellæ,
  Qua sine Thebanam noluit ire domum?
Sed non effugies : mecum moriaris oportet;
  Hoc eodem ferro stillet uterque cruor.
Quamvis ista mihi mors est inhonesta futura,
  Mors inhonesta quidem : tu moriere tamen.
Ille etiam abrepta desertus conjuge Achilles
  Cessare in tectis pertulit arma sua.
Viderat ille fuga fractos in litore Achivos,
  Fervere et Hectorea Dorica castra face;
Viderat informem multa Patroclon arena

d'un autre! On ne l'appellerait plus mon amante, elle que je possédais naguère avec tant d'orgueil! Tout change, hélas! l'amour peut donc changer. Être vainqueur ou vaincu, telles sont ses chances cruelles. Ainsi d'illustres généraux ou des rois puissans ont tombé! ainsi Thèbes n'est plus, et l'on cherche les traces de la superbe Ilion!

Que de présens, que de vers n'ai-je pas prodigués pour elle! et pourtant, l'ingrate! a-t-elle prononcé une seule fois : Je t'aime? Insensé que j'étais! comment ai-je supporté tant d'années et tes rigueurs et les dédains de tout ce qui t'approche? M'as-tu vu un seul instant libre de tes fers? Ne cesseras-tu jamais d'insulter, par tes discours, à trop de fidélité et de constance?

Ainsi donc, Properce, tu mourras à la fleur de ton âge? Eh bien! meurs, et qu'elle se réjouisse de ton trépas! qu'elle te poursuive au delà du tombeau! qu'elle repousse encore ton ombre! qu'elle insulte à ton bûcher, et foule aux pieds tes cendres! Mais quoi! Hémon, à Thèbes, n'est-il pas tombé sur les restes d'Antigone, après s'être plongé dans le cœur sa propre épée? n'a-t-il pas mêlé sa cendre à celle de l'amante infortunée, sans laquelle il refusait de vivre au sein des palais et des grandeurs? Non, tu ne m'échapperas pas; il faut que tu meures avec moi; le même fer doit épuiser ton sang et le mien. Si ta mort et la mienne doivent déshonorer un jour mon nom, eh bien! soit, pourvu que tu meures.

Achille, quand on lui eut enlevé sa captive Briséis, suspendit dans sa tente des armes désormais inutiles. Il voit les Grecs fuir honteusement sur le rivage, leur camp s'enflammer au loin sous les feux d'Hector, Patrocle étendu sur la poussière, pâle, défiguré, les cheveux souil-

Porrectum, et sparsas cæde jacere comas;
Omnia formosam propter Briseida passus:
　　　Tantus in erepto sævit amore dolor!
At postquam sera captiva est reddita pœna,
　　　Fortem illum Hæmoniis Hectora traxit equis.
Inferior multo quum sim vel marte vel armis,
　　　Mirum, si de me jure triumphat Amor?

ELEGIA IX.

AD CYNTHIAM.

Iste quod est, ego sæpe fui: sed fors et in hora
　　　Hoc ipso ejecto carior alter erit.

Penelope poterat bis denos salva per annos
　　　Vivere, tam multis femina digna procis;
Conjugium falsa poterat differre Minerva,
　　　Nocturno solvens texta diurna dolo;
Visura et quamvis numquam speraret Ulyssem,
　　　Illum exspectando facta remansit anus.
Nec non exanimem amplectens Briseis Achillem
　　　Candida vesana verberat ora manu;
Et dominum lavit mœrens captiva cruentum,
　　　Adpositum flavis in Simoenta vadis;
Fœdavitque comas, et tanti corpus Achillis

lés d'un sang noir; rien ne l'émeut, tant sa douleur est grande et terrible, quand on lui ravit ce qu'il adore. Mais lorsqu'un repentir tardif lui a ramené sa captive, bientôt il traîne à son char le défenseur intrépide d'Ilion.

Pour moi, qui ne possède ni les armes ni le courage d'Achille, faut-il s'étonner que l'Amour triomphe aisément de mon âme?

ÉLÉGIE IX.

A CYNTHIE.

J'ai souvent obtenu les faveurs qu'il obtient aujourd'hui. Hélas! peut-être dans une heure sera-t-il chassé à son tour, et un autre possèdera ta tendresse.

Pénélope, cette femme qui mérita les hommages de tant d'amans, put vivre pure pendant vingt années, éloigner un nouvel hymen par des travaux simulés en détruisant la nuit les tissus du jour, et vieillir à attendre Ulysse, que cependant elle n'espérait plus revoir. Briséis embrassait le corps inanimé d'Achille, frappait d'une main égarée son sein d'albâtre, lavait en pleurant sur les bords du Simoïs les blessures sanglantes du héros qui l'avait faite captive, souillait de poussière ses beaux cheveux, et soutenait dans ses mains délicates le corps ou les cendres pesantes du maître qu'elle avait aimé; tandis que Pélée et Thétis abandonnaient les restes de leur

Maximaque in parva sustulit ossa manu;
Quum tibi nec Peleus aderat, nec cærula mater,
　Scyria nec viduo Deidamia toro.
Tunc igitur veris gaudebat Græcia natis;
　Tunc etiam felix inter et arma pudor.
At tu non una potuisti nocte vacare,
　Impia, non unum sola manere diem.
Quin etiam multo duxisti pocula risu;
　Forsitan et de me verba fuere mala.
Hic etiam petitur, qui te prius ipse reliquit.
　Di faciant isto capta fruare viro!
Hæc mihi vota tuam propter suscepta salutem,
　Quum capite hoc Stygiæ jam peterentur aquæ,
Et lectum flentes circumstaremus amici?
　Hic ubi tum, proh di! perfida, quisve fuit?
Quid, si longinquos retinerer miles ad Indos,
　Aut mea si staret navis in Oceano?
Sed vobis facile est verba et componere fraudes:
　Hoc unum didicit femina semper opus.
Non sic incerto mutantur flamine Syrtes,
　Nec folia hiberno tam tremefacta Noto,
Quam cito feminea non constat fœdus in ira,
　Sive ea causa gravis, sive ea causa levis.
Nunc, quoniam ista tibi placuit sententia, cedam.
　Tela, precor, pueri, promite acuta magis;
Figite certantes, atque hanc mihi solvite vitam.
　Sanguis erit vobis maxima palma meus.
Sidera sunt testes, et matutina pruina,
　Et furtim misero janua aperta mihi:
Te nihil in vita nobis acceptius umquam;

fils, que Déidamie pleurait à Scyros son veuvage. La Grèce s'honorait alors d'enfans qui étaient dignes d'elle; la pudeur régnait en souveraine, même au milieu des camps.

Mais toi, parjure amante, tu n'as pu demeurer seule pendant une nuit, ni même l'espace d'un jour; tu t'es abandonnée au luxe et à l'ivresse des festins; peut-être, hélas! ne m'avez-vous pas épargné dans vos propos. Tu recherches maintenant l'homme qui jadis t'abandonna le premier : eh bien! jouis de sa conquête. Lorsque j'adressais aux dieux tant de prières pour ta santé, lorsque ta tête affaiblie s'inclinait déjà vers le Styx, et que tes amis en pleurs entouraient ta couche, où était-il, perfide, et quel sentiment, grands dieux! agitait alors son âme?

Que serait-ce, si j'étais retenu sous les armes dans des contrées lointaines, ou si mon navire était arrêté par le calme au milieu de l'Océan? Mais il vous est facile de nous tromper par vos paroles et par vos ruses; c'est l'art unique qu'une femme étudie à tous les instans. Les Syrtes voguent à l'aventure au souffle incertain de l'Aquilon, et la feuille tremble sans cesse au vent d'hiver; mais une femme oublie plus facilement encore ses sermens dans son courroux, que la cause en soit grave ou légère.

Puisqu'aujourd'hui tel est ton choix, Cynthie, je me retire. Mais vous, Amours, lancez sur moi, je vous en conjure, vos traits les plus acérés; percez-moi à l'envi, arrachez-moi des jours odieux; ma mort sera pour vous le plus glorieux triomphe. J'en atteste les astres de la nuit, la fraîcheur du matin, et cette porte qui s'ouvrit furtivement à mes plaintes, il n'est rien sur la terre que

Nunc quoque eris, quamvis sis inimica mihi;
Nec domina ulla meo ponet vestigia lecto :
  Solus ero, quoniam non licet esse tuum.
Atque utinam, si forte pios eduximus annos,
  Ille vir in medio fiat amore lapis!

Non ob regna magis diris cecidere sub armis
  Thebani media non sine matre duces;
Quam, mihi si media liceat pugnare puella,
  Mortem ego non fugiam morte subire tua.

ELEGIA X.

AD AUGUSTUM.

Sed tempus lustrare aliis Helicona choreis,
  Et campum Hæmonio jam dare tempus equo.
Jam libet et fortes memorare ad prœlia turmas,
  Et Romana mei dicere castra ducis.
Quod si deficiant vires, audacia certe
  Laus erit : in magnis et voluisse sat est.
Ætas prima canat Veneres, extrema tumultus :
  Bella canam, quando scripta puella mea est.
Nunc volo subducto gravior procedere vultu;
  Nunc aliam citharam me mea Musa docet.

j'aie chéri comme toi, et il en sera toujours de même, quoique tu te déclares mon ennemie. Jamais une maîtresse n'entrera dans ma couche; j'y demeurerai seul, puisque tu refuses de la partager. Mais si j'ai passé autrefois quelques années dans la justice, que mon rival devienne marbre dans tes bras, malgré la violence de ses feux!

Jadis l'ambition du trône fit tomber dans les combats les princes thébains sous les yeux mêmes de leur mère. Pourquoi ne puis-je combattre en la présence de Cynthie? Je ne craindrais point la mort, si celui que j'abhorre tombait en même temps sous mes coups.

ÉLÉGIE X.

A AUGUSTE.

Il est temps de faire retentir l'Hélicon par des chants nouveaux, et de m'abandonner à la fougue du noble Pégase. Je veux chanter les combats, et nos guerriers valeureux, et les camps des Romains, et la gloire du chef qui les commande. Si les forces me manquent, on me louera du moins d'avoir osé : car il est grand d'avoir tenté une grande entreprise. Que la jeunesse chante les amours, et l'âge mûr de vaillans combats! ainsi je célébrerai nos victoires, après avoir célébré ma Cynthie. Je veux marcher aujourd'hui d'un pas sévère et majestueux : car la muse qui m'inspire m'enseigne aujourd'hui

Surge, anima, ex humili jam carmine; sumite vires,
  Pierides; magni nunc erit oris opus.

Jam negat Euphrates equitem post terga tueri
  Parthorum, et Crassos se tenuisse dolet.
India quin, Auguste, tuo dat colla triumpho,
  Et domus intactæ te tremit Arabiæ;
Et si qua extremis tellus se subtrahit oris,
  Sentiat illa tuas post modo capta manus.
Hæc ego castra sequar : vates tua castra canendo
  Magnus ero : servent hunc mihi fata diem!

Ut caput in magnis ubi non est tangere signis,
  Ponitur hic imos ante corona pedes;
Sic nos nunc, inopes laudis conscendere carmen,
  Pauperibus sacris vilia tura damus.
Nondum etiam Ascræos norunt mea carmina fontes,
  Sed modo Permessi flumine lavit Amor.

ELEGIA XI.

AD CYNTHIAM.

Scribant de te alii vel sis ignota, licebit :
  Laudet, qui sterili semina ponit humo.
Omnia, crede mihi, secum uno munera lecto

d'autres chants. Oublions donc, ô ma lyre, des sons efféminés ; et vous, Muses, rappelez vos forces, car maintenant je réclame vos plus nobles accords.

Déjà l'Euphrate refuse de protéger de ses eaux la cavalerie des Parthes, et se repent d'avoir arrêté Crassus dans sa retraite. L'Indien courbe sa tête devant le char triomphal d'Auguste ; l'Arabie, vierge encore de nos chaînes, tremble aujourd'hui à son nom ; et s'il est aux extrémités du monde quelque terre qui se soit soustraite à nos lois, bientôt elle se verra conquise et rangée à son empire. Oui, prince, je suivrai alors tes drapeaux en chantant tes exploits, et ce sera ma gloire, pourvu que les destins m'accordent ces beaux jours.

Lorsque, ici-bas, nous ne pouvons atteindre à la tête des dieux, nous déposons nos couronnes à leurs pieds : ainsi, puisque mon génie refuse de s'élever à des hymnes de gloire, je dépose sur ton modeste autel un encens de vil prix. Ma muse ignore encore les sources où s'abreuvait le poète d'Ascra ; l'Amour seul l'a guidée jusqu'à présent sur les rives du Permesse.

ÉLÉGIE XI.

A CYNTHIE.

Que ton nom reste inconnu, ou que d'autres le chantent, qu'importe ? te louer, c'est confier ses richesses à une terre stérile. Ce jour de deuil, qui sera le

Auferet extremi funeris atra dies;
Et tua transibit contemnens ossa viator,
  Nec dicet, Cinis hic docta puella fuit.

ELEGIA XII.

DE AMORE.

Quicumque ille fuit, puerum qui pinxit Amorem,
  Nonne putas miras hunc habuisse manus?
Hic primum vidit sine sensu vivere amantes,
  Et levibus curis magna perire bona.
Idem non frustra ventosas addidit alas,
  Fecit et humano corde volare deum:
Scilicet alterna quoniam jactamur in unda,
  Nostraque non ullis permanet aura locis.
Et merito hamatis manus est armata sagittis,
  Et pharetra ex humero Gnosia utroque jacet:
Ante ferit quoniam, tuti quam cernimus hostem,
  Nec quisquam ex illo vulnere sanus abit.
In me tela manent, manet et puerilis imago:
  Sed certe pennas perdidit ille suas;
Evolat heu! nostro quoniam de pectore nusquam,
  Adsiduusque meo sanguine bella gerit.
Quid tibi jucundum siccis habitare medullis?
  Si pudor est, alio trajice tela tua.

dernier pour toi, ensevelira, crois-moi, dans le même bûcher, Cynthie et ses rares talens. Le voyageur passera devant tes cendres sans les remarquer, et sans dire : Voilà ce qui reste de tant de science et de beauté !

ÉLÉGIE XII.

SUR L'AMOUR.

Quel que soit l'homme qui ait représenté l'Amour sous les traits d'un enfant, qui n'admirerait point sa main ingénieuse? Il a vu le premier que les amans vivaient sans prévoyance, et que souvent ils sacrifiaient tout leur avenir à des riens légers. De même, quand il a donné à ce dieu volage le cœur d'un homme et des ailes que le moindre souffle agite, il a senti que nous étions le jouet d'une onde mobile, qu'un souffle nous chassait toujours à son gré. La main du dieu est encore armée de flèches perçantes, et un carquois brillant résonne sur ses épaules; car l'Amour nous frappe avant que nous soupçonnions la présence de l'ennemi, et personne n'échappe à ses traits sans blessure.

Les flèches de l'Amour et son image enfantine restent dans mon cœur; mais sans doute hélas! le dieu a perdu ses ailes, puisqu'il refuse toujours de s'envoler loin de moi, puisqu'il brûle mes veines et me livre sans cesse de nouveaux combats. Amour, quel plaisir pour toi d'habiter un corps exténué? Si tu connais quelque pitié, dirige

Intactos isto satius tentare veneno :
  Non ego, sed tenuis vapulat umbra mea.
Quam si perdideris, quis erit, qui talia cantet?
  Hæc mea Musa levis gloria magna tua est,
Quæ caput et digitos et lumina nigra puellæ,
  Et canit ut soleant molliter ire pedes?

ELEGIA XIII.

AD CYNTHIAM.

Non tot Achæmeniis armantur Susa sagittis,
  Spicula quot nostro pectore fixit Amor.
Hic me tam graciles vetuit contemnere Musas,
  Jussit et Ascræum sic habitare nemus;
Non ut Pieriæ quercus mea verba sequantur,
  Aut possim Ismaria ducere valle feras,
Sed magis ut nostro stupefiat Cynthia versu.
  Tunc ego sim Inachio notior arte Lino.
Non ego sum formæ tantum mirator honestæ,
  Nec si qua illustres femina jactat avos :
Me juvat in gremio doctæ legisse puellæ,
  Auribus et puris scripta probasse mea.
Hæc ubi contigerint, populi confusa valeto
  Fabula; nam domina judice tutus ero.

ailleurs tes flèches. Il vaut mieux verser tes poisons sur de nouvelles victimes : car ce n'est plus moi, c'est une ombre vaine que tu poursuis; et si tu l'anéantis, qui célèbrera ton empire? Oui, ma faible Muse est cependant une de tes gloires; c'est pour te plaire qu'elle chante tour-à-tour la tête gracieuse, les doigts charmans, les yeux noirs de Cynthie, et ces pieds dont les mouvemens respirent la volupté la plus douce.

ÉLÉGIE XIII.

A CYNTHIE.

L'AMOUR a percé mon cœur de plus nombreuses flèches que Suze n'en vit jamais aux mains de ses guerriers. C'est lui qui sauva de mes dédains une Muse légère, et qui me fit habiter les bosquets de l'Hélicon. Loin de moi cependant de vouloir attirer sur mes pas les chênes devenus sensibles, ou arracher aux vallées de la Thrace les animaux les plus féroces. Que Cynthie applaudisse à mes chants et les admire, et la gloire de Linus n'égalerait point ma renommée. Ce que j'aime dans Cynthie, ce n'est pas tant une beauté parfaite ou d'illustres aïeux, l'orgueil d'une femme ordinaire, que le plaisir de lire mes vers sur le sein d'une maîtresse dont l'oreille pure les sente et les approuve. Si j'ai ce bonheur, que m'importent les applaudissemens confus du peuple? Je n'ai rien à craindre au jugement de Cynthie; et dès qu'elle prête

Quæ si forte bonas ad pacem verterit aures,
  Possum inimicitias tunc ego ferre Jovis.
QUANDOCUMQUE igitur nostros mors claudet ocellos,
  Accipe, quæ serves, funeris acta mei.
Nec mea tunc longa spatietur imagine pompa,
  Nec tuba sit fati vana querela mei;
Nec mihi tum fulcro sternatur lectus eburno,
  Nec sit in Attalico mors mea nixa toro.
Desit odoriferis ordo mihi lancibus : at sint
  Plebeii parvæ funeris exsequiæ.
Sat mea, sat magna est si tres sint pompa libelli,
  Quos ego Persephonæ maxima dona feram.
Tu vero nudum pectus lacerata sequeris,
  Nec fueris nomen lassa vocare meum;
Osculaque in gelidis pones suprema labellis,
  Quum dabitur Syrio munere plenus onyx.
Deinde, ubi suppositus cinerem me fecerit ardor,
  Accipiat Manes parvula testa meos;
Et sit in exiguo laurus superaddita busto,
  Quæ tegat exstincti funeris umbra locum;
Et duo sint versus, *Qui nunc jacet horrida pulvis,*
  Unius hic quondam servus amoris erat.
Nec minus hæc nostri notescet fama sepulcri,
  Quam fuerant Phthii busta cruenta viri.

Tu quoque, si quando venies ad fata, memento
  Hoc iter; ad lapides cana veni memores.
Interea cave sis nos aspernata sepultos :
  Non nihil ad verum conscia terra sapit.

à mon amour une oreille attentive, je supporterai sans trembler l'inimitié même de Jupiter.

Aussi, quand la mort viendra fermer mes paupières, écoute, Cynthie, comment tu ordonneras mes obsèques. Je ne veux pas que mon cortège soit précédé d'une longue suite d'images; que la trompette déplore mon trépas par de vains accords; que l'on prépare à mes restes une litière d'ivoire, ni que l'on déguise la mort sous une magnificence empruntée. Loin de moi cette rangée de bassins d'où les parfums s'exhalent : je ne réclame que le simple convoi du pauvre. Tout mon cortège, ce sera mes trois livres d'élégies, le plus beau don que je puisse offrir à Proserpine. Et toi, Cynthie, tu me suivras le sein nu et ensanglanté; tu ne cesseras d'appeler ton Properce; tu déposeras sur mes lèvres glacées un dernier baiser, lorsqu'on versera sur mes restes une coupe pleine des parfums de la Syrie. Dès que la flamme du bûcher n'aura laissé de moi que des cendres, une urne modeste recevra mes mânes; un laurier, placé sur mon tombeau, couvrira d'un peu d'ombre l'étroite demeure où je repose; on gravera sur la pierre :

> Là repose, froide poussière,
> Loin du tombeau de ses aïeux,
> Un amant dont la vie entière
> Brûla toujours des mêmes feux;

et cette épitaphe ne donnera pas à mon tombeau moins de célébrité, que n'en donna à celui d'Achille le sacrifice sanglant de Polyxène.

Et toi, si jamais la vieillesse t'amène au terme de la vie, rappelle-toi ce chemin, et viens reposer près de mes restes, qui se rappelleront encore notre amour. Prends garde jusque-là d'insulter à mes mânes par tes dé-

Atque utinam primis animam me ponere cunis
  Jussisset quævis de tribus una soror!
Nam quo tam dubiæ servetur spiritus horæ?
  Nestoris est visus post tria sæcla cinis.
Cui si tam longæ minuisset fata senectæ
  Gallicus Iliacis miles in aggeribus,
Non ille Antilochi vidisset corpus humari,
  Diceret aut, O mors, cur mihi sera venis?
Tu tamen amisso non numquam flebis amico :
  Fas est præteritos semper amare viros.
Testis, cui niveum quondam percussit Adonin
  Venantem Idalio vertice durus aper.
Illis formosum flevisse paludibus, illuc
  Diceris effusa tu, Venus, isse coma.
Sed frustra mutos revocabis, Cynthia, Manes :
  Nam mea quid poterunt ossa minuta loqui?

ELEGIA XIV.

CYNTHIAM VICIT.

Non ita Dardanio gavisus Atrida triumpho,
  Quum caderent magnæ Laomedontis opes;
Nec sic errore exacto lætatus Ulysses,
  Quum tetigit caræ litora Dulichiæ;
Nec sic Electra, salvum quum adspexit Oresten,

dains; car la cendre des morts n'en est pas moins sensible.

Oh! si l'une des trois sœurs m'avait enlevé la vie au milieu des langes du berceau! Pourquoi tenir, en effet, à un souffle, dont la durée est si précaire? Nestor, après trois siècles, descendit enfin au tombeau. Mais si quelque Troyen eût abrégé, sous les remparts d'Ilion, cette longue vieillesse que lui réservait le destin, il n'eût pas vu sur le bûcher le corps de son Antiloque; il ne se fût pas écrié : O mort, pourquoi tardes-tu à venir?

Toi, cependant, Cynthie, tu répandras parfois quelques larmes sur ton amant; car on peut aimer sans honte l'homme qui n'existe plus. J'en appelle à Vénus, qui vint, dit-on, pleurer, les cheveux épars, auprès des sources d'Idalie, le trépas du bel Adonis, qu'un sanglier farouche avait frappé lorsqu'il chassait sur la montagne. Mais tu appellerais en vain, ô ma Cynthie, mes mânes silencieux : quelle réponse te ferait une vaine poussière?

ÉLÉGIE XIV.

IL A TRIOMPHÉ DE CYNTHIE.

Non, Cynthie, ni Agamemnon, au sein de la victoire, quand le superbe empire de Priam s'écroulait devant lui; ni Ulysse, après dix ans d'erreurs, quand il toucha les rives de son Ithaque chérie; ni Électre, lorsqu'elle revit son Oreste, dont elle avait cru arroser les ossemens

Cujus falsa tenens fleverat ossa soror;
Nec sic incolumem Minois Thesea vidit,
 Dædaleum lino quum duce rexit iter;
Quanta ego præterita collegi gaudia nocte.
 Immortalis ero, si altera talis erit.
At dum demissis supplex cervicibus ibam,
 Dicebar sicco vilior esse lacu.
Nec mihi jam fastus opponere quærit iniquos,
 Nec mihi ploranti lenta sedere potest.
Atque utinam non tam sero mihi nota fuisset
 Conditio! cineri nunc medicina datur.
Ante pedes cæcis lucebat semita nobis;
 Scilicet insano nemo in amore videt.
Hoc sensi prodesse magis: contemnite, amantes;
 Sic hodie veniet, si qua negavit heri.
Pulsabant alii frustra, dominamque vocabant:
 Mecum habuit positum lenta puella caput.
Hæc mihi devictis potior victoria Parthis,
 Hæc spolia, hæc reges, hæc mihi currus erunt.
Magna ego dona tua figam, Cytherea, columna,
 Taleque sub nostro nomine carmen erit:
Has pono ante tuam tibi, diva, Propertius ædem
 Exuvias, tota nocte receptus amans.

Nunc ad te, mea lux, veniat mea litore navis
 Servata, an mediis sidat onusta vadis.
Quod si forte aliqua nobis mutabere culpa,
 Vestibulum jaceam mortuus ante tuum!

de ses larmes ; ni la fille de Minos, lorsque Thésée revint auprès d'elle, après avoir franchi les détours du Labyrinthe au moyen du fil conducteur, n'éprouvèrent de transports aussi vifs que le furent les miens la nuit dernière. Oh ! qu'elle se renouvelle, et je deviens immortel !

Naguère encore je me présentais en suppliant d'un air abattu, et l'on m'estimait moins qu'un lac sans eau. Aujourd'hui elle ne cherche plus à s'armer de fastueuses rigueurs ; elle ne peut plus rester insensible à mes larmes. Oh ! pourquoi ai-je connu si tard la route du bonheur ? aujourd'hui c'est un remède tardif que l'on offre à ma cendre. Elle brillait devant mes pas, cette route désirée ; mais j'étais aveuglé comme tout homme qui s'abandonne imprudemment à l'amour. J'ai senti enfin que les dédains étaient pour l'amant malheureux une heureuse ressource, et que celle qui refusait la veille se rend alors le lendemain. J'entendais mes rivaux frapper à la porte de Cynthie et l'appeler leur reine, tandis que sa tête reposait languissamment auprès de la mienne. Quelle victoire ! Je la préfère aux lauriers cueillis chez les Parthes. Voilà mes trophées, mes rois captifs, mon char de triomphe ! O Vénus, je déposerai sur tes autels de riches offrandes, et j'y graverai ces vers à côté de mon nom :

> Auprès d'elle, Vénus, grâce à tes soins propices,
> De mes rivaux heureux vainqueur,
> Toute une nuit j'ai goûté le bonheur :
> Vénus, de mon triomphe accepte les prémices.

Ordonne maintenant, ma bien-aimée, et mon navire sauvé touchera le port, ou fléchira sous le poids au milieu des écueils. Mais si quelque faute causait un jour ma disgrâce, qu'auparavant, Cynthie, je tombe sans vie devant ta porte !

ELEGIA XV.

VOLUPTATES SUAS ENARRAT.

O me felicem! o nox mihi candida! et o tu,
  Lectule, deliciis facte beate meis!
Quam multa apposita narramus verba lucerna,
  Quantaque sublato lumine rixa fuit!
Nam modo nudatis mecum est luctata papillis,
  Interdum tunica duxit operta moram.
Illa meos somno lapsos patefecit ocellos
  Ore suo, et dixit, Siccine, lente, jaces?
Quam vario amplexu mutamus brachia! quantum
  Oscula sunt labris nostra morata tuis!
Non juvat in caeco Venerem corrumpere motu:
  Si nescis, oculi sunt in amore duces.
Ipse Paris nuda fertur periisse Lacaena,
  Quum Menelaeo surgeret e thalamo;
Nudus et Endymion Phoebi cepisse sororem
  Dicitur, et nudae concubuisse deae.
Quod si pertendens animo vestita cubaris,
  Scissa veste meas experiere manus.
Quin etiam, si me ulterius provexerit ira,
  Ostendes matri brachia laesa tuae.
Necdum inclinatae prohibent te ludere mammae:
  Viderit hoc, si quam jam peperisse pudet.
Dum nos fata sinunt, oculos satiemus amore:
  Nox tibi longa venit; nec reditura dies.

ÉLÉGIE XV.

PROPERCE RACONTE SES PLAISIRS.

O RAVISSEMENT ! ô nuit voluptueuse ! ô lit mille fois heureux de mes délices ! que de mots échangés à la clarté d'un dernier flambeau, et quels ébats, quand sa lumière eut disparu ! Tantôt elle lutta contre moi le sein découvert, ou elle s'enveloppa contre mes attaques d'un dernier vêtement ; tantôt elle ouvrit d'un baiser mes yeux appesantis par la fatigue et le sommeil, et elle me reprocha ma paresse. Comme nos bras s'entrelaçaient en mille nœuds ! comme mes baisers s'arrêtaient sur ses lèvres ! Mais, hélas ! que l'obscurité corrompt les plaisirs et les jeux de l'amour ! Si tu l'ignores, Cynthie, les yeux sont nos guides dans nos transports. Pâris s'enivra, dit-on, des plus doux feux, lorsqu'il vit Hélène sans voile sortir du lit de Ménélas, et Endymion charma par sa nudité même la chaste Diane, qui vint reposer nue auprès de son amant. Si tu persistes à voiler tes attraits sur ta couche, je déchirerai ce lin odieux, et tu éprouveras mes fureurs ; et même, si la colère m'emporte, tu montreras à ta mère les traces qu'elle laisserait sur tes bras. Livre sans crainte à nos jeux ces globes charmans qui se soutiennent d'eux-mêmes, et laisse une honte déplacée à celle qui fut déjà mère. Que nos yeux s'enivrent d'amour, tandis que les destins le permettent : une nuit éternelle s'approche, et le jour que l'on perd ne reparaîtra plus. Oh ! si tu voulais nous joindre l'un à l'autre

Atque utinam hærentes sic nos vincire catena
  Velles, ut numquam solveret ulla dies!
Exemplo junctæ tibi sint in amore columbæ,
  Masculus et totum femina conjugium.
Errat, qui finem vesani quærit amoris:
  Verus amor nullum novit habere modum.
Terra prius falso partu deludet arantes,
  Et citius nigros Sol agitabit equos;
Fluminaque ad caput incipient revocare liquores,
  Aridus et sicco gurgite piscis erit;
Quam possim nostros alio transferre calores:
  Hujus ero vivus, mortuus hujus ero.
Quod mihi si secum tales concedere noctes
  Illa velit, vitæ longus et annus erit:
Si dabit hæc multas, fiam immortalis in illis;
  Nocte una quivis vel deus esse potest.
Qualem si cuncti cuperent decurrere vitam,
  Et pressi multo membra jacere mero;
Non ferrum crudele esset, neque bellica navis,
  Nec nostra Actiacum verteret ossa mare,
Nec toties propriis circum oppugnata triumphis
  Lassa foret crines solvere Roma suos.
Me certe merito poterunt laudare minores:
  Læserunt nullos pocula nostra deos.
Tu modo, dum licet, hunc fructum ne desere vitæ:
  Omnia si dederis oscula, pauca dabis.
Ac veluti folia arentes liquere corollas,
  Quæ passim calathis strata natare vides;
Sic nobis, qui nunc magnum spiramus amantes,
  Forsitan includet crastina fata dies.

par des nœuds qu'aucun jour ne saurait rompre! Prenons pour exemple ces tourterelles, couple heureux que la tendresse unit.

On croit qu'un amour violent atteint bientôt son terme : quelle erreur! l'amour, s'il est réel, ne sait jamais finir. La terre trompera le laboureur par ses productions capricieuses; le Soleil, sur des chevaux noirs, nous ramènera les ténèbres; l'eau des fleuves voudra remonter vers sa source, et le poisson périra sur le sable aride de l'Océan desséché, avant que je transporte sur un autre objet les feux qui me consument. Mort ou vivant, je veux être à Cynthie. Si elle consentait encore à de semblables nuits, une année de vie serait trop longue; si elle les prodiguait, je deviendrais immortel dans ses bras; que dis-je? il n'en faut qu'une pour élever l'homme au rang des dieux.

Si tous les mortels ne voulaient vivre que pour aimer, ou pour se livrer au repos dans une douce ivresse, on ne verrait plus de glaives homicides ni de belliqueux vaisseaux; les mers d'Actium ne rouleraient point les os de nos guerriers, et Rome, trop souvent ébranlée par ses triomphes mêmes, ne se fatiguerait plus à pleurer sur ses fils. Pour moi, la postérité m'accordera du moins une gloire, c'est que jamais nos festins n'ont offensé un dieu. Seulement, ô ma bien-aimée, n'abandonne point, quand tu le peux, les plaisirs de la vie! Tu donnerais des millions de baisers, que ce serait peu encore; car, hélas! semblable à la feuille qui tombe d'une couronne desséchée et qui surnage au hasard dans nos coupes, l'amant, qui se livre aujourd'hui à toute l'ardeur de son amour, verra dès demain peut-être se fermer devant lui la carrière.

ELEGIA XVI.

AD CYNTHIAM.

Prætor ab Illyricis venit modo, Cynthia, terris,
  Maxima præda tibi, maxima cura mihi.
Non potuit saxo vitam posuisse Cerauno?
  Ah, Neptune, tibi qualia dona darem!
Nunc sine me plena fiunt convivia mensa;
  Nunc sine me tota janua nocte patet.
Quare, si sapis, oblatas ne desere messes,
  Et stolidum pleno vellere carpe pecus.
Deinde ubi consumto restabit munere pauper,
  Dic alias iterum naviget Illyrias.
Cynthia non sequitur fasces, nec curat honores:
  Semper amatorum ponderat illa sinus.
At tu nunc nostro, Venus, ò, succurre dolori,
  Rumpat ut adsiduis membra libidinibus.
Ergo muneribus quivis mercatur amorem?
  Juppiter! indigna merce puella perit.
Semper in Oceanum mittit me quærere gemmas,
  Et jubet ex ipsa tollere dona Tyro.
Atque utinam Romæ nemo esset dives, et ipse
  Straminea posset dux habitare casa!
Numquam venales essent ad munus amicæ,
  Atque una fieret cana puella domo.

Non quia septenas noctes sejuncta cubaris,

ÉLÉGIE XVI.

A CYNTHIE.

Il est donc revenu des bords illyriens, ô ma Cynthie, ce préteur qui fait ta richesse et mes plus grandes peines? Que n'a-t-il perdu la vie au milieu des écueils! Puissant Neptune, que d'offrandes j'eusse déposé à tes pieds! Aujourd'hui on se livre sans moi à l'ivresse des festins, et ta porte, Cynthie, demeure ouverte, excepté pour moi, pendant la nuit entière! Eh bien! si tu es sage, cueille jusqu'au dernier épi la moisson que l'on t'offre; dépouille à pleines mains la toison de cette brebis stupide, et quand il aura tout perdu, quand il restera pauvre, dis-lui de naviguer encore vers une autre Illyrie. Non, ce n'est point les faisceaux ni de vains honneurs que recherche Cynthie, mais c'est la bourse d'un amant qu'elle pèse. Ah! du moins, Vénus, viens, propice à mes douleurs, viens arrêter les plaisirs d'un odieux rival par leur excès même.

Il faut donc de l'or, grands dieux, pour acheter l'amour! et la beauté s'avilit par un trafic indigne! Chaque jour on m'envoie arracher la perle au fond des abîmes, et chercher jusqu'à Tyr les plus précieux tissus. Et pourquoi les richesses ont-elles pénétré dans Rome? pourquoi le chef de l'état n'habite-t-il plus lui-même un palais de chaume? Alors une beauté vénale ne céderait point à de vils présens, et l'amante vieillirait sans changer d'amour.

Je ne t'en veux, Cynthie, ni pour tes parjures, ni

Candida tam fœdo brachia fusa viro;
Non quia peccaris, testor te; sed quia vulgo
  Formosis levitas semper amica fuit.
Barbarus excussis agitat vestigia lumbis,
  Et subito felix nunc mea regna tenet.
Adspice quid donis Eriphyla invenit amaris,
  Arserit et quantis nupta Creusa malis.
NULLANE sedabit nostros injuria fletus?
  An dolor hic vitiis nescit abesse tuis?
Tot jam abiere dies, quum me nec cura theatri,
  Nec tetigit campi, nec mea Musa juvat.
Ah! pudeat certe, pudeat; nisi forte, quod aiunt,
  Turpis amor surdis auribus esse solet.
Cerne ducem, modo qui fremitu complevit inani
  Actia damnatis æquora militibus.
Hunc infamis amor versis dare terga carinis
  Jussit, et extremo quærere in orbe fugam.
Cæsaris hæc virtus et gloria Cæsaris hæc est:
  Illa, qua vicit, condidit arma manu.
SED quascumque tibi vestes, quoscumque smaragdos,
  Quosve dedit flavo lumine chrysolithos,
Hæc videam rapidas in vanum ferre procellas,
  Quæ tibi terra, velim, quæ tibi fiat aqua.
Non semper placidus perjuros ridet amantes
  Juppiter, et surda negligit aure preces.
Vidistis toto sonitus percurrere cœlo,
  Fulminaque ætherea desiluisse domo?
Non hæc Pleiades faciunt, neque aquosus Orion;
  Nec sic de nihilo fulminis ira cadit:
Perjuras tunc ille solet punire puellas,

pour m'avoir éloigné de ta couche depuis sept nuits, tandis que tu enlaçais tes bras de neige autour d'un homme affreux; mais je regrette que la beauté soit toujours suivie de l'inconstance. Un barbare souille de ses transports le lit témoin de mes feux, le trône que j'ai perdu, et où il règne avec ivresse! Et pourtant Ériphyle n'a-t-elle point trouvé l'infortune, Créuse les plus cruels poisons, sous des présens funestes?

N'est-il donc aucun affront qui puisse sécher mes pleurs? Ma douleur ne cèdera-t-elle jamais aux vices nombreux qui en sont la cause? Que de jours se sont écoulés sans que j'aie trouvé de consolation ni au théâtre, ni au champ de Mars, ni au commerce des Muses! Quelle honte pour moi! oui, quelle honte, si une passion funeste n'était sourde, comme on le dit, à tous les conseils! Vois ce guerrier, dont les fureurs insensées couvraient naguère les mers d'Actium de soldats réprouvés par les dieux; un amour infâme le fait abandonner sa flotte et chercher dans sa fuite une retraite jusqu'aux extrémités du monde. Victoire au divin Auguste, mais surtout gloire à lui! car la main qui sut vaincre a su déposer le glaive.

Ces riches parures, ces émeraudes brillantes, ces topazes aux feux d'or, que je voudrais les voir emportés par l'ouragan rapide, ou tomber en poussière, ou se changer en eau! Jupiter ne sourit pas toujours d'un front tranquille au parjure des amans; il ne ferme pas toujours l'oreille à leurs prières. Vois-tu le ciel trembler sous le bruit de la foudre qui s'élance et qui sillonne, en grondant, les espaces? N'accuse de ses fureurs ni les Pléiades, ni l'orageux Orion, ni une cause aveugle; c'est Jupiter qui punit la beauté perfide : car lui aussi fut trompé et versa des larmes. Garde-toi donc, ma

8.

Deceptus quoniam flevit et ipse deus.
Quare ne tibi sit tanti Sidonia vestis,
Ut timeas, quoties nubilus Auster erit.

ELEGIA XVII.

DE EXCLUSIONE.

Mentiri noctem, promissis ducere amantem,
Hoc erit infectas sanguine habere manus.
Horum ego sum vates, quoties desertus amaras
Explevi noctes, fractus utroque toro.
Vel tu Tantalea moveare ad flumina sorte,
Ut liquor arenti fallat ab ore sitim;
Vel tu Sisyphios licet admirere labores,
Difficile ut toto monte volutet onus:
Durius in terris nihil est quod vivat amante,
Nec, modo si sapias, quod minus esse velis.
Quem modo felicem invidia admirante ferebant,
Nunc decimo admittor vix ego quoque die.
Nunc jacere e duro corpus juvat, impia, saxo,
Sumere et in nostras trita venena manus.
Nunc licet in triviis sicca requiescere luna,
Aut per rimosas mittere verba fores.
Quod quamvis ita sit, dominam mutare cavebo.
Tum flebit, quum in me senserit esse fidem.

Cynthie, d'attacher tant de prix à la pourpre de Tyr, où tremble, quand l'horizon nébuleux t'annoncera l'orage.

ÉLÉGIE XVII.

IL EST ÉCONDUIT.

Promettre une nuit, manquer à ses promesses et se jouer ainsi d'un amant, oui, c'est tremper ses mains à plaisir dans le meurtre. Voilà mon refrain éternel, quand je suis dédaigné, quand je me roule aux deux bords de ma couche, et que je passe loin d'elle des nuits amères. Qu'on soit touché du sort de Tantale, qui voit une eau trompeuse échapper, au milieu même d'un fleuve, à son gosier desséché, ou qu'on admire, si l'on veut, Sisyphe, qui roule péniblement au haut de la montagne son énorme rocher : il n'est rien ici-bas de comparable au sort funeste d'un amant, rien qu'on doive redouter plus, si l'on est sage. Naguère encore on citait mon bonheur avec admiration et avec envie; et maintenant, sur dix, on m'accorde à peine un seul jour. Eh bien! cruelle, faut-il me précipiter à tes yeux dans un abîme, ou saisir de ma main une coupe empoisonnée? car, hélas! je puis à peine reposer à ta porte, malgré la froidure, et t'adresser une plainte à travers ses fentes légères. Loin de moi cependant d'être infidèle à Cynthie! Elle gémira à son tour, quand elle connaîtra ma constance.

ELEGIA XVIII.

AD CYNTHIAM.

Adsiduæ multis odium peperere querelæ :
 Frangitur in tacito femina sæpe viro.
Si quid vidisti, semper vidisse negato;
 Aut si quid doluit forte, dolere nega.
Quid, si jam canis ætas mea candeat annis,
 Et faciat scissas languida ruga genas?
At non Tithoni spernens Aurora senectam
 Desertum Eoa passa jacere domo est.
Illum sæpe suis decedens fovit in ulnis,
 Quam prius abjunctos sedula lavit equos;
Illum ad vicinos quum amplexa quiesceret Indos,
 Maturos iterum est questa redire dies;
Illa deos currum conscendens dixit iniquos,
 Invitum et terris præstitit officium;
Cui majora senis Tithoni gaudia vivi,
 Quam gravis amisso Memnone luctus erat.
Cum sene non puduit talem dormire puellam,
 Et canæ toties oscula ferre comæ.
At tu etiam juvenem odisti me, perfida, quum sis
 Ipsa anus haud longa curva futura die.
Quin ego deminuo curam, quod sæpe Cupido
 Huic malus esse solet, cui bonus ante fuit.
Nunc etiam infectos, demens, imitare Britannos,

ÉLÉGIE XVIII.

A CYNTHIE.

Des plaintes continuelles engendrèrent plus d'une fois la haine, et souvent une femme s'apaise par notre silence. Aussi n'en croyons pas nos yeux sur ce qu'ils ont pu voir; ayons, sans nous plaindre, les plus justes sujets de plaintes.

Mais quoi! si mes cheveux blanchissent déjà par l'âge, et que mes joues soient sillonnées par d'affreuses rides? L'Aurore ne méprisa point la vieillesse de Tithon, et ne l'abandonna point dans son palais d'Orient. Souvent au contraire elle le réchauffa dans ses bras avant même de dételer son char et de baigner ses coursiers fatigués; souvent, lorsqu'elle reposait à ses côtés chez les Indiens, elle se plaignit que le jour ramenât si tôt la lumière. En montant sur son char, elle accusa les dieux d'injustice, et ce fut à regret qu'elle prêta au monde ses feux. Plus elle avait ressenti de douleur à la mort de Memnon, plus elle éprouvait de joie à vivre auprès de son vieux père. Malgré sa jeunesse éternelle, elle reposait sans peine aux côtés du vieillard, et elle couvrait ses cheveux blancs de mille caresses. Moi, je suis jeune, et tu me hais, perfide! et cependant, déjà sur le retour, tu seras bientôt courbée par l'âge. Ah! du moins calmons nos peines, puisque souvent l'amour prodigue son amertume après un long bonheur.

Pourquoi imiter follement la ridicule coutume du

Ludis et externo tincta nitore caput?
Ut natura dedit, sic omnis recta figura :
  Turpis Romano Belgicus ore color.
Illi sub terris fiant mala multa puellæ,
  Quæ mentita suas vertit inepta comas!
De me, mi certe poteris formosa videri :
  Mi formosa sat es, si modo sæpe venis.
An, si cæruleo quædam sua tempora fuco
  Tinxerit, idcirco cærula forma bona est?
Quum tibi nec frater, nec sit tibi filius ullus,
  Frater ego et tibi sim filius unus ego.
Ipse tuus semper tibi sit custodia lectus,
  Nec nimis ornata fronte sedere velis.
Credam ego narranti, noli committere, famæ :
  Et terram rumor transilit et maria.

ELEGIA XIX.

AD CYNTHIAM.

Etsi me invito discedis, Cynthia, Roma,
  Lætor, quod sine me devia rura coles.
Nullus erit castis juvenis corruptor in agris,
  Qui te blanditiis non sinat esse probam;
Nulla neque ante tuas orietur rixa fenestras,
  Nec tibi clamatæ somnus amarus erit.
Sola eris, et solos spectabis, Cynthia, montes,

Breton ? pourquoi t'amuser à teindre tes cheveux d'une couleur étrangère ? Le plus beau visage est celui que donne la nature, et les couleurs du Belge ne siéent nullement sur une tête romaine. Qu'elle soit accablée de mille maux après la mort, celle qui fut assez ridicule pour déguiser sa chevelure ! Toujours, à mes yeux, oui, toujours tu seras belle ; ta beauté me suffit, pourvu que tu écoutes souvent mes vœux. Le blond, d'ailleurs, mérite-t-il donc nos hommages, parce qu'une femme aura couvert ses tempes de cette couleur mensongère ? Tu n'as ni frère ni enfans à qui tu doives plaire ; moi seul je tiens la place d'eux tous. Ne cherche jamais, je t'en conjure, qu'à conserver pure ta couche, et garde-toi de trop orner ton front. Redoute de tristes bruits, que je pourrais croire, hélas ! et que n'arrête aucune distance ni l'obstacle des mers.

ÉLÉGIE XIX.

A CYNTHIE.

C'est à regret, Cynthie, que je t'ai vue quitter Rome, et cependant, puisque tu t'éloignes, j'aime à te voir habiter les champs. La chasteté y règne. On n'y trouve point de jeune corrupteur qui séduise une femme par ses flatteries. Là jamais tu n'entendras une querelle sous tes fenêtres ; jamais des bruits fâcheux ne rempliront d'amertume ton sommeil. Tu seras seule, Cynthie ; tu n'aper-

Et pecus, et fines pauperis agricolae.
Illic te nulli poterunt corrumpere ludi,
  Fanaque peccatis plurima causa tuis.
Illic adsidue tauros spectabis arantes,
  Et vitem docta ponere falce comas;
Atque ibi rara feres inculto tura sacello,
  Haedus ubi agrestes corruet ante focos;
Protinus et nuda choreas imitabere sura:
  Omnia ab externo sint modo tuta viro!
Ipse ego venabor. Jam nunc me sacra Dianae
  Suscipere, et Veneri ponere vota juvat.
Incipiam captare feras, et reddere pinu
  Cornua, et audaces ipse monere canes;
Non tamen ut vastos ausim tentare leones,
  Aut celer agrestes cominus ire sues.
Haec igitur mihi sit lepores audacia molles
  Excipere, et stricto figere avem calamo,
Qua formosa suo Clitumnus flumina luco
  Integit, et niveos abluit unda boves.
Tu quoties aliquid conabere, vita, memento
  Venturum paucis me tibi luciferis.
Sic me nec solae poterunt avertere silvae,
  Nec vaga muscosis flumina fusa jugis,
Quin ego in adsidua mutem tua nomina lingua.
  Absenti nemo ne nocuisse velit!

cevras que les montagnes, les troupeaux et le domaine du pauvre laboureur. Là il n'est point de spectacles qui corrompent ton âme, ni de temples, l'occasion de tant de fautes. Chaque jour tu regarderas le taureau labourer la plaine, une main habile tondre la vigne. Quelquefois tu iras brûler un peu d'encens sur un autel rustique; un chevreau tombera devant ton agreste foyer, et tu fouleras en cadence la terre de ton pied nu : mais que les dieux éloignent de toi les pièges de nos villes! Pour moi, je chasserai; car, sans oublier le culte de Vénus, j'aime quelquefois à sacrifier à Diane; je poursuivrai l'habitant des forêts; j'attacherai au pin sa dépouille et j'exciterai l'audace de mes chiens. Cependant, loin de moi le courage d'attaquer un lion furieux ou de m'avancer corps à corps contre un sanglier farouche! Mon audace, ce sera de saisir à l'affût un lièvre timide, ou de percer un oiseau d'une rapide flèche, près des bois sacrés qu'arrose le majestueux Clitumnus, dans lequel se baigne la blanche génisse. Mais toi, ma vie, chaque fois que tu feras un pas, rappelle-toi que sous peu de jours tu me reverras à tes côtés. La solitude des forêts ne pourra me séduire assez, non plus que le ruisseau qui erre à travers les mousses de la colline, pour que j'oublie de répéter à chaque instant ton nom : mais que personne ne veuille profiter de mon absence pour me nuire!

ELEGIA XX.

AD CYNTHIAM.

Quid fles abducta gravius Briseide? quid fles
    Anxia captiva tristius Andromacha?
Quidve mea de fraude deos, insana, fatigas?
    Quid quereris nostram sic cecidisse fidem?
Non tam nocturna volucris funesta querela
    Attica Cecropiis obstrepit in foliis;
Nec tantum Niobe, bis sex ad busta, superba
    Sollicito lacrymas defluit a Sipylo.
Me licet æratis adstringant brachia nodis,
    Sint mea vel Danaes condita membra domo:
In te ego et æratas rumpam, mea vita, catenas,
    Ferratam Danaes transiliamque domum.
De te quodcumque, ad surdas mihi dicitur aures:
    Tu modo ne dubita de gravitate mea.
Ossa tibi juro per matris et ossa parentis,
    Si fallo, cinis heu sit mihi uterque gravis!
Me tibi ad extremas mansurum, vita, tenebras:
    Ambos una fides auferet, una dies.
Quod si nec nomen, nec me tua forma teneret,
    Posset servitium mite tenere tuum.
Septima jam plenæ deducitur orbita lunæ,
    Quum de me et de te compita nulla tacent.
Interea nobis non numquam janua mollis,

ÉLÉGIE XX.

A CYNTHIE.

Pourquoi pleurer? Briséis enlevée à Achille, ni Andromaque captive, ne versaient point de larmes plus amères. Malheureuse Cynthie! pourquoi fatiguer les dieux en m'accusant de parjure? pourquoi te plaindre de mon inconstance? Jamais, dans les campagnes d'Athènes, le funeste oiseau de Minerve n'a fait gémir la nuit de plaintes aussi tristes; jamais, auprès des douze tombeaux de ses fils, la fière et malheureuse Niobé n'arrosa autant le Sipylus de ses larmes. Qu'on entoure mes bras d'une chaîne d'airain, ou que l'on me plonge dans la sombre demeure de Danaë; pour voler vers toi, ô ma Cynthie, je saurai briser l'airain le plus dur, ou franchir les portes de fer. Mon oreille est sourde à ce qu'on peut dire contre toi : ne doute pas, au moins, de ma constance. J'en jure par les ossemens de mon père et de ma mère, et que leurs mânes me punissent si je deviens parjure! oui, ma Cynthie, je te resterai fidèle jusqu'au dernier jour; le même trépas emportera ceux que l'amour aura toujours unis.

Si je pouvais oublier ton nom et ta beauté, comment oublier aussi les douceurs de ton esclavage? Sept fois déjà la lune a parcouru sa route, depuis que ton nom et le mien s'unissent dans toutes les bouches. Combien de fois ta porte ne s'est-elle point ouverte pour moi?

Non numquam lecti copia facta tui.
Nec mihi muneribus nox ulla est emta beatis:
 Quidquid eram, hoc animi gratia magna tui.
Quum te tam multi peterent, tu me una petisti.
 Possum ego naturae non meminisse tuae?
Tunc me vel tragicae vexetis Erinnyes, et me
 Inferno damnes, Aeace, judicio;
Atque inter Tityi volucres mea poena vagetur,
 Tumque ego Sisyphio saxa labore geram.
Nec tu supplicibus me sis venerata tabellis:
 Ultima talis erit, quae mea prima fides.
Hoc mihi perpetuo jus est, quod solus amator
 Nec cito desisto, nec temere incipio.

ELEGIA XXI.

AD CYNTHIAM.

Ah quantum de me Panthi tibi pagina finxit,
 Tantum illi Pantho ne sit amica Venus!

Sed tibi jam videor Dodona verior augur?
 Uxorem ille tuus pulcher amator habet.
Tot noctes periere: nihil pudet? adspice, cantat
 Liber: tu, nimium credula, sola jaces!
Et nunc inter eos tu sermo es; te ille superbus
 Dicit se invito saepe fuisse domi.

combien de fois n'ai-je point partagé ta couche? et cependant, ai-je acheté par de riches présens une de ces nuits heureuses? Ton amour, oui, ton amour seul a fait tout mon mérite. Tu m'as aimé toi-même, lorsque tant d'autres t'adoraient : puis-je oublier de si douces faveurs? Ah! plutôt, que les Furies exercent sur moi leur rage; qu'Éacus me condamne aux tourmens de l'enfer; qu'il soit un vautour pour moi parmi les cruels bourreaux de Tityus, ou que je me fatigue, comme Sisyphe, à rouler un rocher énorme! O Cynthie, ne charge point tes lettres de suppliantes prières; mon amour sera toujours le même. Seul d'entre les amans, et tel fut toujours mon caractère, je n'aime point au hasard, et ne cesse point d'aimer.

ÉLÉGIE XXI.

A CYNTHIE.

Que d'affreuses calomnies Panthus t'a écrites sur mon compte! Que du moins Vénus, pour le punir, lui refuse ses faveurs!

Aujourd'hui mes prédictions te paraissent plus vraies que les chênes de Dodone. Ce favori charmant prend une femme. Il oublie tes nuits délicieuses : quelle honte! Écoute : il est libre, il chante; et toi, crédule amante, tu restes muette et abandonnée! C'est de toi qu'ils parlent maintenant; le fat prétend que tu le cherchais

Dispeream, si quidquam aliud quam gloria de te
 Quæritur: has laudes ille maritus habet.
Colchida sic hospes quondam decepit Iason:
 Ejecta est; tenuit namque Creusa domum.
Sic a Dulichio juvene est elusa Calypso:
 Vidit amatorem pandere vela suum.
Ah nimium faciles aurem præbere puellæ,
 Discite desertæ non temere esse bonæ!
Huic quoque qui restet jam pridem quæritur alter:
 Experta in primo, stulta, cavere potes.
Nos quocumque loco, nos omni tempore tecum
 Sive ægra pariter, sive valente sumus.

ELEGIA XXII.

AD DEMOPHOONTEM.

Scis, here mi, multas pariter placuisse puellas;
 Scis mihi, Demophoon, multa venire mala.
Nulla meis frustra lustrantur compita plantis:
 O nimis exitio nata theatra meo!
Sive aliquis molli diducit candida gestu
 Brachia, seu varios incinit ore modos,
Interea nostri quærunt sibi vulnus ocelli,
 Candida non tecto pectore si qua sedet,
Sive vagi crines puris in frontibus errant,

souvent malgré lui. Périsse l'ingrat qui ne pense à toi que pour se vanter d'un triomphe! Nouvel époux, il se fait de ton abandon un mérite. Ainsi Jason, trompant Médée qui l'avait accueilli, la chassa pour introduire Créuse dans son palais ; ainsi Calypso fut jouée par Ulysse, et vit son amant déployer, pour la fuir, toutes ses voiles. Apprenez, femmes charmantes, par un tel abandon, à ne point prêter une oreille trop facile, à n'accorder qu'avec discernement vos faveurs. Déjà, Cynthie, tu cherches à Panthus un successeur fidèle. Trompée une première fois, pourquoi ne pas éviter une autre erreur ? En tous lieux, en tous temps, je suis à toi, dans tes douleurs comme dans tes plaisirs.

ÉLÉGIE XXII.

A DÉMOPHOON.

Oui, sage Démophoon, tu m'as vu hier courtiser plusieurs belles, et voilà ce qui me cause à la fois bien des tourmens. Partout les rues n'offrent à mes pas que dangers ; les théâtres semblent nés pour ma ruine. Tandis qu'un acteur déploie les gracieux contours d'un bras d'albâtre, ou fait entendre des chants harmonieux ; qu'une femme laisse entrevoir un sein de lis, ou qu'elle laisse errer sur un front pur des cheveux vagabonds qu'une perle de l'Inde arrête au sommet de la tête, mes yeux cherchent aussitôt leur malheur; et si un regard trop

Indica quos medio vertice gemma tenet :
Quæ si forte aliquid vultu mihi dura negarat,
Frigida de tota fronte cadebat aqua.
QUÆRIS, Demophoon, cur sim tam mollis in omnes :
Quod quæris quare, non habet ullus amor.
Cur aliquis sacris laniat sua brachia cultris,
Et Phrygis insanos cæditur ad numeros?
Unicuique dedit vitium natura creato :
Mi fortuna aliquid semper amare dedit.
Me licet et Thamyræ cantoris fata sequantur :
Numquam ad formosas, invide, cæcus ero.
SED tibi si exiles videor tenuatus in artus,
Falleris : haud umquam est culta labore Venus.
Percontere licet : sæpe est experta puella
Officium tota nocte valere meum.
Juppiter Alcmenæ geminas requieverat Arctos,
Et cœlum noctu bis sine rege fuit :
Nec tamen idcirco languens ad fulmina venit.
Nullus amor vires eripit ipse suas.
Quid? quum e complexu Briseidos iret Achilles,
Num fugere minus Thessala tela Phryges?
Quid? ferus Andromachæ lecto quum surgeret Hector,
Bella Mycenææ non timuere rates?
Ille vel hic classes poterat vel perdere muros :
Hic ego Pelides, hic ferus Hector ego.
ADSPICE, uti cœlo modo sol, modo luna ministret :
Sic etiam nobis una puella parum est.
Altera me cupidis teneat foveatque lacertis,
Altera si quando non sinit esse locum;
Aut, si forte irata meo sit facta ministro,

dur me refuse l'espérance, je sens ruisseler sur mes tempes une sueur glacée.

Tu demandes, Démophoon, pourquoi je suis si prompt à m'enflammer? Si tu le demandes, tu ne connais donc pas l'amour? Pourquoi cet autre se déchire-t-il les bras avec le couteau sacré? pourquoi s'est-il follement mutilé au son d'une lyre phrygienne? La nature a donné à tout homme un faible, et mon lot, c'est d'aimer toujours. Dussé-je éprouver le sort de l'infortuné Thamyras, non, homme jaloux de mes plaisirs, je ne serai jamais aveugle pour la beauté.

Mais peut-être mon corps te paraît-il frêle et fatigué; comme si c'était une fatigue de servir l'Amour. Demande si maintes fois une belle ne m'a point vu empressé auprès d'elle pendant une nuit entière. Jupiter avait reposé deux nuits aux côtés d'Alcmène, et le ciel fut deux nuits sans monarque : son bras fut-il ensuite moins fort pour lancer la foudre? Jamais l'amour ne détruit lui-même ses forces. Eh quoi! Achille, en sortant des bras de Briséis, ne mettait-il pas en fuite les bataillons troyens? Quand le farouche Hector abandonnait la couche d'Andromaque, les mille vaisseaux des Grecs en redoutaient-ils moins ses coups? L'un et l'autre incendiaient les flottes ou renversaient les murailles : moi, je suis en amour un Achille, un Hector.

Vois-tu comme Phébus et Diane se succèdent tour-à-tour au ciel? c'est ainsi qu'une seule belle ne saurait me suffire. Qu'une autre me tienne avec ivresse et me réchauffe dans ses bras, si l'une dédaigne un jour mes vœux; ou si l'imprudence d'un valet a pu l'irriter contre

Ut sciat esse aliam, quæ velit esse mea.
Nam melius duo defendunt retinacula navem,
　Tutius et geminos anxia mater alit.

Aut, si es dura, nega : sin es non dura, venito.
　Quid juvat in nullo pondere verba loqui?
Hic unus dolor est ex omnibus acer amanti,
　Speranti subito si qua venire negat.
Quanta illum toto versant suspiria lecto,
　Quum recipi, quem non noverit illa, putat;
Et rursus puerum quærendo audita fatigat,
　Quem, quæ scire timet, quærere plura jubet!

ELEGIA XXIII.

DE FEMINIS.

Cui fuit indocti fugienda hæc semita vulgi,
　Ipsa petita lacu nunc mihi dulcis aqua est.
Ingenuus quisquam alterius dat munera servo,
　Ut promissa suæ verba ferat dominæ,
Et quærit toties, Quænam nunc porticus illam
　Integit? et, Campo quo movet illa pedes?
Deinde, ubi pertuleris, quos dicit fama, labores
　Herculis, ut scribat, muneris ecquid habes?
Cernere uti possis vultum custodis amari,

moi, qu'elle sache qu'une rivale est disposée à recevoir mes hommages. Deux ancres retiennent mieux le navire, et l'amour maternel se repose avec moins d'inquiétude sur deux fils.

Qu'une femme refuse, si mes vœux lui déplaisent, ou qu'elle vienne, si elle les agrée. A quoi servent de vaines promesses sans réalité? Oui, de tous les chagrins, le plus amer pour un amant, c'est de voir sa maîtresse tromper, par un refus boudeur, sa juste attente. Alors que de soupirs dans sa couche solitaire, surtout lorsqu'il la croit aux bras d'un nouveau rival! Comme il fatigue son valet, en lui demandant mille fois la même réponse! Le malheureux! il craint de connaître, et cependant il multiplie les recherches.

ÉLÉGIE XXIII.

SUR LES FEMMES.

Moi qui devais fuir les routes battues par un ignorant vulgaire, je trouve douce aujourd'hui l'eau fangeuse du marais! Faut-il qu'un homme bien né comble de présens l'esclave d'autrui, pour qu'il rapporte à sa maîtresse des paroles d'amour? faut-il demander si souvent quel portique lui servira de retraite, et de quel côté elle tournera ses pas? Quand on a supporté tous ces travaux d'Hercule, dont parle la fable, elle écrit enfin; mais quel avantage en retire-t-on? De pouvoir contempler les traits d'un farouche gardien, d'être surpris et de chercher

Captus et immunda sæpe latere casa?
Quam care semel in toto nox vertitur anno!
 Ah pereant, si quos janua clausa juvat!
CONTRA, rejecto quæ libera vadit amictu,
 Custodum et nullo septa timore, placet;
Cui sæpe immundo Sacra conteritur via socco,
 Nec sinit esse moram, si quis adire velit.
Differet hæc numquam, nec poscet garrula, quod te
 Adstrictus ploret sæpe dedisse pater;
Nec dicet, Timeo; propera jam surgere, quæso:
 Infelix! hodie vir mihi rure venit.
Et quas Euphrates, et quas mihi misit Orontes,
 Me capiant; nolim furta pudica tori;
Libertas quoniam nulli jam restat amanti.
 Nullus liber erit, si quis amare volet.

ELEGIA XXIV.

SE IPSUM ALLOQUITUR.

TU loqueris, quum sis jam noto fabula libro,
 Et tua sit toto Cynthia lecta foro?
Cui non his verbis adspergat tempora sudor?
 Aut pudor ingenuus, aut reticendus amor?

QUOD si tam facilis spiraret Cynthia nobis,
 Non ego nequitiæ dicerer esse caput;

retraite dans les lieux les plus vils. Que c'est acheter cher une nuit de bonheur dans une année entière ! Malheur à qui aime frapper à une porte fermée !

Combien je préfère cette femme qui s'avance d'un pas dégagé en rejetant son voile, et sans être entourée de gardiens qu'elle redoute ! Son pied, il est vrai, foule souvent les boues de la voie Sacrée : mais qui veut l'aborder ne trouve point d'obstacle ; mais elle ne promène pas un amant ; mais elle ne demande pas ce qu'un père économe verra dissiper avec tant de regret. Jamais elle ne dira : « Que je suis inquiète ! Pars, hâte-toi, je t'en conjure. Malheureuse ! mon mari revient aujourd'hui de la campagne. » Je suis à vous, filles de l'Euphrate et de Syrie : désormais je dédaigne les larcins d'une chaste couche. Captivez-moi, puisqu'il n'est point de liberté pour les amans ; vouloir aimer, c'est renoncer à être libre.

ÉLÉGIE XXIV.

A LUI-MÊME.

Quel langage pour toi, qu'un livre d'amour a déjà rendu célèbre, et dont les vers à Cynthie sont récités de toutes parts dans la place publique ! Qui ne sentirait à ces paroles son front ruisseler de sueur ? On tait par déférence un amour honnête, et par honte un amour criminel.

Si l'inhumaine Cynthie se montrait sensible à mes vœux, on ne m'appellerait point l'apôtre du libertinage ;

Nec sic per totam infamis traducerer urbem,
  Urerer et quamvis, nomine verba darem.
Quare ne tibi sit mirum me quærere viles :
  Parcius infamant : num tibi causa levis?
Et modo pavonis caudæ flabella superbæ,
  Et manibus dura frigus habere pila,
Et cupit iratum talos me poscere eburnos,
  Quæque nitent Sacra vilia dona via.
Ah peream, si me ista movent dispendia! sed me
  Fallaci dominæ jam pudet esse jocum.
Hoc erat in primis, quod me gaudere jubebas?
  Tam te formosam non pudet esse levem?
Una aut altera nox nondum est in amore peracta,
  Et dicor lecto jam gravis esse tuo.
Me modo laudabas et carmina nostra legebas :
  Ille tuus pennas tam cito vertit amor?
CONTENDAT mecum ingenio, contendat et arte;
  In primis una discat amare domo.
Si libitum tibi erit, Lernæas pugnet ad hydras,
  Et tibi ab Hesperio mala dracone ferat;
Tetra venena libens et naufragus ebibat undas,
  Et numquam pro te deneget esse miser;
Quos utinam in nobis, vita, experiare labores!
  Jam tibi de timidis iste protervus erit,
Qui nunc se in tumidum jactando venit honorem.
  Dissidium vobis proximus annus erit.
At me non ætas mutabit tota Sibyllæ,
  Non labor Alcidæ, non niger ille dies.
Tu mea compones et dices, Ossa, Properti,
  Hæc tua sunt : eheu, tu mihi certus eras!

mon nom ne serait point la fable et le scandale de Rome entière; et, brûlé des feux les plus vifs, je sauverais du moins les apparences. Mais qu'on ne s'étonne plus, si je donne dans un amour vulgaire; il déshonore moins : cette raison n'est-elle d'aucun poids? Cynthie me demandait ou l'éventail superbe que forme la dépouille du paon, ou ces globes légers qui entretiennent une douce fraîcheur, ou, malgré mon courroux, des dés d'ivoire et toutes ces futilités qui brillent sur la voie Sacrée. Que je meure, si je suis sensible à l'avarice! mais j'ai honte d'être ainsi le jouet continuel d'une maîtresse parjure.

Voilà donc, Cynthie, les plaisirs que tu me promettais! Pourquoi tant d'inconstance avec tant de beauté? A peine as-tu accordé une ou deux nuits à mon amour, et déjà je suis un fardeau pour ta couche. Naguère tu me louais encore, et tu lisais mes vers : faut-il que ton amour se soit envolé si tôt d'une aile rapide!

Qu'il vienne, ce rival, qu'il vienne le disputer de talens et de génie; qu'il vienne apprendre surtout la constance. Ordonne-lui à ton gré d'affronter l'hydre de Lerne, de t'apporter les pommes d'Hespérie, malgré le dragon qui les garde, de boire sans pâlir un noir poison, ou de se rire du naufrage, sans t'accuser jamais de ses infortunes. Ah! que n'éprouves-tu ma constance par ces travaux, ô ma Cynthie! Mais ce rival si fier, tu pourrais l'accuser bientôt de lâcheté, lui qui me dérobe aujourd'hui, par ses sermens, des faveurs qui l'énorgueillissent. Oui, encore un an, et vous aurez rompu sans retour. Rien, au contraire, ne pourra me changer, ni les années de la Sibylle, ni les travaux d'Hercule, ni même le plus cruel trépas. Tu recueilleras mes cendres, et tu diras : Voilà donc, Properce, ce qui me reste de toi! Tu me fus tou-

Certus eras eheu, quamvis nec sanguine avito
   Nobilis, et quamvis non ita dives eras!
Nil ego non patiar : numquam me injuria mutat;
   Ferre ego formosam nullum onus esse puto.
Credo ego non paucos ista periisse figura :
   Credo ego sed multos non habuisse fidem.
Parvo dilexit spatio Minoida Theseus,
   Phyllida Demophoon, hospes uterque malus.
Jam tibi Iasonia nota est Medea carina,
   Et modo servato sola relicta viro.
Dura est, quæ multis simulatum fingit amorem,
   Et se plus uni si qua parare potest.
Noli nobilibus, noli conferre beatis :
   Vix venit, extremo qui legat ossa die.
Ii tibi nos erimus. Sed tu potius, precor, in me
   Demissis plangas pectora nuda comis.

ELEGIA XXV.

DE CYNTHIA PERFIDA.

Unica nata meo pulcherrima cura dolori,
   Excludit quoniam sors mea, sæpe veni.
Ista meis fiet notissima forma libellis,
   Calve, tua venia; pace, Catulle, tua.

jours fidèle, hélas! oui, tu me fus fidèle, et tu n'avais ni d'illustres aïeux, ni de riches trésors.

Je puis tout souffrir, et ton inconstance elle-même ne me change pas. Est-il si difficile de supporter les caprices de la beauté? Je sais qu'elle a fait le malheur de bien des héros; je le sais : mais combien d'entre eux furent infidèles! Thésée et Démophoon n'aimèrent que peu de temps, le premier la fille de Minos, le second la belle Phyllis, et tous deux récompensèrent le plus tendre accueil par une affreuse perfidie. Tu connais encore Médée, qui préféra à sa patrie le vaisseau de Jason, et qui fut bientôt abandonnée par l'homme dont elle sauva les jours. Mais, hélas! Cynthie, il n'en est pas moins cruel d'encourager plusieurs amans par de feintes ardeurs, et de se prêter tour-à-tour à leurs feux. Ne me préfère donc ni la naissance, ni les richesses : car est-il un seul de mes rivaux qui recueille un jour tes cendres? Je le ferai pour eux tous, ô ma Cynthie; ou plutôt que ce soit toi, grands dieux! qui viennes pleurer sur mes restes, les vêtemens en désordre et les cheveux épars!

ÉLÉGIE XXV.

A CYNTHIE, SUR SA PERFIDIE.

VIENS donc souvent, unique et charmant objet de mes soucis, puisque ma destinée m'exclut ainsi de ta demeure. Catulle, Calvus, souffrez que dans mes vers j'élève alors au dessus de toutes les femmes la beauté de Cynthie.

MILES depositis annosus secubat armis,
  Grandaevique negant ducere aratra boves;
Putris et in vacua requiescit navis arena,
  Et vetus in templo bellica parma vacat:
At me ab amore tuo diducet nulla senectus,
  Sive ego Tithonus, sive ego Nestor ero.
Nonne fuit satius duro servire tyranno,
  Et gemere in tauro, saeve Perille, tuo,
Gorgonis et satius fuit obdurescere vultu,
  Caucasias etiam si pateremur aves?
Sed tamen obsistam. Teritur rubigine mucro
  Ferreus, et parvo saepe liquore silex:
At nullo dominae teritur sub limine amor, qui
  Restat, et immerita sustinet aure minas.
Ultro contemtus rogat, et peccasse fatetur
  Laesus, et invitis ipse redit pedibus.
Tu quoque, qui pleno fastus adsumis amore,
  Credule, nulla diu femina pondus habet.
An quisquam in mediis persolvit vota procellis,
  Quum saepe in portu fracta carina natet?
Aut prius infecto deposcit praemia cursu,
  Septima quam metam triverit ante rota?
Mendaces ludunt flatus in amore secundi:
  Si qua venit sero, magna ruina venit.
Tu tamen interea, quamvis te diligat illa,
  In tacito cohibe gaudia clausa sinu.
Namque in amore suo semper sua maxima cuique
  Nescio quo pacto verba nocere solent.
Quamvis te persaepe vocet, semel ire memento:
  Invidiam quod habet, non solet esse diu.

Le soldat chargé d'années quitte les armes et se livre au repos; le taureau refuse dans sa vieillesse de conduire encore la charrue; le vaisseau fatigué tombe en poussière sur le rivage, et le bouclier usé par les combats demeure oisif aux lambris de nos temples : mais quand je vivrais autant que le vieux Tithon ou que Nestor, jamais la vieillesse ne pourrait m'arracher à ton amour. Sans doute, hélas! il eut mieux valu porter les fers du plus cruel tyran, gémir dans l'affreux taureau de Périllus, sentir un froid mortel dans ses veines à l'aspect de Méduse, ou dans ses flancs déchirés tous les vautours du Caucase. Cependant je demeurerai fidèle; et si la rouille peut ronger sourdement l'acier homicide, ou une goutte d'eau miner le rocher, rien, pas même les rigueurs et les injustes menaces qu'il supporte, n'affaiblira l'amour qui vit au fond de mon cœur. On le dédaigne, et il supplie; on le blesse, et il s'accuse, et souvent il revient encore malgré lui-même.

Toi aussi, crédule amant, qui t'enivres d'orgueil au comble de tes vœux, prends garde : jamais une femme ne se pique long-temps de constance. Qui accomplit son vœu au milieu de la tempête, quand le navire brisé fait souvent naufrage dans le port? qui demande jamais le prix de la course, avant d'avoir effleuré sept fois la borne de son essieu rapide? Le zéphyr, en amour, ne nous flatte un instant que pour mieux nous tromper, et la chute, pour être tardive, n'en devient que plus terrible. Cependant, quoique ton amante se rende aujourd'hui, renferme en silence ta joie au fond de ton cœur. L'indiscrétion, voilà ce qui nuit le plus en amour, voilà ce qui fait naître ordinairement des froideurs dont on recherche en vain la cause. Rappelle-toi encore, quand même elle t'appellerait sans cesse, de ne céder que ra-

At si sæcla forent antiquis grata puellis,
  Essem ego, quod nunc tu : tempore vincor ego.
Non tamen ista meos mutabunt sæcula mores :
  Unusquisque sua noverit ire via.

At vos, qui officia in multos revocatis amores,
  Quantum sic cruciat lumina vestra dolor!
Vidistis pleno teneram candore puellam,
  Vidistis fusco : ducit uterque color;
Vidistis quamdam Argiva prodire figura,
  Vidistis nostras : utraque forma rapit;
Illaque plebeio vel sit sandicis amictu,
  Hæc atque illa mali vulneris una via est :
Quum satis una tuis insomnia portet ocellis,
  Una sit et cuivis femina multa mala.

ELEGIA XXVI.

AD CYNTHIAM.

Vidi te in somnis fracta, mea vita, carina
  Ionio lassas ducere rore manus,
Et quæcumque in me fueras mentita fateri,
  Nec jam humore graves tollere posse comas;
Qualem purpureis agitatam fluctibus Hellen,

rement à ses désirs : ne pas ménager son bonheur, c'est lui assurer une mort prompte.

Ah! si l'on voyait encore de nos jours la chasteté antique, heureux amant, je serais aimé comme toi ; mais ces dédains cruels, je les dois à mon siècle. Toutefois sa corruption ne saurait changer mon âme. Chacun marche sans dévier dans la route qu'il doit parcourir.

Et vous, qui portez tour-à-tour vos hommages à de nombreuses beautés, de quels traits vos yeux ne sont-ils pas déchirés sans cesse? Tantôt vous voyez une blonde tendre et naïve, tantôt une brune piquante, et l'une et l'autre vous séduisent ; aujourd'hui c'est le majestueux profil d'une Grecque, demain c'est une dame romaine, et chacune d'elles vous captive ; l'une cache ses appas sous la toile, l'autre sous la soie ou sous la pourpre, et toutes deux vous percent également d'une cruelle blessure. Cependant une seule femme, hélas! peut chasser le sommeil de nos yeux ; une seule suffit pour nous accabler des maux les plus cuisans.

ÉLÉGIE XXVI.

A CYNTHIE.

Je t'ai vue en songe, ô ma tendre amante, au milieu des débris d'un navire, lutter en vain d'un bras fatigué contre la mer Ionienne. Tu avouais alors hautement et tes intrigues et tes perfidies. Telle que la jeune Hellé, lorsque, portée mollement sur le dos du bélier à la toison

Aurea quam molli tergore vexit ovis.
Quam timui, ne forte tuum mare nomen haberet,
　Atque tua labens navita fleret aqua!
Quæ tum ego Neptuno, quæ tum cum Castore fratri,
　Quæque tibi excepi tum, dea Leucothee!
At tu, vix primas extollens gurgite palmas,
　Sæpe meum nomen jam peritura vocas.
Quod si forte tuos vidisset Glaucus ocellos,
　Esses Ionii facta puella maris,
Et tibi ob invidiam Nereides increpitarent,
　Candida Nesæe, cærula Cymothoe.
Sed tibi subsidio delphinum currere vidi,
　Qui, puto, Arioniam vexerat ante lyram.
Jamque ego conabar summo me mittere saxo,
　Quum mihi discussit talia visa metus.

Nunc admirentur, quod tam mihi pulchra puella
　Serviat, et tota dicar in urbe potens.
Non, si Cambysæ redeant et flumina Crœsi,
　Dicat, De nostro surge, poeta, toro.
Nam mea quum recitat, dicit se odisse beatos:
　Carmina tam sancte nulla puella colit.
Multum in amore fides, multum constantia prodest:
　Qui dare multa potest, multa et amare potest.

Seu mare per longum mea cogitet ire puella,
　Hanc sequar, et fidos una aget aura duos.
Unum litus erit sopitis, unaque tecto
　Arbor, et ex una sæpe bibemus aqua;

d'or, elle fut battue des flots d'azur, tu pouvais élever à peine au dessus de l'eau ta chevelure appesantie. Que j'ai craint de voir un jour cette mer porter le nom de ma Cynthie, et le pilote la sillonner en déplorant ton destin! Que de vœux n'ai-je point adressés à Neptune, à Castor et à Pollux, à la divine Leucothoë! Toi, cependant, tu étendais souvent tes mains tremblantes à la surface de l'abîme, et tu répétais souvent mon nom à l'approche du trépas. Oh! si Glaucus eût vu par hasard tes beaux yeux! tu serais maintenant une divinité de la mer, et toutes les Néréides, la blanche Nisée, la brillante Cymothoë, feraient retentir autour de toi leurs jaloux murmures. Mais tout à coup je vis s'élancer à ton secours un dauphin, le même sans doute qui reçut jadis Amphion et sa lyre. Et moi, je voulais me précipiter à mon tour du haut du rocher, lorsque la crainte vint dissiper enfin mon triste songe.

Qu'on admire maintenant qu'avec tant de beauté Cynthie réponde à mes vœux, et que l'on vante mon crédit dans Rome entière! J'en conviens, quand on lui offrirait l'empire de Cambyse ou les trésors de Crésus, jamais elle ne dirait à son poète : « Va, fuis maintenant loin de ma couche. » Lorsqu'elle récite mes vers, elle déclare au riche une haine éternelle. Est-il, en effet, une seule femme qui rende à la poésie un culte plus pur? La fidélité et la constance ne sont-elles pas tout en amour? et l'homme qui peut donner beaucoup n'est-il pas souvent infidèle?

Si ma Cynthie veut parcourir au loin les mers, je la suivrai : le même vent enflera nos voiles, le même rivage verra notre repos, le même arbre nous protègera de son ombre, et nous étancherons notre soif à une même

Et tabula una duos poterit componere amantes;
  Prora cubile mihi, seu mihi puppis erit.
Omnia perpetiar : sævus licet urgeat Eurus,
  Velaque in incertum frigidus Auster agat;
Quicumque et venti miserum vexastis Ulyssem,
  Et Danaum Euboico litore mille rates;
Et qui movistis duo litora, quum rudis Argus
  Dux erat ignoto missa columba mari.
Illa meis tantum non umquam desit ocellis :
  Incendat navem Juppiter ipse licet.
Certe isdem nudi pariter jactabimur oris :
  Me licet unda ferat, te modo terra tegat.

SED non Neptunus tanto crudelis amori,
  Neptunus fratri par in amore Jovi.
Testis Amymone, latices quum ferret in Argis,
  Compressa, et Lerne pulsa tridente palus.
Jam deus amplexu votum persolvit, et illi
  Aurea divinas urna profudit aquas.
Crudelem et Boream rapta Orithyia negavit.
  Hic deus et terras et maria alta domat.
Crede mihi, nobis mitescet Scylla, nec umquam
  Alternante vorans vasta Charybdis aqua,
Ipsaque sidera erunt nullis obscura tenebris;
  Purus et Orion, purus et Hædus erit.
Quod mihi si ponenda tuo sit corpore vita,
  Exitus hic nobis non inhonestus erit.

source. Que je dorme à la proue du navire ou à sa poupe, toujours une même planche réunira un couple fortuné. Alors je souffrirai tout sans murmure, que l'Eurus en fureur batte mes voiles, que l'humide Autan les pousse d'un souffle irrégulier, que je sois en butte aux vents qui tourmentèrent l'infortuné Ulysse, qui brisèrent contre les rivages de l'Eubée les mille vaisseaux des Grecs, ou qui ébranlèrent les deux rivages, quand les Argonautes virent une colombe guider leur vaisseau incertain à travers des mers inconnues. Pourvu que Cynthie soit toujours présente à mes regards, que Jupiter foudroye, s'il le veut, mon navire : dénués de tout, nous serons jetés au moins sur le même rivage; ou, si les flots m'engloutissent, que la terre du moins recouvre ton corps d'un peu de sable!

Neptune ne serait point aussi cruel pour tant d'amour; Neptune n'est pas plus insensible que Jupiter aux charmes d'une belle. J'en atteste la jeune Amymone, lorsqu'elle portait dans les champs d'Inachus une eau devenue rare; le dieu lui ravit ses faveurs, et, pour accomplir ses promesses, il fit jaillir de son trident la fontaine de Lerne, et remplit une seconde fois son urne d'or de l'eau qu'il venait de produire. Dirai-je que Borée est insensible, après l'enlèvement d'Orithye; Borée, qui soulève à son gré la terre et les mers profondes? Non, et Scylla elle-même s'adoucirait pour nous, et Charybde ne vomirait plus tour-à-tour et n'absorberait plus l'onde amère; les étoiles ne seraient plus obscurcies par les ténèbres; Orion et le Bélier répandraient au loin une clarté propice. S'il me fallait d'ailleurs exhaler sur ton corps mon dernier soupir, je ne me plaindrais pas aux dieux de mon trépas.

ELEGIA XXVII.

HORA MORTIS INCERTA.

At vos incertam, mortales, funeris horam
  Quæritis, et qua sit mors aditura via;
Quæritis et cœlo, Phœnicum inventa, sereno,
  Quæ sit stella homini commoda, quæque mala;
Seu pedibus Parthos sequimur, seu classe Britannos,
  Et maris et terræ cæca pericla viæ;
Rursus et objectum fletis capiti esse tumultum,
  Quum Mavors dubias miscet utrimque manus;
Præterea domibus flammam, domibusque ruinas,
  Neu subeant labris pocula nigra tuis.

Solus amans novit, quando periturus, et a qua
  Morte; neque hic Boreæ flabra, neque arma timet.
Jam licet et Stygia sedeat sub arundine remex,
  Cernat et infernæ tristia vela ratis:
Si modo clamantis revocaverit aura puellæ,
  Concessum nulla lege redibit iter.

ÉLÉGIE XXVII.

L'HEURE DE LA MORT EST INCERTAINE.

Mortels, vous voulez connaître et l'heure toujours incertaine de la mort, et par quelle route elle viendra vous saisir; vous cherchez dans un ciel serein quelle étoile vous sera propice, et celle dont l'influence est funeste; que vous suiviez le Parthe dans ses déserts ou le Breton dans son île, vous demandez aux astres les périls cachés qui vous menacent, sur terre et sur mer; vous pleurez encore, en vous voyant exposés aux hasards de la guerre, parce qu'on ne peut prévoir l'issue des combats; vous redoutez l'incendie ou la chute de vos demeures, ou d'approcher de vos lèvres un breuvage empoisonné.

L'amant seul connaît l'instant où il doit périr, et de quelle mort. Lui seul ne redoute point les fureurs de Borée et le cliquetis des armes. Quand même le nocher du Styx serait assis déjà dans sa nacelle; quand même il verrait s'approcher les voiles funèbres de l'infernale barque, s'il entendait seulement la voix de son amante qui le rappelle, l'inflexible loi du destin ne l'empêcherait point de revenir en arrière.

ELEGIA XXVIII.

AD JOVEM.

Juppiter, adfectæ tandem miserere puellæ!
  Tam formosa tuum mortua crimen erit.
Venit enim tempus, quo torridus æstuat aer,
  Incipit et sicco fervere terra Cane.
Sed non tam ardoris culpa est, neque crimina cœli,
  Quam toties sanctos non habuisse deos.
Hoc perdit miseras, hoc perdidit ante puellas:
  Quidquid jurarunt, ventus et unda rapit.

Num sibi collatam doluit Venus? illa peræque
  Præ se formosis invidiosa dea est.
An contemta tibi Junonis templa Pelasgæ,
  Palladis aut oculos ausa negare bonos?
Semper, formosæ, non nostis parcere verbis.
  Hoc tibi lingua nocens, hoc tibi forma dedit.

Sed tibi vexatæ per multa pericula vitæ
  Extremo veniet mollior hora die.
Io versa caput primos mugiverat annos:
  Nunc dea, quæ Nili flumina vacca bibit.
Ino etiam prima terris ætate vagata est:
  Hanc miser implorat navita Leucotheen.
Andromede monstris fuerat devota marinis:
  Hæc eadem Persei nobilis uxor erat.
Callisto Arcadios erraverat ursa per agros:

ÉLÉGIE XXVIII.

A JUPITER.

O Jupiter, prends enfin pitié des maux de Cynthie. Elle est si belle! Sa mort serait pour toi un crime.

Voici l'époque où l'air est brûlé de mille feux, où la terre se dessèche sous les chaleurs de l'été. Mais n'accusons de ses souffrances ni le Chien brûlant, ni un ciel de feu. Que de fois n'a-t-elle point offensé les dieux par de sacrilèges parjures! Voilà ce qui te perd, sexe infortuné, voilà ce qui t'a perdu toujours; l'eau ou le Zéphyr emporte, hélas! au hasard tous les sermens d'une femme.

Vénus serait-elle jalouse de ta beauté? Cette déesse voit d'un œil d'envie celles qui sont encore belles auprès d'elle. Ou bien, Cynthie, aurais-tu méprisé les autels de la fière Junon? aurais-tu refusé aux yeux de Pallas de justes éloges? Fière de quelques attraits, on ne sait point modérer d'indiscrètes paroles. Eh bien! voilà le prix de l'indiscrétion et de la beauté!

Mais ta vie fut assaillie par mille orages: peut-être ton heure dernière est-elle l'aurore d'un beau jour. Io, à la fleur de ses ans, mugissait sous une forme étrangère, et se désaltérait aux rives du Nil, qui l'adore aujourd'hui comme sa déesse. Ino, dans ses premières années, promena sur la terre ses pas errans, et maintenant le matelot l'invoque sous le nom de Leucothoë. Andromède, victime dévouée à la fureur des monstres, devint la noble épouse de Persée. Calisto enfin, qui erra

Hæc nocturna suo sidere vela regit.
Quod si forte tibi properarint fata quietem,
  Illa sepulturæ fata beata tuæ :
Narrabis Semelæ, quo sis formosa periclo;
  Credet et illa suo docta puella malo;
Et tibi Mæonias inter heroidas omnes
  Primus erit, nulla non tribuente, locus.
Nunc, utcumque potes, fato gere saucia morem.
  Et deus et durus vertitur ipse dies.
Hoc tibi vel poterit, conjux, ignoscere Juno :
  Frangitur et Juno, si qua puella perit.

Deficiunt magico torti sub carmine rhombi,
  Et tacet exstincto laurus adusta foco;
Et jam luna negat toties descendere cœlo,
  Nigraque funestum concinit omen avis.
Una ratis fati nostros portabit amores
  Cærula ad infernos velificata lacus.
Si non unius, quæso, miserere duorum :
  Vivam, si vivet; si cadet illa, cadam.
Pro quibus optatis sacro me carmine damno :
  Scribam ego, *Per magnum salva puella Jovem;*
Ante tuosque pedes illa ipsa adoperta sedebit,
  Narrabitque sedens longa pericla sua.

Hæc tua, Persephone, maneat clementia; nec tu,
  Persephones conjux, sævior esse velis!
Sunt apud infernos tot millia formosarum :
  Pulchra sit in superis, si licet, una locis.

long-temps sous les traits d'une ourse dans les champs de l'Arcadie, protège aujourd'hui de ses feux la course nocturne du navire. De même, si le destin voulait hâter pour toi l'instant du repos, ton trépas même, hélas! deviendrait un bienfait. Tu raconterais à Sémélé les dangers d'être belle, et elle en croirait ton récit; j'en ai pour garant ses infortunes. Tu verrais ces beautés célèbres de l'Asie et de la Grèce; et il n'en est aucune qui ne s'empresse à te proclamer leur reine. Maintenant, supporte avec courage le destin qui te frappe. Les dieux ne sont pas toujours inflexibles; chaque jour n'apporte pas sa douleur; et Junon elle-même, grand Jupiter, te pardonnerait de la sauver : car cette déesse fut toujours sensible au trépas d'une femme.

Mais les enchantemens eux-mêmes n'ont plus de force. Le cercle magique disparaît; le laurier ne pétille plus dans le foyer qui s'éteint; la lune refuse aujourd'hui d'abandonner encore le ciel, et le noir corbeau nous donne un funeste présage. Eh bien! la même barque emportera deux amans, et fera voile avec eux vers la rive infernale. O Jupiter, si tu n'as pas pitié d'elle seule, aie pitié, je t'en conjure, de ses jours et des miens; car je ne puis vivre qu'avec elle, et je mourrais si elle meurt. Sois sensible à mes vœux, et je te promets un hymne sacré; et je répèterai sans cesse : « A Jupiter seul je dois les jours de ma Cynthie; » et Cynthie elle-même, couverte d'un voile et prosternée à tes pieds, redira ses longs dangers avec reconnaissance.

O Proserpine, tant de clémence convient à ton cœur; et toi, Pluton, ne sois pas plus cruel que Proserpine. Vous possédez dans les enfers tant de beautés! souffrez qu'il en reste une seule sur la terre. On compte dans

Vobiscum est Iole, vobiscum candida Tyro,
　Vobiscum Europe, nec proba Pasiphae;
Et quot Troja tulit, vetus et quot Achaia formas,
　Et Phœbi et Priami diruta regna senis,
Et quæcumque erat in numero Romana puella,
　Occidit : has omnes ignis avarus habet.
Nec forma æternum, aut cuiquam est fortuna perennis :
　Longius aut propius mors sua quemque manet.

Tu quoniam es, mea lux, magno dimissa periclo,
　Munera Dianæ debita redde choros :
Redde etiam excubias divæ nunc, ante juvencæ;
　Votivas noctes et mihi solve decem.

ELEGIA XXIX.

AD CYNTHIAM.

Hesterna, mea lux, quum potus nocte vagarer,
　Nec me servorum duceret ulla manus,
Obvia, nescio quot pueri, mihi turba minuta
　Venerat; hos vetuit me numerare timor;
Quorum alii faculas, alii retinere sagittas,
　Pars etiam visa est vincla parare mihi.
Sed nudi fuerant. Quorum lascivior unus,
　Arripite hunc, inquit, nam bene nostis eum.

votre empire Iole et Europe, la naïve Tyro et la criminelle Pasiphaë, les noms les plus célèbres d'Ilion et ceux dont se glorifie la Grèce antique, ce que les royaumes de Priam avaient produit de plus parfait, et toutes les femmes romaines qui ont pu obtenir quelque gloire. La flamme avide du bûcher a dévoré tant d'attraits et de grâces! La beauté, hélas! ne peut durer toujours, non plus que la fortune : tous, plus tôt ou plus tard, nous devons succomber au trépas.

Mais puisque tu échappes à un si grand danger, ô toi, ma lumière et ma vie, rends à Diane et à ses nymphes le tribut que tu leur dois. Accorde aussi une nuit de veille à la déesse qui fut génisse avant d'être immortelle, et à ton amant dix nuits de bonheur que tu lui as promises.

ÉLÉGIE XXIX.

A CYNTHIE.

L'AUTRE nuit, au sortir d'une orgie, j'errais à l'aventure, sans être accompagné d'aucun esclave, lorsque je fus environné par une foule d'enfans, dont je ne dirais pas le nombre; car la frayeur m'empêcha de les compter. Les uns portaient de petites torches; les autres tenaient des flèches; quelques-uns paraissaient vouloir me charger de chaînes; tous étaient nus. « Saisissez-le, s'écrie le plus hardi de la bande. Le reconnaissez-vous? Le

Hic erat; hunc mulier nobis irata locavit.
  Dixit, et in collo jam mihi nodus erat.
Hic alter jubet in medium propellere; et alter :
  Intereat, qui nos non putat esse deos!
Hæc te non meritum totas exspectat in horas :
  At tu nescio quas quæris, inepte, fores.
Quæ quum Sidoniæ nocturna ligamina mitræ
  Solverit, atque oculos moverit illa graves,
Adflabunt tibi non Arabum de gramine odores,
  Sed quos ipse suis fecit Amor manibus.
Parcite jam, fratres; jam certos spondet amores :
  Et jam ad mandatam venimus ecce domum.
Atque ita mi injecto dixerunt rursus amictu :
  I nunc, et noctes disce manere domi.

Mane erat, et volui si sola quiesceret illa
  Visere : at in lecto Cynthia sola fuit.
Obstupui : non illa mihi formosior umquam
  Visa, neque ostrina quum fuit in tunica;
Ibat et hinc castæ narratum somnia Vestæ,
  Neu sibi, neve mihi quæ nocitura forent.
Talis visa mihi somno dimissa recenti,
  O quantum per se candida forma valet!
Quo tu matutinus, ait, speculator amicæ?
  Me similem vestris moribus esse putas?
Non ego tam facilis : sat erit mihi cognitus unus,
  Vel tu, vel si quis verior esse potest.
Apparent non ulla toro vestigia presso,
  Signa voluptatis, nec jacuisse duos.

voilà ; c'est celui que nous abandonne Cynthie dans sa colère. » Il dit, et le nœud fatal entoure déjà mon cou. Un autre m'ordonne d'avancer au milieu d'eux. « Qu'il périsse, s'écrie un troisième, qu'il périsse, l'insolent qui refuse de rendre hommage à notre divinité! Malheureux! tandis que Cynthie consume à t'attendre des heures entières, tu cours au hasard après quelque autre belle. Ah! quand tu la verras dénouer les rubans de pourpre qui ornent sa tête, quand elle abaissera sur toi ses yeux appesantis, tu seras enivré d'un parfum que ne donne pas l'Arabie, mais que l'Amour prépare lui-même de ses mains. Cependant, épargnons-le, mes frères ; il nous promet plus de constance, et nous voici à la demeure où nous devions le conduire. » En même temps il me jette sur les épaules mon manteau. « Va maintenant, dit-il, et apprends à passer la nuit dans ta demeure. »

Le jour venait : je voulus voir si ma Cynthie reposait seule, et je la trouvai seule sur sa couche. Dieux! quel éclat! Jamais elle ne m'avait paru si belle, même sous les vêtemens les plus somptueux. Vêtue d'une robe modeste, elle allait demander à Vesta si les songes de la nuit ne lui prédisaient aucun malheur, à elle ou à son amant. Qu'elle me parut ravissante au premier instant du réveil! que de charmes, grands dieux, la beauté n'a-t-elle pas sans fard et sans parure!

« Quoi! dit-elle, de honteux soupçons t'amèneraient-ils si matin? Crois-tu que ma conduite ressemble à la vôtre? Va, je n'ai pas tant de faiblesse. Un seul amant me suffit, toi, ou s'il en est de plus fidèle. Vois si quelques vestiges trahiront mes plaisirs et qu'un autre ait partagé ma couche; vois si, dans mon maintien, dans mon air,

Adspice ut in toto nullus mihi corpore surgat
  Spiritus, admisso notus adulterio.
Dixit, et opposita propellens suavia dextra,
  Prosilit in laxa nixa pedem solea.
Sic ego tam sancti custode excludor amoris.
  Ex illo felix nox mihi nulla fuit.

ELEGIA XXX.

AD CYNTHIAM.

Quo fugis, ah! demens? nulla est fuga. Tu licet usque
  Ad Tanain fugias : usque sequetur Amor.
Non, si Pegaseo vecteris in aere dorso,
  Nec, tibi si Persei moverit ala pedes ;
Vel si te sectae rapiant talaribus aurae,
  Nil tibi Mercurii proderit alta via.
Instat semper Amor supra caput : instat amanti,
  Et gravis ipse super libera colla sedet.
Excubat ille acer custos, et tollere numquam
  Te patietur humo lumina capta semel.
Et jam si pecces, deus exorabilis ille est,
  Si modo praesentes viderit esse preces.

Ista senes licet accusent convivia duri :
  Nos modo propositum, vita, teramus iter.
Illorum antiquis onerentur legibus aures :

dans ma respiration, quelque signe te dévoilera mon inconstance. »

Elle dit; et, repoussant de sa main mes baisers, elle s'élance d'un pied sur sa chaussure légère. Ainsi chassé du sanctuaire où repose l'amour le plus pur, je n'ai pu obtenir depuis une seule nuit de bonheur.

ÉLÉGIE XXX.

A CYNTHIE.

Ou fuis-tu, insensée? Va, la fuite est impossible. Quand tu irais aux rives de la Scythie, l'Amour suivrait partout tes pas. Tu serais portée à travers les airs sur le rapide Pégase, et tu emprunterais les ailes de Persée, ou tu attacherais à tes pieds celles de Mercure, que, même dans les régions les plus hautes, tu ne saurais te soustraire à ton vainqueur. L'Amour est toujours là; il plane sans cesse sur la tête de sa victime; il pèse de tout son poids sur un cœur né pour la liberté. C'est un gardien vigilant et infatigable; il ne souffrira jamais que des yeux qu'il a une fois asservis se lèvent de terre en sa présence; et cependant le dieu se laisse fléchir quand on l'offense, pourvu qu'il voie le coupable implorer humblement son pardon.

Qu'un vieillard austère accuse, s'il le veut, nos festins: mais n'en suivons pas moins, ô ma Cynthie, la route que nous nous sommes tracée. Laissons-le déclamer à loi-

Hic locus est, in quo, tibia docta, sones;
Quæ non jure vado Mæandri jacta natasti,
　Turpia quum faceret Palladis ora tumor.

Num jam, dura, paras Phrygias nunc ire per undas,
　Et petere Hyrcani litora nota maris;
Spargere et alterna communes cæde Penates,
　Et ferre ad patrios præmia dira Lares?
Una contentum pudeat me vivere amica!
　Hoc si crimen erit, crimen Amoris erit:
Mi nemo objiciat... Libeat tibi, Cynthia, mecum
　Roscida muscosis antra tenere jugis.
Illic adspicies scopulis hærere Sorores,
　Et canere antiqui dulcia furta Jovis:
Ut Semela est combustus, ut est deperditus Io,
　Denique ut ad Trojæ tecta volarit avis.

Quod si nemo exstat, qui vicerit alitis arma,
　Communis culpæ cur reus unus agor?
Nec tu virginibus reverentia moveris ora;
　Hic quoque non nescit quid sit amare chorus;
Si tamen OEagri quædam compressa figura
　Bistoniis olim rupibus adcubuit.
Hic ubi me prima statuent in parte choreæ,
　Et medius docta cuspide Bacchus erit,
Tum capiti sacros patiar pendere corymbos:
　Nam sine te nostrum non valet ingenium.

sir nos antiques lois ; et nous, faisons retentir nos demeures par les accords d'une flûte savante, que Pallas ne devait point jeter dans les flots limoneux du Méandre, parce qu'elle défigurait, en le gonflant, les grâces de son beau visage.

Mais, hélas ! tu vas donc, toujours inflexible, raser les mers de la Phrygie, côtoyer les rivages trop connus de la mer Hyrcanienne, arroser peut-être de ton sang et du mien des pénates qui nous furent long-temps communs, et rapporter au foyer domestique de funestes offrandes ? Et j'aurais honte de vivre infidèle à Cynthie ! Si c'est un crime, qu'elle en accuse l'amour. Je ne veux rien entendre.... ou promets-moi, Cynthie, d'habiter ensemble, au penchant d'une montagne, des antres frais et tapissés de mousse. Tu verras les neuf Sœurs s'asseoir à nos côtés sur la pierre, et chanter les doux larcins du maître des dieux ; tantôt son amour pour Sémélé, tantôt sa flamme ardente pour Io, et comment il vola sous la figure d'un cygne au milieu des palais antiques d'Ilion.

S'il n'est personne qui ait triomphé des flèches de l'Amour, pourquoi m'accuser seul d'une faute commune ? Ne crains pas non plus que ta présence fasse rougir les chastes déesses. Le chœur des Muses lui-même ignore-t-il l'amour ? L'une d'entre elles ne fut-elle pas surprise au milieu des rochers de la Thrace par le fleuve Œagrus, qui la rendit mère ? Toutes m'admettront avec empressement à leurs danses, que Bacchus dirigera, au milieu d'elles, de son thyrse divin. Alors je souffrirai que le lierre orne mon front de festons sacrés : car mon génie est sans force, si je suis éloigné de Cynthie.

ELEGIA XXXI.

AD CYNTHIAM.

Quæris cur veniam tibi tardior? aurea Phœbi
 Porticus a magno Cæsare aperta fuit.
Tota erat in speciem Pœnis digesta columnis,
 Inter quas Danai femina turba senis.
Hic equidem Phœbo visus mihi pulchrior ipso
 Marmoreus tacita carmen hiare lyra;
Atque aram circum steterant armenta Myronis,
 Quattuor artifices, vivida signa, boves.
Tum medium claro surgebat marmore templum,
 Et patria Phœbo carius Ortygia.
Auro Solis erat supra fastigia currus;
 Et valvæ, Libyci nobile dentis opus,
Altera dejectos Parnasi vertice Gallos,
 Altera mœrebat funera Tantalidos.
Deinde inter matrem deus ipse interque sororem
 Pythius in longa carmina veste sonat.

ÉLÉGIE XXXI.

A CYNTHIE.

Tu me demandes pourquoi je me suis fait attendre ? C'est que le divin Auguste vient d'ouvrir le magnifique portique d'Apollon. Il est soutenu de tous côtés par des colonnes de marbre d'une beauté admirable, et l'on compte au milieu d'elles autant de statues que le vieux Danaüs avait de filles. Là, j'ai vu un dieu en marbre, plus beau qu'Apollon lui-même, accompagner ses chants sur la lyre, et autour de l'autel quatre génisses, ouvrage merveilleux de Myron, auxquelles on donnerait la vie. Au milieu du portique s'élevait, en marbre, le temple, qu'Apollon préfère à Délos, où il reçut le jour. On admirait sur le faîte un char du Soleil en or; et la double porte, noble dépouille de l'éléphant d'Afrique, qui représentait d'un côté les Gaulois précipités des sommets du Parnasse, de l'autre la mort cruelle de l'infortunée Niobé. Enfin Apollon, revêtu d'une robe traînante, fait retentir ses chants entre sa sœur et sa mère.

ELEGIA XXXII.

AD CYNTHIAM.

Qui videt, is peccat : qui te non viderit ergo
  Non cupiet; facti crimina lumen habet.
Nam quid Praenestis dubias, o Cynthia, sortes,
  Quid petis Aeaei moenia Telegoni?
Curve te in Herculeum deportant esseda Tibur?
  Appia cur toties te via ducit anus?
Hoc utinam spatiere loco, quodcumque vacabis,
  Cynthia! nam tibi me credere turba vetat,
Quum videt accensis devotam currere taedis
  In nemus, et Triviae lumina ferre deae.
Scilicet umbrosis sordet Pompeia columnis
  Porticus, aulaeis nobilis Attalicis!
Et creber platanis pariter surgentibus ordo,
  Flumina sopito quaeque Marone cadunt,
Et, leviter lymphis tota crepitantibus urbe,
  Quum subito Triton ore recondit aquam!
Falleris : ista tui furtum via monstrat amoris.
  Non urbem, demens, lumina nostra fugis.
Nil agis : insidias in me componis inanes;
  Tendis iners docto retia nota mihi.

Sed de me minus est : famae jactura pudicae
  Tanta tibi miserae, quanta mereris, erit.

ÉLÉGIE XXXII.

A CYNTHIE.

Te voir, c'est faillir; ne te point voir, c'est échapper à l'amour : nos yeux sont donc les seuls coupables.

Alors, Cynthie, pourquoi aller consulter à Préneste un oracle incertain? pourquoi te rendre dans les murs que bâtit Télégone, fils de Circé? pourquoi ton char te porte-t-il souvent au frais Tivoli, ou sur l'antique route d'Appius? Ah! si tu as quelque loisir, reste à Rome, ô ma Cynthie. La foule me défend de croire à tes sermens, quand elle te voit courir, une torche à la main, au bois sacré d'Aricie, pour offrir pieusement un sacrifice à la chaste Diane. Dédaignerais-tu donc le portique de Pompée, ses colonnes magnifiques et les précieux tapis qui l'ombragent? ou ces groupes épais de platanes qui s'élèvent à l'envi, ou la source qui murmure au pied de la statue de Virgile, ou la nappe d'eau qui bruit légèrement dans toute la ville, et que Triton épanche tout à coup de sa bouche? Mais quelle erreur! Ces courses continuelles trahissent de furtives amours. Ce n'est point la ville que tu fuis, insensée; tu veux échapper à mes regards. Oui, tu dresses contre moi un piège inutile; tu m'environnes d'un impuissant filet, dont je ne connais que trop bien les trames.

Laissons toutefois ce qui me touche. Mais toi, Cynthie, vois ces bruits injurieux à ta vertu, grossir pour

Nuper enim de te nostras pervenit ad aures
  Rumor, et in tota non bonus urbe fuit.

Sed tu non debes inimicæ credere linguæ:
  Semper formosis fabula pœna fuit.
Non tua deprenso damnata est fama veneno;
  Testis eris puras, Phœbe, videre manus.
Sin autem longo nox una aut altera lusu
  Consumta est, non me crimina parva movent.
Tyndaris externo patriam mutavit amore,
  Et sine decreto viva reducta domum.
Ipsa Venus quamvis corrupta libidine Martis.
  Non minus in cœlo semper honesta fuit.
Quamvis Ida Parim pastorem dicat amasse,
  Atque inter pecudes adcubuisse deam;
Hoc et Hamadryadum spectavit turba sororum,
  Silenique senes, et pater ipse chori,
Cum quibus Idæo legisti poma sub antro,
  Subposita excipiens Naica dona manu.

An quisquam in tanto stuprorum examine quærit,
  Cur hæc tam dives? quis dedit? unde dedit?
O nimium nostro felicem tempore Romam,
  Si contra mores una puella facit!
Hæc eadem ante illam impune et Lesbia fecit:
  Quæ sequitur, certe est invidiosa minus.
Qui quærit Tatios veteres, durasque Sabinas,
  Hic posuit nostra nuper in urbe pedem.
Tu prius et fluctus poteris siccare marinos,
  Altaque mortali deligere astra manu,

ton malheur autant que le méritent tes parjures. Naguère encore de scandaleux récits sont venus jusqu'à mes oreilles, et ont circulé dans toute la ville.

Quoi! diras-tu, dois-tu croire aux poisons de l'envie, et la calomnie n'est-elle pas le privilège de la beauté? Car, je le sais, on n'a pas surpris dans tes mains le breuvage mortel, et lorsqu'on t'accuse, le soleil rendrait témoignage à ton innocence. D'ailleurs, quand tu aurais consacré une ou deux nuits aux jeux d'un amour parjure, faut-il donc m'affecter d'une infidélité si courte? Hélène jadis abandonna sa patrie pour suivre un étranger, et revint brillante et honorée au palais de Ménélas. Vénus elle-même, dit-on, céda aux désirs adultères de Mars, et n'en fut pas moins considérée dans l'Olympe. Quoique l'Ida raconte les amours d'Énone pour le berger Pâris, et comment elle oublia près de lui sa divinité; quoique la troupe des Hamadryades, ses sœurs, et les vieux Silènes, et Bacchus lui-même, eussent été les témoins de leurs caresses, la nymphe n'en cueillit pas moins avec eux, dans les antres de l'Ida, les fruits qu'elle savait recevoir d'une main agile.

Au milieu d'un tel essaim de vices, a-t-on demandé jamais pourquoi, comment et par qui une femme est devenue riche? Oh! que Rome serait heureuse de nos jours, si les mœurs ne trouvaient qu'une seule coupable! Lesbie, avant elle, a tenu la même conduite; et sans doute il y a moins de crime à suivre un premier exemple. Pour chercher dans Rome et nos vieux Tatius et nos chastes Sabines, il faut n'avoir habité qu'un seul instant cette ville corrompue. Oui, l'homme dessècherait plus facilement les flots de la mer, ou détacherait les

Quam facere, ut nostræ nolint peccare puellæ.
  Hic mos, Saturno regna tenente, fuit;
Et quum Deucalionis aquæ fluxere per orbem,
  Et post antiquas Deucalionis aquas.
Dic mihi, quis potuit lectum servare pudicum?
  Quæ dea cum solo vivere sola deo?
Uxorem quondam magni Minois, ut aiunt,
  Corrupit torvi candida forma bovis:
Nec minus ærato Danae circumdata muro
  Non potuit magno casta negare Jovi.
Quod si tu Graias tuque es imitata Latinas,
  Semper vive meo libera judicio.

ELEGIA XXXIII.

DE SACRIS ISIDIS.

Tristia jam redeunt iterum sollemnia nobis:
  Cynthia jam noctes est operata decem.
Atque utinam Nilo pereat quæ sacra tepente
  Misit matronis Inachis Ausoniis,
Quæ dea tam cupidos toties divisit amantes!
  Quæcumque illa fuit, semper amara fuit.
Tu certe Jovis occultis in amoribus, Io,
  Sensisti multas quid sit inire vias;
Quum te jussit habere puellam cornua Juno,
  Et pecoris duro perdere verba sono.

astres de la voûte céleste, plutôt qu'il ne détournerait nos belles du vice qui les captive. Il en fut toujours de même, et sous l'empire de Saturne, et lorsqu'au temps de Deucalion les eaux couvrirent l'univers, et dès qu'elles se furent retirées dans leur lit. Citez-moi un nom dont la couche soit demeurée chaste, une déesse qui se soit contentée de l'amour d'un dieu. Ne dit-on pas qu'autrefois l'épouse du sage Minos se laissa séduire par la beauté et la blancheur d'un affreux taureau? Malgré un triple mur d'airain, la chaste Danaé put-elle refuser quelque chose au grand Jupiter? Aussi, que tu imites les beautés de la Grèce et de Rome, sois tranquille, Cynthie, je te laisserai toujours vivre à ton gré.

ÉLÉGIE XXXIII.

SUR LES FÊTES D'ISIS.

Voici encore les tristes solennités d'Isis, et ma Cynthie a déjà passé dix nuits loin de moi. Périsse la mémoire de la fille d'Inachus, puisqu'elle a transporté ses sacrifices des rivages tièdes du Nil chez les dames romaines, pour séparer, hélas! trop souvent deux cœurs malgré leurs feux mutuels! Oui, quels que soient ses bienfaits, j'en repousse l'amertume. Déesse cruelle, tu n'as que trop connu le prix d'un plaisir acheté par mille peines, lorsque tu écoutas en secret les feux de Jupiter, lorsque Junon chargea ton front virginal de cornes menaçantes, et qu'elle changea ta voix mélodieuse pour le

Ah quoties quernis læsisti frondibus ora,
  Mansisti stabulis abdita, pasta, tuis!
An, quoniam agrestem detraxit ab ore figuram
  Juppiter, idcirco facta superba dea es?
An tibi non satis est fuscis Ægyptus alumnis?
  Cur tibi tam longa Roma petita via?
Quidve tibi prodest viduas dormire puellas?
  Sed tibi, crede mihi, cornua rursus erunt;
Aut nos e nostra te, sæva, fugabimus urbe:
  Cum Tiberi Nilo gratia nulla fuit.
At tu, quæ nostro nimium implacata dolore es,
  Noctibus his vacui ter faciamus iter.
Non audis, et verba sinis mea ludere, quum jam
  Flectant Icarii sidera tarda boves.
Lenta bibis; mediæ nequeunt te frangere noctes.
  An nondum est talos mittere lassa manus?
Ah pereat, quicumque meracas repperit uvas,
  Corrupitque bonas nectare primus aquas!
Icare, Cecropiis merito jugulate colonis,
  Pampineus nosti quam sit amarus odor.
Tu quoque, o Eurytion, vino, Centaure, peristi,
  Nec non Ismario tu, Polypheme, mero.
Vino forma perit; vino corrumpitur ætas;
  Vino sæpe suum nescit amica virum.

Me miserum! ut multo nihil est mutata Lyæo!
  Jam bibe; formosa es; nil tibi vina nocent,
Quum tua præpendent demissæ in pocula sertæ,
  Et mea deducta carmina voce legis.

mugissement sourd d'une génisse. Que de fois ta bouche fut blessée par le feuillage qui te servait de nourriture, quand tu restais cachée dans ton étable! Si Jupiter a dépouillé ta figure de ces traits affreux, fallait-il devenir une divinité fière? Ne te suffit-il point de l'Égypte et de ses habitans basanés? Pourquoi venir à Rome de ces contrées lointaines? pourquoi condamner nos femmes à un repos sans amour? Ah! crois-moi, ou tu reprendras tes mœurs avec tes anciens traits, ou bien, déesse cruelle, nous t'exilerons de notre ville. Est-il après tout quelque amitié entre le Nil et le Tibre?

Mais, puisque ta constance est à l'épreuve de mes douleurs, eh bien! Cynthie, recommençons trois fois ces nuits du plus triste veuvage. Hélas! tu ne m'écoutes plus; tu abandonnes au vent mes paroles : et cependant Icare, déjà prêt à disparaître, aiguillonne ses taureaux languissans. Tu bois encore, sans que la nuit, sur son déclin, puisse t'abattre; sans que ta main se fatigue à lancer continuellement les dés. Ah! périsse à jamais celui qui pressa le premier une grappe vermeille, et qui versa dans une eau limpide un nectar corrupteur! Quand le laboureur d'Athènes leva contre toi une main saintement homicide, tu reconnus, Icare, combien les dons de Bacchus sont amers. C'est le vin qui a fait périr le centaure Eurytion; c'est lui qui perdit Polyphème; c'est lui qui rend la beauté difforme, qui ôte à la jeunesse ses attraits, qui empêche souvent l'amante de reconnaître son amant.

Mais quoi! des coupes nombreuses n'altèrent point tes charmes! Bois donc, Cynthie, puisque tu n'en es que plus belle, puisque le vin n'a sur toi aucun empire. Que j'aime à voir ta guirlande pendre en festons sur ta coupe,

Largius effuso madeat tibi mensa Falerno,
  Spumet et aurato mollius in calice.

NULLA tamen lecto recipit se sola libenter :
  Est quiddam, quod vos quærere cogat Amor.
Semper in absentes felicior æstus amantes :
  Elevat adsiduos copia longa viros.

ELEGIA XXXIV.

AD LYNCEUM POETAM.

CUR quisquam faciem dominæ jam credat Amori?
  Sic erepta mihi pæne puella mea est.
Expertus dico, nemo est in amore fidelis :
  Formosam raro non sibi quisque petit.
Polluit ille deus cognatos, solvit amicos,
  Et bene concordes tristia ad arma vocat.
Hospes in hospitium Menelao venit adulter;
  Colchis et ignotum nonne secuta virum est?

LYNCEU, tune meam potuisti, perfide, curam
  Tangere? nonne tuæ tum cecidere manus?
Quid? si non constans illa et tam certa fuisset,
  Posses in tanto vivere flagitio?
Tu mihi vel ferro pectus, vel perde veneno :
  A domina tantum te modo tolle mea.

à t'entendre alors réciter mes vers d'une voix harmonieuse! Esclaves, versez-lui à grands flots le doux Falerne, et qu'une mousse pétillante couronne l'or d'un éclat plus gracieux.

Toutefois, il n'est aucune femme qui regagne avec plaisir sa couche solitaire; car l'amour fait germer en elle quelque nouveau désir. L'amant, par son heureuse absence, irrite encore l'ardeur qui la dévore; trop assidu, il verrait qu'une longue habitude émousse le bonheur.

ÉLÉGIE XXXIV.

AU POETE LYNCÉE.

Qui confiera désormais à son ami la beauté d'une amante, quand ma Cynthie m'a presque été enlevée par ta perfidie? Je le dis, parce que je l'éprouve : il n'est point en amour d'ami fidèle, et rarement on recherche une belle pour un autre que soi-même. L'amour souille les liens du sang, détruit ceux de l'amitié, chasse la concorde, et provoque à des combats funestes. Un hôte adultère n'avait-il pas reçu de Ménélas le plus généreux accueil, et Médée ne suivit-elle pas un héros étranger?

Mais toi, perfide Lyncée, comment as-tu pu toucher à l'objet de mes soins? Quoi! ton bras ne s'est pas refusé à tes emportemens? Si elle eût manqué de fidélité et de constance, tu pourrais vivre encore chargé d'un tel crime? Tranche plutôt mes jours par le poison ou par le fer, mais respecte les affections de Cynthie.

Te socium vitæ, te corporis esse licebit;
   Te dominum admitto rebus, amice, meis;
Lecto te solum, lecto te deprecor uno :
   Rivalem possum non ego ferre Jovem.
Ipse meas solus, quod nil est, æmulor umbras,
   Stultus, quod stulto sæpe timore tremo.

UNA tamen causa est, qua crimina tanta remitto,
   Errabant multo quod tua verba mero.
Sed numquam vitæ fallet me ruga severæ :
   Omnes jam norunt quam sit amare bonum.
Lynceus ipse meus seros insanit amores :
   Solum te nostros lætor adire deos.
Quid tua Socraticis tibi nunc sapientia libris
   Proderit, aut rerum dicere posse vias?
Aut quid Lucreti tibi prosunt carmina lecta?
   Nil juvat in magno vester amore senex.
Tu satius memorem Musis imitere Philetam,
   Et non inflati somnia Callimachi.
Nam cursus licet Ætoli referas Acheloi,
   Fluxerit ut magno fractus amore liquor;
Atque etiam ut Phrygio fallax Mæandria campo
   Errat, et ipsa suas decipit unda vias;
Qualis et Adrasti fuerit vocalis Arion,
   Tristia ad Archemori funera victor equus :
Non Amphiareæ prosunt tibi fata quadrigæ,
   Aut Capanei magno grata ruina Jovi.
Desine et Æschyleo componere verba cothurno;
   Desine, et ad molles membra resolve choros.
Incipe jam angusto versus includere torno,

Oui, je t'abandonne et ma vie et mon corps ; je te laisse disposer de toute ma fortune : mais sa couche, ami, sa couche, voilà le seul bien que je réclame, et je ne pourrais souffrir pour rival Jupiter même. Seul, je redoute encore un rien, jusqu'à mon ombre, et quelquefois je me prends fortement à trembler dans mes ridicules frayeurs.

Il est cependant un motif qui me fait pardonner un si grand forfait, c'est que tes paroles étaient égarées par l'ivresse ; mais désormais je ne me laisserai plus tromper par un front ridé et sévère : car le philosophe lui-même connaît aujourd'hui le bonheur d'aimer. Lyncée se livre tard à cette douce folie ; du moins je me réjouis qu'il offre quelque encens à nos dieux. Que te servira maintenant d'avoir étudié la sagesse dans les livres de Socrate, de pouvoir dérober à la nature ses mystères, d'avoir médité à loisir les vers de ton Lucrèce ? Le vieil Épicure ne peut rien contre un ardent amour. Imite plutôt Philétas, ce favori des Muses, et les rêves du modeste Callimaque. Quand tu raconterais comment l'Achéloüs épanche ses eaux dans l'Étolie, après la cruelle blessure que lui valut son amour pour Déjanire ; quand tu dirais comment le Méandre s'égare aux champs de la Phrygie, et se trompe lui-même par mille détours ; ou comment Arion, ce cheval d'Adraste qui remporta le prix aux tristes funérailles d'Archémore, fut doué de la parole : ces chants, ni le trépas d'Amphiaraüs, que la terre engloutit avec son char, ni celui de Capanée, que Jupiter frappa de la foudre, ne rendront jamais une belle sensible à tes vœux. Cesse de chausser le cothurne d'Eschyle, et assouplis tes membres à nos chœurs gracieux. Borne tes vers dans

Inque tuos ignes, dure poeta, veni.
Tu non Antimacho, non tutior ibis Homero :
　Despicit et magnos recta puella deos.

SED non ante gravi taurus succumbit aratro,
　Cornua quam validis hæserit in laqueis;
Nec tu tam duros per te patieris amores :
　Trux tamen a nobis ante domandus eris.
Harum nulla solet rationem quærere mundi,
　Nec cur fraternis Luna laboret equis;
Nec si post Stygias aliquid restaverit undas,
　Nec si consulto fulmina missa tonent.
Adspice me, cui parva domi fortuna relicta est,
　Nullus et antiquo Marte triumphus avi;
Ut regnem mixtas inter conviva puellas
　Hoc ego, quo tibi nunc elevor, ingenio.

ME juvet hesternis positum languere corollis,
　Quem tetigit jactu certus ad ossa deus :
Actia Virgilium custodis litora Phœbi,
　Cæsaris et fortes dicere posse rates,
Qui nunc Æneæ Trojani suscitat arma,
　Jactaque Lavinis mœnia litoribus.
Cedite, Romani scriptores; cedite, Graii :
　Nescio quid majus nascitur Iliade.
Tu canis umbrosi subter pineta Galæsi
　Thyrsin et adtritis Daphnin arundinibus;
Utque decem possint corrumpere mala puellam,
　Missus et impressis hædus ab uberibus.

un cadre moins large; viens, poète superbe, viens exhaler enfin les feux qui te consument. Jamais tu ne trouveras le repos sur les traces d'Antimaque ou d'Homère; car la beauté orgueilleuse méprise tout, jusqu'aux plus puissans dieux.

Lorsqu'un fier taureau se soumet à la charrue pesante, c'est que l'on a enchaîné ses cornes par des liens vigoureux. Ainsi, Lyncée, tu ne souffrirais pas volontiers le dur esclavage de l'Amour, et il faut qu'auparavant j'habitue ta fierté à ses chaînes. Jamais une belle n'a sondé les phénomènes du monde, ni pourquoi la lune s'éclipse devant le char d'Apollon, son frère, ni s'il est quelque chose au delà du Styx, ni s'il faut attribuer au hasard et le bruit et les éclats de la foudre. Vois-moi régner, convive aimable, au milieu d'un cercle de femmes. Je n'ai pour tout patrimoine qu'une mince fortune, et mes aïeux n'ont point remporté, dans nos vieilles guerres, de glorieux triomphes; mais je dois tout à mon génie, qu'aujourd'hui encore tu méprises.

Moi, que l'Amour a traversé d'une flèche sûre, j'aime à reposer languissamment jusqu'au matin sur les fleurs de la veille. Que Virgile, cependant, célèbre à son gré les rivages d'Actium chéris d'Apollon et les flottes victorieuses d'Auguste, lui qui réveille aujourd'hui les combats du Troyen Énée et les remparts qu'il fonda aux rives de Lavinium. Silence, Romains, et vous, Grecs, silence: ils vont naître, ces chants qui effaceront l'Iliade.

Mais, ô Virgile, tu célèbres aussi, à l'ombre des pins du Galèse, et Thyrsis et Daphnis à la flûte savante, et la jeune fille qui se laisse séduire par dix pommes et un chevreau récemment arraché à la mamelle de sa

Felix, qui viles pomis mercaris amores!
   Huic, licet ingratæ, Tityrus ipse canat.
Felix intactum Corydon qui tentat Alexin
   Agricolæ domini carpere delicias!
Quamvis ille sua lassus requiescat avena,
   Laudatur faciles inter Hamadryadas.
Tu canis Ascræi veteris præcepta poetæ,
   Quo seges in campo, quo viret uva jugo.
Tale facis carmen, docta testudine quale
   Cynthius impositis temperat articulis.
Non tamen hæc ulli venient ingrata legenti,
   Sive in amore rudis, sive peritus erit.
Nec minor his animis, aut, si minor ore, canorus
   Anseris indocto carmine cessit olor.

Hæc quoque perfecto ludebat Iasone Varro,
   Varro Leucadiæ maxima flamma suæ.
Hæc quoque lascivi cantarunt scripta Catulli,
   Lesbia queis ipsa notior est Helena.
Hæc etiam docti confessa est pagina Calvi,
   Quum caneret miseræ funera Quintiliæ;
Et modo formosa quam multa Lycoride Gallus
   Mortuus inferna vulnera lavit aqua!
Cynthia quin etiam versu laudata Properti,
   Hos inter si me ponere Fama volet.

mère. Heureux Tityre! tu achètes de quelques fruits les faveurs de ta belle! Fût-elle ingrate, tu devrais encore chanter ses attraits. Heureux Corydon! tu veux surprendre l'innocence d'Alexis, qui faisait les délices de son maître! Si tu reposes aujourd'hui sur tes pipeaux lassés, l'Hamadryade facile n'en répète pas moins tes louanges. Toi cependant, Virgile, tu chantes dans nos campagnes les préceptes du vieux poète d'Ascra, et la plaine que Cérès préfère, et le coteau que dore une grappe vermeille; tes accords ne le cèdent point à ceux d'Apollon, quand il promène ses doigts sur sa lyre harmonieuse. Jamais on ne relira sans plaisir tes premiers vers, que l'on ignore l'amour ou que l'on connaisse ses charmes. Le même feu inspira toujours les chants du cygne; et s'ils furent d'abord plus doux, leur mélodie n'en étouffe pas moins la voix impuissante de ses obscurs rivaux.

Quand il eut chanté les Argonautes, Varron célébra sur la lyre les feux dont il brûlait pour sa Leucadie. Les écrits du voluptueux Catulle ont donné à Lesbie un nom plus fameux que le nom d'Hélène. Calvus, dans ses pages savantes, a pleuré le trépas de l'infortunée Quintilie; et Gallus, ce chantre de Lycoris, lave encore sur les rives du Styx ses nombreuses blessures. Properce veut chanter l'Amour à leur exemple; et si la renommée daigne admettre son nom parmi ces noms glorieux, Cynthie obtiendra de mes vers son immortalité.

SEXTI AURELII
PROPERTII
ELEGIARUM
LIBER III.

ELEGIA I.

INGENII LAUDES.

Callimachi manes, et Coi sacra Philetæ,
  In vestrum, quæso, me sinite ire nemus.
Primus ego ingredior puro de fonte sacerdos
  Itala per Graios orgia ferre choros.
Dicite quo pariter carmen tenuastis in antro,
  Quove pede ingressi, quamve bibistis aquam.
Ah valeat Phœbum quicumque moratur in armis!
  Exactus tenui pumice versus eat,
Quo me Fama levat terra sublimis, et a me
  Nata coronatis Musa triumphat equis;
Et mecum in curru parvi vectantur Amores,
  Scriptorumque meas turba secuta rotas.

ÉLÉGIES

DE

PROPERCE

LIVRE III.

ÉLÉGIE I.

LOUANGES DU GÉNIE.

Manes de Callimaque, ombre sacrée de Philétas, souffrez, je vous en conjure, que je parcoure vos retraites. Pontife d'une muse nouvelle, j'entreprends de m'abreuver à une source pure, et de transporter en Italie les chants de la Grèce. Dites-moi dans quel antre vous méditâtes vos vers, quel dieu guida vos pas, quelle source étancha votre soif brûlante.

S'arrête qui voudra à chanter les combats farouches, pourvu que toujours mes vers soient élégans et légers! C'est par là que mon nom a volé de la terre aux cieux, que la muse dont je suis père triomphe sur des coursiers couronnés de fleurs, et que la troupe folâtre des Amours monte avec moi sur un même char, que suit au loin la

Quid frustra missis in me certatis habenis?
  Non datur ad Musas currere lata via.

Multi, Roma, tuas laudes annalibus addent,
  Qui finem imperii Bactra futura canant :
Sed, quod pace legas, opus hoc de monte Sororum
  Detulit intacta pagina nostra via.
Mollia, Pegasides, vestro date serta poetæ :
  Non faciet capiti dura corona meo.
At mihi quod vivo detraxerit invida turba,
  Post obitum duplici fœnore reddet honos.

Omnia post obitum fingit majora vetustas;
  Majus ab exsequiis nomen in ora venit.
Nam quis equo pulsas abiegno nosceret arces,
  Fluminaque Hæmonio cominus isse viro,
Idæum Simoenta, Jovis cunabula parvi,
  Hectora ter campos, ter maculasse rotas;
Deiphobumque, Helenumque, et Polydamanta in armis?
  Qualemcumque Parin vix sua nosset humus.
Exiguo sermone fores nunc, Ilion, et tu,
  Troja, bis Œtæi numine capta dei.
Nec non ille tui casus memorator Homerus
  Posteritate suum crescere sensit opus,
Meque inter seros laudabit Roma nepotes :
  Illum post cineres auguror ipse diem.
Ne mea contemto lapis indicet ossa sepulcro,
  Provisum est, Lycio vota probante deo.
Carminis interea nostri redeamus in orbem;
  Gaudeat in solito tacta puella sono.

foule de mes rivaux. Mais en vain essaieraient-ils de m'atteindre dans leur course précipitée : il est peu large, le sentier qui conduit jusqu'aux Muses.

Que de poètes, ô ma patrie, consacreront ta gloire dans leurs vers, et assigneront pour limite à ton empire les contrées les plus lointaines de l'Orient ! Mais seul, jusqu'à présent, j'ai su conduire des sommets de l'Hélicon, par une route inconnue, cette Muse qui charme les loisirs de la paix. Filles d'Apollon, donnez à votre poète une couronne de fleurs, au lieu du laurier qui blesserait sa tête; et le tribut d'honneur qu'une foule envieuse me refuse pendant la vie, la postérité, après ma mort, me le rendra avec usure.

Tout ce qui n'est plus grandit pour la postérité, et vole de bouche en bouche avec une renommée plus belle. Autrement qui connaîtrait les remparts célèbres que renversa le cheval de bois, les fleuves qui osèrent lutter contre Achille, le mont Ida, berceau de Jupiter enfant? Qui saurait qu'Hector sillonna trois fois de son corps l'enceinte de Troie, que Déiphobe, Hélénus, Polydamas, furent des guerriers fameux? Le nom de Pâris survivrait à peine dans sa patrie; à peine daignerait-on parler d'Ilion et de cette Troie, qui fut prise deux fois par Hercule. Homère lui-même, qui raconta sa chute, ne voit-il pas son ouvrage grandir avec le temps? Rome un jour me louera de même chez nos derniers neveux, et c'est la gloire que je prédis à ma cendre. Oui, puisque Apollon a favorisé mes vœux, je n'ai pas besoin qu'une pierre appelle un regard de dédain sur ma tombe oubliée.

Revenons toutefois dans le cercle ordinaire de mes chants, et qu'ils charment encore l'oreille de ma Cynthie.

ELEGIA II.

AD CYNTHIAM.

Orphea detinuisse feras, et concita dicunt
   Flumina Threicia sustinuisse lyra;
Saxa Cithæronis Thebas agitata per artem
   Sponte sua in muri membra coisse ferunt;
Quin etiam, Polypheme, fera Galatea sub Ætna
   Ad tua rorantes carmina flexit equos:
Miremur, nobis et Baccho et Apolline dextro,
   Turba puellarum si mea verba colit?

Quod non Tænariis domus est mihi fulta columnis,
   Nec camera auratas inter eburna trabes;
Nec mea Phæacas æquant pomaria silvas,
   Non operosa rigat Marcius antra liquor:
At Musæ comites, et carmina cara legenti,
   Et defessa choris Calliopea meis.
Fortunata, meo si qua est celebrata libello!
   Carmina erunt formæ tot monumenta tuæ.
Nam neque pyramidum sumtus ad sidera ducti,
   Nec Jovis Elei cœlum imitata domus,
Nec Mausolei dives fortuna sepulcri,
   Mortis ab extrema conditione vacant.
Aut illis flamma, aut imber subducet honores,
   Annorum aut ictu pondera victa ruent.

ÉLÉGIE II.

A CYNTHIE.

Orphée, par ses accords, charmait, dit-on, les animaux féroces, et suspendait le cours précipité des fleuves de la Thrace; Amphion, par son art, détachait les rochers du Cithéron, et les pierres venaient se ranger d'elles-mêmes sur les remparts de Thèbes; et toi, Polyphème, tu vis aussi, dans les campagnes d'Etna, la cruelle Galatée arrêter ses coursiers humides pour écouter tes chants : puis-je donc m'étonner encore, lorsque Bacchus et Apollon m'inspirent, que la foule des jeunes Romaines me relise avec délices?

Je ne possède, il est vrai, ni des palais soutenus par des colonnes superbes, ni des lambris dorés que relève l'ivoire, ni des vergers qui le disputent aux jardins d'Alcinoüs, ni des grottes qu'arrose à grands frais une eau limpide : mais j'ai pour compagnes les Muses; mais on aime à lire mes vers, et Calliope se fatigue à me suivre dans mes jeux.

Heureuse la beauté qui fut célébrée dans mes ouvrages! ils seront les monumens éternels de ses attraits. Ces pyramides, élevées avec tant de peine jusqu'aux nues; ce temple d'Olympie, qui représente le ciel; ce tombeau fastueux où repose Mausole, rien enfin n'échappera, tôt ou tard, à la loi du trépas. Oui, tout ce qu'il a de grand périra par la flamme ou les orages, ou s'écroulera vaincu sous le poids des années : mais le nom une fois consacré

At non ingenio quæsitum nomen ab ævo
  Excidet: ingenio stat sine morte decus.

ELEGIA III.

PROPERTII SOMNIUM.

Visus eram molli recubans Heliconis in umbra,
  Bellerophontei qua fluit humor equi,
Reges, Alba, tuos, et regum facta tuorum
  Tantum operis nervis hiscere posse meis;
Parvaque tam magnis admoram fontibus ora,
  Unde pater sitiens Ennius ante bibit;
Et cecinit Curios fratres et Horatia pila,
  Regiaque Æmilia vecta tropæa rate;
Victricesque moras Fabii, pugnamque sinistram
  Cannensem, et versos ad pia vota deos;
Hannibalemque Lares Romana sede fugantes,
  Anseris et tutum voce fuisse Jovem;
Quum me Castalia speculans ex arbore Phœbus
  Sic ait, aurata nixus ad antra lyra:
Quid tibi cum tali, demens, est flumine? quis te
  Carminis heroi tangere jussit opus?
Non hic ulla tibi speranda est fama, Properti:
  Mollia sunt parvis prata terenda rotis,
Ut tuus in scamno jactetur sæpe libellus,
  Quem legat exspectans sola puella virum.
Cur tua præscripto sevecta est pagina gyro?

par le génie vivra toujours : car la gloire et l'immortalité sont le double apanage du génie.

ÉLÉGIE III.

SONGE DE PROPERCE.

Il me semblait que, mollement couché sous les bosquets d'Hélicon, auprès de la source limpide que Pégase fit jaillir de son pied, je me croyais assez d'haleine pour chanter les rois d'Albe et leurs nombreux exploits. Dans mon audace, j'approchais mes lèvres de cette onde sacrée où s'abreuva jadis Ennius, le père de la poésie latine, lorsqu'il chanta les trois Curius et la victoire d'Horace, les vaisseaux de Paul-Émile chargés des dépouilles de Persée, l'heureuse lenteur de Fabius et les désastres de Cannes, puis les dieux touchés de nos prières, et Annibal enfin chassé de nos foyers et de l'Italie, ou le Capitole et Jupiter sauvés par les clameurs vigilantes des oies sacrées. Tout à coup Phébus m'aperçoit d'un laurier qui voilait l'antre des Muses. « Insensé, me dit-il en s'appuyant sur sa lyre d'or, que veux-tu près de ce fleuve? qui t'a chargé d'atteindre au rhythme majestueux des héros? Tu aurais tort, Properce, d'espérer ainsi quelque renom; effleure d'un essieu léger nos tendres prairies, si tu veux que ton livre, quitté et repris souvent par la beauté, charme la solitude de celle qui attend son amant. Pourquoi franchir les bornes marquées à ton génie? Prends garde à surcharger ta nacelle, et si tu ne

Non est ingenii cymba gravanda tui.
Alter remus aquas, alter tibi radat arenas;
Tutus eris : medio maxima turba mari est.
DIXERAT, et plectro sedem mihi monstrat eburno,
Qua nova muscoso semita facta solo.
Hic erat adfixis viridis spelunca lapillis,
Pendebantque cavis tympana pumicibus.
Ergo Musarum et Sileni patris imago
Fictilis, et calami, Pan Tegeæe, tui;
Et Veneris dominæ volucres, mea turba, columbæ
Tinguunt Gorgoneo punica rostra lacu;
Diversæque novem sortitæ rura puellæ
Exercent teneras in sua dona manus.
Hæc hederas legit in thyrsos, hæc carmina nervis
Aptat, at illa manu texit utraque rosam.
E QUARUM numero me contigit una dearum;
Ut reor a facie, Calliopea fuit :
Contentus niveis semper vectabere cycnis,
Nec te fortis equi ducet ad arma sonus.
Nil tibi sit rauco præconia classica cornu
Flare, nec Aonium cingere Marte nemus,
Aut quibus in campis Mariano prœlia signo
Stent, et Teutonicas Roma refringat opes,
Barbarus aut Suevo perfusus sanguine Rhenus
Saucia mœrenti corpora vectet aqua.
Quippe coronatos alienum ad limen amantes
Nocturnæque canes ebria signa fugæ,
Ut per te clausas sciat excantare puellas,
Qui volet austeros arte ferire viros.

veux rien craindre, sillonne l'eau d'un côté, tandis que de l'autre tu raseras le rivage; car ce n'est qu'en pleine mer qu'on trouve les tempêtes. »

Il dit, et m'indique de son archet d'ivoire une place où conduisait un étroit sentier récemment tracé sur la mousse. Là était une grotte verdoyante, tapissée de mille cailloux. Le tambourin pendait à sa voûte polie; l'image, en argile, des Muses et du vieux Silène, et le chalumeau du dieu Pan, décoraient l'intérieur, et l'oiseau de Vénus, cette tendre colombe que je chéris, baignait dans les eaux d'Hippocrène son bec de pourpre. Les neuf Sœurs s'étaient partagé les alentours, et préparaient leurs dons pour leurs favoris. L'une pliait le lierre en un thyrse gracieux, l'autre montait sa lyre sur des chants nouveaux, celle-là tressait des deux mains une couronne de roses.

L'une d'elles, et ce fut Calliope, si j'en crois ses traits, se détache des autres et s'approche. « Toi, me dit-elle, que le cygne au blanc plumage doit entraîner toujours, garde-toi de monter un valeureux coursier pour voler aux combats. Que t'importe la trompette guerrière et les victoires des flottes romaines ? N'entraîne point Mars au fond de nos bosquets; ne redis point les plaines où Marius et Rome brisèrent, par une éclatante victoire, la fierté des Teutons, ni les corps amoncelés des enfans de la Germanie, que le Rhin a tristement roulés dans ses ondes sanglantes. Tu chanteras les amans couronnés de fleurs, et leurs instances à une porte étrangère, et leur ivresse bruyante, et leur fuite nocturne, s'ils sont surpris. L'amant apprendra par tes vers à évoquer la jeune épouse du fond de sa demeure, et à tromper avec art la vigilance d'un mari jaloux. »

Talia Calliope; lymphisque a fonte petitis,
  Ora Philetæa nostra rigavit aqua.

ELEGIA IV.

DE PARTHICO BELLO.

Arma deus Cæsar dites meditatur ad Indos,
  Et freta gemmiferi findere classe maris.
Magna viæ merces! parat ultima terra triumphos;
  Tigris et Euphrates sub tua jura fluent;
Sera, sed Ausoniis veniet provincia virgis;
  Adsuescent Latio Partha tropæa Jovi.

Ite, agite, expertæ bello date lintea proræ,
  Et solitum armigeri ducite munus equi.
Omina fausta cano: Crassos clademque piate;
  Ite, et Romanæ consulite historiæ.

Mars pater, et sacræ fatalia lumina Vestæ,
  Ante meos obitus sit, precor, illa dies,
Qua videam spoliis oneratos Cæsaris axes;
  Ad vulgi plausus sæpe resistere equos;
Inque sinu caræ nixus spectare puellæ
  Incipiam, et titulis oppida capta legam,
Tela fugacis equi, et braccati militis arcus,
  Et subter captos arma sedere duces!
Ipsa tuam serva prolem, Venus; hoc sit in ævum,

A ces mots, Calliope puise à la source sacrée, et répand sur ma tête les mêmes flots où Philétas s'était désaltéré.

ÉLÉGIE IV.

SUR LA GUERRE DES PARTHES.

Le divin César veut attaquer l'Inde opulente, et sillonner de ses vaisseaux la mer qui produit les perles. Quels triomphes, quelles riches dépouilles réservent aux Romains ces extrémités du monde? Le Tigre et l'Euphrate couleront sous nos lois; l'Inde pliera, quoiqu'un peu tard, sous la verge romaine, et les trophées du Parthe orneront à leur tour le Capitole.

Partez, jeunes Romains; donnez la voile à vos flottes guerrières, et volez sur vos coursiers fougueux à de nouvelles conquêtes. Je vous garantis vos succès : vengez Crassus et nos défaites; allez, et méritez une place dans les fastes de Rome.

Mars, père de la patrie, et toi, Vesta, dont le feu sacré est l'emblème de nos destins, accordez-moi, je vous en supplie, de voir avant mon trépas le char triomphal d'Auguste s'avancer chargé de dépouilles, et s'arrêter souvent pour recueillir les applaudissemens du peuple. Appuyé sur le sein de la beauté que j'aime, je contemplerai ce spectacle; je lirai sur les trophées le nom des villes conquises; j'attacherai mon regard sur ces coursiers, ces arcs, ces traits rapides qui sèment jusque dans

Cernis ab Ænea quod superesse caput!
Præda sit hæc illis, quorum meruere labores:
Me sat erit Sacra plaudere posse via.

ELEGIA V.

PACIS LAUDES.

Pacis Amor deus est; pacem veneramur amantes:
  Stant mihi cum domina prœlia dura mea.
Non tamen inviso pectus mihi carpitur auro,
  Nec bibit e gemma divite nostra sitis;
Nec mihi mille jugis Campania pinguis aratur,
  Nec miser æra paro clade, Corinthe, tua.

O prima infelix fingenti terra Prometheo!
  Ille parum cauti pectoris egit opus.
Corpora disponens mentem non vidit in arte.
  Recta animi primum debuit esse via.
Nunc maris in tantum vento jactamur, et hostem
  Quærimus, atque armis nectimus arma nova.
Haud ullas portabis opes Acherontis ad undas:
  Nudus ad infernas, stulte, vehere rates.
Victor cum victis pariter miscebitur umbris:

la fuite le trépas, et les chefs enchaînés auprès de leurs armes captives. Conserve, puissante Vénus, ce dernier rejeton de l'antique Énée, et garde-nous long-temps cette tête chérie. Accorde la gloire à ceux qui la méritent par leurs travaux guerriers : pour moi, il me suffit d'applaudir au milieu de la foule.

ÉLÉGIE V.

ÉLOGE DE LA PAIX.

L'Amour est le dieu de la paix, et tous les amans la révèrent. Ce n'est qu'avec ma Cynthie que j'ai à souffrir de rudes combats : mais du moins mon cœur n'est point dévoré par le désir de l'or, que je hais; je n'étanche pas ma soif dans les pierres les plus riches; je n'ai point à labourer mille arpens dans la fertile Campanie; je ne vais point chercher un airain précieux au milieu des ruines de Corinthe.

Malheureux Prométhée! quand tu pétrissais un premier limon, tu ne songeas qu'aux membres; et, dans ton imprévoyance, tu oublias notre âme, qui devait être le premier de tes soins. Maintenant nous sillonnons, sur la foi des vents, les mers immenses; il nous faut un ennemi, et nous courons toujours de guerre en guerre. Cependant, quel trésor nous suivra sur les rives de l'Achéron? Insensé! tu descendras nu vers la barque infernale; le vainqueur sera confondu avec l'ombre du vaincu, le consul Marius avec Jugurtha captif, et le roi

Consule cum Mario, capte Jugurtha, sedes;
Lydus Dulichio non distat Croesus ab Iro.
  Optima mors, Parcae quae venit acta die.
Me juvat in prima coluisse Helicona juventa,
  Musarumque choris implicuisse manus;
Me juvat et multo mentem vincire Lyaeo,
  Et caput in verna semper habere rosa.
Atque ubi jam Venerem gravis interceperit aetas,
  Sparserit et nigras alba senecta comas,
Tum mihi naturae libeat perdiscere mores :
  Quis deus hanc mundi temperet arte domum;
Qua venit exoriens, qua deficit, unde coactis
  Cornibus in plenum menstrua luna redit;
Unde salo superant venti; quid flamine captet
  Eurus, et in nubes unde perennis aqua;
Si ventura dies, mundi quae subruat arces;
  Purpureus pluvias cur bibit arcus aquas;
Aut cur Perrhaebi tremuere cacumina Pindi,
  Solis et atratis luxerit orbis equis;
Cur serus versare boves et plaustra Bootes;
  Pleiadum spisso cur coit igne chorus;
Curve suos fines altum non exeat aequor,
  Plenus et in partes quattuor annus eat;
Sub terris si jura deum et tormenta Gigantum;
  Tisiphones atro si furit angue caput;
Aut Alcmaeoniae furiae, aut jejunia Phinei;
  Num rota, num scopuli, num sitis inter aquas;
Num tribus infernum custodit faucibus antrum
  Cerberus, et Tityo jugera pauca novem;
An ficta in miseras descendit fabula gentes,

opulent de la Lydie avec l'indigent Irus. La mort la plus heureuse, c'est celle qui arrive sans secousse au jour marqué.

Pour moi, je veux passer ma jeunesse sur l'Hélicon, et m'associer aux danses des Muses, ou enchaîner mon âme au doux empire de Bacchus, et couronner toujours ma tête des roses du printemps. Quand l'âge aura chassé le plaisir de sa main pesante, et que la vieillesse chargera mon front de cheveux blancs, alors j'essaierai de percer les mystères de la nature; je chercherai quel dieu dirige avec tant d'art l'édifice du monde; d'où se lève la lune, où elle se couche, et pourquoi son croissant s'arrondit chaque mois en un cercle parfait; pourquoi les vents agitent la mer, ce qu'amène le souffle de l'Eurus, et d'où viennent ces eaux portées continuellement sur les nuages; s'il viendra un jour qui anéantisse le monde; pourquoi l'arc aux mille couleurs absorbe la pluie; pourquoi les sommets du Pinde ont tremblé, tandis que le soleil éclairait l'univers d'une lumière sombre; pourquoi le Bouvier est lent à disparaître avec son troupeau et son char, et pourquoi le chœur des Pléiades réunit en masse ses feux; pourquoi la mer, dans son plein, ne dépasse pas ses rivages, et pourquoi l'année fut partagée en quatre saisons différentes; s'il est sous la terre des dieux ou des supplices; si Tisiphone agite d'affreux serpens sur sa tête; si Alcméon est en proie aux Furies, et Phinée à l'horrible famine; s'il est des roues, des rochers, une soif insatiable au milieu des eaux; s'il est un Cerbère à triple gueule qui garde la rive infernale, et si Tityus couvre de son corps neuf arpens, ou si d'absurdes fables et la crainte pèsent sur les malheureux mortels, tandis qu'il n'est rien au delà du trépas.

Et timor haud ultra quam rogus esse potest.
Exitus hic vitæ superet mihi! Vos, quibus arma
  Grata magis, Crassi signa referte domum.

ELEGIA VI.

AD LYGDAMUM.

Dic mihi de nostra, quæ sentis, vera puella :
  Sic tibi sint dominæ, Lygdame, demta juga.
Num me lætitia tumefactum fallis inani,
  Hæc referens, quæ me credere velle putas?
Omnis enim debet sine vanis esse relator,
  Majoremque timens servus habere fidem.
Nunc mihi, si qua tenes, ab origine dicere prima
  Incipe : suspensis auribus ista bibam.
Siccine eam incomtis vidisti flere capillis?
  Illius ex oculis multa cadebat aqua?
Nec speculum strato vidisti, Lygdame, lecto?
  Ornabat niveas nullane gemma manus?
At mœstam teneris vestem pendere lacertis,
  Scriniaque ad lecti clausa jacere pedes?
Tristis erat domus, et tristes sua pensa ministræ
  Carpebant? medio nebat et ipsa loco?
Humidaque impressa siccabat lumina lana,
  Rettulit et querulo jurgia nostra sono?
Hæc te teste mihi promissa est, Lygdame, merces?

Que ce soit l'occupation du reste de ma vie! Vous, au contraire, qui chérissez les armes, rapportez-nous en triomphe les drapeaux arrachés à Crassus.

ÉLÉGIE VI.

A LYGDAMUS.

Dis-moi la vérité, Lygdamus, que penses-tu d'elle? mérite la liberté par ta franchise. Voudrais-tu m'enfler d'une joie vaine et trompeuse, en me rapportant ce que tu me juges disposé à croire? Tout messager ne se doit permettre aucun mensonge, et les craintes d'un esclave doivent encore garantir plus de fidélité. Va, raconte-moi au long ce que tu peux savoir, et mon oreille attentive s'enivrera de tes récits. Est-il vrai que tu l'aies vue pleurer, les cheveux épars; que des larmes abondantes aient sillonné ses joues? Dis, Lygdamus, n'as-tu vu sur son lit aucun miroir, ni aucune pierre précieuse orner ses doigts de neige? couvrait-elle au hasard d'un habit de deuil ses blanches épaules? laissait-elle son écrin fermé au pied de sa couche? sa maison était-elle triste? voyais-tu ses esclaves accomplir tristement leur tâche, elle-même filer au milieu d'elles? essuyait-elle de son fuseau une paupière humide? rappelait-elle enfin nos querelles d'un ton plaintif? « Lygdamus, voilà donc les sermens qu'il m'a jurés devant toi! L'ingrat! rompre des nœuds dont un esclave fut témoin! Par quel crime ai-je mérité mon

Est pœnæ servo rumpere teste fidem.
Ille potest nullo miseram me linquere facto;
 Æqualem nulla dicere habere domo.
Gaudet me vacuo solam tabescere lecto!
 Si placet, insultet, Lygdame, morte mea.
Non me moribus illa, sed herbis improba vicit:
 Staminea rhombi ducitur ille rota;
Illum turgentis ranæ portenta rubetæ
 Et lecta exsectis anguibus ossa trahunt;
Et strigis inventæ per busta jacentia plumæ,
 Cinctaque funesto lanea vitta toro.
Si non vana canunt, mea, Lygdame, somnia testor:
 Pœna erit ante meos sera, sed ampla, pedes;
Putris et in vacuo texetur aranea lecto;
 Noctibus illorum dormiet ipsa Venus.
Quæ tibi si veris animis est questa puella,
 Hac eadem rursus, Lygdame, curre via,
Et mea cum multis lacrymis mandata reporta:
 Iram, non fraudes, esse in amore meo;
Me quoque consimili impositum torquerier igni;
 Jurabo et bis sex integer esse dies.
Quod mihi si tanto felix concordia bello
 Exstiterit, per me, Lygdame, liber eris.

abandon et mon malheur? Où trouvera-t-il une semblable amie? Il veut que je dessèche d'ennui sur ma couche solitaire : eh bien! qu'il vienne, Lygdamus, insulter à mon trépas! Mon odieuse rivale ne l'emporte pas par son amour, mais par ses philtres; elle me l'enlève par ses enchantemens. Le venin d'un crapaud monstrueux, les dépouilles d'un noir serpent, les plumes d'un hibou recueillies du milieu des tombeaux, les bandes de laine enlevées à un cadavre informe, voilà les charmes qui le captivent. Si je ne me laisse séduire par des songes trompeurs, oui, Lygdamus, bientôt, prosterné à mes pieds, il expiera cher ses torts, mais trop tard. L'araignée tissera sa toile sur la couche abandonnée du parjure, et Vénus elle-même dormira pendant leurs nuits de débauches. »

S'il est vrai qu'elle ait exhalé de bonne foi ces tendres plaintes, revole encore vers elle, ô Lygdamus; raconte-lui mes sermens et mes regrets; dis-lui que je fus jaloux, mais non pas infidèle; et moi, je lui jurerai que j'étais brûlé, dévoré des mêmes feux; que douze jours de colère n'ont pu altérer ma constance. Qu'un rapprochement heureux succède à de telles querelles; et toi, Lygdamus, je le jure, tu seras libre.

ELEGIA VII.

DE MORTE PÆTI.

Ergo sollicitæ tu causa, pecunia, vitæ es;
  Per te immaturum mortis adimus iter!
Tu vitiis hominum crudelia pabula præbes;
  Semina curarum de capite orta tuo.
Tu Pætum ad Pharios tendentem lintea portus
  Obruis insano terque quaterque mari.
Nam dum te sequitur, primo miser excidit ævo,
  Et nova longinquis piscibus esca natat;
Et mater non justa piæ dare debita terræ,
  Nec pote cognatos inter humare rogos:
Sed tua nunc volucres adstant super ossa marinæ;
  Nunc tibi pro tumulo Carpathium omne mare est.
Infelix Aquilo, raptæ timor Orithyiæ,
  Quæ spolia ex illo tanta fuere tibi?
Aut quidnam fracta gaudes, Neptune, carina?
  Portabat sanctos alveus ille viros.
Pæte, quid ætatem numeras? quid cara natanti
  Mater in ore tibi est? non habet unda deos.
Nam tibi nocturnis ad saxa ligata procellis
  Omnia detrito vincula fune cadunt.
Sunt Agamemnonias testantia litora curas,
  Quæ notat Argynni pœna, minantis aquæ.
Hoc juvene amisso, classem non solvit Atrides,
  Pro qua mactata est Iphigenia mora.

ÉLÉGIE VII.

SUR LA MORT DE PÉTUS.

C'est donc l'argent qui sème d'inquiétudes la vie humaine, et qui nous ouvre avant le temps le chemin du trépas! Il est le funeste aliment de nos vices; il fait germer de nombreux soucis; il nous enlève Pétus, qui dirigeait sa voile vers les ports de l'Égypte, et qui succombe dans les abîmes de l'Océan. C'est l'argent qu'il poursuivait, l'infortuné! lorsqu'il a péri à la fleur de l'âge. Il est maintenant, sur une rive lointaine, le jouet des flots et la proie des animaux qu'ils recèlent. Sa mère ne lui rendra point les derniers honneurs; elle n'ensevelira pas son corps parmi les tombeaux de ses pères : mais l'oiseau marin s'abat sur son cadavre, et, seule, la mer de Carpathos renfermera ses restes. O toi qui enlevas jadis la tremblante Orithye, dis-moi, cruel Aquilon, quelle gloire espérais-tu de son trépas? O Neptune, quel plaisir as tu goûté à briser ce navire? Il ne portait que des hommes religieux.

Et toi, Pétus, pourquoi compter tes années? pourquoi nommer dans la tempête une mère chérie? L'onde en courroux ne reconnaît aucun dieu. Il est nuit, et l'ouragan t'enchaîne aux rochers, et tes agrès usés tombent en lambeaux. Ainsi Argynnus périt au milieu des flots menaçans; les rivages que son trépas rendit célèbres accusent la tendresse d'Agamemnon, qui refusa de mettre à la voile après l'avoir perdu, et ce retard causa le sacrifice d'Iphigénie.

REDDITE corpus humo, positaque in gurgite vita,
  Pætum sponte tua, vilis arena, tegas;
Et quoties Pæti transibit nauta sepulcrum,
  Dicat, Et audaci tu timor esse potes!

ITE, rates curvæ, et leti quoque texite causam :
  Ista per humanas mors venit acta manus.
Terra parum fuerat fatis : adjecimus undas;
  Fortunæ miseras auximus arte vias.
Ancora te teneat, quem non tenuere Penates?
  Quid meritum dicas, cui sua terra parum est?
Ventorum est, quodcumque paras : haud ulla carina
  Consenuit; fallit portus et ipse fidem.
Natura insidias pontum substravit avaris;
  Ut tibi succedat, vix semel esse potest.

SAXA triumphales fregere Capharea puppes,
  Naufraga quum vasto Græcia tracta salo est.
Paulatim socium jacturam flevit Ulysses,
  In mare cui soliti non valuere doli.
Quod si contentus patrio bove verteret agros,
  Verbaque duxisset pondus habere mea;
Viveret ante suos dulcis conviva Penates,
  Pauper et in terra nil ubi flere potest.
Non tulit hic Pætus stridorem audire procellæ,
  Et duro teneras lædere fune manus,
Sed Thyæ thalamo, aut Oricia terebintho,
  Et fultum pluma versicolore caput.
Huic fluctus vivos radicitus abstulit ungues,

Si Pétus a trouvé la mort dans les abîmes des mers, qu'ils rendent au moins son corps à la terre, et qu'un peu de sable recouvre de lui-même ses restes. Que le nautonnier répète, en passant devant son tombeau : Un exemple si triste peut faire trembler l'audace.

Voguez, légers vaisseaux, et multipliez les causes du trépas : c'est l'homme qui abrège sa vie par ses propres mains. La terre nous dévorait déjà ; nous affrontons encore les flots, et nous augmentons, par notre industrie, les chances malheureuses de la fortune. Veux-tu qu'une ancre te retienne, quand tes pénates ne t'ont point retenu ? ou dis-moi ce que mérite l'homme à qui sa patrie ne peut suffire ? Ce que tu demandes est sous l'empire des vents ; un vaisseau n'a jamais péri de vétusté ; le port lui-même n'est point un abri contre la tempête. La nature ouvre à l'avarice le sein des mers, mais c'est pour la tenter ; à peine lui accorde-t-elle une fois le succès qu'elle réclame.

Les rochers de Capharée brisèrent une flotte victorieuse, et l'on vit les débris de la Grèce couvrir, après leur naufrage, l'immensité des flots. Ulysse eut à pleurer ses compagnons que la mer engloutit l'un après l'autre, et ses ruses ne furent impuissantes que contre un élément perfide. Hélas ! si Pétus eût cultivé content les champs de ses pères, s'il eût accordé à mes paroles quelque créance, il s'asseoirait encore, convive aimable, auprès de son foyer, sur cette terre, où le pauvre même peut n'avoir jamais à pleurer. Il ne croyait pas qu'il entendrait sitôt siffler la tempête, et que ses mains, tendres encore, se briseraient contre des câbles affreux ; mais il voulait reposer mollement sa tête sur un précieux duvet, et sur le citronnier ou sur le cèdre.

Et miser invitam traxit hiatus aquam;
Hunc parvo ferri vidit nox improba ligno;
  Paetus ut occideret, tot coiere mala.

Flens tamen extremis dedit haec mandata querelis,
  Quum moribunda niger clauderet ora liquor :
Di maris, Aegaei quos sunt penes aequora, venti,
  Et quaecumque meum degravat unda caput,
Quo rapitis miseros primae lanuginis annos?
  Adtulimus longas in freta vestra manus.
Ah! miser alcyonum scopulis adfigar acutis;
  In me caeruleo fuscina sumta deo est.
At saltem Italiae regionibus advehat aestus :
  Hoc de me, sat erit, si modo matris erit.
Subtrahit haec fantem torta vertigine fluctus;
  Ultima quae Paeto voxque diesque fuit.

O centum aequoreae Nereo genitore puellae,
  Et tu materno tacta dolore Theti,
Vos decuit lasso supponere brachia mento :
  Non poterat vestras ille gravare manus.

At tu, saeve Aquilo, numquam mea vela videbis :
  Ante fores dominae condar oportet iners.

Cependant l'infortuné a senti les flots déchirer affreusement ses membres ; il a bu à longs traits l'onde amère ; une nuit désastreuse l'a vu porté sur une planche fragile : que de maux se sont réunis pour la perte de Pétus !

Avant qu'un flot noir eût fermé pour toujours sa bouche mourante, il exhala en pleurant un dernier vœu avec ses dernières plaintes : « Dieux de la mer, dit-il, vents redoutables qui soulevez les flots ; et vous, abîmes sans fond qui recouvrez ma tête, où entraînez-vous mon infortunée jeunesse, qu'un léger duvet couvre à peine ? Mes mains ont lutté long-temps contre l'orage. Infortuné ! faut-il que je sois brisé aux rochers aigus que l'alcyon choisit pour demeure ? Neptune s'arme donc contre moi de son cruel trident ? Ah ! du moins que le flot me transporte au rivage de l'Italie ! que ma mère recueille ce qui lui restera de son fils !... » Il parlait encore, quand un tourbillon l'entraîna au fond de l'abîme. Ce fut la dernière parole, le dernier jour de Pétus.

O vous, Nymphes de la mer, qui reconnaissez pour père le vieux Nérée ; et toi, Thétis, qui éprouvas les douleurs maternelles, pourquoi n'avoir point soutenu dans vos bras ses membres fatigués ? Pétus ne pouvait charger vos mains délicates.

Cruel Aquilon, jamais je ne t'affronterai sur un frêle navire. Il faut qu'après ma mort mes cendres reposent devant la porte de Cynthie.

ELEGIA VIII.

AD CYNTHIAM.

Dulcis ad hesternas fuerat mihi rixa lucernas,
  Vocis et insanæ tot maledicta tuæ,
Quum furibunda mero mensam propellis, et in me
  Projicis insana cymbia plena manu.
Tu vero nostros audax invade capillos,
  Et mea formosis unguibus ora nota;
Tu minitare oculos subjecta exurere flamma;
  Fac mea rescisso pectora nuda sinu.
Nimirum veri dantur mihi signa caloris;
  Nam sine amore gravi femina nulla dolet.
Quæ mulier rabida jactat convicia lingua,
  Et Veneris magnæ volvitur ante pedes,
Custodum et gregibus circa se stipat euntem,
  Seu sequitur medias, Mænas ut icta, vias,
Seu timidam crebro dementia somnia terrent,
  Seu miseram in tabula picta puella movet;
His ego tormentis animi sum verus aruspex :
  Has didici certo sæpe in amore notas.
Non est certa fides, quam non injuria versat :
  Hostibus eveniat lenta puella meis!
Immorso æquales videant mea vulnera collo;
  Me doceat livor mecum habuisse meam.
Aut in amore dolere volo, aut audire dolentem;
  Sive meas lacrymas, sive videre tuas.

ÉLÉGIE VIII.

A CYNTHIE.

Que j'aimais hier au soir ton courroux, tes emportemens, tes malédictions et tes injures ! Échauffée par le vin, tu repousses la table, et tu me lances d'une main égarée des coupes encore pleines. Eh bien ! poursuis ; jette-toi sur mes cheveux ; déchire mon visage de tes belles mains, menace-moi de me brûler les yeux ; arrache mes vêtemens, et découvre mon sein : voilà les marques les plus certaines de tendresse ; une femme ne s'emporte jamais sans un violent amour. Quand une belle précipite à longs flots les injures ; quand elle se roule aux pieds de Vénus ; quand elle s'environne dans la ville d'une troupe de gardiens, ou qu'elle traverse les rues comme une bacchante en fureur ; quand de vains songes l'épouvantent souvent et la font trembler, ou quand elle éprouve un sentiment de douleur en voyant le portrait d'une jeune fille : je tire de ces tourmens le présage certain des sentimens qui l'agitent ; car un amour réel se trahit toujours à ces marques. Pour croire à la fidélité, il faut qu'elle se produise par des injures. Dieu de Cythère, accorde à mes ennemis une amante insensible ! Mais pour moi, que mes rivaux comptent sur mon sein les blessures et les dents de ma Cynthie ; que ma pâleur prouve à tous que j'ai vécu auprès d'elle. Je veux me plaindre d'elle, ou entendre ses plaintes ; je veux voir mes larmes ou les siennes, soit

Tectâ superciliis si quando verba remittis,
 Aut tua quum digitis scripta silenda notas.
Odi ego, quos numquam pungunt suspiria, somnos :
 Semper in irata pallidus esse velim.

DULCIOR ignis erat Paridi, quum Graia per arma
 Tyndaridi poterat gaudia ferre suæ.
Dum vincunt Danai, dum restat barbarus Hector,
 Ille Helenæ in gremio maxima bella gerit.
Aut tecum, aut pro te mihi cum rivalibus arma
 Semper erunt : in te pax mihi nulla placet.
Gaude quod nulla est æque formosa; doleres,
 Si qua foret : nunc sis jure superba, licet.

AT tibi, qui nostro nexisti retia lecto,
 Sit socer æternum, nec sine matre domus!
Cui nunc si qua data est furandæ copia noctis,
 Offensa illa mihi, non tibi amica, dedit.

ELEGIA IX.

AD MÆCENATEM.

MÆCENAS, eques Etrusco de sanguine regum,
 Intra fortunam qui cupis esse tuam,
Quid me scribendi tam vastum mittis in æquor?

qu'elle réponde à mes prières par un orgueilleux dédain, soit qu'elle m'imprime de ses mains les muets témoins de sa colère. Que je hais ces soupirs qui le cèdent toujours au sommeil ! J'aime à montrer toujours, par ma pâleur, les ressentimens de Cynthie.

Pâris brûlait d'un feu plus doux, lorsqu'au milieu des combats qui doublaient ses plaisirs, il jouissait du bonheur auprès de la belle Hélène. Tandis que les Grecs triomphent et que le farouche Hector leur résiste, lui, dans les bras de son amante, livre encore de plus pressans assauts. Et moi, Cynthie, je serai toujours en guerre ou avec toi, ou pour toi, avec mes rivaux ; je t'aime trop pour vouloir quelque trève. Triomphe cependant, puisque ta beauté n'a point de rivale. Tu gémirais, s'il en était autrement ; mais tu peux être impunément fière et cruelle.

Pour toi, rival odieux, qui as tendu un piège à notre amour, puisses-tu gémir sous la tutelle d'une mère et de son nouvel époux ! Si tu m'as dérobé une seule nuit quelques faveurs, tu les dois au dépit, et non point à l'amour de ma Cynthie.

ÉLÉGIE IX.

A MÉCÈNE.

Noble rejeton des rois de l'Étrurie, pourquoi, Mécène, vouloir lancer ma muse dans un océan immense, tandis que vous fuyez vous-même une fortune trop éle-

Non sunt apta meæ grandia vela rati.
Turpe est, quod nequeas, capiti committere pondus,
   Et pressum inflexo mox dare terga genu.

OMNIA non pariter rerum sunt omnibus apta,
   Fama nec ex æquo ducitur ulla jugo.
Gloria Lysippo est animosa effingere signa :
   Exactis Calamis se mihi jactat equis.
In Veneris tabula summam sibi ponit Apelles :
   Parrhasius parva vindicat arte locum.
Argumenta magis sunt Mentoris addita formæ :
   At Myos exiguum flectit acanthus iter.
Phidiacus signo se Juppiter ornat eburno :
   Praxitelen Paria vindicat urbe lapis.
Est quibus Eleæ concurrit palma quadrigæ :
   Est quibus in celeres gloria nata pedes.
Hic satus ad pacem : hic castrensibus utilis armis.
   Naturæ sequitur semina quisque suæ.

AT tua, Mæcenas, vitæ præcepta recepi,
   Cogor et exemplis te superare tuis.
Quum tibi Romano dominas in honore secures
   Et liceat medio ponere jura foro;
Vel tibi Medorum pugnaces ire per astus,
   Atque onerare tuam fixa per arma domum;
Et tibi ad effectum vires det Cæsar, et omni
   Tempore tam faciles insinuentur opes;
Parcis, et in tenues humilem te colligis umbras :
   Velorum plenos subtrahis ipse sinus.
Crede mihi, magnos æquabunt ista Camillos

vée? Des voiles si hautes ne conviennent point à mon frêle navire. C'est une honte de se charger d'un poids qu'on ne peut supporter, et de fléchir bientôt sous une tâche qui accable.

Tous les hommes ne sont pas également nés pour traiter les mêmes sujets, et jamais la gloire ne vint à eux par une pente facile. Lysippe est célèbre pour donner la vie au marbre, et Calamis pour animer un coursier belliqueux ; Apelle met le comble à sa gloire par son tableau de Vénus; Parrhasius se fait un nom en traitant des sujets plus légers; Mentor charme les yeux par les prodiges de son burin, et Myus festonne délicatement les contours du flexible acanthe ; Jupiter sort avec majesté de l'ivoire sous le ciseau de Phidias, et le marbre de Paros réclame la main de Praxitèle. Il est des rivaux qui demandent à la rapidité de leurs coursiers les palmes olympiques, et d'autres cherchent la gloire dans la légèreté de leurs pieds; l'un est né pour la paix, l'autre pour les camps et les armes : chacun développe le germe précieux que lui a donné la nature.

Pour moi, Mécène, j'ai adopté vos principes, et je veux surpasser vos exemples. Vous pourriez prendre dans Rome l'autorité et les faisceaux, et dicter vos lois au Forum, ou dompter, par mille combats, les Parthes belliqueux, et charger vos lambris de glorieuses dépouilles. César vous prêterait sa puissance pour accomplir vos projets, et la fortune propice veut à chaque instant vous surprendre de ses faveurs : mais vous la fuyez, vous rentrez sans cesse dans la retraite et dans l'ombre ; vous dérobez vos voiles au souffle heureux qui les gonfle. Tant de modération vous égalera, croyez-moi, aux Fabricius et aux Camilles; votre nom passera, comme

Judicia, et venies tu quoque in ora virum,
Cæsaris et famæ vestigia juncta tenebis;
    Mæcenatis erunt vera tropæa fides.
Non ego velifera tumidum mare findo carina :
    Tuta sub exiguo flumine nostra mora est.
Non flebo in cineres arcem sidisse paternos
    Cadmi, nec semper prœlia clade pari ;
Nec referam Scæas et Pergama, Apollinis arces,
    Et Danaum decimo vere redisse rates,
Mœnia quum Graio Neptunia pressit aratro
    Victor Palladiæ ligneus artis equus :
Inter Callimachi sat erit placuisse libellos,
    Et cecinisse modis, Coe poeta, tuis.
Hæc urant pueros, hæc urant scripta puellas ;
    Meque deum clament, et mihi sacra ferant.

Te duce vel Jovis arma canam, cœloque minantem
    Cœum et Phlegræis Oromedonta jugis;
Celsaque Romanis decerpta Palatia tauris
    Ordiar, et cæso mœnia firma Remo,
Eductosque pares silvestri ex ubere reges ;
    Crescet et ingenium sub tua jussa meum.
Prosequar et currus utroque ab litore ovantes,
    Parthorum astutæ tela remissa fugæ,
Claustraque Pelusi Romano subruta ferro,
    Antonique graves in sua fata manus.
Mollia tu cœptæ fautor cape lora juventæ,
    Dexteraque immissis da mihi signa rotis.

eux, à la postérité; vous partagerez la gloire de César, et vous serez cité après lui : le vrai triomphe de Mécène, ce sera une fidélité inaltérable.

A votre exemple, je ne veux point voguer à pleines voiles sur une mer orageuse; j'aime mieux suivre sans effort le cours d'un fleuve tranquille. Je ne déplorerai point les fléaux héréditaires de Thèbes qui s'abîme dans les cendres, ni ces combats où vainqueurs et vaincus gémissent également sur leurs malheurs; je ne rappellerai point les adieux d'Hector, la ruine d'Ilion, qu'un dieu avait élevée, ni le retour des Grecs, lorsque, après dix ans de guerre, un cheval eut triomphé, sous les auspices de Minerve, des remparts de Neptune, et les eut livrés dans la poussière au soc de la charrue : tout mon désir est de plaire encore après les chants de Callimaque, et de monter ma lyre au ton du poète de Cos. Voilà ce qui rendra mes vers les délices du jeune Romain et de la vierge timide; qu'ils m'honorent comme un dieu, et qu'ils me dressent des autels!

Cependant prenez un autre essor, et je chanterai à mon tour les combats de Jupiter, et Céus qui menace le ciel, et Oromédon qui tombe enseveli sous les sommets du Phlégrée. Alors je peindrai le taureau qui paît sur les collines où s'élèvent maintenant les palais magnifiques de Rome; je dirai ces deux princes qui puisent la vie à une mamelle sauvage, et nos remparts naissans affermis par le meurtre d'un frère. Bientôt mon génie s'agrandira sur vos regards : d'un vol hardi, je suivrai, du couchant à l'orient, le char triomphal d'Auguste, le Parthe qui jette ses flèches et renonce à une fuite trompeuse, les armées de l'Égypte anéanties sous le glaive des Romains, et Antoine qui tourne contre lui-

Hoc mihi, Maecenas, laudis concedis et a te est,
 Quod ferar in partes ipse fuisse tuas.

ELEGIA X.

NATALIS CYNTHIAE.

Mirabar, quidnam misissent mane Camenae,
 Ante meum stantes, sole rubente, torum.
Natalis nostrae signum misere puellae,
 Et manibus faustos ter crepuere sonos.

Transeat hic sine nube dies, stent aere venti,
 Ponat et in sicco molliter unda minas.
Adspiciam nullos hodierna luce dolentes,
 Et Niobe lacrymas supprimat ipse lapis;
Alcyonum positis requiescant ora querelis;
 Increpet absumtum nec sua mater Ityn.
Tuque, o cara mihi, felicibus edita pennis,
 Surge, et poscentes justa precare deos.
Ac primum pura somnum tibi discute lympha,
 Et nitidas presso pollice finge comas.
Dein, qua primum oculos cepisti veste Properti,
 Indue, nec vacuum flore relinque caput;
Et pete, qua polles, ut sit tibi forma perennis,

même une main sacrilège. Mais vous, ô mon protecteur, montrez la route à ma tendre jeunesse, et donnez à mon char qui s'élance un signal propice. Ma gloire, Mécène, je la dois à vous et à vos bontés ; c'est d'avoir obtenu aussi votre amitié et votre estime.

ÉLÉGIE X.

A CYNTHIE.

J'IGNORAIS pourquoi les Muses étaient venues ce matin s'asseoir à mon chevet, aux premiers feux de l'aurore. Elles m'annonçaient l'anniversaire de ta naissance, ô ma Cynthie, et leurs applaudissemens répétèrent trois fois un favorable augure.

Que ce jour passe sans nuages, que les vents se taisent dans le ciel, que les flots oublient leur courroux et caressent mollement le rivage ; je ne veux aujourd'hui aucune douleur. Niobé, sous la pierre, séchera ses larmes ; l'Alcyon, plus calme, suspendra ses plaintes, et Procné ne gémira plus sur la perte d'Itys.

Et toi, qui naquis sous d'heureux présages, lève-toi, chère amante, et rends d'abord aux dieux les hommages qu'ils réclament ; chasse ensuite avec une eau pure un reste de sommeil ; façonne de tes doigts les gracieux contours de ta chevelure ; revêts cette robe avec laquelle tu charmas pour la première fois les yeux de ton Properce ; dispose sur ta tête quelques fleurs, puis va demander

Inque meum semper stent tua regna caput.
Inde coronatas ubi ture piaveris aras,
  Luxerit et tota flamma secunda domo;
Sit mensae ratio, noxque inter pocula currat,
  Et crocino nares myrrheus unguat onyx.
Tibia nocturnis succumbat rauca choreis;
  Et sint nequitiae libera verba tuae;
Dulciaque ingratos adimant convivia somnos;
  Publica vicinae perstrepat aura viae.
Sit sors et nobis talorum interprete jactu,
  Quem gravibus pennis verberet ille puer.
Quum fuerit multis exacta trientibus hora,
  Noctis et instituet sacra ministra Venus;
Annua solvamus thalamo sollemnia nostro,
  Natalisque tui sic peragamus iter.

ELEGIA XI.

FEMINAE QUANTUM VALEANT.

Quid mirare, meam si versat femina vitam,
  Et trahit addictum sub sua jura virum?
Criminaque ignavi capitis mihi turpia fingis,
  Quod nequeam fracto rumpere vincla jugo?
Venturam melius praesagit navita mortem;
  Vulneribus didicit miles habere metum.

aux dieux que cette beauté qui te distingue soit éternelle, que je courbe toujours mon front sous ton aimable empire. Lorsque l'encens aura fumé sur l'autel orné de guirlandes, et que la flamme aura éclairé ta demeure d'un feu propice, nous goûterons les plaisirs de la table et nous passerons la nuit dans les festins. Que les parfums les plus rares s'échappent alors des vases les plus précieux ; que la flûte succombe, vaincue par nos danses continuelles ; qu'une aimable licence te suggère de charmans propos ; qu'un festin délicat dissipe un ingrat sommeil, et que tout le voisinage retentisse de nos accens d'allégresse ! Quelquefois aussi nous interrogerons les dés, et nous leur demanderons celui que l'Amour a le mieux frappé de ses traits. Enfin, quand le plaisir nous aura dérobé bien des heures ; quand Vénus nous invitera aux doux mystères de la nuit, nous terminerons dans le même lit ce bel anniversaire, et ainsi s'écoulera, ô ma Cynthie, le jour heureux qui te vit naître.

ÉLÉGIE XI.

SUR LE POUVOIR DES FEMMES.

Pourquoi s'étonner qu'une femme dirige à son gré ma vie et m'enchaîne à ses lois, malgré sa faiblesse ? Pourquoi m'accuser de la plus honteuse lâcheté, parce que je ne puis briser mon joug et mes chaînes ? Le pilote voit mieux que tout autre la mort qui s'avance, et le soldat connaît la crainte quand il est couvert de bles-

Ista ego præterita jactavi verba juventa;
  Tu nunc exemplo disce timere meo.

Colchis flagrantes adamantina sub juga tauros
  Egit, et armigera prœlia sevit humo,
Custodisque feros clausit serpentis hiatus,
  Iret ut Æsonias aurea lana domos.

Ausa ferox ab equo contra oppugnare sagittis
  Mæotis Danaum Penthesilea rates;
Aurea cui postquam nudavit cassida frontem,
  Vicit victorem candida forma virum.

Omphale in tantum formæ processit honorem,
  Lydia Gygæo tincta puella lacu,
Ut qui pacato statuisset in orbe columnas,
  Tam dura traheret mollia pensa manu.

Persarum statuit Babylona Semiramis urbem,
  Ut solidum cocto tolleret aggere opus,
Et duo in adversum missi per mœnia currus
  Ne possent tacto stringere ab axe latus;
Duxit et Euphraten medium, qua condidit arces,
  Jussit et imperio subdere Bactra caput.
Nam quid ego heroas, quid raptem in crimina divos?
  Juppiter infamat seque suamque domum.
Quid? modo quæ nostris opprobria vexerat armis
  Et famulos inter femina trita suos!
Conjugis obsceni pretium Romana poposcit
  Mœnia, et addictos in sua regna patres!
Noxia Alexandrea, dolis aptissima tellus,

sures. Moi aussi, je tenais ce fier langage dans mes jeunes ans; que mon exemple, ami, t'enseigne aujourd'hui une sage défiance.

Autrefois Médée soumit au joug d'airain de brûlans taureaux; elle sema la guerre civile sur une terre féconde en guerriers, et elle endormit le dragon farouche qui gardait la toison d'or, pour que Jason emportât dans son palais ce glorieux trophée.

La fière Penthésilée, montée sur un coursier fougueux, osa jadis arrêter les vaisseaux des Grecs de ses flèches rapides; mais quand elle eut dépouillé son front du casque d'or, elle triompha, par sa beauté, de son vainqueur lui-même.

Omphale, qui se baignait souvent dans les eaux du Gygée, dut à ses attraits tant de pouvoir, qu'après avoir posé les limites du monde qu'il avait pacifié, Hercule filait à ses pieds d'une main tant de fois victorieuse un indigne fuseau.

Sémiramis, chez les Perses, fonda la superbe Babylone, et l'entoura de solides remparts en briques, sur lesquels deux chars pouvaient se croiser impunément, sans effleurer même leur rapide essieu; elle fit traverser à l'Euphrate cette vaste enceinte; à sa voix, Bactres inclina la tête sous son empire.

Mais pourquoi rappeler les faiblesses des héros? pourquoi accuser jusqu'aux dieux, et Jupiter surtout, qui s'est déshonoré lui-même et l'Olympe tout entier? Naguère encore de quel opprobre n'a pas couvert nos armes cette femme qui se prostituait à de vils esclaves? Elle a demandé Rome pour salaire à son impudique amant; elle voulait voir le sénat à ses pieds. Ainsi elle fût devenue la capitale du monde, cette Alexandrie si féconde en crimes, cette

Et toties nostro Memphi cruenta malo,
   Tres ubi Pompeio detraxit arena triumphos!
Tollet nulla dies hanc tibi, Roma, notam.
   Issent Phlegræo melius tibi funera campo,
Vel tua si socero colla daturus eras.
SCILICET incesti meretrix regina Canopi,
   Una Philippeo sanguine adusta nota,
Ausa Jovi nostro latrantem opponere Anubim,
   Et Tiberim Nili cogere ferre minas;
Romanamque tubam crepitanti pellere sistro,
   Baridos et contis rostra Liburna sequi;
Fœdaque Tarpeio conopia tendere saxo,
   Jura dare et statuas inter et arma Mari!
Quid nunc Tarquinii fractas juvat esse secures,
   Nomine quem simili vita superba notat,
Si mulier patienda fuit? Cape, Roma, triumphum,
   Et longam Augusto salva precare diem!
Fugisti tamen in timidi vaga flumina Nili;
   Accepere tuæ Romula vincla manus.
Brachia spectavi sacris admorsa colubris,
   Et trahere occultum membra soporis iter.
Non hæc, Roma, fuit tanto tibi cive verenda,
   Nec ducis adsiduo lingua sepulta mero.
SEPTEM urbs alta jugis, toto quæ præsidet orbi,
   Femineas timuit territa Marte minas!
Hannibalis spolia, et victi monumenta Syphacis,
   Et Pyrrhi ad nostros gloria fracta pedes;
Curtius expletis statuit monumenta lacunis,
   Ac Decius misso prœlia rupit equo;
Coclitis abscissos testatur semita pontes;

Memphis si souvent inondée du sang romain, cette plage où le glaive enleva à Pompée la gloire de trois triomphes! O Rome, le temps n'effacera jamais cette honte! Et toi, Pompée, n'eût-il pas mieux valu mourir aux champs de Macédoine, ou plier la tête sous les lauriers de César?

Ainsi la reine impudique de l'incestueuse Égypte, la honte éternelle du nom macédonien, a osé opposer au dieu de la foudre les aboiemens d'Anubis, menacer le Tibre des fureurs du Nil, couvrir la trompette romaine des sons efféminés du sistre, et poursuivre de ses frêles galères nos flottes majestueuses! elle a voulu planter sur le Capitole ses tentes sacrilèges, et nous dicter ses ordres au milieu des statues et des trophées de Marius! Que nous eût servi d'avoir brisé le sceptre de Tarquin, dont le surnom atteste l'arrogance, s'il nous eût fallu souffrir une femme? Rome, jouis de ton triomphe, et demande de longs jours pour le prince qui t'a sauvée. A sa présence, Cléopâtre a fui dans les eaux du Nil épouvanté; bientôt elle a tendu les mains à nos chaînes. J'ai vu sur son bras la morsure vengeresse de l'aspic, et par où ses membres ont puisé sourdement un sommeil éternel. O Rome, qu'avais-tu à craindre d'une femme, avec un si grand homme, et d'un général toujours plongé dans la débauche?

Cette ville, bâtie sur sept collines, et la reine du monde, a craint l'appareil des combats et les menaces d'une femme. Elle oubliait les dépouilles d'Annibal, les trophées de Syphax, la gloire de Pyrrhus brisée contre nos drapeaux, le dévoûment de Curtius qui comble l'abîme, Decius qui ramène la victoire en volant à la mort, Coclès qui défend seul un pont que l'on coupe,

Est, cui cognomen corvus habere dedit.
Hæc di condiderunt, hæc di quoque mœnia servant:
  Vix timeat, salvo Cæsare, Roma Jovem.

Nunc ubi Scipiadæ classes, ubi signa Camilli,
  Aut modo Pompeia Bospore capte manu?
Leucadius versas acies memorabit Apollo:
  Tantum operis belli sustulit una dies!
At tu, sive petes portus, seu, navita, linques,
  Cæsaris in toto sis memor Ionio.

ELEGIA XII.

AD POSTUMUM.

Postume, plorantem potuisti linquere Gallam,
  Miles et Augusti fortia signa sequi?
Tantine ulla fuit spoliati gloria Parthi,
  Ne faceres, Galla multa rogante tua?
Si fas est, omnes pariter pereatis avari,
  Et quisquis fido prætulit arma toro!
Tu tamen injecta tectus, vesane, lacerna
  Potabis galea fessus Araxis aquam.
Illa quidem interea fama tabescet inani,
  Hæc tua ne virtus fiat amara tibi;
Neve tua Medæ lætentur cæde sagittæ,

et le héros qui doit au secours d'un corbeau le surnom de Corvus. Les dieux ont fondé nos remparts, et les dieux les conservent ; Rome craindrait à peine la foudre, tant que César la gouverne.

Où sont les flottes des Scipions? où sont les drapeaux de Camille, et le Bosphore conquis par les exploits de Pompée? Apollon, qu'on adore à Leucade, rappellera la défaite d'Antoine, tant elle fut terrible, cette guerre que termina un seul jour! Que le pilote vogue au port ou qu'il l'abandonne, partout sur la mer Ionienne il lira le nom de César.

ÉLÉGIE XII.

A POSTUMUS.

Quoi! Postumus, tu as pu quitter Galla en pleurs, pour suivre les drapeaux victorieux d'Auguste! Il est donc bien glorieux de triompher du Parthe, puisque tu as résisté aux prières de Galla? Périssent en même temps, s'il est possible, et l'avare et celui qui préfère les armes à une chaste couche! Insensé! accablé de fatigues sous ton manteau et les armes, tu iras puiser dans ton casque les eaux de l'Araxe, et cependant Galla pâlira au bruit le plus léger. Tantôt elle verra ton courage te devenir funeste, la flèche du Mède se repaître de ton sang, ou leur pesante cavalerie te fouler aux pieds des chevaux brillans d'or; tantôt ce sera l'urne qui contiendra tes tristes

Ferreus aurato neu cataphractus equo;
Neve aliquid de te flendum referatur in urna.
  Sic redeunt, illis qui cecidere locis.
TER quater in casta felix, o Postume, Galla!
  Moribus his alia conjuge dignus eras.
Quid faciet nullo munita puella timore,
  Quum sit luxuriæ Roma magistra suæ?
Sed securus eas : Gallam non munera vincent,
  Duritiæque tuæ non erit illa memor.
Nam quocumque die salvum te fata remittent,
  Pendebit collo Galla pudica tuo.
Postumus alter erit miranda conjuge Ulysses.
  Non illi longæ tot nocuere moræ :
Castra decem annorum, et Ciconum manus, Ismara capta,
  Exustæque tuæ mox, Polypheme, genæ;
Et Circæ fraudes, lotosque herbæque tenaces,
  Scyllaque et alternas scissa Charybdis aquas;
Lampeties Ithacis verubus mugisse juvencos;
  Paverat hos Phœbo filia Lampetie;
Et thalamum Æææ flentis fugisse puellæ,
  Totque hiemis noctes, totque natasse dies;
Nigrantesque domos animarum intrasse silentum;
  Sirenum surdo remige adisse lacus;
Et veteres arcus leto renovasse procorum,
  Errorisque sui sic statuisse modum.
Nec frustra; quia casta domi persederat uxor.
  Vincet Penelopes Ælia Galla fidem.

restes. Ainsi reviennent ceux qui succombent dans ces climats lointains.

Trop heureux Postumus! Avec ces sentimens, il te fallait une autre épouse que la pudique Galla. Que fera-t-elle, abandonnée sans défense à sa candeur, dans cette Rome, l'école de tous les vices? Et cependant, pars tranquille; les présens ne pourront rien sur son cœur; elle oubliera que tu as repoussé durement ses prières. Quelque jour que les destins te ramènent en santé, Galla, toujours fidèle, se pendra dans tes embrassemens, et Postumus, nouvel Ulysse, sera fier de sa tendre épouse. Une trop longue absence ne devint point funeste au roi d'Ithaque. Dix ans de siège, les travaux qu'il supporta en Thrace et à Calpé; la cruauté de Polyphème, dont il brûla l'œil monstrueux; les enchantemens de Circé et les vertus étranges du lotos; les pièges de Charybde et de Scylla, qui engloutissent tour-à-tour l'onde écumante; la témérité de ses compagnons, qui égorgèrent, pour s'en repaître, les taureaux que Phébus avait confiés à sa fille Lampétie; les pleurs de Calypso, dont il abandonna la couche; tant de nuits, tant de jours passés au milieu des tempêtes et des débris; les demeures silencieuses des Ombres, dont il parcourut les ténèbres; les Sirènes, qu'il évita en bouchant avec la cire les oreilles des matelots; ses dangers, quand il banda son arc, long-temps oisif, contre les amans de Pénélope, ce qui mit fin à ses erreurs et à ses travaux : rien ne put ébranler la constance d'une épouse fidèle qui attendait son retour. Heureux Postumus, ta Galla surpasse en fidélité Pénélope elle-même.

ELEGIA XIII.

DE FEMINARUM AVARITIA.

Quæritis unde avidis nox sit pretiosâ puellis,
  Et Venere exhaustæ damna querantur opes.
Certa quidem tantis causa et manifesta ruinis :
  Luxuriæ nimium libera facta via est.
Inda cavis aurum mittit formica metallis,
  Et venit e rubro concha Erycina salo ;
Et Tyrus ostrinos præbet Cadmea colores,
  Cinnamon et multi pastor odoris Arabs.
Hæc etiam clausas expugnant arma pudicas,
  Quæque terunt fastus, Icarioti, tuos.
Matrona incedit census induta nepotum,
  Et spolia opprobvii nostra per ora trahit.
Nulla est poscendi, nulla est reverentia dandi ;
  Aut si qua est, pretio tollitur ipsa mora.

Felix Eois lex funeris una maritis,
  Quos Aurora suis rubra colorat equis.
Namque ubi mortifero jacta est fax ultima lecto,
  Uxorum fusis stat pia turba comis,
Et certamen habent leti, quæ viva sequatur
  Conjugium : pudor est non licuisse mori.
Ardent victrices, et flammæ pectora præbent,
  Imponuntque suis ora perusta viris.

ÉLÉGIE XIII.

SUR L'AVARICE DES FEMMES.

Vous demandez pourquoi la beauté avide nous vend si cher une seule nuit, et pourquoi l'on accuse l'Amour d'avoir épuisé tant de patrimoines? Il n'est que trop facile, hélas! d'assigner la cause de ces ruines : un luxe que rien n'arrête envahit Rome de toutes parts. C'est pour nous que l'Inde arrache l'or à ses mines profondes, que la mer Rouge abandonne ses coquillages précieux, que Tyr, patrie de Cadmus, envoie sa pourpre et ses riches couleurs, que le berger d'Arabie cultive ses herbes odorantes. Voilà les armes qui triomphent de la chasteté la plus sévère : elles abattraient la fierté de Pénélope elle-même. Vois s'avancer majestueusement cette femme, chargée du patrimoine de mille amans; elle étale devant nos yeux et leurs dépouilles et sa honte. On demande sans pudeur, on prodigue sans bornes, ou des rigueurs calculées font payer bientôt le plus léger refus.

Qu'elle est salutaire à l'hymen, cette loi des nations lointaines que l'Aurore, à son lever, colore de ses rayons de pourpre! Quand on approche du lit de mort la torche funéraire, de tendres épouses environnent, les cheveux épars, les restes d'un époux, et se disputent le funeste honneur d'abandonner la vie pour le suivre. Celle dont on refuse les jours se retire la honte sur le front; sa rivale, plus heureuse, s'élance triomphante au milieu du bûcher, et va donner, malgré la flamme, un

Hic genus infidum nuptarum; hic nulla puella
  Nec fida Evadne, nec pia Penelope.

Felix agrestum quondam pacata juventus,
  Divitiæ quorum messis et arbor erant!
Illis munus erat decussa Cydonia ramo
  Et dare puniceis plena canistra rubis;
Nunc violas tondere manu, nunc mixta referre
  Lilia virgineos lucida per calathos;
Et portare suis vestitas frondibus uvas,
  Aut variam plumæ versicoloris avem.
His tum blanditiis furtiva per antra puellæ
  Oscula silvicolis emta dedere viris.
Hinnulei pellis totos operibat amantes,
  Altaque nativo creverat herba toro;
Pinus et incumbens latas circumdabat umbras,
  Nec fuerat nudas pœna videre deas.
Corniger Idæi vacuam pastoris in aulam
  Dux aries saturas ipse reduxit oves;
Dique deæque omnes, quibus est tutela per agros,
  Præbebant vestris verba benigna focis;
Et leporem, quicumque venis, venaberis, hospes,
  Et si forte meo tramite quæris avem;
Et me Pana tibi comitem de rupe vocato,
  Sive petes calamo præmia, sive cane.
At nunc desertis cessant sacraria lucis:
  Aurum omnes victa jam pietate colunt.
Auro pulsa fides; auro venalia jura;
  Aurum lex sequitur, mox sine lege pudor.

dernier baiser à des restes chéris. Mais, à Rome, on ne trouve plus de constance ni dans l'épouse ni dans l'amante; on ne sait plus aimer comme Pénélope, ni demeurer fidèle comme Évadné.

Oh! qu'elle fut heureuse autrefois la paisible jeunesse de nos campagnes! Ses moissons et ses vergers faisaient toutes ses richesses ; son luxe était un fruit détaché de l'arbre, une corbeille chargée de mûres sauvages, un bouquet de violettes fraîchement cueillies, des lis dont la blancheur ornait le panier de la vierge modeste, des raisins dont les grappes se cachaient encore sous les feuilles, un oiseau dont le plumage varié se nuançait de mille couleurs. Voilà par quels présens ces hommes de l'âge d'or achetaient les baisers furtifs que leur donnait au fond d'un antre la naïve bergère. La dépouille du chevreau couvrait leurs amours, ou bien c'était l'herbe touffue qui formait naturellement leur couche, ou le pin qui se penchait sur eux en les enveloppant de son ombre. Alors ce ne fut point un crime de voir une déesse sans voile. Le taureau guidait seul les troupeaux au pâturage, et les ramenait ensuite au bercail. Les divinités paisibles, qui veillent sur les campagnes, venaient converser avec bonté au foyer du laboureur. « Qui que tu sois, disait Pan, chasse librement le lièvre timide, ou l'oiseau que tu poursuis sur mes domaines. Appelle-moi à ton aide du haut de la colline, que tu lances sur ta proie la flèche agile ou le chien léger. »

Mais aujourd'hui l'on abandonne à la fois les bois sacrés et leurs autels. La piété est vaincue de toutes parts; l'or est le seul dieu qu'on révère. C'est l'or, en effet, qui chasse la bonne foi, qui rend vénale jusqu'à

Torrida sacrilegum testantur lumina Brennum,
　　Dum petit intonsi Pythia regna dei :
At mons laurigero concussus vertice diras
　　Gallica Parnassus sparsit in ora nives.
Te scelus accepto Thracis Polymestoris auro
　　Nutrit in hospitio non, Polydore, pio.
Tu quoque ut auratos gereres, Eriphyla, lacertos,
　　Dilapsis nusquam est Amphiaraus equis.

PROLOQUAR, atque utinam patriæ sim vanus aruspex :
　　Frangitur ipsa suis Roma superba bonis.
Certa loquor, sed nulla fides; neque enim Ilia quondam
　　Verax Pergameis Mænas habenda malis.
Sola Parin Phrygiæ fatum componere, sola
　　Fallacem patriæ serpere dixit equum.
Ille furor patriæ fuit utilis, ille parenti :
　　Experta est veros irrita lingua deos.

l'équité, qui fait plier la loi même, et qui ôte tout frein à la pudeur. C'est l'or que voulait Brennus, quand sa fureur sacrilège bravait le sanctuaire de Delphes et l'éternelle jeunesse d'Apollon : mais les cimes du Parnasse s'ébranlèrent; une neige épaisse couvrit les bataillons gaulois, et la foudre, qui aveugla Brennus, signala de justes vengeances. Infortuné Polydore ! les richesses que reçoit Polymnestor lui font violer par un crime les droits de l'hospitalité; et toi, cruelle Ériphyle, si tu n'avais pas désiré des bracelets d'or, Amphiaraüs n'eût pas disparu soudain avec ses coursiers rapides.

Le dirai-je? et que le ciel, ô ma patrie, détourne ce funeste présage! Rome succombe sous les richesses, qui font son orgueil. Mes paroles ne sont que trop vraies; mais l'on refuse d'y croire, comme on révoquait en doute les maux affreux que Cassandre annonçait à Pergame. Elle seule répétait que Pâris causait la ruine de la Phrygie, que le présent fatal des Grecs couvait un piège dans ses flancs. Sa voix prophétique eût pu sauver Priam et son empire; mais on reconnut trop tard que l'on avait dédaigné en elle l'interprète des dieux.

ELEGIA XIV.

LUDI LACONUM.

Multa tuæ, Sparte, miramur jura palæstræ,
　Sed mage virginei tot bona gymnasii;
Quod non infames exercet corpore ludos
　Inter luctantes nuda puella viros,
Quum pila veloces fallit per brachia jactus,
　Increpat et versi clavis adunca trochi;
Pulverulentaque ad extremas stat femina metas,
　Et patitur duro vulnera pancratio.
Nunc ligat ad cæstum gaudentia brachia loris,
　Missile nunc disci pondus in orbe rotat;
Gyrum pulsat equis, niveum latus ense revincit,
　Virgineumque cavo protegit ære caput,
Qualis Amazonidum nudatis bellica mammis
　Thermodontiacis turba lavatur aquis;
Et modo Taygeti, crines adspersa pruina,
　Sectatur patrios per juga longa canes,
Qualis et Eurotæ Pollux et Castor arenis,
　Hic victor pugnis, ille futurus equis:
Inter quos Helene nudis capere arma papillis
　Fertur, nec fratres erubuisse deos.

Lex igitur Spartana vetat secedere amantes;
　Et licet in triviis ad latus esse suæ;

ÉLÉGIE XIV.

SUR LES JEUX DE SPARTE.

Heureuse Lacédémone! nous admirons tes exercices guerriers, mais surtout les nombreux avantages des jeux où se forment tes jeunes filles. Elles ne recherchent point des éloges qui les déshonorent, lorsqu'elles paraissent nues au milieu des lutteurs, pour lancer rapidement de leurs mains délicates une balle trompeuse, ou pour faire tourner une roue bruyante sous la verge crochue qui l'agite. On les voit tour-à-tour attendre le signal, couvertes de poussière, à l'extrémité de l'arène, souffrir les blessures du cruel pancrace, attacher à leurs bras un ceste qui fait leur gloire, balancer en cercle le disque pesant qu'il faut lancer, aiguillonner les flancs d'un coursier généreux, ceindre l'épée avec grâce, et tantôt couvrir d'un casque leur tête virginale, comme l'Amazone guerrière et au sein nu sur les rives du Thermodon; tantôt, la chevelure couverte de frimas, presser, sur les sommets escarpés du Taygète, le chien de Laconie, comme autrefois Castor et Pollux, aux bords de l'Eurotas, quand ils préludaient à leurs victoires futures dans les exercices du ceste ou de la course : et alors, dit-on, Hélène, prenant les armes, ne rougissait point de lutter, le sein découvert, contre ces héros demi-dieux.

La loi de Sparte défend aux amans le mystère, et partout en public on peut se montrer aux côtés de la femme

Nec timor, aut ulla est clausæ tutela puellæ,
  Nec gravis austeri pœna cavenda viri.
Nullo præmisso, de rebus tute loquaris
  Ipse tuis : longæ nulla repulsa moræ.
Non Tyriæ vestes errantia lumina fallunt,
  Est neque odoratæ cura molesta domi.
At nostra ingenti vadit circumdata turba,
  Nec digitum angusta est inseruisse via.
Nec quæ sint facies, nec quæ sint verba rogandi,
  Invenias : cæcum versat amator iter.

Quod si jura fores pugnasque imitata Laconum,
  Carior hoc esses tu mihi, Roma, bono.

ELEGIA XV.

AD CYNTHIAM, DE LYCINNA.

Sic ego non ullos jam norim in amore tumultus,
  Nec veniat sine te nox vigilanda mihi!

Ut mihi prætextæ pudor est velatus amictu,
  Et data libertas noscere amoris iter,
Illa rudes animos per noctes conscia primas
  Imbuit, heu! nullis capta Lycinna datis.
Tertius, haud multo minus est, quum ducitur annus :
  Vix memini nobis verba coisse decem.

qu'on aime. La crainte ni aucune tutelle ne peut retenir chez elle la jeune fille. Une femme n'a point à redouter les vengeances d'un mari en courroux. On peut déclarer soi-même ses feux sans l'entremise d'aucun autre; et si l'on est repoussé, on n'a pas à craindre du moins de cruels délais. A Sparte, la pourpre de Tyr ne séduit point l'œil qui s'égare; et l'on n'est point importuné sans cesse par les esclaves nombreux d'une opulente demeure; mais ici, une femme ne s'avance jamais qu'environnée d'une foule nombreuse; on ne saurait la toucher du doigt, même dans un étroit sentier; on ignore son visage; on cherche dans quels termes lui adresser la parole : l'amour ne marche toujours que dans d'obscures ténèbres.

O Rome, si tu imitais les mœurs et les jeux de Lacédémone, combien tu me serais plus chère par tes vertus!

ÉLÉGIE XV.

A CYNTHIE, SUR LYCINNA.

Si je mens, que je connaisse encore les tourmens de l'amour, et que, loin de toi, je passe mes nuits dans de tristes veilles!

Lorsque la pudeur eut disparu avec la prétexte sous la robe virile, lorsqu'il me fut permis de parcourir en liberté les amoureux mystères, Lycinna guida la première mon inexpérience dans ces jeux nocturnes qu'elle savait si bien; et cependant aucun don, hélas! ne l'avait rendue sensible. Trois ans, ou un peu moins, se sont

Cuncta tuus sepelivit amor, nec femina post te
 Ulla dedit collo dulcia vincla meo.

Testis erit Dirce, tam vero crimine sæva,
 Nycteos Antiopen adcubuisse Lyco.
Ah quoties pulchros ussit regina capillos,
 Molliaque*immites fixit in ora manus!
Ah quoties famulam pensis oneravit iniquis,
 Et caput in dura ponere jussit humo!
Sæpe illam immundis passa est habitare tenebris;
 Vilem jejunæ sæpe negavit aquam.
Juppiter, Antiopæ nusquam succurris habenti
 Tot mala? corrumpit dura catena manus.
Si deus es, tibi turpe tuam servire puellam.
 Invocet Antiope quem nisi vincta Jovem?
Sola tamen, quæcumque aderant in corpore vires,
 Regales manicas rupit utraque manu.
Inde Cithæronis timido pede currit in arces.
 Nox erat, et sparso triste cubile gelu.
Sæpe vago Asopi sonitu permota fluentis
 Credebat dominæ pone venire pedes;
Et durum Zethum, et lacrymis Amphiona mollem
 Experta est stabulis mater abacta suis.

Ac, veluti magnos quum ponunt æquora motus,
 Eurus in adversos desinit ire Notos,
Litore sic tacito sonitus rarescit arenæ;
 Sic cadit inflexo lapsa puella genu.

écoulés depuis cette époque, et je me rappelle à peine avoir échangé dix mots avec elle. L'amour dont je brûle pour toi a été le tombeau de mes affections ; jamais aucune femme après Cynthie n'enchaîna ma tête dans ses voluptueuses caresses.

Vois Dircé accuser trop réellement la fille de Nyctée, la malheureuse Antiope, d'avoir partagé avec elle l'amour de son Lycus. Que de fois elle livra aux flammes les cheveux superbes de sa captive ! que de fois elle imprima une main cruelle sur ses traits délicats ! que de fois elle lui imposa une tâche impossible ! Souvent elle la fit coucher durement sur la terre; souvent elle lui donna pour demeure une prison obscure et infecte, et elle lui refusa un peu d'eau pour étancher sa soif. Que fais-tu, cependant, Jupiter ? Quoi ! tu ne secours pas l'infortunée Antiope, lorsque des chaînes affreuses déchirent ses mains ! Si tu es dieu, c'est une honte pour toi qu'Antiope soit esclave : et qui invoquerait-elle dans ses fers, si ce n'est son amant ? Abandonnée cependant, elle rassemble ses forces, rompt les liens indignes qui retenaient ses bras, et s'enfuit d'un pied timide sur les hauteurs du Cithéron. Il était nuit ; la neige couvrait la terre qui doit servir de lit à Antiope, et le murmure de l'Asope, qui erre dans la campagne, paraît à son oreille effrayée le bruit des pas de sa maîtresse qui la poursuit. Zéthus refuse durement de l'accueillir; et Amphion, sensible à ses larmes, ne peut cependant lui ouvrir une étable où elle devait espérer un asile.

Lorsque les flots soulevés déposent leur courroux, et que les vents ne se font plus la guerre, on entend s'affaisser sur le rivage le murmure des vagues redevenues paisibles : ainsi Antiope plie et succombe sous ses maux.

Sera tamen pietas, natis est cognitus error.
  Digne Jovis natos qui tueare senex,
Tu reddis pueris matrem; puerique trahendam
  Vinxerunt Dircen sub trucis ora bovis.
Antiope, cognosce Jovem: tibi gloria Dirce
  Ducitur, in multis mortem habitura locis.
Prata cruentantur Zethi, victorque canebat
  Pæana Amphion rupe, Aracynthe, tua.

At tu non meritam parcas vexare Lycinnam:
  Nescit vestra ruens ira referre pedem?
Fabula nulla tuas de nobis concitet aures:
  Te solam et lignis funeris ustus amem.

ELEGIA XVI.

INTER AMOREM ET METUM PROPERTIUS DUBIUS.

Nox media, et dominæ mihi venit epistola nostræ:
  Tibure me nulla jussit adesse mora,
Candida qua geminas ostendunt culmina turres,
  Et cadit in patulos lympha Aniena lacus.
Quid faciam? obductis committam mene tenebris,
  Ut timeam audaces in mea membra manus?
At si distulero hæc nostro mandata timore,

Cependant ses deux fils éprouvent une pitié tardive; ils reconnaissent leur erreur; le vieillard qui mérita d'élever les enfans de Jupiter leur rend une mère chérie, et les deux frères attachent l'implacable Dircé aux cornes d'un taureau farouche. Reconnais, Antiope, le maître des dieux. La voilà, cette Dircé; la voilà traînée dans les campagnes, et condamnée à souffrir mille morts! Les champs de Zethus sont couverts de son sang, et Amphion vainqueur chante un hymne à Apollon sur les sommets de l'Aracynthe.

Cesse donc, Cynthie, de tourmenter Lycinna, qui ne l'a pas mérité. La colère d'une femme ne saurait-elle modérer ses bonds impétueux? Ah! que jamais la calomnie ne me ferme ton oreille! Je n'aimerai que toi seule jusqu'au milieu des flammes qui dévoreront mes restes.

ÉLÉGIE XVI.

PROPERCE HÉSITE ENTRE L'AMOUR ET LA CRAINTE.

Il est minuit, et voici qu'une lettre de Cynthie m'appelle sans retard auprès d'elle à Tibur, où l'on voit deux tours élever dans les airs leur sommet grisâtre, et les flots de l'Anio tomber dans un large bassin. Que ferai-je? faut-il me confier à la nuit ténébreuse, au risque de me voir assaillir par des brigands audacieux? Mais si la crainte m'empêche d'accomplir ses ordres, que de pleurs, que je redoute plus qu'un ennemi nocturne! Une seule

Nocturno fletus sævior hoste mihi.
Peccaram semel, et totum sum pulsus in annum :
  In me mansuetas non habet illa manus.
Nec tamen est quisquam, sacros qui lædat amantes,
  Scironis media scilicet ire via.
Quisquis amator erit, Scythicis licet ambulet oris;
  Nemo adeo, ut noceat, barbarus esse volet.
Luna ministrat iter; demonstrant astra salebras;
  Ipse Amor accensas præcutit ante faces;
Sæva canum rabies morsus avertit hiantes :
  Huic generi quovis tempore tuta via est.
Sanguine tam parvo quis enim spargatur amantis
  Improbus? exclusis fit comes ipsa Venus.

Quod si certa meos sequerentur funera casus,
  Talis mors pretio vel sit emenda mihi.
Adferet hæc unguenta mihi, sertisque sepulcrum
  Ornabit, custos ad mea busta sedens.
Di faciant, mea ne terra locet ossa frequenti,
  Qua facit adsiduo tramite vulgus iter!
Post mortem tumuli sic infamantur amantum.
  Me tegat arborea devia terra coma,
Aut humer ignotæ cumulis vallatus arenæ :
  Non juvat in media nomen habere via.

faute m'exclut de sa présence pour une année entière, et sa main ne s'est jamais levée sur moi pour le pardon.

Mais la personne d'un amant est inviolable ; on le respecte, et Scyron ne l'arrêterait point dans sa course. Oui ; quand on aime, on peut parcourir à son gré les rivages de Scythie ; car il n'est point de cœur assez barbare pour vous nuire. La lune éclaire la route, les astres en découvrent les dangers ; l'Amour précède et agite son flambeau ; le chien qu'anime la rage demeure la gueule entr'ouverte, et ne mord pas ; en tout temps la route est sûre pour celui qui aime. Et quel monstre assez lâche pour se souiller d'un tel sang ? Vénus accompagne elle-même jusqu'à l'amant qu'on éconduit.

Quand la mort serait d'ailleurs le prix certain de ma témérité, est-ce trop de ma vie pour tant de bonheur ? Cynthie apportera des parfums sur mes restes ; elle viendra s'asseoir sur mon tombeau et l'entourer de guirlandes. Du moins, grands dieux ! qu'elle ne dépose pas mes ossemens dans un lieu trop fréquenté du peuple, qui les foulerait aux pieds ; car c'est ainsi qu'après leur mort le tombeau des amans est dévoué à l'infamie. Ah ! plutôt qu'un frais bocage les recèle sous son ombre, ou qu'un peu de sable les recouvre sur une plage déserte : je ne veux pas offrir au milieu d'une route mon épitaphe aux passans.

ELEGIA XVII.

AD BACCHUM.

Nunc, o Bacche, tuis humiles advolvimur aris :
　Da mihi pacato vela secunda, pater.
Tu potes insanæ Veneris compescere fastus,
　Curarumque tuo fit medicina mero.
Per te junguntur, per te solvuntur amantes :
　Tu vitium ex animo dilue, Bacche, meo.
Te quoque enim non esse rudem testatur in astris
　Lyncibus ad cœlum vecta Ariadna tuis.
Hoc mihi, quod veteres custodit in ossibus ignes,
　Funera sanabunt aut tua vina malum.
Semper enim vacuos nox sobria torquet amantes,
　Spesque timorque animum versat utroque meum.
Quod si, Bacche, tuis per fervida tempora donis
　Arcessitus erit somnus in ossa mea;
Ipse seram vites, pangamque ex ordine colles,
　Quos carpant nullæ, me vigilante, feræ;
Dummodo purpureo spument mihi dolia musto,
　Et nova pressantes inquinet uva pedes.
Quod superest vitæ, per te et tua cornua vivam,
　Virtutisque tuæ, Bacche, poëta ferar.
Dicam ego maternos Ætnæo fulmine partus,
　Indica Nysæis arma fugata choris;
Vesanumque nova nequidquam in vite Lycurgum,

ÉLÉGIE XVII.

A BACCHUS.

Maintenant, Bacchus, ce sont tes autels que j'embrasse en suppliant; père des hommes, accorde-moi la paix et le bonheur. Tu peux dompter l'orgueil d'un amour aveugle, et remédier à de longs soucis par ton nectar bienfaisant. C'est toi qui fais et qui détruis à ton gré l'union des cœurs : ô Bacchus, arrache de mon âme une passion funeste. Tu ne fus pas toujours insensible; témoin cette Ariadne, que tes lynx ont portée dans le ciel parmi les étoiles brillantes. Viens : car la mort seule ou ta liqueur propice peut éteindre le feu dévorant qui circule depuis long-temps dans mes veines. La nuit tourmente à loisir celui qui ne se nourrit que d'amour; l'espérance et la crainte agitent son âme en mille manières.

O Bacchus, si tes dons appellent le sommeil sur mes paupières brûlantes et sur mon corps desséché, je planterai moi-même la vigne, j'en couvrirai au loin les collines, et je la défendrai avec soin contre les atteintes des animaux féroces, jusqu'au moment où la pourpre écumante viendra couronner mes tonneaux, et la grappe nouvelle rougir le pied qui la foule. O Bacchus, ma vie te sera consacrée désormais tout entière, et l'on m'appellera à jamais le chantre de ta gloire. Je dirai comment Sémélé t'enfanta au milieu des foudres; les armées indiennes fuyant devant les chœurs des Silènes; Lycurgue follement déchaîné contre la vigne qui s'introduit en

Pentheos in triplices funera grata greges;
Curvaque Tyrrhenos delphinum corpora nautas
   In vada pampinea desiluisse rate;
Et tibi per mediam bene olentia flumina Naxon,
   Unde tuum potant Naxia turba merum.
Candida laxatis onerato colla corymbis
   Cinget Bassaricas Lydia mitra comas.
Lævis odorato cervix manabit olivo,
   Et feries nudos veste fluente pedes.
Mollia Dircææ pulsabunt tympana Thebæ;
   Capripedes calamo Panes hiante canent.
Vertice turrigero juxta dea magna Cybele
   Tundet ad Idæos cymbala rauca choros.
Ante fores templi crater antistitis auro
   Libatum fundens in tua sacra merum.
Hæc ego non humili referam memoranda cothurno,
   Qualis Pindarico spiritus ore tonat.
Tu modo servitio vacuum me siste superbo,
   Atque hoc sollicitum vince sopore caput.

ELEGIA XVIII.

MARCELLI OBITUS.

Clausus ab umbroso qua ludit pontus Averno,
   Fumida Baiarum stagna tepentis aquæ,
Qua jacet et Trojæ tubicen Misenus arena,

Thrace; Penthée mis en pièces par ses tantes et sa mère; les matelots toscans changés en dauphins, et s'élançant dans les flots du haut de leur navire chargé de pampre; Naxos enfin arrosée par des ruisseaux de vin qui l'embaument, et dont les habitans s'abreuvent avec délices. On verra dans mes chants le lierre pendre en festons sur tes blanches épaules, la mitre lydienne ombrager tes cheveux, ton front majestueux parfumé d'une huile odorante, et les plis de ta robe flotter sur tes pieds dépouillés du cothurne. Autour de toi, la Bacchante agitera son tambourin harmonieux; le Satyre, au pied de chèvre, fera retentir son chalumeau rustique; la puissante Cybèle, au front chargé de tours, animera la discordante cymbale comme pour les fêtes de l'Ida; et devant le portique du temple, un prêtre, tenant dans ses mains une coupe d'or, répandra en ton honneur un vin pur. Oui, je chausserai le cothurne pour célébrer tant de grandeur, et ma voix retentira au loin avec l'énergie de Pindare. Mais delivre-moi, je t'en conjure, d'une fierté tyrannique; fais céder au sommeil les soucis qui me rongent.

ÉLÉGIE XVIII.

MORT DE MARCELLUS.

Dans ces lieux où la mer captive se joue sur les rives ombragées de l'Averne, où l'on voit sur la côte le tombeau du Troyen Misène, où les flots frémissent contre

Et sonat Herculeo structa labore via,
Hic ubi, mortales dextra quum quaereret urbes,
  Cymbala Thebano concrepuere deo;
At nunc invisae magno cum crimine Baiae,
  Quis deus in vestra constitit hostis aqua?
His pressus Stygias vultum demersit in undas,
  Errat et in vestro spiritus Ille lacu.
Quid genus, aut virtus, aut optima profuit illi
  Mater, et amplexum Caesaris esse focos?
Aut modo tam pleno fluitantia vela theatro,
  Et per maternas omnia gesta manus?
Occidit, et misero steterat vigesimus annus:
  Tot bona tam parvo clausit in orbe dies.

I nunc, tolle animos, et tecum finge triumphos,
  Stantiaque in plausum tota theatra juvent;
Attalicas supera vestes, atque omnia magnis
  Gemmea sint ludis : ignibus ista dabis.
Sed tamen huc omnes; huc primus et ultimus ordo :
  Est mala, sed cunctis ista terenda via est.
Exoranda canis tria sunt latrantia colla;
  Scandenda est torvi publica cymba senis.
Ille licet ferro cautus se condat et aere :
  Mors tamen inclusum protrahit inde caput.
Nirea non facies, non vis exemit Achillem,
  Croesum aut Pactoli quas parit humor opes.

Hic olim ignaros luctus populavit Achivos,

le sentier qu'éleva la main d'Hercule, où la cymbale célébra la victoire du dieu des Thébains, lorsqu'il soumettait les villes de la terre; on trouve aussi Baies et ses lacs fumans que remplit une eau tiède. Mais dis-nous, ville odieuse, que d'affreux soupçons dévouent aujourd'hui à nos haines, quel dieu ennemi s'est arrêté sur tes bords? C'est là que Marcellus a courbé sa jeune tête devant les flots du Styx, et Baies voit encore son ombre errer autour de ses sources funestes. Hélas! que lui a servi sa naissance, ou ses vertus, ou la plus tendre des mères, ou d'être adopté dans la famille des Césars? Que lui ont servi les voiles qui flottaient naguère sur nos têtes au forum, et ces jeux qu'il laissait diriger à la main d'une mère? Il meurt, l'infortuné! quand sa vingtième année sonne à peine; un seul jour a refoulé dans si peu d'espace les qualités les plus rares!

Courage, mortels; enivrons-nous d'orgueil, songeons à de nobles triomphes, et recherchons en plein théâtre les applaudissemens des spectateurs; étalons dans nos fêtes publiques et les plus riches tapis et tout le luxe d'Attale: tout sera dévoré par les flammes. Grands et petits, nous devons tous le même tribut; c'est une route affreuse, mais qu'il nous faut tous parcourir. Oui, chacun de nous doit implorer le cruel Cerbère à la triple tête, et monter indistinctement dans la barque fragile du vieux nocher. En vain le soldat défend sa tête avec son glaive et sous l'airain du bouclier; la mort n'en va pas moins frapper sa victime. Ni la beauté de Nirée, ni la valeur d'Achille, ni les trésors que le Pactole roule dans ses flots pour l'heureux Crésus, rien ne peut nous soustraire à ses coups.

Jadis le même deuil affligeait les Grecs décimés,

Atridæ magno quum stetit alter amor.
At tibi, nauta, pias hominum qui trajicis umbras,
  Hoc animæ portent corpus inane suæ :
Qua Siculæ victor telluris Claudius et qua
  Cæsar, ab humana cessit in astra via.

ELEGIA XIX.

DE FEMINARUM INCONTINENTIA.

Objicitur toties a te mihi nostra libido :
  Crede mihi, vobis imperat ista magis.
Vos, ubi contemti rupistis frena pudoris,
  Nescitis captæ mentis habere modum.
Flamma per incensas citius sedetur aristas,
  Fluminaque ad fontis sint reditura caput;
Et placidum Syrtes portum, et bona litora nautis
  Præbeat hospitio sæva Malea suo;
Quam possit vestros quisquam reprehendere cursus,
  Et rapidæ stimulos frangere nequitiæ.
Testis, Cretæi fastus quæ passa juvenci
  Induit abiegnæ cornua falsa bovis;
Testis Thessalico flagrans Salmonis Enipeo,
  Quæ voluit liquido tota subire deo.
Crimen et illa fuit patri succensa senecta
  Arboris in frondes condita Myrrha novæ.
Nam quid Medeæ referam, quo tempore matris

quand le puissant Atride s'éprit d'amour pour une autre captive. Mais toi, nocher, qui transportes les ombres des justes, reçois un corps privé de vie : son âme, suivant les traces du vainqueur de la Sicile et du grand César, a quitté la terre pour se retirer aux cieux.

ÉLÉGIE XIX.

SUR L'INCONTINENCE DES FEMMES.

Tu me reproches sans cesse d'être emporté dans mes désirs : crois-moi, Cynthie, les vôtres vous dominent avec bien plus de force encore. Dès que vous avez rompu et méprisé le frein de la pudeur, vous ne savez mettre aucun terme aux illusions de votre âme. Oui, la flamme s'arrêterait plutôt au milieu des épis qu'elle dévaste, les fleuves remonteraient vers leur source, les Syrtes offriraient au navigateur un port tranquille, et l'orageux promontoire de Malée des rives hospitalières, avant qu'on puisse retenir vos passions dans leur course, et briser l'aiguillon du désordre qui vous entraîne. J'en prends à témoin Pasiphaë qui revêtit, pour vaincre les dédains du taureau de la Crète, la forme trompeuse d'une génisse ; la fille de Salmonée qui brûla d'une passion si vive pour l'Énipée de Thessalie, qu'elle voulait se précipiter dans ses ondes ; et cette Myrrha qui voila, sous le feuillage d'un arbre nouveau, les feux criminels qu'elle ressentait pour son vieux père. Nom-

Iram natorum cæde piavit Amor?
Quidve Clytæmnestræ, propter quam tota Mycenis
   Infamis stupro stat Pelopea domus?
Tuque o Minoa venum data, Scylla, figura,
   Tondens purpurea regna paterna coma.
Hanc igitur dotem virgo desponderat hosti!
   Nise, tuas portas fraude reclusit Amor.
At vos, innuptæ, felicius urite tædas:
   Pendet Cretæa tracta puella rate.
Non tamen immerito Minos sedet arbiter Orci.
   Victor erat quamvis, æquus in hoste fuit.

ELEGIA XX.

AD CYNTHIAM.

CREDIS eum jam posse tuæ meminisse figuræ,
   Vidisti a lecto quem dare vela tuo?
Durus, qui lucro potuit mutare puellam!
   Tantisne in lacrymis Africa tota fuit?

AT tu, stulta, deos, tu fingis inania verba.
   Forsitan ille alio pectus amore terit.
Est tibi forma potens, sunt castæ Palladis artes,
   Splendidaque a docto fama refulget avo:
Fortunata domus, modo sit tibi fidus amicus.
   Fidus ero: in nostros curre, puella, toros.

merons-nous encore Médée, qui lava dans le sang de ses fils son amour outragé, ou Clytemnestre, dont la flamme adultère couvrit d'opprobre Mycènes et toute la famille de Pélops? Que dire d'une Scylla qui vend sa patrie à la beauté de Minos, et qui détruit, en coupant le cheveu d'or, l'empire de son malheureux père? C'est le présent qu'elle apporte en dot à l'ennemi de Mégare; ô Nisus, tes portes vont s'ouvrir devant les ruses de l'Amour. Ah! du moins, jeunes filles, livrez-vous à des feux moins coupables, et voyez Scylla méprisée, que le vaisseau crétois entraîne après lui. Oui, c'est avec raison que Minos est le juge des enfers : il était vainqueur, et il fut juste envers son ennemi.

ÉLÉGIE XX.

A CYNTHIE.

Crois-tu qu'il se rappelle encore ta beauté, cet homme que tu as vu s'embarquer en abandonnant ta couche? Qu'il faut être insensible pour sacrifier sa maîtresse à de vains trésors! l'Afrique entière vaut-elle donc tant de larmes?

Infortunée! tandis que tu appelles les dieux, et que tu exhales ton courroux en vains reproches, lui, peut-être, use son cœur dans un autre amour. Ta séduisante beauté, les arts de la chaste Minerve que tu cultives, la gloire que les veilles savantes d'un aïeul attachent à ton nom, tout, ma Cynthie, te promet le bonheur, si tu

Tu quoque, qui æstivos spatiosius exigis ignes,
  Phœbe, moraturæ contrahe lucis iter.
Nox mihi prima venit : primæ data tempora noctis;
  Longius in primo, Luna, morare toro.
Fœdera sunt ponenda prius, signandaque jura,
  Et scribenda mihi lex in amore novo.
Hæc Amor ipse suo constringet pignora signo;
  Testis sidereæ tota corona deæ.
Quam multæ ante meis cedent sermonibus horæ,
  Dulcia quam nobis concitet arma Venus!
Namque ubi non certo vincitur fœdere lectus,
  Non habet ultores nox vigilanda deos,
Et quibus imposuit, solvit mox vincla libido :
  Contineant nobis omina prima fidem.
Ergo, qui pactas in fœdera ruperit aras,
  Pollueritque novo sacra marita toro,
Illi sint, quicumque solent, in amore dolores,
  Et caput argutæ præbeat historiæ :
Nec flenti dominæ patefiant nocte fenestræ;
  Semper amet, fructu semper amoris egens.

trouves un ami fidèle. Cet ami, je veux l'être; accours dans mes bras, ô ma Cynthie!

Et toi, Phébus, qui roules tes feux pendant l'été sur un cercle plus vaste, abrège ta course que mes vœux accuseront encore. Voici la première nuit qui soit accordée à ma tendresse : que Diane éclaire plus longtemps nos premiers amours! Car, hélas! il faudra discuter d'abord et signer le tendre pacte qui servira de loi à nos ardeurs nouvelles. L'Amour lui-même imprimera à ce gage de tendresse un sceau durable, en présence du lumineux cortège de la nuit. Mais que d'instans perdus en de vaines paroles, avant que le plaisir ne nous appelle à de doux combats! Quand l'union de deux cœurs n'est point arrêtée sur des bases certaines, il n'est aucun dieu qui venge plus tard une nuit d'amertume, et le caprice lui-même dénoue les nœuds qu'il a formés. Que nos premiers pas nous garantissent donc la constance! Si l'un de nous manquait au traité juré devant les autels, s'il oubliait pour un autre amour des engagemens sacrés, qu'il éprouve toutes les peines que l'on peut éprouver quand on aime; qu'il soit sans cesse la fable du monde entier; qu'il ne voie jamais, pendant la nuit, la fenêtre d'une amante s'entr'ouvrir à ses larmes, et qu'il brûle toujours, sans goûter jamais le bonheur d'être aimé!

ELEGIA XXI.

FUGERE CYNTHIAM PARAT.

Magnum iter ad doctas proficisci cogor Athenas,
  Ut me longa gravi solvat amore via.
Crescit enim adsidue spectando cura puellæ;
  Ipse alimenta sibi maxima præbet Amor.
Omnia sunt tentata mihi, quacumque fugari
  Possit : at ex omni me premit ille deus.
Vix tamen aut semel admittit, quum sæpe negavit;
  Seu venit, extremo dormit amicta toro.
Unum erit auxilium : mutatis Cynthia terris
  Quantum oculis, animo tam procul ibit amor.
Nunc agite, o socii, propellite in æquora navem,
  Remorumque pares ducite sorte vices,
Jungiteque extremo felicia lintea malo :
  Jam liquidum nautis aura secundat iter.
Romanæ turres, et vos valeatis amici,
  Qualiscumque mihi tuque puella vale.
Ergo ego nunc rudis Hadriaci vehar æquoris hospes,
  Cogar et undisonos nunc prece adire deos.
Deinde per Ionium vectus quum fessa Lechæo
  Sedarit placida vela phaselus aqua;
Quod superest, sufferte pedes, properate laborem,
  Isthmos qua terris arcet utrumque mare.
Inde ubi Piræi capient me litora portus,

ÉLÉGIE XXI.

IL SE PRÉPARE A FUIR CYNTHIE.

Puisqu'il le faut, partons pour la docte Athènes, et qu'un long voyage me délivre de l'amour et de ses rigueurs. Plus je vois Cynthie, et plus je sens mes feux s'augmenter : car l'amour est à lui-même son aliment le plus actif. Je n'ai rien oublié pour le chasser de mon cœur ; et cependant il m'assiège et me presse. A peine si j'obtiens une seule fois les faveurs de Cynthie, après de longs refus ; ou, si elle vient, c'est pour dormir toute vêtue au bord de ma couche. Fuir de ces lieux, voilà ma seule ressource. Plus elle sera loin de mes regards, et plus l'amour abandonnera mon âme.

Eh bien ! compagnons, livrez aux flots votre navire ; succédez-vous et courbez-vous également sous la rame ; suspendez à l'extrémité du mât une voile propice : le vent seconde vos efforts, il ouvre au pilote l'élément liquide. Adieu, tours de ma patrie ! adieu, amis que je regrette ! et toi, Cynthie, quelles que soient tes rigueurs, adieu ! Je vais franchir une première fois les écueils de l'Adriatique, et adresser aux dieux de la mer mes prières et mes vœux. Lorsqu'après avoir sillonné les eaux paisibles de la mer Ionienne, mon vaisseau repliera ses voiles fatiguées dans le port de Léchée, hâtons-nous, abrégeons la course qui nous reste à faire, en franchissant à pied cet isthme, que la mer resserre des deux côtés. Puis, lorsque le Pirée m'aura accueilli sur ses rives, je gravirai la longue

Scandam ego Theseae brachia longa viae.
Illic vel studiis animum emendare Platonis
  Incipiam, aut hortis, docte Epicure, tuis;
Persequar aut studium linguae, Demosthenis arma,
  Librorumque, tuos, docte Menandre, sales;
Aut certe tabulae capient mea lumina pictae,
  Sive ebore exactae, seu magis aere manus.
Aut spatia annorum, aut longa intervalla profundi
  Lenibunt tacito vulnera nostra sinu.
Seu moriar, fato non turpi fractus amore;
  Atque erit illa mihi mortis honesta dies.

ELEGIA XXII.

AD TULLUM.

FRIGIDA tam multos placuit tibi Cyzicus annos,
  Tulle, Propontiaca qua fluit Isthmos aqua;
Dindymus, et sacrae fabricata juvenca Cybeles,
  Raptorisque tulit quae via Ditis equos.
Si te forte juvant Helles Athamantidos urbes,
  Et desiderio, Tulle, movere meo.

Tu licet adspicias coelum omne Atlanta gerentem,
  Sectaque Persea Phorcidos ora manu,
Geryonae stabula, et luctantum in pulvere signa
  Herculis Antaeique, Hesperidumque choros;

route qui mène à la ville de Thésée. Alors j'irai chercher la sagesse dans les écrits du divin Platon, ou dans les jardins du savant Épicure. Tantôt l'éloquence foudroyante de Démosthène, tantôt le sel délicat du sage Ménandre m'initiera aux secrets d'une langue harmonieuse. Mes yeux se fixeront sur ces chefs-d'œuvre de peinture, sur ces merveilles que m'offrira l'ivoire ou le bronze. Le temps, la distance et les mers guériront doucement mon cœur de ses nombreuses blessures. Si je meurs, le destin seul brisera ma vie, et non pas de honteuses amours ; mes derniers instans même brilleront de la gloire la plus pure.

ÉLÉGIE XXII.

A TULLUS.

Quoi! Tullus, Cyzique et son climat glacé, et l'isthme que baigne la Propontide ont pu te plaire tant d'années? Tu parcours le Dindyme, tu admires le temple consacré à la mère des dieux, tu erres sur cette route que franchirent les coursiers de Pluton, quand il enleva Proserpine : mais quelque charme que les villes de l'Hellespont puissent t'offrir, accorde au moins, Tullus, quelque retour aux regrets d'un ami.

Quand tu verrais Atlas porter le ciel entier, la tête de la Gorgone que Persée trancha de son glaive, les troupeaux de Géryon, les danses des Hespérides, et les traces de la lutte affreuse entre Hercule et Antée ; quand

Tuque tuo Colchum propellas remige Phasim,
  Peliacæque trabis totum iter ipse legas,
Qua rudis Argoa natat inter saxa columba
  In faciem proræ pinus adacta novæ;
Et si qua Ortygiæ visenda est ora Caystri,
  Et qua septenas temperat unda vias;
Omnia Romanæ cedent miracula terræ :
  Natura hic posuit, quidquid ubique fuit.
Armis apta magis tellus quam commoda noxæ,
  Famam, Roma, tuæ non pudet historiæ :
Nam quantum ferro, tantum pietate potentes
  Stamus; victrices temperat ira manus.

Hic, Anio Tiburne, fluis, Clitumnus ab Umbro
  Tramite, et æternum Marcius humor opus.
Albanus lacus et socia Nemorensis ab unda,
  Potaque Pollucis lympha salubris equo.
At non squamoso labuntur ventre cerastæ,
  Itala portentis nec furit unda novis;
Non hic Andromedæ resonant pro matre catenæ,
  Nec tremis Ausonias, Phœbe fugate, dapes;
Nec cuiquam absentes arserunt in caput ignes,
  Exitium nato matre movente suo;
Penthea non sævæ venantur in arbore Bacchæ,
  Nec solvit Danaas subdita cerva rates;
Cornua nec valuit curvare in pellice Juno,
  Aut faciem turpi dedecorare bove;
Arboreasque cruces Sinis, et non hospita Graiis
  Saxa, et curvatas in sua fata trabes.

tu sillonnerais le Phase de tes rames, et que tu suivrais pas à pas la même route et les mêmes écueils que parcourut jadis, sous la conduite d'une colombe, le premier vaisseau construit par l'art informe des Argonautes avec les pins de la Thessalie; quand tu visiterais les rives du Caystre, et la célèbre Éphèse, et le fleuve qui s'écoule par sept embouchures dans la mer, tu ne trouveras jamais aucune merveille qui ne le cède à l'Italie : car la nature y rassemble ce qu'elle a dispersé dans l'univers. Rome cultive la guerre, mais sans chercher à nuire : aussi la renommée n'a point à rougir de notre histoire. Sa clémence n'a pas moins contribué à sa puissance que ses conquêtes; et son bras victorieux retient le foudre vengeur.

C'est pour embellir Rome que l'Anio descend de Tibur, et le Clitumnus des forêts de l'Ombrie; on voit autour d'elle et les fontaines de Marcius, ouvrage à jamais célèbre, et le lac Albain, et le lac d'Aricie qui l'avoisine, et les eaux salutaires où Pollux fit désaltérer son coursier. Le serpent n'y rampe point sur son ventre écailleux, et les flots n'apportent sur le rivage aucun monstre. Jamais, à Rome, une Andromède ne fut chargée de chaînes pour les crimes de sa mère; Apollon ne se détourna jamais avec horreur d'un festin sacrilège; une mère n'a point donné la mort à son fils absent, en brûlant dans sa vengeance le garant fatal de ses jours; la cruelle bacchante n'a point poursuivi Penthée au milieu des forêts, et une biche immolée ne donna jamais à nos flottes un vent favorable; Junon, dans sa jalousie, n'étouffa point la beauté d'une rivale sous les traits et les cornes d'une affreuse génisse; Sinis, dans une route inhospitalière, ne courba

Hæc tibi, Tulle, parens, hæc est pulcherrima sedes;
  Hic tibi pro digna gente petendus honos;
Hic tibi ad eloquium cives, hic ampla nepotum
  Spes, et venturæ conjugis aptus amor.

ELEGIA XXIII.

DE TABELLIS PERDITIS.

Ergo tam doctæ nobis periere tabellæ,
  Scripta quibus pariter tot periere bona!
Has quondam nostris manibus detriverat usus,
  Qui non signatas jussit habere fidem.
Illæ jam sine me norant placare puellam,
  Et quædam sine me verba diserta loqui.
Non illas fixum caras effecerat aurum :
  Vulgari buxo sordida cera fuit.
Qualescumque mihi semper mansere fideles,
  Semper et effectus promeruere bonos.
Forsitan hæc illis fuerant mandata tabellis :
  Irascor, quoniam es, lente, moratus heri.
An tibi nescio quæ visa est formosior? an tu
  Non bene de nobis crimina ficta jacis?
Aut dixit, *Venies hodie, cessabimus una;*
  Hospitium tota nocte paravit Amor.

jamais les arbres pour un supplice qu'il endura lui-même.

Oui, Tullus, voilà ta patrie et ton séjour le plus beau. C'est là qu'il faut demander les honneurs dus à ton ancienne famille; c'est à Rome que tu trouveras des citoyens dignes de toi, et qu'une épouse, partageant ton amour, te donnera une longue suite de rejetons illustres.

ÉLÉGIE XXIII.

SUR LA PERTE DE SES TABLETTES.

Elles sont donc perdues pour moi ces tablettes savantes, et que d'écrits, que de trésors j'ai perdus avec elles! Nos mains les avaient usées jadis à force de les relire : mais il ne leur fallait aucun sceau pour leur attirer toute confiance. Elles pouvaient apaiser sans moi le courroux de Cynthie, et parler quelquefois pour moi, quand j'étais absent, avec la même éloquence. Elles ne devaient à l'or ni leur masse ni leur prix; c'était un simple buis revêtu d'une cire commune : mais cependant elles s'étaient toujours montrées fidèles à leur maître, et toujours je me suis bien trouvé de leurs services.

Cynthie avait sans doute écrit sur ces tablettes : « Je suis furieuse contre vous, qui arrivâtes hier si tard. Quelque autre femme vous aurait-elle paru plus belle? ou m'accuseriez-vous de quelque faute, en écoutant la calomnie? » ou bien encore : « Viens aujourd'hui, nous serons seuls : l'amour t'offre un asile pour la

Et quæcumque volens reperit non stulta puella,
  Garrula quum blandis ducitur hora dolis.
Me miserum! his aliquis rationem scribit avarus,
  Et ponit duras inter ephemeridas.
Quas si quis mihi rettulerit, donabitur auro.
  Quis pro divitiis ligna retenta velit?
I, puer, et citus hæc aliqua propone columna;
  Et dominum Esquiliis scribe habitare tuum.

ELEGIA XXIV.

AD CYNTHIAM.

FALSA est ista tuæ, mulier, fiducia formæ,
  Olim oculis nimium facta superba meis.
Noster amor tales tribuit tibi, Cynthia, laudes.
  Versibus insignem te pudet esse meis.
Mixtam te varia laudavi sæpe figura,
  Ut quod non esses, esse putaret amor;
Et color est toties roseo collatus Eoo,
  Quum tibi quæsitus candor in ore foret.
Quod mihi non patrii poterant avertere amici,
  Eluere aut vasto Thessala saga mari.
Hæc ego, non ferro, non igne coactus, et ipsa
  Naufragus Ægæa vera fatebar aqua.
Correptus sævo Veneris torrebar aheno;
  Vinctus eram versas in mea terga manus.

nuit; » et tout ce qu'une femme invente sans peine, quand elle veut abréger et tromper les heures par une spirituelle causerie. Infortuné ! quelque avare inscrit maintenant ses comptes sur mes tablettes, et les souille de calculs affreux. Si on me les rapporte, je les paierai au poids de l'or : et qui retiendrait à ce prix un peu de bois ? Va donc, esclave ; attache promptement cette offre à quelque colonne, et ajoute que ton maître habite aux Esquilies.

ÉLÉGIE XXIV.

A CYNTHIE, POUR ABAISSER SON ORGUEIL.

Que tu as tort, Cynthie, de te confier à ta beauté ! Ce sont mes yeux qui t'ont prêté jadis tant d'orgueil ; c'est mon amour qui a fait toute ta gloire : mais j'ai honte aujourd'hui que tu doives ta célébrité à mes vers. J'ai loué si souvent ta figure et ses attraits, que l'amour croyait apercevoir ce qui n'existait pas : car ce teint de rose, comparé tant de fois aux couleurs de l'Aurore, ce n'était qu'un fard emprunté pour orner ton visage. De vieux amis ne pouvaient alors m'ouvrir les yeux, et Médée elle-même n'aurait point éteint mes feux dans les profondeurs de l'Océan. Ni le fer, ni les flots de l'Égée, au milieu même d'un naufrage, n'auraient pu me faire avouer ma faiblesse ; j'étais brûlé des feux de l'amour, et des liens enchaînaient à mon dos mes mains captives. Enfin le navire a franchi les

Ecce coronatæ portum tetigere carinæ,
  Trajectæ Syrtes, ancora jacta mihi est.
Nunc demum vasto fessi resipiscimus æstu,
  Vulneraque ad sanum nunc coiere mea.
Mens bona, si qua dea es, tua me in sacraria dono :
  Exciderant surdo tot mea vota Jovi.

ELEGIA XXV.

AD AMICAM.

Risus eram positis inter convivia mensis,
  Et de me poterat quilibet esse loquax.
Quinque tibi potui servire fideliter annos :
  Ungue meam morso sæpe querere fidem.
Nil moveor lacrymis; ista sum captus ab arte :
  Semper ab insidiis, Cynthia, flere soles.
Flebo ego discedens, sed fletum injuria vincit :
  Tu bene conveniens non sinis ire jugum.
Limina jam nostris valeant lacrymantia verbis,
  Nec tamen irata janua fracta manu.

At te celatis ætas gravis urgeat annis,
  Et veniat formæ ruga sinistra tuæ;
Vellere tum cupias albos a stirpe capillos,
  Ah! speculo rugas increpitante tibi,

écueils; il touche le port, se couronne de fleurs et a jeté l'ancre; enfin nous nous reposons après avoir traversé, avec bien des fatigues, une étendue immense, et mes blessures se sont cicatrisées. O raison, si tu es une divinité, je me consacre à tes autels : car mes vœux multipliés n'ont jamais pu se faire entendre de Jupiter.

ÉLÉGIE XXV.

A SON AMIE.

On riait de mon amour au milieu de l'ivresse des festins, et chacun pouvait à son gré exercer à mes dépens son humeur caustique. J'ai pu te servir cinq ans avec fidélité : aussi, que de fois en rongeant tes ongles tu regretteras ma constance! Tes larmes ne sauraient m'émouvoir; je fus souvent leur dupe : car tes larmes, Cynthie, cachent toujours des pièges. Moi aussi je pleurerai en te quittant : mais ton injustice triomphe de ma douleur. Puisque tu refuses d'adoucir une servitude ingrate, adieu pour toujours à ce seuil qui répondait à mes plaintes par des larmes, à cette porte que j'aurais dû briser dans mon courroux!

Et toi, Cynthie, que l'âge appesantisse sur ta tête des années que tu voudrais cacher, et que des rides affreuses sillonnent ton visage! Alors tu voudras arracher jusqu'aux racines des cheveux blancs, devant un miroir

Exclusa inque vicem fastus patiare superbos,
 Et quæ fecisti, facta queraris anus.
Has tibi fatales cecinit mea pagina diras :
 Eventum formæ disce timere tuæ.

qui te reprochera tes rides ; alors tu éprouveras à ton tour un orgueilleux dédain ; on repoussera tes avances, et tu gémiras dans ta vieillesse sur le même traitement que tu m'as fais souffrir. Voilà l'imprécation fatale que t'apportent mes derniers vers ; apprends à craindre ce qui doit arriver un jour à ta beauté.

SEXTI AURELII
PROPERTII
ELEGIARUM
LIBER IV.

ELEGIA I.

ROMA.

Hoc quodcumque vides, hospes, qua maxima Roma est,
  Ante Phrygem Æneam collis et herba fuit;
Atque ubi Navali stant sacra Palatia Phœbo,
  Evandri profugæ concubuere boves.
Fictilibus crevere deis hæc aurea templa;
  Nec fuit opprobrio facta sine arte casa;
Tarpeiusque pater nuda de rupe tonabat,
  Et Tiberis nostris advena bubus erat.

Qua Gradibus domus ista Remi se sustulit, olim
  Unus erat fratrum maxima regna focus.
Curia, prætexto quæ nunc nitet alta senatu,
  Pellitos habuit, rustica corda, patres.

ÉLÉGIES DE PROPERCE

LIVRE IV.

ÉLÉGIE I.

LA VILLE DE ROME.

Avant Énée le Troyen, cette Rome, dont l'étranger admire la grandeur, était une colline couverte de pâturages. Les troupeaux fugitifs d'Évandre ont foulé cet espace où s'élèvent des autels consacrés à Apollon. Ces temples d'or ont dû leur magnificence à des dieux d'argile. Alors on ne dédaignait pas une chaumière construite sans art; Jupiter tonnait du haut de la roche Tarpéienne encore déserte, et nos génisses paissaient sur les bords du Tibre, comme aux bords d'un fleuve étranger.

Quand Romulus se fondait une demeure aux rives du Tibre, le foyer d'une humble cabane était presque tout son empire. Ce sénat, qui brille aujourd'hui sous la pourpre et dans les palais, était composé d'hommes aux

Buccina cogebat priscos ad verba Quirites;
　Centum illi in prato sæpe senatus erat.
Nec sinuosa cavo pendebant vela theatro;
　Pulpita solemnes non oluere crocos.
Nulli cura fuit externos quærere divos,
　Quum tremeret patrio pendula turba sacro;
Annuaque accenso celebrare Palilia fœno,
　Qualia nunc curto lustra novantur equo,
Vesta coronatis pauper gaudebat asellis;
　Ducebant macræ vilia sacra boves.
Parva saginati lustrabant compita porci,
　Pastor et ad calamos exta litabat ovis.
Verbera pellitus sætosa movebat arator,
　Unde licens Fabius sacra Lupercus habet.
Nec rudis infestis miles radiabat in armis:
　Miscebant usta prœlia nuda sude.
Prima galeritus posuit prætoria Lucmo,
　Magnaque pars Tatio rerum erat inter oves.

Hinc Tities Ramnesque viri, Luceresque coloni;
　Quattuor hinc albos Romulus egit equos.
Quippe suburbanæ parva eminus urbe Bovillæ,
　Et, qui nunc nulli, maxima turba Gabi,
Et stetit Alba potens, albæ suis omine nata,
　Hac ubi Fidenas longe erat ire vias.
Nil patrium, nisi nomen, habet Romanus alumnus;
　Sanguinis altricem nunc pudet esse lupam.

vêtemens grossiers et aux cœurs rustiques. Le son de la trompe convoquait aux assemblées ces anciens Romains : c'étaient cent pâtres réunis souvent dans une prairie. Des draperies ondoyantes ne flottaient point au cintre des théâtres, et la scène n'exhalait pas les plus doux parfums. Personne ne cherchait alors des divinités étrangères. Une pieuse terreur enchaînait le peuple au sacrifice antique. Chaque année, on célébrait par un feu de paille ces fêtes de Palès, qui terminent aujourd'hui nos lustres par la mutilation d'un coursier généreux. Vesta aimait alors à voir traîner sa modeste statue par des ânes couronnés de fleurs; des bœufs chétifs conduisaient nos vases sacrés de vil prix; on immolait, dans un étroit carrefour, un porc engraissé; le berger offrait les entrailles d'une brebis au son du chalumeau; le laboureur, couvert de peaux, agitait dans l'air ses lanières velues, et telle fut l'origine de ces Lupercales licencieuses, que célèbre la famille des Fabius. Alors un soldat novice ne rayonnait point sous l'acier homicide, mais on combattait nu avec des bâtons durcis au feu. Lucumon fut le premier à couvrir sa tête d'un casque, à rassembler au camp les guerriers, tandis que Tatius cherchait dans les troupeaux sa force et son opulence.

Romulus, Lucumon, Tatius, tels sont les chefs que Rome a reconnus pour ses fondateurs; et, avec ces hommes antiques, Romulus a promené en triomphe ses quatre chevaux blancs. Rome alors voyait loin d'elle le faubourg de Boville; elle redoutait la puissance des Gabiens, qui n'existent plus; elle tremblait au nom d'Albe, ainsi appelée d'une laie blanche, et qui partageait la route autrefois si longue jusqu'à Fidènes. Aujourd'hui, les descendans de Romulus n'ont conservé de leurs pères que

Huc melius profugos misisti, Troja, Penates.
  O quali vecta est Dardana puppis ave!
Jam bene spondebant tunc omina, quod nihil illam
  Læserat abiegni venter apertus equi,
Quum pater in nati trepidus cervice pependit,
  Et verita est humeros urere flamma pios.
Tunc animi venere Deci, Brutique secures,
  Vexit et ipsa sui Cæsaris arma Venus,
Arma resurgentis portans victricia Trojæ.
  Felix terra tuos cepit, Iule, deos;
Si modo Avernalis tremulæ cortina Sibyllæ
  Dixit Aventino rura pianda Remo,
Aut si Pergameæ sero rata carmina vatis
  Longævum ad Priami vera fuere caput:
Vertite equum, Danai! male vincitis; Ilia tellus
  Vivet, et huic cineri Juppiter arma dabit.

Optima nutricum nostris, lupa Martia, rebus,
  Qualia creverunt mœnia lacte tuo!

Mœnia namque pio conor disponere versu.
  Hei mihi, quod nostro parvus in ore sonus!
Sed tamen exiguo quodcumque e pectore rivi
  Fluxerit, hoc patriæ serviat omne meæ.
Ennius hirsuta cingat sua dicta corona:
  Mi folia ex hedera porrige, Bacche, tua;
Ut nostris tumefacta superbiat Umbria libris,
  Umbria Romani patria Callimachi.

le nom ; ils rougissent que leur fondateur ait eu jadis une louve pour nourrice.

Heureuse Ilion ! était-il pour tes dieux fugitifs un plus bel asile, une route sous de meilleurs auspices pour le vaisseau d'Énée? Lorsque Anchise tremblant se courbait sur les épaules de son fils, et que les flammes respectaient tant de piété, mille présages annonçaient avec vérité que ces guerriers, vomis des flancs entr'ouverts du cheval de bois, ne sauraient te nuire. Avec tes dieux, l'Italie reçut encore le dévoûment de Decius, l'inflexibilité de Brutus, et ces armes victorieuses, que Vénus elle-même apportait pour son Auguste, ces armes, la gloire de Troie renaissante! O Jule, quelle terre fortunée adopta tes pénates, s'il est vrai que l'antre prophétique de l'antique Sibylle ait accordé à Romulus de pouvoir expier le meurtre de son frère; s'il est vrai que Cassandre, dont les prédictions contre le vieux Priam ne trouvèrent qu'une foi tardive, fut cependant inspirée des dieux, quand elle s'écriait : Grecs, emmenez le cheval qui vous donne une victoire funeste. Ilion vivra, et Jupiter fournira à ses cendres des armes nouvelles.

O louve de Mars, nourrice vraiment digne de notre empire, comme elle a grandi, cette ville à qui tu donnas ton lait!

Mais quoi? je veux dans mon pieux enthousiasme chanter les merveilles de Rome? Hélas! que ma voix est faible pour tant de grandeur! Cependant quelques sons chétifs qui s'écoulent de ma poitrine, je les voue entièrement à la gloire de mon pays. Qu'Ennius couronne ses chefs-d'œuvre d'une branche de laurier : pour moi, je ne réclame de Bacchus que quelques feuilles de lierre, afin que l'Ombrie s'enorgueillisse de mes écrits, et qu'elle

Scandentes si quis cernet de vallibus arces,
  Ingenio muros æstimet ille meo.
Roma, fave; tibi surgit opus : date candida, cives,
  Omina, et inceptis dextera cantet avis.
Sacra diesque canam, et cognomina prisca locorum :
  Has meus ad metas sudet oportet equus.

Quo ruis imprudens, vage, dicere fata, Properti?
  Non sunt ah! dextro condita fila colo.
Arcessis lacrymis cantus : aversus Apollo;
  Poscis ab invita verba pigenda lyra.
Certa feram certis auctoribus; haud ego vates
  Nescius ærata signa movere pila.
Me creat Archytæ soboles Babylonius Horops
  Horon, et a proavo ducta Conone domus.
Di mihi sunt testes, non degenerasse propinquos,
  Inque meis libris nil prius esse fide. —
Nunc pretium fecere deos, et fallitur auro
  Juppiter... —
              Obliquæ signa iterata rotæ,
Felicesque Jovis stellas, Martisque rapacis,
  Et grave Saturni sidus in omne caput;
Quid moveant Pisces animosaque signa Leonis,
  Lotus et Hesperia quid Capricornus aqua
Dicam... —
              Troja, cades, et Troia Roma resurges;
  Et maris et terræ longa sepulcra canam. —

Dixi ego, quum geminos produceret Arria natos,
  Illa dabat natis arma vetante deo,

soit fière du Callimaque romain. Oui, quand on verra ses villes qui s'élèvent du fond des vallées, qu'on les honore pour mon génie! Et toi, Rome, favorise des chants qui t'immortalisent. Applaudissez, Romains; et que j'entende sur ma tête, comme un augure non moins heureux, le chant propice des oiseaux. Je chanterai la religion de Rome, ses fêtes et ses vieux édifices. Voilà sur quelle route mes coursiers vont se couvrir de sueur.

Horus. Où cours-tu, imprudent Properce? quels faits oses-tu raconter? ce ne sont pas là les destins que te firent les Parques. Poète de la plaintive élégie, Apollon désavoue tes vers, et ta muse les inspire à regret. Écoute-moi : car j'ai de sûrs garans de mes paroles, et je me flatte de savoir reconnaître les astres sur la sphère d'airain. Horus est mon nom; fils du Babylonien Horops, qui compte parmi ses ancêtres Archytas et Conon, je prends à témoin les dieux que je n'ai point dégénéré de ma famille, et que la vérité tient le premier rang dans mes écrits.

Prop. Ton art aujourd'hui rend tout vénal, jusqu'aux dieux; Jupiter même le cède à l'or.....

Hor. Je dirai le Zodiaque et sa course oblique, l'heureuse constellation de Jupiter, le redoutable Mars, la pernicieuse influence de Saturne sur tout ce qui a vie, ce qu'annoncent les Poissons, ou le Lion brûlant, ou le Capricorne qui se baigne dans les flots de l'Hespérie, ou.....

Prop. Je dirai : Tu tomberas, superbe Ilion : mais Rome, un jour, sortira de tes cendres. Laisse-moi chanter de nombreux triomphes et sur terre et sur mer.

Hor. Lorsqu'Arria envoyait aux combats ses deux fils qu'elle avait armés malgré la défense des dieux, je lui

Non posse ad patrios sua pila referre Penates :
  Nempe meam firmant nunc duo busta fidem.
Quippe Lupercus, equi dum saucia protegit ora,
  Heu! sibi prolapso non bene cavit equo;
Gallus at in castris dum credita signa tuetur,
  Concidit ante aquilæ signa cruenta suæ.
Fatales pueri, duo' funera, matris avaræ!
  Vera, sed invito, contigit ista fides.
Idem ego, quum Cinaræ traheret Lucina dolores,
  Et facerent uteri pondera lenta moram,
Junoni votum facite impetrabile, dixi :
  Illa parit : libris est data palma meis.
Hoc neque arenosum Libyæ Jovis explicat antrum,
  Aut sibi commissos fibra locuta deos,
Aut si quis motas cornicis senserit alas,
  Umbrave quæ magicis mortua prodit aquis.
Adspicienda via est cœli, versusque per astra
  Trames, et ab zonis quinque petenda fides.
Exemplum grave erit Calchas : namque Aulide solvit
  Ille bene hærentes ad pia saxa rates... —

IDEM Agamemnoniæ ferrum cervice puellæ
  Tinxit, et Atrides vela cruenta dedit :
Nec rediere tamen Danai. Tu diruta fletum
  Supprime, et Euboicos respice, Troja, sinus.
Nauplius ultores sub noctem porrigit ignes,
  Et natat exuviis Græcia pressa suis.
Victor Oilide, rape nunc et dilige vatem,
  Quam vetat avelli veste Minerva sua. —

prédis qu'ils ne reverraient jamais leurs pénates, et les tombeaux de Lupercus et de Gallus attestent la vérité de l'oracle. Lupercus veut garantir son coursier d'une nouvelle blessure, et il tombe avec lui, parce qu'il s'est oublié lui-même. Gallus défend au milieu du camp les drapeaux confiés à sa garde, et il succombe au pied de l'aigle sanglante. Couple malheureux, victimes du destin et de l'avarice d'une mère, j'ai vu, hélas! avec regret l'évènement justifier mes paroles. De même, lorsque Lucine prolongeait les douleurs de Cinara, et retenait au sein de l'infortunée un pénible fardeau, je lui conseillai un vœu qui pût fléchir la déesse, et sa prompte délivrance fut le triomphe de mon art.

Ni l'oracle d'Ammon au milieu des sables de la Libye, ni la fibre qui dévoile les secrets des dieux, ni l'aruspice qui interprète avec tant d'art le vol de la corneille, ni l'ombre qu'un pouvoir magique évoque du tombeau, ne saurait opérer de telles merveilles. Il faut, pour cela, étudier les aspects du ciel, suivre le cours des astres, et prêter l'oreille au langage mystérieux des cinq zônes. Calchas sera pour moi une autorité imposante, lui qui détacha la flotte des Grecs des paisibles rochers de l'Aulide.

Prop. Oui; mais ce même Calchas plongea son glaive au sein de la fille d'Agamemnon, et la voile se déploya sanglante; et cependant les Grecs ne revinrent pas. Retiens tes pleurs, malgré ta chute, Ilion; jette les yeux sur les rivages d'Eubée. Nauplius fait briller dans la nuit des feux vengeurs, et les débris de la Grèce flottent écrasés sous tes dépouilles. Fils d'Oïlée, use maintenant de ta victoire; ose brûler pour Cassandre, et arrache cette princesse à la statue de Minerve, qu'elle embrasse.

HACTENUS historiæ : nunc ad tua devehar astra.
　　Incipe tu lacrymis æquus adesse novis.

UMBRIA te notis antiqua Penatibus edit;
　　Mentior? an patriæ tangitur ora tuæ?
Qua nebulosa cavo rorat Mevania campo,
　　Et lacus æstivis intepet Umber aquis,
Scandentisque arcis consurgit vertice murus,
　　Murus ab ingenio notior ille tuo.
Ossaque legisti non illa ætate legenda
　　Patris, et in tenues cogeris ipse Lares.
Nam tua quum multi versarent rura juvenci,
　　Abstulit excultas pertica tristis opes.
Mox ubi bulla rudi dimissa est aurea collo,
　　Matris et ante deos libera sumta toga,
Tum tibi pauca suo de carmine dictat Apollo,
　　Et vetat insano verba tonare foro.
At tu finge elegos, fallax opus; hæc tua castra,
　　Scribat ut exemplo cætera turba tuo.
Militiam Veneris blandis patiere sub armis,
　　Et Veneris pueris utilis hostis eris.
Nam tibi victrices, quascumque labore parasti,
　　Eludet palmas una puella tuas;
Et bene quum fixum mento decusseris uncum,
　　Nil erit hoc; rostro te premet ansa suo.
Illius arbitrio noctem lucemque videbis;
　　Gutta quoque ex oculis non nisi jussa cadet.
Nec mille excubiæ, nec te signata juvabunt
　　Limina : persuasæ fallere rima sat est.

NUNC tua vel mediis puppis luctetur in undis,

Hor. Abandonnons l'histoire, et parcourons dans les astres tes propres destins : ce sera pour toi une source de nouvelles larmes.

Si je ne suis un imposteur qui ignore jusqu'à ta patrie, l'antique Ombrie t'a vu naître de parens connus dans cette vallée où la ville de Mévanie s'enveloppe de vapeurs brumeuses, où le soleil d'été attiédit les eaux du lac Omber. Là, s'élèvent sur le penchant de la colline ces murs qui devront à ton génie leur gloire la plus célèbre. La mort de ton père, dont tu recueillis les cendres, hélas! avant le temps, te réduisit à un mince héritage, et les taureaux nombreux, qui labouraient tes fertiles domaines, furent enlevés avec eux par d'odieux ravisseurs. Bientôt, lorsque ta mère eut détaché de ton sein la bulle d'or de l'enfance, pour te revêtir, devant ses dieux pénates, de la toge d'adolescence et de liberté, Apollon te dicta ses premières leçons, et t'ordonna de fuir la bruyante éloquence du Forum.

Livre-toi donc à la séduisante élégie : voilà ta bannière, sous laquelle une foule nombreuse viendra se ranger. En t'enrôlant sous les drapeaux du plaisir et de Vénus, tu seras pour les amours un ennemi qui servira à leur gloire. Une seule femme brisera toutes ces palmes brillantes, récompenses de longs travaux. Tes efforts pour rompre le hameçon trop bien fixé à ta gorge, ne serviront qu'à enfoncer davantage la pointe acérée. Ses caprices seront l'unique mesure de ton sommeil et de tes veilles, et il ne tombera pas de tes yeux une larme qui ne soit son ouvrage. Mille sentinelles, mille verroux ne te répondront pas de sa fidélité : quand une femme veut tromper, il lui suffit d'une fente légère.

Maintenant, Properce, que ton vaisseau lutte au mi-

Vel licet armatis hostis inermis eas,
Vel tremefacta cavo tellus diducat hiatu :
Octipedis Cancri terga sinistra time.

ELEGIA II.

VERTUMNUS.

Quid mirare meas tot in uno corpore formas?
  Accipe Vertumni signa paterna dei.

Tuscus ego, et Tuscis orior; nec pœnitet inter
  Prœlia Volsinios deseruisse focos.
Hæc me turba juvat; nec templo lætor eburno :
  Romanum satis est posse videre Forum.
Hac quondam Tiberinus iter faciebat; et aiunt
  Remorum auditos per vada pulsa sonos :
At postquam ille suis tantum concessit alumnis,
  Vertumnus verso dicor ab amne deus.
Seu, quia vertentis fructum præcepimus anni,
  Vertumni rursus creditur esse sacrum.
Prima mihi variat liventibus uva racemis,
  Et coma lactenti spicea fruge tumet.
Hic dulces cerasos, hic autumnalia pruna
  Cernis, et æstivo mora rubere die.
Insitor hic solvit pomosa vota corona,
  Quum pirus invito stipite mala tulit.

lieu de l'Océan, que tu te précipites sans armes à travers les combats, ou que la terre ébranlée entr'ouvre sous tes pieds ses profondes entrailles, redoute par-dessus tout l'influence sinistre du Cancer.

ÉLÉGIE II.

LE DIEU VERTUMNE.

Pourquoi s'étonner que je réunisse dans un même corps tant de formes diverses? Je suis Vertumne, et voici mes attributs antiques.

Toscan de pays et d'origine, je me félicite encore d'avoir quitté, au milieu des combats, Volsinium, ma patrie. J'aime ce peuple romain. Je n'ambitionne point un temple magnifique; je suis content d'apercevoir au moins le Forum. Le Tibre coupait jadis cette enceinte, et long-temps on y entendit le bruit des rames qui sillonnaient les flots : mais quand le fleuve eut fait, en faveur de son peuple, un détour aussi grand, on m'appela Vertumne pour en éterniser la mémoire.

Peut-être mon nom vient-il encore, aussi bien que mes fêtes, de ce que l'année sur son déclin m'offrit toujours les prémices de ses fruits. C'est pour moi que le premier raisin jaunit sur sa grappe rougeâtre, que l'épi gonfle d'un suc laiteux ses barbes fécondes, que la cerise, que la prune d'automne prodigue ses trésors, que la mûre se colore par un beau jour d'été. Quand la greffe a forcé la pomme de mûrir sur la tige du poi-

Mendax fama, noces: alius mihi nominis index.
  De se narranti tu modo crede deo.

Opportuna mea est cunctis natura figuris:
  In quamcumque voles, verte: decorus ero.
Indue me Cois: fiam non dura puella:
  Meque virum sumta quis neget esse toga?
Da falcem, et torto frontem mihi comprime foeno:
  Jurabis nostra gramina secta manu.
Arma tuli quondam, et, memini, laudabar in illis:
  Corbis in imposito pondere messor eram.
Sobrius ad lites: at quum est imposta corona,
  Clamabis capiti vina subisse meo.
Cinge caput mitra: speciem furabor Iacchi:
  Furabor Phoebi, si modo plectra dabis.
Cassibus impositis venor: sed arundine sumta
  Faunus plumoso sum deus aucupio.
Est etiam aurigae species Vertumnus, et ejus
  Trajicit alterno qui, leve pondus, equo.
Suppetat hoc, pisces calamo praedabor; et ibo
  Mundus demissis institor in tunicis.
Pastorem ad baculum possum curare, vel idem
  Sirpiculis medio pulvere ferre rosam.
Nam quid ego adjiciam, de quo mihi maxima cura est?
  Hortorum in manibus dona probata meis.
Caeruleus cucumis, tumidoque cucurbita ventre
  Me notat, et junco brassica vincta levi;

rier, le cultivateur m'offre la couronne de fruits qui m'était promise.

Mais loin de vous, Romains, ces bruits menteurs qui me nuisent ! le nom de Vertumne a une autre origine. Écoutez : vous en pouvez croire à la parole d'un dieu.

Ma nature se plie également à toutes les formes : choisissez, et je plairai toujours. Sous la pourpre et la soie, je serai fillette au gracieux maintien; sous la toge, qui me refuserait le nom d'homme? Une faux à la main, une couronne de foin sur la tête, et l'on jurerait que je viens de faucher dans la plaine. Autrefois j'ai porté les armes et je me souviens qu'on vantait ma tournure; mais sous le poids d'une corbeille de grains, j'étais un moissonneur. Je suis sobre au barreau; mais couronnez-moi de fleurs, et vous diriez que les vapeurs du vin ont égaré ma tête. Une mitre phrygienne me donne tous les traits de Bacchus; une lyre, le maintien d'Apollon. Tantôt, chasseur ou Faune, je porte mes rets, ou je tends avec mes gluaux des pièges à la famille ailée; tantôt je ressemble à l'homme qui conduit un char dans la carrière, ou qui s'élance légèrement d'un coursier sur un autre. Qu'on me donne une ligne, et je prendrai mille poissons; une simple tunique, mais propre et traînante, et j'ai la démarche d'un marchand; une houlette ou une corbeille de roses, et l'on me prendrait pour un berger qui parcourt les plaines. Dirai-je encore, ce qui fait ma principale gloire, que je tiens dans mes mains les plus beaux fruits de nos vergers? Le concombre verdâtre, la courge aux flancs arrondis, le chou que retient un jonc léger, sont mes attributs ordinaires, et jamais une fleur ne s'ouvre dans la prairie sans venir bientôt se faner sur

Nec flos ullus hiat pratis, quin ille decenter
  Impositus fronti langueat ante meæ.
At mihi, quod formas unus vertebar in omnes,
  Nomen ab eventu patria lingua dedit.
Et tu, Roma, meis tribuisti præmia Tuscis,
  Unde hodie vicus nomina Tuscus habet,
Tempore quo sociis venit Lucumonius armis,
  Atque Sabina feri contudit arma Tati.
Vidi ego labentes acies et tela caduca,
  Atque hostes turpi terga dedisse fugæ.
Sed facias, divum sator, ut Romana per ævum
  Transeat ante meos turba togata pedes.
Sex superant versus; te, qui ad vadimonia curris,
  Non moror; hæc spatiis ultima meta meis :

Stipes *acernus eram, properanti falce dolatus,*
  Ante Numam grata pauper in urbe deus.
At tibi, Mamuri, formæ cœlator ahenæ,
  Tellus artifices ne terat Osca manus,
Qui me tam dociles potuisti fundere in usus.
  Unum opus est; operi non datur unus honos.

mon front, dont elle relève les grâces. Cette facilité unique à changer de figure, m'a mérité surtout le nom de Vertumne dans la langue de ma patrie.

Et toi, Rome, tu as montré ta reconnaissance pour mes Toscans, qui donnent leur nom aujourd'hui encore à l'un de tes quartiers, lorsque Lucumon t'apporta le secours de ses armes, et brisa l'impétueuse fureur de Tatius. Alors j'ai vu tes ennemis rompus abandonner des traits impuissans, et les Sabins chercher dans une fuite honteuse leur salut. O Jupiter, je t'en conjure, que la toge romaine flotte seule à jamais devant mes yeux.

Six lignes de plus, Romains qui m'écoutez, et je vous laisse à vos affaires, et je ne vous retiens plus par mes discours.

« Avant Numa, j'étais un tronc d'érable, dégrossi à la hâte à coups de serpe, dieu pauvre au milieu d'une ville qui m'était chère. Mais toi, Mamurius, dont l'art reproduisit mes traits et leur fait exprimer docilement tant de personnages, que la terre où tu reposes soit légère à tes mains habiles? Ton unique chef-d'œuvre te mérite une gloire immortelle. »

ELEGIA III.

ARETHUSA LYCOTÆ SUO.

Hæc Arethusa suo mittit mandata Lycotæ,
　Quum toties absis, si potes esse meus.
Si qua tamen tibi lecturo pars oblita deerit,
　Hæc erit e lacrymis facta litura meis;
Aut si qua incerto fallet te litera tractu,
　Signa meæ dextræ jam morientis erunt.
Te modo viderunt iteratos Bactra per ortus,
　Te modo munito Sericus hostis equo,
Hibernique Getæ, pictoque Britannia curru,
　Ustus et Eoa decolor Indus aqua.
Hæcne marita fides? hæ pactæ sunt mihi noctes,
　Quum rudis urgenti brachia victa dedi?
Quæ mihi deductæ fax omen prætulit, illa
　Traxit ab everso lumina nigra rogo;
Et Stygio sum sparsa lacu; nec recta capillis
　Vitta data est; nupsi non comitante deo.
Omnibus heu! portis pendent mea noxia vota;
　Texitur hæc castris quarta lacerna tuis.
Occidat, immerita qui carpsit ab arbore vallum,
　Et struxit querulas rauca per ossa tubas,
Dignior obliquo funem qui torqueat Ocno,
　Æternusque tuam pascat, aselle, famem!

ÉLÉGIE III.

ARÉTHUSE A LYCOTAS.

Cette lettre, Aréthuse l'écrit à son cher Lycotas, si Lycotas est encore à moi après de si longues absences. S'il trouve, en me lisant, quelques caractères effacés, mes larmes seules en seront cause ; et si quelques traits incertains échappent à sa vue, c'est qu'ils furent tracés d'une main défaillante.

Naguère Bactres t'a vu pour la seconde fois en Orient; tu as parcouru et le pays des Sères à la cavalerie redoutable, et les climats glacés des Gètes, et les Bretons aux chars peints de mille couleurs, et les Indiens au teint brûlé par tous les feux du soleil. Est-ce là le devoir d'un époux? sont-ce là ces nuits tant promises, lorsque je cédai, vaincue par tes instances, à l'ivresse d'un premier amour? Le flambeau, qui brûlait devant moi comme un présage, s'alluma sans doute aux feux lugubres d'un bûcher; je fus arrosée de l'eau du Styx; de funestes bandelettes entourèrent ma tête, et l'hymen ne présida point à nos sermens. Hélas! mes vaines offrandes restent suspendues à tous les temples, et voici le quatrième habit que je tisse pour les camps que tu chéris. Qu'il périsse, celui qui le premier éleva des retranchemens avec la dépouille innocente des forêts, celui qui changea d'affreux ossemens en trompettes funestes! Il méritait mieux qu'Ocnus de tordre sans cesse la corde

Dic mihi, num teneros urit lorica lacertos?
  Num gravis imbelles adterit hasta manus?
Hæc noceant potius, quam dentibus ulla puella
  Det mihi plorandas per tua colla notas!
Diceris et macie vultum tenuasse; sed opto
  E desiderio sit color iste meo.
At mihi quum noctes induxit Vesper amaras,
  Si qua relicta jacent, osculor arma tua.
Tum queror in toto non sidere pallia lecto,
  Lucis et auctores non dare carmen aves.
Noctibus hibernis castrensia pensa laboro,
  Et Tyria in radios vellera secta suos.
Et disco, qua parte fluat vincendus Araxes,
  Quot sine aqua Parthus millia currat equus;
Cogor et e tabula pictos ediscere mundos,
  Qualis et hæc docti sit positura dei;
Quæ tellus sit lenta gelu, quæ putris ab æstu;
  Ventus in Italiam qui bene vela ferat.
Adsidet una soror, curis et pallida nutrix
  Pejerat hiberni temporis esse moras.

Felix Hippolyte! nuda tulit arma papilla,
  Et texit galea barbara molle caput.
Romanis utinam patuissent castra puellis!
  Essem militiæ sarcina fida tuæ;
Nec me tardarent Scythiæ juga, quum pater altas
  Africus in glaciem frigore nectit aquas.

qui fait son supplice, et de fournir à l'âne qui la dévore un aliment éternel.

Cher époux, dis-moi si la cuirasse ne blesse pas tes membres délicats, si la lance pesante n'a pas meurtri tes faibles mains! Puissé-je, au moins, n'avoir à déplorer que ces maux, et que jamais une autre femme n'imprime sur ton sein d'amoureuses morsures! On dit que ton visage a perdu son embonpoint et sa fraîcheur : que ce soit, grands dieux! les tristes suites des regrets et de l'absence! Pour moi, dès que l'étoile du soir me ramène des nuits amères, je couvre de baisers les armes que tu as pu laisser à leur oubli; je me plains de ne pouvoir garder un simple drap sur ma couche brûlante, d'entendre si tard l'oiseau du matin chanter le réveil du jour. Pendant les nuits d'hiver, tantôt je travaille à tes habits de guerre et je charge mes fuseaux de la pourpre de Tyr; tantôt je cherche les climats où coule l'Araxe, que tu vas dompter, et les déserts arides que franchit la cavalerie du Parthe; j'étudie sur la toile la place qu'un dieu sage assigna aux différens mondes, les pays que le froid enchaîne ou qu'un soleil ardent réduit en poudre, les vents qui dirigent heureusement vers l'Italie la course des navires. Ma sœur est seule assise auprès de moi, et ma nourrice, pâle d'inquiétude, me jure en vain que les orages ont empêché seuls ton retour.

Heureuse Hippolyte! tu couvrais ton sein d'armes pesantes et ton front délicat d'un bouclier farouche. Oh! si les dames romaines pouvaient aussi paraître dans les camps! je serais la compagne fidèle de tes guerres, et les monts de la Scythie ne m'arrêteraient pas, alors même que l'Africus attache en glaçons l'eau que le froid

Omnis amor magnus, sed aperto in conjuge major;
  Hanc Venus, ut vivat, ventilat ipsa facem.

Nam mihi quo, Pœnis si purpura fulgeat ostris,
  Crystallusque meas ornet aquosa manus?
Omnia surda tacent; rarisque adsueta Kalendis
  Vix aperit clausos una puella Lares:
Glaucidos et catulæ vox est mihi grata querentis;
  Illa tui partem vindicat una tori.
Flore sacella tego, verbenis compita velo,
  Et crepat ad veteres herba Sabina focos.
Sive in finitimo gemuit stans noctua tigno,
  Seu voluit tangi parca lucerna mero;
Illa dies hornis cædem denuntiat agnis,
  Succinctique calent ad nova lucra popæ.
Ne, precor, adscensis tanti sit gloria Bactris,
  Raptave odorato carbasa lina duci,
Plumbea quum tortæ sparguntur pondera fundæ,
  Subdolus et versis increpat arcus equis.
Sed, tua sic domitis Parthæ telluris alumnis
  Pura triumphantes hasta sequatur equos,
Incorrupta mei conserva fœdera lecti;
  Hac ego te sola lege redisse velim.
Armaque quum tulero portæ votiva Capenæ,
  Subscribam, *Salvo grata puella viro.*

condense. L'amour est une passion vive, mais surtout quand on brûle d'un feu légitime : car Vénus elle-même l'entretient et l'anime de son souffle divin.

Que m'importe de briller sous la pourpre ou d'orner mes mains des pierres les plus précieuses ? Tout est muet, tout est sourd à mes plaintes. L'usage me fait à peine ouvrir de temps en temps ma porte à une amie. Tout mon plaisir, c'est d'écouter les aboiemens plaintifs de Glaucis, qui occupe ta place sur ma couche. Je couvre de fleurs les autels; je cache sous la verveine nos dieux Lares, et l'encens pétille dans les foyers antiques. Que le hibou gémisse sur quelque toit voisin, ou que ma lampe, par son pétillement propice, m'annonce le bonheur, un agneau d'un an doit tomber aussitôt devant l'autel, et le prêtre avide se prépare au nouveau sacrifice.

Ah! je t'en conjure, pour monter le premier sur les remparts de Bactres, ou pour enlever à quelque chef indien le lin parfumé dont il se couvre, garde-toi d'affronter le plomb mortel que la fronde sème au loin dans ses tourbillons, ou la flèche que le Parthe fait siffler dans sa fuite trompeuse. Vainqueur de ces peuples lointains, viens suivre, la lance en main, le char triomphateur, et surtout conserve pure la foi que tu m'as jurée : car voilà le seul prix auquel je désire ton retour. Je suspendrai auprès de la porte Capène tes armes, que j'ai promises au dieu de la guerre, et j'écrirai : « Une femme reconnaissante pour son mari sauvé. »

ELEGIA IV.

TARPEIA.

Tarpeium nemus et Tarpeiæ turpe sepulcrum
  Fabor, et antiqui limina capta Jovis.

Lucus erat felix, hederoso consitus antro,
  Multaque nativis obstrepit arbor aquis;
Silvani ramosa domus, quo dulcis ab æstu
  Fistula poturas ire jubebat oves.
Hunc Tatius fontem vallo præcingit acerno,
  Fidaque suggesta castra coronat humo.
Quid tum Roma fuit, tubicen vicina Curetis
  Quum quateret lento murmure saxa Jovis,
Atque ubi nunc terris dicuntur jura subactis,
  Stabant Romano pila Sabina Foro?
Murus erant montes; ubi nunc est Curia sæpta,
  Bellicus ex illo fonte bibebat equus.
Hinc Tarpeia deæ fontem libavit: at illi
  Urgebat medium fictilis urna caput.
Et satis una malæ potuit mors esse puellæ,
  Quæ voluit flammas fallere, Vesta, tuas?

Vidit arenosis Tatium proludere campis,
  Pictaque per flavas arma levare jubas.
Obstupuit regis facie et regalibus armis,
  Interque oblitas excidit urna manus.

ÉLÉGIE IV.

TARPEIA.

Je dirai les bois du Capitole, le déshonneur et le tombeau de Tarpéia, et la prise de ces lieux, où résidait l'antique majesté de Jupiter.

Une forêt épaisse environnait une grotte que le lierre tapissait, et une source naissante murmurait au milieu des arbres. C'était la demeure d'un Silvain. Plus d'une fois, la flûte harmonieuse du berger y conduisit, au milieu du jour, ses troupeaux altérés : mais alors Tatius avait environné la source d'un retranchement solide, et la terre, amoncelée de toutes parts, protégeait ses guerriers fidèles. Oh! que Rome était faible, quand la trompette des Sabins ébranlait de ses lourds accens les rochers du Capitole, quand leur lance brillait dans ce Forum auguste, où l'univers conquis vient aujourd'hui recevoir des lois! Nos remparts, c'était la montagne elle-même; ces lieux où s'élève le palais du sénat, c'était une source à laquelle se désaltérait le belliqueux coursier. Tarpéia, la tête courbée sous une urne d'argile, y puisait aussi l'eau du sacrifice. Que n'a-t-elle eu, grands dieux! plusieurs morts à souffrir, cette femme coupable, qui voulut trahir les feux éternels de Vesta!

Elle vit, un jour, Tatius s'exercer dans la plaine poudreuse, et couronner de ses armes brillantes les feux de son cimier. La beauté du roi et de ses armes la frappe, elle oublie tout, et l'urne échappe de ses mains. Souvent

Sæpe illa immeritæ causata est omina lunæ,
　Et sibi tinguendas dixit in amne comas.
Sæpe tulit blandis argentea lilia Nymphis,
　Romula ne faciem læderet hasta Tati.
Dumque subit primo Capitolia nubila fumo,
　Rettulit hirsutis brachia secta rubis;
Et sua Tarpeia residens ita flevit ab arce
　Vulnera, vicino non patienda Jovi:

IGNES castrorum, et Tatiæ prætoria turmæ,
　Et formosa oculis arma Sabina meis,
O utinam ad vestros sedeam captiva Penates,
　Dum captiva mei conspicer ora Tati!
Romani montes, et montibus addita Roma,
　Et valeat probro Vesta pudenda meo.
Ille equus, ille meos in castra reponet amores,
　Cui Tatius dextras collocat ipse jubas.
Quid mirum, in patrios Scyllam sævisse capillos,
　Candidaque in sævos inguina versa canes?
Prodita quid mirum fraterni cornua monstri,
　Quum patuit lecto stamine torta via?
Quantum ego sum Ausoniis crimen factura puellis,
　Improba virgineo lecta ministra foco!
Pallados exstinctos si quis mirabitur ignes,
　Ignoscat: lacrymis spargitur ara meis.

CRAS, ut rumor ait, tota pugnabitur urbe:
　Tu cape spinosi rorida terga jugi.
Lubrica tota via est et perfida; quippe tacentes
　Fallaci celat limite semper aquas.
O utinam magicæ nossem cantamina Musæ!

elle accusa d'un triste présage l'astre innocent de la nuit, et, pour le détourner, elle voulut répandre sur sa tête l'eau du fleuve; souvent aussi elle offrit aux nymphes le lis argenté, pour que la lance romaine ne défigurât pas le beau Tatius; et lorsqu'aux premiers feux de la nuit elle remontait au Capitole, les bras déchirés par les buissons qui hérissent le sentier, elle s'assit au haut de la montagne, et pleura en ces mots un amour criminel, que Jupiter eût dû punir de son temple voisin :

Feux des Sabins, dit-elle, tentes des guerriers de Tatius, armes brillantes qui avez tant de charmes à mes yeux, oh! que ne suis-je captive au milieu de leurs foyers! là, du moins, je pourrais contempler les traits de mon Tatius. Et vous, montagnes sur lesquelles Rome fut fondée; et toi, Vesta, qui rougis de ma honte, je vous maudis! Bientôt, le généreux coursier, dont il caresse souvent l'ondoyante crinière, va emporter au loin mes amours. Pourquoi s'étonner encore que Scylla ait dérobé à son père le cheveu fatal, et que les dieux attachent à ses flancs une meute farouche? Pourquoi s'étonner qu'Ariadne ait trahi son frère même, en ouvrant à Thésée les tortueux détours du Labyrinthe? De quel opprobre ne vais-je pas couvrir, à mon tour, les vierges romaines, moi prêtresse indigne et criminelle du foyer de Vesta? Mais, du moins, si l'on trouve éteints les feux sacrés, qu'on me pardonne mon crime : c'est que l'autel fut baigné de mes pleurs.

Demain, si j'en crois un bruit sourd, on se battra dans Rome. Cher Tatius, occupe cette montagne humide et couverte de ronces. La route est glissante et perfide, car souvent elle cache une eau dormante sous un sentier trompeur. Oh! si je connaissais les enchantemens

Hæc quoque formoso lingua tulisset opem.
Te toga picta decet; non quem sine matris honore
  Nutrit inhumanæ dura papilla lupæ.
Sic hospes, pariamne tua regina sub aula,
  Dos tibi non humilis prodita Roma venit.
Sin minus, at raptæ ne sint impune Sabinæ!
  Me rape, et alterna lege repende vices.
Commissas acies ego possum solvere; nuptæ,
  Vos medium palla fœdus inite mea.
Adde, Hymenæe, modos; tubicen, fera murmura conde,
  Credite, vestra meus molliet arma torus.

Et jam quarta canit venturam buccina lucem,
  Ipsaque in Oceanum sidera lapsa cadunt.
Experiar somnum; de te mihi somnia quæram :
  Fac venias oculis umbra benigna meis.

Dixit, et incerto permisit brachia somno,
  Nescia se furiis adcubuisse novis.
Nam Vesta, Iliacæ felix tutela favillæ,
  Culpam alit, et plures condit in ossa faces.
Illa ruit, qualis celerem prope Thermodonta
  Strymonis abscisos fertur aperta sinus.

Urbi festus erat, dixere Palilia patres,
  Hic primus cœpit mœnibus esse, dies;
Annua pastorum convivia, lusus in urbe,
  Quum pagana madent fercula deliciis,
Quumque super raros fœni flammantis acervos
  Trajicit immundos ebria turba pedes.

de l'art magique, comme ma langue secourrait aussi le héros que j'aime! Que la pourpre te sied mieux qu'à ce Romulus, qui suça, loin des caresses de sa mère, les sauvages mamelles d'une louve cruelle! Que je partage ta couche comme amante ou comme reine : car Rome, que je trahis, n'est point une dot à dédaigner; ou du moins, ne laisse pas impuni l'enlèvement des Sabines; mais exerce, en me ravissant, des représailles trop justes. Je puis ramener la paix au milieu des combats. Venez, jeunes épouses, venez jurer l'alliance sur l'autel qui recevra nos sermens; que l'hymen entonne ses cantiques; que la trompette cesse des chants guerriers : oui, mon union avec Tatius adoucira tous les ressentimens.

Mais déjà la trompette a sonné la quatrième veille et l'approche du jour; déjà l'étoile s'incline et tombe dans les flots : j'appellerai le sommeil, et qu'un doux songe ramène devant mes yeux et à ma pensée ton image chérie.

Elle dit, et abandonne ses sens à un repos agité, sans penser, hélas! qu'un feu nouveau dévore ses veines : car Vesta, qui veille sur les cendres d'Ilion, entretient néanmoins une ardeur coupable et allume un violent incendie au cœur de la prêtresse. Soudain Tarpéia s'élance, comme l'Amazone au sein nu lorsqu'elle devance les flots impétueux du Thermodon.

On célébrait à Rome la fête que nos aïeux consacrèrent à Palès, et le jour qui vit le premier nos remparts naissans. Les bergers passaient dans les festins et les jeux cet anniversaire. On voyait les tables somptueusement chargées de mets rustiques, et une foule ivre de joie et de vin franchir çà et là d'un pied poudreux quelques

Romulus excubias decrevit in otia solvi,
  Atque intermissa castra silere tuba.
Hoc Tarpeia suum tempus rata, convenit hostem;
  Pacta ligat, pactis ipsa futura comes.

Mons erat adscensu dubius, festoque remissus
  Nec mora, vocales occupat ense canes.
Omnia praebebant somnos : sed Juppiter unus
  Decrevit poenis invigilare suis.
Prodiderat portaeque fidem patriamque jacentem:
  Nubendique petit, quem velit ipse, diem.
At Tatius, neque enim sceleri dedit hostis honorem.
  Nube, ait, et regni scande cubile mei.
Dixit, et ingestis comitum superobruit armis.
  Haec, virgo, officiis dos erat apta tuis.

A duce Tarpeio mons est cognomen adeptus.
  O vigil, injustae praemia sortis habes.

ELEGIA V.

LENA ACANTHIS.

Terra tuum spinis obducat, lena, sepulcrum,
  Et tua, quod non vis, sentiat umbra sitim;
Nec sedeant cineri Manes, et Cerberus ultor
  Turpia jejuno terreat ossa sono;

bottes de paille enflammées. Romulus avait accordé le repos à tous les guerriers, et la trompette ne troublait point le silence du camp romain. Tarpéia croit l'instant propice ; elle vole à Tatius, le lie par un serment, et l'accompagne pour accomplir les siens.

La montagne était difficile à franchir ; mais la fête en ouvre l'accès, et Tarpéia égorge sans retard les chiens dont elle redoute la vigilance. Tout paraissait plongé dans le sommeil ; Jupiter seul veillait pour punir une telle perfidie. Déjà elle a livré Rome endormie, en livrant la porte qui fut confiée à sa garde, et elle demande à Tatius de fixer à son gré le jour qui doit éclairer son hymen. Mais l'ennemi des Romains ne veut point couronner une trahison si noire : « Viens, dit-il, monte sur le trône où je règne ; » et aussitôt les guerriers sabins accablent l'infortunée du poids de leurs armes, seule dot que méritât son infamie.

Malheureux Tarpéius ! le Capitole a porté ton nom. Ce fut une triste consolation du coup affreux qui te frappa.

ÉLÉGIE V.

LA CORRUPTRICE ACANTHIS.

CORRUPTRICE infâme ! que la terre couvre de ronces ton affreux tombeau ; que ton ombre, dévorée par la soif, éprouve le supplice que tu redoutes ; que les Mânes ne veillent point sur tes restes, et que Cerbère, vengeur

Docta vel Hippolytum Veneri mollire negantem,
  Concordique toro pessima semper avis.
Penelopen quoque, neglecto rumore mariti,
  Nubere lascivo cogeret Antinoo.
Illa velit, poterit magnes non ducere ferrum,
  Et volucris nidis esse noverca suis.
Quippe et, Collinas ad fossam moverit herbas,
  Stantia currenti diluerentur aqua.
Audax cantatæ leges imponere lunæ,
  Et sua nocturno fallere terga lupo,
Posset et intentos astu cæcare maritos.
  Cornicum immeritas eruit ungue genas,
Consuluitque striges nostro de sanguine, et in me
  Hippomanes, fœtæ semina legit equæ.

Exornabat opus verbis, ceu blanda perurat,
  Saxosamque terat sedula culpa viam:
Si te Eoa, Doroxanium, juvat aurea ripa,
  Et quæ sub Tyria concha superbit aqua,
Eurypylique placet Coæ textura Minervæ,
  Sectaque ab Attalicis putria signa toris,
Seu quæ palmiferæ mittunt venalia Thebæ,
  Murrheaque in Parthis pocula cocta focis;
Sperne fidem, provolve deos, mendacia vincant,
  Frange et damnosæ jura pudicitiæ.
Et simulare virum pretium facit. Utere causis:
  Major dilata nocte recurret amor.

Si tibi forte comas vexaverit utilis ira,

de tes crimes, épouvante de ses aboiemens faméliques tes membres impurs! Tu aurais su plier aux lois de Vénus le farouche Hippolyte; fléau continuel de l'union la plus vive, tu aurais forcé Pénélope elle-même à oublier son Ulysse et à céder aux désirs effrénés d'Antinoüs. Ordonne, et l'aimant n'attirera plus le fer, et l'oiseau déchirera lui-même son propre nid. Qu'Acanthis ait mêlé dans une fosse les herbes des tombeaux, et soudain un torrent ravagerait tout dans la campagne. Par son art audacieux, elle dirige à son gré la lune, et rôde pendant la nuit sous la forme d'un loup funeste; par ses intrigues, elle pourrait aveugler le plus vigilant des époux. C'est pour ma perte qu'elle a déchiré de ses ongles la tête d'une corneille, consulté le vol de la chouette, et recueilli la liqueur que distille une jument quand elle est pleine.

Couvrant de belles paroles ses desseins pervers, elle enflammait un jeune cœur par ses insinuations perfides, et elle frayait à l'innocence la route difficile du vice. « Doroxanium, disait-elle, si tu veux les trésors que recèlent les rivages d'Orient, ou la précieuse coquille dont s'enorgueillit la mer de Tyr; si tu désires les tissus de Cos, patrie d'Eurypyle, ou la tapisserie antique qui décorait les palais d'Attale, ou les raretés célèbres que nous envoie Thèbes aux cent portes, ou les vases magnifiques que le Parthe prépare; dédaigne la constance, méprise les dieux, triomphe par le parjure, et brise les lois d'une sotte pudeur. Feindre un mari, te fera rechercher davantage. Diffère, sous mille prétextes, la nuit qu'on sollicite, et l'amour n'en sera que plus vif et plus empressé.

Si un amant a dérangé ta chevelure dans son utile

Post modo mercata pace premendus erit.
Denique ubi amplexu Venerem promiseris emto,
  Fac simules puros Isidis esse dies.

INGERAT Apriles Iole tibi, tundat Amycle
  Natalem Maiis Idibus esse tuum.

SUPPLEX ille sedet : posita tu scribe cathedra
  Quidlibet : has artes si pavet ille, tenes.
Semper habe morsus circa tua colla recentes,
  Litibus alternis quos putet esse datos.
Nec te Medeae delectent probra sequacis;
  Nempe tulit fastus ausa rogare prior :
Sed potius mundi Thais pretiosa Menandri,
  Quum ferit astutos comica moecha Getas.

IN mores te verte viri : si cantica jactat,
  I comes, et voces ebria junge tuas.
JANITOR ad dantes vigilet : si pulset inanis,
  Surdus in obductam somniet usque seram.
Nec tibi displiceat miles non factus amori,
  Nauta nec adtrita, si ferat aera, manu;
Aut quorum titulus per barbara colla pependit,
  Cretati medio quum saluere foro.
Aurum spectato, non quae manus adferat aurum.
  Versibus auditis quid nisi verba feres?
Qui versus, Coae dederit nec munera vestis,
  Istius tibi sit surda sine aere lyra.

DUM vernat sanguis, dum rugis integer annus,

colère, fais-lui acheter la paix à force de présens. Quand il aura enfin payé au poids de l'or la promesse du bonheur, prétexte encore les fêtes d'Isis et la chasteté qu'elles réclament.

Qu'Iole te rappelle les ides d'avril, qu'Amyclée rebatte à ses oreilles les ides de mars, comme le jour heureux qui t'a vue naître.

Ton amant est-il à tes genoux? écris un rien sur ta toilette, et si ta ruse le fait trembler, il est à toi. Mais que ton cou lui offre toujours la nouvelle empreinte de quelque baiser, qu'il attribuera sans doute à une lutte voluptueuse. Surtout n'imite point la bassesse de Médée, qui dépose un juste orgueil pour suivre et supplier la première l'ingrat Jason; préfère plutôt Thaïs, cette courtisane adroite et intéressée, qui trompe, dans Ménandre, jusqu'aux valets les plus fripons.

Adopte les mœurs de ton amant. S'il chante, imite-le, partage son ivresse, et marie à sa voix tes accens.

Que ton portier veille pour le prodigue; mais quand un amant frappe les mains vides, qu'il dorme sans rien entendre sous de fidèles verrous. Ne rejette ni le soldat grossier qui n'est point fait pour l'amour, ni le matelot aux mains endurcies, s'ils t'apportent de l'or; ni l'esclave étranger, qui a vu, au milieu du Forum, un écriteau pendre sur sa poitrine, et la craie qui couvrait ses pieds appeler autour de lui les acheteurs. Ne regarde que l'or et jamais la main qui le donne. Que te serviront des vers? Ce sont paroles inutiles; et si un amant t'offre ses chants sans y joindre des présens plus solides, reste sourde aux accords d'une lyre que l'argent ne rehausse pas.

Profite de ta jeunesse, de ta fraîcheur, des belles an-

Utere, ne quid cras libet ab ore dies.
Vidi ego odorati victura rosaria Pæsti
Sub matutino cocta jacere Noto.

His animum nostræ dum versat Acanthis amicæ,
Per tenues ossa sunt numerata cutes.
Sed cape torquatæ, Venus o regina, columbæ
Ob meritum ante tuos guttura secta focos.
Vidi ego rugoso tussim concrescere collo,
Sputaque per dentes ire cruenta cavos,
Atque animam in tegetes putrem exspirare paternas.
Horruit algenti pergula curta foco.
Exsequiæ fuerunt rari furtiva capilli
Vincula, et immundo pallida mitra situ,
Et canis in nostros nimis experrecta dolores,
Quum fallenda meo pollice claustra forent.

Sit tumulus lenæ curto vetus amphora collo;
Urgeat hunc supra vis, caprifice, tua.
Quisquis amas, scabris hoc bustum cædite saxis,
Mixtaque cum saxis addite verba mala.

ELEGIA VI.

APOLLO ACTIUS.

Sacra facit vates; sint ora faventia sacris,
Et cadat ante meos icta juvenca focos.
Cera Philetæis certet Romana corymbis,

nées qu'épargnent les rides, et crains que le lendemain n'efface déjà quelque chose à ta beauté. J'ai vu la rose de Pestum, qui promettait encore de longs parfums, se flétrir au souffle du Notus en une matinée. »

Acanthis corrompait ainsi le cœur de ma Cynthie, lorsque déjà l'on pouvait compter ses os à travers sa peau décharnée. Aujourd'hui, Vénus mon unique reine, reçois en actions de grâces sur ton autel le sacrifice d'une tendre colombe. J'ai vu une toux opiniâtre gonfler le cou ridé d'Acanthis, le sang et la bile souiller tour-à-tour ses dents cariées, et son âme impure s'exhaler du grabat héréditaire, tandis que le foyer étroit et glacé en frémissait d'horreur. Sa pompe funèbre, ce fut les bandelettes qui attachaient quelques cheveux rares et ignorés, un vieux bonnet décoloré par les ans et la poussière, et cette chienne, trop vigilante pour mon malheur, quand j'essayais de soulever furtivement un odieux verrou.

Donnez pour tombeau à l'infâme une amphore vieille et fêlée, et qu'un figuier sauvage pèse sur sa triste dépouille. Vous qui aimez, n'épargnez point les pierres à son tombeau, ni les malédictions à ses cendres.

ÉLÉGIE VI.

APOLLON, PROTECTEUR D'ACTIUM.

Le poète commence ses chants : peuples, écoutez les chants du poète, et qu'une génisse tombe devant l'autel que je célèbre. La muse romaine va disputer

Et Cyrenæas urna ministret aquas.
Costum molle date et blandi mihi turis honores,
　Terque focum circa laneus orbis eat.
Spargite me lymphis, carmenque recentibus aris
　Tibia Mygdoniis libet eburna Cadis.
Ite procul fraudes; alio sint aere noxæ:
　Pura novum vati laurea mollit iter.
Musa, Palatini referemus Apollinis ædem;
　Res est, Calliope, digna favore tuo.
Cæsaris in nomen ducuntur carmina: Cæsar
　Dum canitur, quæso, Juppiter, ipse vaces.

Est, Phœbi fugiens Athamana ad litora portus,
　Qua sinus Ioniæ murmura condit aquæ,
Actia Iuleæ pelagus monumenta carinæ,
　Nautarum votis non operosa via.
Huc mundi coiere manus: stetit æquore moles
　Pinea, nec remis æqua favebat avis.
Altera classis erat Teucro damnata Quirino,
　Pilaque feminea turpiter acta manu:
Hinc Augusta ratis plenis Jovis omine velis,
　Signaque jam patriæ vincere docta suæ.

Tandem acies geminos Nereus lunarat in arcus,
　Armorum et radiis picta tremebat aqua;
Quum Phœbus, linquens stantem se vindice Delon,
　Nam tulit iratos mobilis ante Notos,
Adstitit Augusti puppim super, et nova flamma
　Luxit in obliquam ter sinuata facem.

à Philétas sa couronne, et l'urne sacrée va épancher les mêmes flots que Callimaque. Donnez-moi les parfums les plus suaves et l'encens agréable aux dieux; que la bandelette de laine entoure d'un triple circuit le foyer; répandez sur moi une eau pure, et que ma flûte d'ivoire fasse retentir le nouveau temple des sons majestueux de la Phrygie. Loin d'ici, mortels coupables; portez vos crimes sous d'autres cieux : le chaste laurier qui me couronne m'aplanit une nouvelle carrière. Muse, célébrons le temple d'Apollon Palatin. Cette entreprise, Calliope, est digne de tes faveurs. C'est à la gloire de César que mes vers vont couler; Jupiter, écoute aussi mes chants, puisqu'ils ont pour objet le divin César.

En s'éloignant des ports d'Actium vers les rivages des Athamanes, et en fuyant le golfe où s'apaisent les murmures de la mer Ionienne, on trouve d'autres flots, monumens éternels des victoires d'Auguste, que le matelot parcourt librement, sans travail et sans crainte. Là se rassemblèrent toutes les forces du monde, et la mer fut couverte d'une forêt de vaisseaux ; mais tous ne voguaient pas sous les mêmes auspices. C'était, d'un côté, une flotte déjà proscrite par Romulus, et des armes qui obéissaient honteusement aux ordres d'une femme; de l'autre, le vaisseau d'Auguste, dont le souffle même de Jupiter protecteur enflait toutes les voiles, et des drapeaux qui savaient vaincre depuis long-temps pour la patrie.

Déjà les deux armées s'étaient formées chacune en demi-cercle, et l'onde mobile réfléchissait l'éclat des armes, lorsqu'Apollon quittant Délos, qu'il avait arrachée au courroux des autans et rendue immobile par sa puissance, s'arrêta sur la poupe d'Auguste : soudain une vive lumière fit jaillir au loin ses rayons obliques et trois

Non ille adtulerat crines in colla solutos,
  Aut testudineæ carmen inerme lyræ :
Sed quali adspexit Pelopeum Agamemnona vultu,
  Egessitque avidis Dorica castra rogis;
Aut qualis flexos solvit Pythona per orbes
  Serpentem, imbelles quem timuere lyræ.
Mox ait : O longa mundi servator ab Alba,
  Auguste, Hectoreis cognite major avis,
Vince mari : jam terra tua est : tibi militat arcus,
  Et favet ex humeris hoc onus omne meis.
Solve metu patriam, quæ nunc te vindice freta
  Imposuit proræ publica vota tuæ.
Quam nisi defendes, murorum Romulus augur
  Ire Palatinas non bene vidit aves.
Et nimium remis audent, pro! turpe Latinis,
  Principe te, fluctus, regia vela pati!
Nec te, quod classis centenis remiget alis,
  Terreat : invito labitur illa mari;
Quodque vehunt proræ Centaurica saxa minantes :
  Tigna cava et pictos experiere metus.
Frangit et adtollit vires in milite causa;
  Quæ nisi justa subest, excutit arma pudor.
Tempus adest; committe rates : ego temporis auctor
  Ducam laurigera Julia rostra manu.

DIXERAT, et pharetræ pondus consumit in arcus :
  Proxima post arcus Cæsaris hasta fuit.
Vincit Roma fide Phœbi; dat femina pœnas;
  Sceptra per Ionias fracta vehuntur aquas.
At pater Idalio miratur Cæsar ab astro;

fois brisés. Le dieu ne laissait point sa chevelure errer sur ses épaules, et ne tirait point de sa lyre d'ivoire des sons efféminés; mais il avait ce regard qui fit trembler Agamemnon, quand ses flèches divines couvraient d'avides bûchers le camp des Grecs, et le même courroux que lorsqu'il brisa les terribles anneaux du serpent Python, l'effroi du Parnasse et des Muses. « O toi, dit-il, dernier rejeton d'Albe et sauveur du monde, héros plus grand qu'Hector et que tous tes aïeux, triomphe sur mer, Auguste; car la terre est à toi. J'épuiserai en ta faveur les flèches rapides qui chargent mes épaules. Va, délivre de toute crainte ta patrie qui se repose sur ton courage, et qui a confié à ton navire ses vœux et le bonheur public. Si tu ne la protèges, Romulus, sur le Palatin, aurait donc mal auguré de sa grandeur? Quelle honte pour les flottes romaines! Tu gouvernes, et la mer fléchit encore sous l'audace et les vaisseaux d'une reine! Ne te laisse point effrayer par les cent voiles que sa flotte déploie, ou par les Centaures menaçans qui surmontent ses poupes : bientôt tu n'y verras qu'une vaine peinture et des poutres sans consistance, que la mer ne porte qu'à regret. La seule justice d'une cause élève ou brise l'énergie du soldat; la honte lui fait tomber les armes des mains, quand il combat pour une cause injuste. Mais voici l'instant favorable; avance avec confiance : moi-même j'ai préparé tes lauriers, et je conduirai ta flotte à la victoire. »

Il dit, et sa main épuise les flèches de son carquois : Auguste avance à son tour, et ses armes ont achevé la défaite. Rome triomphe sous les auspices d'Apollon; la reine du Nil est punie; les flots ioniens se jouent de son sceptre brisé; César admire le héros du haut des cieux.

Tum deus : En nostri sanguinis ista fides!
Prosequitur cantu Triton, omnesque marinæ
  Plauserunt circa libera signa deæ.
Illa petit Nilum cymba male nixa fugaci,
  Hoc unum, jusso non moritura die.
Di melius! quantus mulier foret una triumphus,
  Ductus erat per quas ante Jugurtha vias!
Actius hinc traxit Phœbus monumenta, quod ejus
  Una decem vicit missa sagitta rates.

BELLA satis cecini : citharam jam poscit Apollo
  Victor, et ad placidos exuit arma choros.
Candida nunc molli subeant convivia luco,
  Blanditiæque fluant per mea colla rosæ;
Vinaque fundantur prælis elisa Falernis,
  Terque lavet nostras spica Cilissa comas.
Ingenium potis irritet Musa poetis;
  Bacche, soles Phœbo fertilis esse tuo.
Ille paludosos memoret servire Sicambros,
  Cepheam hic Meroen fuscaque regna canat;
Hic referat sero confessum fœdere Parthum;
  Reddat signa Remi, mox dabit ipse sua;
Sive aliquid pharetris Augustus parcet Eois,
  Differat in pueros ista tropæa suos.
Gaude, Crasse, nigras si quid sapis inter arenas :
  Ire per Euphraten ad tua busta licet.
Sic noctem patera, sic ducam carmine, donec
  Injiciat radios in mea vina dies.

« Je reconnais mon fils, s'écrie-t-il, à ces marques glorieuses; » et Triton sonne la victoire, et toutes les Néréides applaudissent à l'envi nos aigles triomphantes. Cependant Cléopâtre, tremblante et fugitive, regagne le Nil sur un frêle esquif. Elle ne mourra point à l'ordre du vainqueur, et les dieux ont bien fait : car eût-il donc été si glorieux de conduire une femme au Capitole sur les traces du fier Jugurtha ? Mais sa défaite a mérité des temples et le surnom d'Actius à Apollon, qui d'une seule de ses flèches avait submergé dix navires.

J'ai assez chanté les combats. Phébus victorieux redemande sa lyre et dépouille ses armes pour une danse légère. Eh bien, qu'on dresse le festin sous le délicieux ombrage du bois sacré; que la rose couronne mon front de ses caresses; qu'on me verse le vin généreux des coteaux de Falerne, et que trois fois on répande sur ma chevelure les parfums de la Cilicie. L'ivresse ranime la verve du poète, et Bacchus féconde toujours le génie d'Apollon. Que lui-même chante alors les Sicambres asservis dans leurs marais, et l'Égypte et l'Éthiopie soumises, et le Parthe, qui avoue trop tard sa faiblesse, en nous rendant nos drapeaux avant de nous livrer les siens, et les peuples d'Orient qu'épargnerait Auguste, pour laisser à ses fils la gloire de leur conquête. Réjouis-toi, Crassus, s'il te reste quelque sentiment au milieu des sables brûlans où tu reposes : l'Euphrate nous ouvre aujourd'hui un chemin libre jusqu'à tes restes.

La nuit s'écoulera ainsi tout entière, la lyre ou la coupe à la main, jusqu'à ce que le Falerne réfléchisse les rayons du jour.

ELEGIA VII.

UMBRA CYNTHIÆ.

Sunt aliquid Manes; letum non omnia finit;
　Luridaque evictos effugit umbra rogos.

Cynthia namque meo visa est incumbere fulcro,
　Murmur ad extremæ nuper humata viæ,
Quum mihi somnus ab exsequiis penderet amaris,
　Et quererer lecti frigida regna mei.
Eosdem habuit secum, quibus est elata, capillos,
　Eosdem oculos; lateri vestis adusta fuit;
Et solitum digito beryllon adederat ignis,
　Summaque Lethæus triverat ora liquor.
Spirantisque animos et vocem misit : at illi
　Pollicibus fragiles increpuere manus :

Perfide, nec cuiquam melior sperande puellæ,
　In te jam vires somnus habere potest?
Jamne tibi exciderunt vigilacis furta Suburæ,
　Et mea nocturnis trita fenestra dolis?
Per quam demisso quoties tibi fune pependi,
　Alterna veniens in tua colla manu!
Sæpe Venus trivio commissa, et pectore mixto
　Fecerunt tepidas pallia nostra vias.
Fœderis heu taciti! cujus fallacia verba
　Non audituri diripuere Noti.

ÉLÉGIE VII.

L'OMBRE DE CYNTHIE.

Les mânes sont plus qu'une chimère, et tout ne meurt pas avec nous : il est une ombre qui se dégage du bûcher et qui en triomphe.

Je me rappelais dans un sommeil agité les tristes funérailles de Cynthie, et je gémissais sur le lit glacé où j'ai régné auprès d'elle, lorsque je vis s'incliner sur ma couche l'amante naguère inhumée sur la route de Tivoli, auprès de l'Anio qui murmure. Elle avait encore les mêmes yeux, la même chevelure que sur le lit funèbre : mais ses vêtemens étaient brûlés; la flamme avait dévoré l'anneau qui parait ses doigts, et l'onde infernale avait terni déjà ses lèvres décolorées. A sa voix, à son courroux, j'ai cru la voir revivre, lorsqu'elle frappa, en les joignant, ses mains et ses doigts décharnés.

« Perfide, me dit-elle, toi dont nulle autre ne doit espérer plus de constance, faut-il que le sommeil ait déjà sur tes yeux quelque pouvoir? As-tu oublié déjà et les veilles de Subure, et tant d'amoureux larcins, et cette fenêtre qui fut tant de nuits complice de nos ruses? Que de fois je l'ai ouverte pour te jeter la corde où j'étais suspendue, et j'étendais la main pour saisir et embrasser ta tête! Souvent les rues de la ville furent les témoins de nos caresses, et, rapprochés l'un de l'autre, nous échauffions de nos vêtemens le pavé attiédi. Où sont les muets sermens que n'a pu entendre le Zéphyr, mais qu'il a

At mihi non oculos quisquam inclinavit euntes;
  Unum impetrassem, te revocante, diem;
Nec crepuit fissa me propter arundine custos,
  Laesit et objectum tegula curta caput.
Denique quis nostro furvum te funere vidit?
  Atram quis lacrymis incaluisse togam?
Si piguit portas ultra procedere, at illuc
  Jussisses lectum lentius ire meum.
Cur ventos non ipse rogis, ingrate, petisti?
  Cur nardo flammae non oluere meae?
Hoc etiam grave erat, nulla mercede hyacinthos
  Injicere, et fracto busta piare cado.

Lygdamus uratur, candescat lamina vernae;
  Sensi ego, quum insidiis pallida vina bibi;
At Nomas arcanas tollat versuta salivas:
  Dicet damnatas ignea testa manus.
Quae modo per viles inspecta est publica noctes,
  Haec nunc aurata cyclade signat humum,
Et graviora rependit iniquis pensa quasillis,
  Garrula de facie si qua locuta mea est.
Nostraque quod Petale tulit ad monumenta coronas,
  Codicis immundi vincula sentit anus;
Caeditur et Lalage tortis suspensa capillis,
  Per nomen quoniam est ausa rogare meum.
Te patiente, meae conflavit imaginis aurum,
  Ardenti e nostro dotem habitura rogo.

Non tamen insector, quamvis mereare, Properti:
  Longa mea in libris regna fuere tuis.

dispersés sans retour? Personne ne m'a fermé les yeux à mon dernier instant. Hélas! si tu m'eusses rappelée, j'aurais obtenu quelques heures! Un mercenaire a-t-il fait retentir près de moi la trompette funèbre? Ma tête n'a-t-elle pas reposé sur une pierre qui la blessait? Qui t'a vu gémir de mon trépas, ou prendre des vêtemens de deuil et les tremper de tes larmes? Si tu craignais de franchir les portes de Rome, jusque-là du moins tu devais ordonner au char funèbre une marche plus lente. Ingrat! que n'as-tu appelé toi-même les vents sur mon bûcher! pourquoi la flamme n'a-t-elle exhalé aucun parfum? était-il donc si pénible de jeter sur mes restes quelques fleurs de vil prix et de répandre un peu de vin sur ma cendre?

« Condamne au feu Lygdamus, ou prépare-lui du moins l'épreuve du fer brûlant : car j'ai reconnu la perfidie quand j'ai bu la coupe empoisonnée. Que l'adroite Nomas s'épargne aussi de vains artifices, l'acier rougi n'en dévoilera pas moins son crime. Cette femme, qui vendait naguère à vil prix ses ignobles faveurs, balaie aujourd'hui la terre de sa robe où l'or se joue, et surcharge de travaux mes esclaves innocentes, quand l'une d'elles vient à rappeler ma beauté. Pétalé, malgré son âge, s'est vue attacher au fatal poteau, pour avoir jeté quelques fleurs sur ma tombe, et Lalagé, suspendue par les cheveux, a été frappée de verges, parce qu'elle avait osé invoquer le nom de Cynthie. Que dis-je? ma rivale a détaché l'or de mon portrait, et toi, tu as souffert qu'elle s'enrichît de mes dépouilles, en les arrachant aux flammes du bûcher.

« Cependant, Properce, je ne t'accuse point malgré tes fautes : car long-temps j'ai régné en souveraine dans

Juro ego Fatorum nulli revolubile carmen,
  Tergeminusque canis sic mihi molle sonet,
Me servasse fidem. Si fallo, vipera nostris
  Sibilet in tumulis, et super ossa cubet.
Nam gemina est sedes turpem sortita per amnem,
  Turbaque diversa remigat omnis aqua :
Una Clytæmnestræ stuprum vehit, altera Cressæ
  Portat mentitæ lignea monstra bovis;
Ecce coronato pars altera vecta phaselo,
  Mulcet ubi Elysias aura beata rosas,
Qua numerosa fides, quaque æra rotunda Cybeles,
  Mitratisque sonant Lydia plectra choris.
Andromedeque et Hypermnestre sine fraude maritæ
  Narrant historiæ pectora nota suæ.
Hæc sua maternis queritur livere catenis
  Brachia, nec meritas frigida saxa manus.
Narrat Hypermnestre magnum ausas esse sorores;
  In scelus hoc animum non valuisse suum.
Sic mortis lacrymis vitæ sanamus amores.
  Celo ego perfidiæ crimina multa tuæ.

Sed tibi nunc mandata damus, si forte moveris,
  Si te non totum Doridos herba tenet.
Nutrix in tremulis ne quid desideret annis
  Parthenie : patuit, nec tibi avara fuit.
Deliciæque meæ Latris, cui nomen ab usu est,
  Ne speculum dominæ porrigat illa novæ.
Et quoscumque meo fecisti nomine versus,

tes écrits.' J'en jure par le Destin et ses arrêts immuables, et que Cerbère épargne mon ombre, si ma parole est vraie, je ne fus jamais infidèle ; si je mens, que le serpent siffle sur mon tombeau et repose sur mes tristes restes. Il est deux routes sur les flots bourbeux de l'Achéron, et la foule entière s'écoule par l'une ou l'autre vers des demeures différentes. Tantôt la barque fatale porte l'adultère Clytemnestre, et Pasiphaë qui emprunta la forme d'une génisse ; tantôt, couronnée de fleurs, elle se dirige vers l'Élysée, où la rose est toujours caressée par le Zéphyr, où des lyres nombreuses, et la cymbale consacrée à Cybèle, et le luth harmonieux de la Lydie, conduisent, en mariant leurs accords, des danses éternelles. Andromède et Hypermnestre, ces épouses sans tache, se racontent l'une à l'autre leur vie et leur amour. L'une rappelle en gémissant que, pour expier le crime de sa mère, elle a senti des fers charger ses bras livides, et ses mains innocentes fixées à des rochers glacés. Hypermnestre redit à son tour le crime et l'audace de ses sœurs, et qu'elle n'eut point assez de force pour devenir leur complice. Ainsi, même après la mort, nous versons, comme un baume, quelques larmes sur nos amours : pour moi, je me tais sur tes crimes et tes nombreuses perfidies.

« Aujourd'hui, si ma mémoire t'est chère, si les enchantemens de Doris ne t'ont point captivé tout entier, écoute les dernières prières de Cynthie. Que ma nourrice Parthénie ne manque de rien dans sa tremblante vieillesse, elle qui toujours s'est montrée sensible à tes feux et désintéressée. Que Latris, mon esclave chérie, dont le nom indique les services, ne présente point le miroir à quelque maîtresse nouvelle. Brûle tous les vers que tu fis jadis

Ure mihi : laudes desine habere meas.
Pelle hederam tumulo, mihi quæ pugnante corymbo
  Mollia contortis adligat ossa comis.
Pomosis Anio qua spumifer incubat arvis,
  Et numquam Herculeo numine pallet ebur,
Hic carmen media dignum me scribe columna,
  Sed breve, quod currens vector ab urbe legat :
Hic Tiburtina jacet aurea Cynthia terra.
  Accessit ripæ laus, Aniene, tuæ.

Nec tu sperne piis venientia somnia portis :
  Quum pia venerunt somnia, pondus habent.
Nocte vagæ ferimur; nox clausas liberat umbras;
  Errat et abjecta Cerberus ipse sera.
Luce jubent leges Lethæa ad stagna reverti;
  Nos vehimur; vectum nauta recenset onus.
Nunc te possideant aliæ : mox sola tenebo;
  Mecum eris, et mixtis ossibus ossa teram.

Hæc postquam querula mecum sub lite peregit,
  Inter complexus excidit umbra meos.

pour moi, et ces éloges d'une beauté qui n'est plus. Arrache de mon tombeau ce lierre, dont les branches tenaces entourent mes faibles os et les brisent. Dans ces rians vergers que l'Anio fertilise de son écume, et où l'ivoire conserve toujours son éclatante blancheur, élève une colonne à ma cendre, et grave en l'honneur de Cynthie cette courte épitaphe, que le passant puisse lire sans s'arrêter :

>Dans ces vallons du frais Tibur
>Cynthie, hélas ! repose ensevelie.
>Par son tombeau ta rive est ennoblie,
>Anio ; roule auprès d'elle et plus calme et plus pur.

« S'il te vient quelques songes pieux, garde-toi de les mépriser : car ils méritent la confiance. La nuit rend la liberté à nos ombres, et leur permet d'errer à leur gré, tandis que Cerbère lui-même abandonne sa chaîne. Mais, au matin, une loi sévère nous rappelle aux rives infernales, et Caron, dans sa barque odieuse, compte avec soin les ombres qu'il a passées. Adieu ; sois maintenant à d'autres : bientôt je te possèderai seule ; bientôt nos ossemens confondus reposeront dans le même tombeau. »

Elle dit, et à peine son ombre plaintive avait achevé ces tristes reproches, qu'elle échappa soudain à mes embrassemens.

ELEGIA VIII.

PROPERTIUS FURTIVIS IN AMORIBUS CAPTUS A CYNTHIA.

Disce, quid Esquilias hac nocte fugarit aquosas,
  Quum vicina novis turba cucurrit agris.

Lanuvium annosi vetus est tutela draconis,
  Hic ubi tam raræ non perit hora moræ,
Qua sacer abripitur cæco descensus hiatu,
  Qua penetrat — virgo, tale iter omne cave, —
Jejuni serpentis honos, quum pabula poscit
  Annua, et ex ima sibila torquet humo.
Talia demissæ pallent ad sacra puellæ,
  Quum temere anguino creditur ore manus.
Ille sibi admotas a virgine corripit escas:
  Virginis in palmis ipsa canistra tremunt.
Si fuerint castæ, redeunt in colla parentum,
  Clamantque agricolæ, Fertilis annus erit.

Huc mea detonsis avecta est Cynthia mannis:
  Causa fuit Juno, sed mage causa Venus.
Appia, dic, quæso, quantum te teste triumphum
  Egerit, effusis per tua saxa rotis,
Turpis in arcana sonuit quum rixa taberna;
  Si sine me, famæ non sine labe meæ.
Spectaclum ipsa sedens primo temone pependit,
  Ausa per impuros frena movere locos.

ÉLÉGIE VIII.

L'INFIDÉLITÉ.

Apprenez ce qui a fait déserter, la nuit dernière, le quartier humide des Esquilies, et pourquoi de nombreux voisins sont accourus en foule à ma demeure.

Lanuvium a depuis long-temps pour protecteur un antique dragon ; mais il faut saisir avec empressement l'instant où il se montre. Une descente rapide conduit à son antre ténébreux. C'est par là, jeunes filles, craignez une telle épreuve, qu'on arrive au monstre affamé, quand il réclame, chaque année, sa nourriture, et qu'il fait entendre du fond de la terre des sifflemens aigus. Les jeunes filles à qui ce soin est remis pâlissent d'effroi, lorsqu'elles confient leur main à sa terrible gueule ; et quand il saisit les alimens qu'on lui présente, la corbeille même tremble entre les doigts qui la soutiennent. Mais bientôt, si elles ont été pures, elles reviennent embrasser leurs pères, et le laboureur se promet une moisson heureuse.

Une mule élégante avait traîné à Lanuvium ma Cynthie, sous prétexte d'honorer Junon, mais plutôt pour offrir à Vénus quelque sacrifice. Redis-nous ce que tu as vu, route d'Appius, et sa course triomphale sur tes pavés, que sillonnaient ses roues brûlantes, et la scène scandaleuse de cette taverne ignorée, où ma réputation n'a que trop souffert, hélas ! malgré mon absence. On l'a vue se donner en spectacle, et, courbée sur les rê-

Serica nam taceo vulsi carpenta nepotis,
  Atque armillatos colla Molossa canes,
Qui dabit immundae venalia fata saginae,
  Vincet ubi erasas barba pudenda genas.

Quum fieret nostro toties injuria lecto,
  Mutato volui castra movere toro.
Phyllis Aventinae quaedam est vicina Dianae,
  Sobria grata parum : quum bibit, omne decet.
Altera Tarpeios est inter Teia lucos,
  Candida : sed potae non satis unus erit.
His ego constitui noctem lenire vocatis,
  Et Venere ignota furta novare mea.
Unus erat tribus in secreta lectulus herba.
  Quaeris concubitus ? inter utramque fui.
Lygdamus ad cyathos, vitrique aestiva supellex,
  Et Methymnaei Graia saliva meri.
Nilotes tibicen erat, crotalistria Phyllis,
  Et facilis spargi munda sine arte rosa.
Nanus et ipse suos breviter concretus in artus
  Jactabat truncas ad cava buxa manus.
Sed neque suppletis constabat flamma lucernis,
  Recidit inque suos mensa supina pedes.
Me quoque per talos Venerem quaerente secundos,
  Semper damnosi subsiluere canes.
Cantabant surdo, nudabant pectora caeco :
  Lanuvii ad portas, hei mihi ! solus eram :
Quum subito rauci sonuerunt cardine postes,
  Et levia ad primos murmura facta Lares.

nes, diriger avec audace son char jusque dans les lieux les plus vils. Dirai-je encore et les chiens qui la précédaient, ornés de brillans colliers, et le char doublé de soie qui l'emportait avec un libertin infâme? Le malheureux! son sort est de se vendre bientôt pour une nourriture grossière, quand la barbe dont il a honte triomphera du rasoir et de tous les soins.

Irrité par les nombreuses atteintes que Cynthie avait portées à nos sermens, je voulus changer d'amour et de maîtresse. Auprès du temple de Diane, sur l'Aventin, est une certaine Phyllis, peu séduisante à jeun, mais à qui tout sied quand elle est ivre. J'invite avec elle Téia, qui habite les bois du Capitole; femme aimable, mais que le vin rend insatiable en amour : c'était pour passer la nuit au milieu d'elles, adoucir mes chagrins et réveiller mes sens par des plaisirs jusqu'alors inconnus. Un seul lit pour nous trois était dressé dans un bosquet reculé. En voulez-vous davantage? j'étais entre Téia et Phyllis; Lygdamus remplissait nos coupes du vin généreux de Lesbos, qu'il tenait au frais dans ses vases; un Égyptien jouait de la flûte, Phyllis des castagnettes, et un nain ramassé dans sa taille promenait sur le buis champêtre ses doigts tronqués, tandis qu'on répandait au hasard sur nos têtes les feuilles éparses de mille roses. Mais cependant nos lampes ne donnaient qu'une faible lumière; la table s'était renversée en tombant; au lieu d'un coup favorable, les dés m'offraient toujours le plus triste augure. En vain Téia et Phyllis chantaient ou découvraient leur sein : j'étais sourd et aveugle; j'étais, hélas! tout entier aux portes de Lanuvium. Soudain ma porte a crié sur ses gonds sonores, et j'entends au dehors un bruit léger. Bientôt Cynthie elle-

Nec mora, quum totas resupinat Cynthia valvas,
  Non operosa comis, sed furibunda decens.
Pocula mi digitos inter cecidere remissos,
  Palluerantque ipso labra soluta mero.
Fulminat illa oculis, et, quantum femina, saevit :
  Spectaclum capta nec minus urbe fuit.
PHYLLIDOS iratos in vultum conjicit ungues,
  Territa vicinas Teia clamat aquas.
Lumina sopitos turbant elata Quirites,
  Omnis et insana semita nocte sonat.
Illas direptisque comis tunicisque solutis
  Excipit obscurae prima taberna viae.
Cynthia gaudet in exuviis, victrixque recurrit,
  Et mea perversa sauciat ora manu;
Imponitque notam collo, morsuque cruentat,
  Praecipueque oculos, qui meruere, ferit.
Atque ubi jam nostris lassavit brachia plagis,
  Lygdamus ad plutei fulcra sinistra latens
Eruitur, geniumque meum prostratus adorat.
  Lygdame, nil potui : tecum ego captus eram.'

SUPPLICIBUS palmis tum demum ad foedera veni,
  Quum vix tangendos praebuit illa pedes,
Atque ait : Admissae si vis me ignoscere culpae,
  Accipe quae nostrae formula legis erit.
Tu neque Pompeia spatiabere cultus in umbra,
  Nec quum lascivum sternet arena forum.
Colla cave inflectas ad summum obliqua theatrum,
  Aut lectica tuae sidat operta morae.

même, les cheveux en désordre et dans une belle colère, rejette le double battant avec violence ; la coupe échappe de mes mains défaillantes, et mes lèvres pâlissent, malgré le vin qui les arrose. Cependant son regard nous foudroie ; sa fureur est celle d'une femme : c'est le même spectacle que dans une ville prise d'assaut.

Déjà, dans le courroux qui l'anime, Cynthie s'est jetée sur le visage de Phyllis, et Téia, saisie d'effroi, appelle au feu le voisinage. Tout se réveille ; les lumières brillent ; la rue entière, malgré la nuit, retentit d'un affreux tumulte ; les deux femmes, les cheveux épars et les vêtemens en désordre, cherchent asile, à la faveur des ténèbres, dans la première taverne qui se présente. Cynthie, toute fière de sa victoire et des dépouilles qu'elle lui laisse, revient alors sur moi, me frappe au visage sans pitié, charge ma poitrine de ses marques, me déchire de ses dents et s'attaque surtout à mes yeux, la première cause de mon forfait. Quand ses bras fatigués se refusent à me frapper encore, elle saisit Lygdamus caché dans la ruelle du lit, et qui implore à genoux ma protection. L'infortuné! que pouvais-je contre elle? j'avais été pris comme lui.

Enfin j'implorai mon pardon d'une main suppliante, lorsqu'elle m'eut permis, mais avec peine, de me jeter à ses pieds. « Si tu veux que j'oublie ta faute, me dit-elle, écoute d'abord les lois que je t'impose. Jamais tu n'étaleras une vaine parure ni au portique de Pompée, ni quand on préparera le Forum pour les jeux licencieux du Cirque ; de plus, garde-toi de tourner sur l'amphithéâtre un regard oblique ou de t'arrêter jamais auprès d'une litière entr'ouverte. Pour Lygdamus, que j'accuse surtout

Lygdamus in primis, omnis mihi causa querelae,
  Veneat, et pedibus vincula bina trahat.
Indixit leges : respondi ego, Legibus utar.
  Riserat imperio facta superba dato.
Dein, quemcumque locum externae tetigere puellae,
  Suffiit, et pura limina tergit aqua;
Imperat et totas iterum mutare lacernas,
  Terque meum tetigit sulfuris igne caput.
Atque ita, mutato per singula pallia lecto,
  Et sponda et toto solvimus arma toro.

ELEGIA IX.

HERCULES SANCUS.

Amphitryoniades qua tempestate juvencos
  Egerat a stabulis, o Erythea, tuis,
Venit ad eductos, pecorosa Palatia, montes,
  Et statuit fessos fessus et ipse boves,
Qua Velabra suo stagnabant flumine, quaque
  Nauta per urbanas velificabat aquas.
Sed non infido manserunt hospite Caco
  Incolumes : furto polluit ille Jovem.
Incola Cacus erat, metuendo raptor ab antro,
  Per tria partitos qui dabat ora focos.
Hic, ne certa forent manifestae signa rapinae,
  Aversos cauda traxit in antra boves.

de mes chagrins, qu'il soit vendu et qu'il traîne à ses pieds une double chaîne. » Telles furent les lois de Cynthie : je répondis en promettant de les suivre, et déjà elle avait souri, satisfaite de mon obéissance. Ensuite elle purifie la place que Phyllis et Téia avaient touchée ; elle répand dans la maison une eau pure; elle m'ordonne de changer de vêtemens, sans en garder un seul, et trois fois elle promène autour de ma tête le soufre enflammé. Après qu'on eut encore changé le lin flétri de ma couche, nous cimentâmes la paix en nous livrant à nos transports.

ÉLÉGIE IX.

HERCULE PURIFICATEUR.

Quand le fils d'Alcmène eut enlevé aux étables de Géryon leurs superbes génisses, il s'arrêta sur les coteaux du Palatin, dans de gras pâturages, et, non moins fatigué que son troupeau, il se reposa dans ces lieux qu'arrosait alors le Tibre de ses eaux dormantes, et où le nautonnier sillonnait à pleines voiles la future enceinte de Rome. Le perfide Cacus ne put respecter les troupeaux de son hôte. Cacus, habitant de la montagne et possesseur d'un antre redouté; Cacus, qui vomissait de sa triple bouche des torrens de flamme, offensa par un larcin Jupiter Hospitalier. Pour éviter qu'un indice trop sûr ne dévoilât sa fraude, il avait traîné à reculons les génisses jusque dans sa caverne. Mais Jupiter fut té-

Nec sine teste deo : furem sonuere juvenci ;
  Furis et implacidas diruit ira fores.
Mænalio jacuit pulsus tria tempora ramo
  Cacus; et Alcides sic ait : Ite, boves,
Herculis ite boves, nostræ labor ultime clavæ,
  Bis mihi quæsitæ, bis mea præda, boves;
Arvaque mugitu sancite boaria longo.
  Nobile erit Romæ pascua vestra forum.

DIXERAT; et sicco torret sitis ora palato;
  Terraque non ullas fœta ministrat aquas.
Sed procul inclusas audit ridere puellas.
  Lucus ab umbroso fecerat orbe nemus,
Femineæ loca clausa deæ, fontesque piandos,
  Impune et nullis sacra retecta viris.
Devia puniceæ velabant limina vittæ;
  Putris odorato luxerat igne casa;
Populus et longis ornabat frondibus ædem;
  Multaque cantantes umbra tegebat aves.
Huc ruit in siccam congesto pulvere barbam,
  Et jacit ante fores verba minora deo :

Vos precor, o luci sacro quæ luditis antro,
  Pandite defessis hospita fana viris.
Fontis egens erro, circaque sonantia lymphis,
  Et cava suscepto flumine palma sat est.
Audistisne aliquem, tergo qui sustulit orbem?
  Ille ego sum; Alciden terra recepta vocat.
Quis facta Herculeæ non audit fortia clavæ,
  Et numquam ad natas irrita tela feras,

moin de son crime : bientôt un sourd mugissement trahit ce vol odieux ; la porte inexorable vola en éclats sous le courroux d'Hercule, et Cacus tomba inanimé sous les coups de la terrible massue. « Allez, s'écrie le héros vainqueur ; allez, taureaux deux fois cherchés, deux fois conquis et le dernier de mes travaux ; faites retentir de vos longs mugissemens ces champs et ces pâturages, qui deviendront un jour l'une des places de Rome. »

Il dit ; mais une soif brûlante a desséché son palais, et la terre ne présente à ses regards aucune source. Soudain il entend rire des jeunes filles dans l'enceinte éloignée d'un bois sacré. Un épais bocage entourait de son ombre des lieux consacrés à la Bonne Déesse, des sources et des mystères, dont l'accès, interdit aux hommes, aurait appelé sur le coupable une éclatante vengeance. Des bandelettes de pourpre couvraient le seuil écarté du temple ; un bois odoriférant éclairait l'antique lambris ; un peuplier dominait l'édifice de ses branches majestueuses, et de nombreux oiseaux, que protégeait son ombre, répétaient leurs chants harmonieux. C'est là qu'Hercule précipite ses pas, la barbe chargée d'une poussière aride, et le héros s'abaissa devant le temple à ces humbles prières :

« Jeunes filles, qui vous livrez dans cette enceinte à des jeux folâtres, ouvrez à l'homme épuisé de fatigue, qui réclame de vous l'hospitalité. Je cherche une source d'eau vive et je l'entends bruire auprès de vous : laissez-moi puiser avec la main de quoi apaiser la soif qui me consume. Avez-vous entendu dire qu'un seul homme a supporté le ciel ? C'est moi qui l'ai fait, et la terre alors m'a surnommé Alcide. Qui ignore les exploits

Atque uni Stygias homini luxisse tenebras?
  Accipite : hæc fesso vix mihi terra patet.
Quod si Junoni sacrum faceretis amaræ,
  Non clausisset aquas ipsa noverca suas.
Sin aliquam vultusque meus setæque leonis
  Terrent, et Libyco sole perusta coma;
Idem ego Sidonia feci servilia palla
  Officia, et Lyda pensa diurna colo,
Mollis et hirsutum cepit mihi fascia pectus,
  Et manibus duris apta puella fui.

Talibus Alcides : at talibus alma sacerdos,
  Puniceo canas stamine vincta comas :
Parce oculis, hospes, lucoque abscede verendo:
  Cede agedum, et tuta limina linque fuga.
Interdicta viris metuenda lege piatur,
  Quæ se submota vindicat ara casa.
Magno Tiresias adspexit Pallada vates,
  Fortia dum posita Gorgone membra lavat.
Di tibi dent alios fontes : hæc lympha puellis
  Avia secreti limitis una fluit.
Sic anus : ille humeris postes concussit opacos,
  Nec tulit iratam janua clausa sitim.
At postquam exhausto jam flumine vicerat æstum,
  Ponit vix siccis tristia jura labris :
Angulus hic mundi nunc me mea fata trahentem
  Accipit; hæc fesso vix mihi terra patet :
Maxima quæ gregibus devota est Ara repertis,

d'Hercule, et sa massue pesante, et ses flèches, que les monstres n'évitèrent jamais, et l'heureuse audace qui le fit affronter le premier les eaux du Styx? Cette terre lui refuserait-elle asile après tant de fatigues? Accueillez-le, jeunes filles, quand même vous offririez un sacrifice à Junon : toute cruelle, toute marâtre qu'elle est, Junon ne m'interdirait point ces fontaines. Si mon front, si la dépouille du lion de Némée, si ma chevelure brûlée par le soleil d'Afrique vous épouvante, je suis ce même Hercule qui, revêtu des habits d'une femme, ai tenu en esclave les fuseaux d'Omphale pendant des jours entiers ; un lin soyeux couvrait ma large poitrine, et ma robuste main se pliait aux travaux des jeunes filles. »

Ainsi parlait Hercule : mais une prêtresse, dont les cheveux blancs étaient relevés par une bandelette de pourpre, lui répondit en ces mots : « Éloigne, étranger, éloigne tes pas et tes regards de cette enceinte redoutable. Fuis, dérobe-toi au prix de ta témérité : car cet autel, ce temple écarté, sont interdits aux hommes sous les peines les plus sévères. Tirésias ne fut que trop puni pour avoir vu Minerve dépouiller son égide et se livrer au plaisir du bain. Puissent les dieux t'indiquer d'autres sources! mais pour celle qui coule dans ces retraites solitaires, il n'est permis qu'aux femmes d'en approcher. »

Elle dit ; soudain Hercule ébranle de ses efforts la porte ombragée. Pressé par la soif et la colère, il brise un vain obstacle; et quand il a éteint son ardeur dans l'onde qu'il épuise, ses lèvres encore humides laissent échapper l'arrêt vengeur. « Je traînais partout ma misère, dit-il, et ce coin du monde m'a accueilli, et cette enceinte m'a offert un asile après mille fatigues. Cet au-

Ara per has, inquit, maxima facta manus,
Hæc nullis umquam pateat veneranda puellis,
Herculis eximii ne sit inulta sitis.

SANCTE pater, salve, cui jam favet aspera Juno;
Sancte, velis libro dexter inesse meo!
Nunc quoniam manibus purgatum sanxerat orbem,
Sic Sancum Tatii composuere Cures.

ELEGIA X.

JUPITER FERETRIUS.

NUNC Jovis incipiam causas aperire Feretri,
Armaque de ducibus trina recepta tribus.
Magnum iter adscendo, sed dat mihi gloria vires:
Non juvat e facili lecta corona jugo.

IMBUIS exemplum primæ tu, Romule, palmæ
Hujus, et exuviis plenus ab hoste redis,
Tempore quo portas Cæninum Acronta petentem
Victor in eversum cuspide fundis equum.
Acron Herculeus Cænina ductor ab arce,
Roma, tuis quondam finibus horror erat.
Hic, spolia ex humeris ausus sperare Quirini,
Ipse dedit, sed non sanguine sicca suo.
Hunc videt ante cavas librantem spicula turres

tel, je le consacre aux dieux pour avoir recouvré mes génisses; mais si ma main ajoute à sa grandeur, je veux que désormais l'accès en soit interdit à toutes les femmes, et que cette défense me venge de leur refus. »

Salut, dieu protecteur, que favorise enfin Junon après tant de haine, et montre-toi toujours propice à mes accens. Ta main vengeresse avait purifié la terre des monstres qui la souillaient, et le Sabin éleva des autels à Hercule Purificateur.

ÉLÉGIE X.

JUPITER FÉRÉTRIEN.

Je vais chanter aujourd'hui Jupiter Férétrien et les glorieuses dépouilles arrachées à trois rois. Je gravis un sentier difficile; mais la gloire me prête des forces. Il faut dédaigner les fleurs trop facilement cueillies sur la colline.

C'est toi, Romulus, qui donnas le premier exemple de ce beau triomphe, et qui revins, le premier, chargé des dépouilles de l'ennemi, lorsque ta lance victorieuse eut terrassé, avec son coursier, le redoutable Acron, qui menaçait les portes de Rome. Acron, issu d'Hercule et roi des Céniniens, fut jadis la terreur de nos frontières. Il osa espérer la victoire et les armes de Romulus; mais il abandonna au vainqueur les siennes, qu'il avait teintes de son sang. Romulus le voit lancer contre nos tours une grêle de flèches : « Jupiter, dit-il

Romulus, et votis occupat ante ratis :
Juppiter, hæc hodie tibi victima corruet Acron.
　　Voverat; et spolium corruit ille Jovi.
Urbis virtutisque parens sic vincere suevit,
　　Qui tulit aprico frigida castra Lare.
Idem eques et frenis, idem fuit aptus aratris,
　　Et galea hirsuta comta lupina juba.
Picta nec inducto fulgebat parma pyropo;
　　Præbebant cæsi baltea lenta boves.

Cossus at insequitur Veientis cæde Tolumni,
　　Vincere quum Veios posse laboris erat,
Nec dum ultra Tiberim belli sonus, ultima præda
　　Nomentum, et captæ jugera pauca Coræ.
O Veii veteres, et vos "tum regna fuistis,
　　Et vestro posita est aurea sella foro :
Nunc intra muros pastoris buccina lenti
　　Cantat, et in vestris ossibus arva metunt.
Forte super portæ dux Veius adstitit arcem,
　　Colloquiumque sua fretus ab urbe dedit.
Dumque aries murum cornu pulsabat aheno,
　　Vinea qua ductum longa tegebat opus,
Cossus ait, Forti melius concurrere campo.
　　Nec mora fit; plano sistit uterque gradum.
Di Latias juvere manus : desecta Tolumni
　　Cervix Romanos sanguine lavit equos.

CLAUDIUS Eridanum trajectos arcuit hostes,
　　Belgica quum vasti parma relata ducis

en présageant sa victoire, Acron est une victime qui va tomber devant toi; » et soudain l'ennemi tombe à la gloire du grand Jupiter. C'est ainsi que Romulus s'accoutumait à vaincre, Romulus, qui fonda Rome et un peuple guerrier, et qui bravait au milieu d'un camp les intempéries des saisons; mais cette main, qui dirigeait un coursier, savait diriger aussi la charrue; son casque avait pour ornement la crinière hérissée d'une louve; l'airain et l'or ne brillaient point sur son bouclier aux mille couleurs; son baudrier flexible était la simple dépouille d'une génisse.

Cossus, après lui, triompha du Véien Tolumnius, lorsqu'il était glorieux de vaincre les Véiens, lorsque la trompette n'avait point encore sonné au delà du Tibre, lorsque Nomentum, Cora et son faible territoire étaient nos plus belles conquêtes. Véies, dans ces temps reculés, fut aussi un puissant empire, et ses rois siégeaient au Forum sur un trône d'or; mais aujourd'hui la flûte monotone du berger retentit seule dans ses murs, et le laboureur moissonne sur ses tombeaux. Fier des remparts qui le protègent, le général véien se trouvait près de la porte, sur une tour, et pouvait entendre la voix de l'ennemi. Tandis que le bélier au front d'airain ébranlait les murailles, et que de longs ouvrages conduisaient en sûreté jusqu'à leurs fondemens : « Viens, dit Cossus; si tu es brave, il vaut mieux combattre dans la plaine; » et soudain les deux rivaux précipitent leurs coursiers. Les dieux ont favorisé Rome, la tête de Tolumnius roule dans la poussière, et son sang rejaillit sur nos escadrons belliqueux.

Claudius arrêta les Gaulois qui avaient traversé l'Éridan, et rapporta, à son tour, le vaste bouclier de leur

Virdumari; genus hic Rheno jactabat ab ipso,
  Nobilis e tectis fundere gæsa rotis;
Illi virgatis jaculanti ut ab agmine braccis
  Torquis ab incisa decidit unca gula.

Nunc spolia in templo tria condita : causa Feretri,
  Omine quod certo dux ferit ense ducem;
Seu, quia victa suis humeris hæc arma ferebant,
  Hinc Feretri dicta est ara superba Jovis.

ELEGIA XI.

CORNELIA PAULLI UXOR APUD INFEROS.

Desine, Paulle, meum lacrymis urgere sepulcrum :
  Panditur ad nullas janua nigra preces.
Quum semel infernas intrarunt funera leges,
  Non exorato stant adamante viæ.
Te licet orantem fuscæ deus audiat aulæ :
  Nempe tuas lacrymas litora surda bibent.
Vota movent superos : ubi portitor æra recepit,
  Obserat herbosos lurida porta rogos.
Sic mœstæ cecinere tubæ, quum subdita nostrum
  Detraheret lecto fax inimica caput.
Quid mihi conjugium Paulli, quid currus avorum
  Profuit, aut famæ pignora tanta meæ?

prince Viridomare, qui se vantait d'avoir pour aïeul le Rhin lui-même. Habile à lancer des traits du haut d'un char, il conduisait au combat ses Gaulois à la cotte d'armes rayée, quand son collier roula avec sa tête sous l'épée victorieuse de Claudius.

Aujourd'hui les dépouilles des trois princes ornent encore le temple magnifique de Jupiter Férétrien, surnom qui fut donné au dieu, soit parce que le général romain *frappait* le général ennemi d'un coup assuré, sous ses auspices, soit parce que le vainqueur *portait* en triomphe sur ses épaules l'armure du vaincu.

ÉLÉGIE XI.

CORNÉLIE AUX ENFERS.

Cesse, Paulus, d'inonder ma tombe de tes larmes: car la porte du Tartare ne s'ouvre à aucune prière. Lorsque la mort nous a poussés une fois sous l'empire de Pluton, un inflexible airain referme sur nous la route; et quand même le dieu entendrait ta voix dans sa cour ténébreuse, le rivage du Styx s'abreuverait de tes larmes et resterait sourd à tes plaintes. Le ciel est sensible aux vœux des hommes; mais quand le nocher des enfers les a reçus dans sa barque, la tombe est fermée pour toujours sous l'herbe qui la recouvre. Voilà le destin que m'annonçait la trompette funèbre, lorsqu'une flamme odieuse dévorait sur le bûcher mes tristes restes. Que m'a servi l'hymen de Paulus, et le char triomphal de mes

Num minus immites habui Cornelia Parcas?
 En sum, quod digitis quinque levatur, onus.

Damnatæ noctes, et vos, vada lenta paludes,
 Et quæcumque meos implicat unda pedes,
Immatura licet, tamen huc non noxia veni.
 Det pater hic umbræ mollia jura meæ.
Aut si quis posita judex sedet Æacus urna,
 Is mea sortita vindicet ossa pila.
Adsideant fratres juxta et Minoida sellam
 Eumenidum intento turba severa foro.
Sisyphe, mole vaces; taceant Ixionis orbes;
 Fallax Tantaleo corripiare liquor;
Cerberus et nullas hodie petat improbus umbras,
 Et jaceat tacita lapsa catena sera.
Ipsa loquor pro me : si fallo, pœna sororum,
 Infelix humeros urgeat urna meos.

Si cui fama fuit per avita tropæa decori,
 Afra Numantinos regna loquuntur avos.
Altera maternos exæquat turba Libones,
 Et domus est titulis utraque fulta suis.
Mox, ubi jam facibus cessit prætexta maritis,
 Vinxit et acceptas altera vitta comas;
Jungor, Paulle, tuo, sic discessura, cubili.
 In lapide hoc uni nupta fuisse legar.
Testor majorum cineres tibi, Roma, colendos,
 Sub quorum titulis, Africa, tonsa jaces;
Te, Perseu, proavi simulantem pectus Achilli,
 Quique tuas proavo fregit Achille domos;
Me neque censuræ legem mollisse, nec ulla

aïeux, et cette gloire méritée par tant de titres? La Parque en a-t-elle été moins cruelle pour Cornélie? Un enfant, hélas! soulèverait aujourd'hui ce qui reste de moi.

Nuit infernale; et vous, marais du Styx; et vous, fleuves qui enchaînez mes pas, j'arrive ici à la fleur de mon âge, mais toujours innocente. Que Pluton reçoive avec bonté mon ombre; ou si Éacus vient s'asseoir, pour me juger, auprès de l'urne fatale, qu'il tire au sort les juges qui absoudront mes restes; qu'auprès de lui, qu'auprès de Minos et de Rhadamante, ses frères, les sévères Euménides prennent place pour m'écouter! Repose-toi, Sisyphe; Ixion, abandonne ta roue; et toi, Tantale, bois enfin une onde qui te fuit; et toi, Cerbère, ne tourmente aujourd'hui aucune ombre, mais dors sur les anneaux de ta chaîne silencieuse. Moi-même je plaiderai ma cause: si je mens, que l'urne affreuse des Danaïdes pèse sur ma tête, et me punisse comme elles!

Si jamais l'on a pu tirer quelque gloire des trophées de sa famille, l'Afrique et Numance répètent le nom des Scipions; celui des Scribonius, qui ont donné le jour à ma mère, n'est pas moins célèbre: l'une et l'autre maison s'appuie sur des titres nombreux. Quand j'eus dépouillé la prétexte au flambeau de l'hymen, et qu'un nouveau bandeau eut relevé ma chevelure, cher Paulus, je partageai ta couche, hélas! pour peu d'instans; mais qu'on inscrive du moins sur ma tombe que je n'eus jamais d'autre époux. J'en atteste et la cendre vénérée des Scipions, qui ont soumis l'Afrique entière à l'empire de Rome reconnaissante, et le héros qui brisa la puissance de Persée, quand ce dernier roi de Macédoine voulut imiter la valeur d'Achille, son aïeul: jamais je

Labe mea vestros erubuisse focos.
Non fuit exuviis tantis Cornelia damnum :
   Quin erat et magnæ pars imitanda domus.
Nec mea mutata est ætas : sine crimine tota est :
   Viximus insignes inter utramque facem.
Mi natura dedit leges a sanguine ductas,
   Ne possem melior judicis esse metu.
Quælibet austeras de me ferat urna tabellas :
   Turpior adsessu non erit ulla meo ;
Vel tu, quæ tardam movisti fune Cybelen,
   Claudia, turritæ rara ministra deæ ;
Vel cui, commissos quum Vesta reposceret ignes,
   Exhibuit vivos carbasus alba focos.
Nec te, dulce caput, mater Scribonia, læsi :
   In me mutatum quid, nisi fata, velis ?
Maternis laudor lacrymis, urbisque querelis,
   Defensa et gemitu Cæsaris ossa mea.
Ille sua nata dignam vixisse sororem
   Increpat ; et lacrymas vidimus ire deo.

Et tamen emerui generosos vestis honores,
   Nec mea de sterili facta rapina domo.
Tu, Lepide, et tu, Paulle, meum post fata levamen !
   Condita sunt vestro lumina nostra sinu.
Vidimus et fratrem sellam geminasse curulem ;
   Consul quo factus tempore, rapta soror.
Filia, tu specimen censuræ nata paternæ,
   Fac teneas unum, nos imitata, virum,
Et serie fulcite genus : mihi cymba volenti
   Solvitur, aucturis tot mea fata malis.

n'ai dérogé aux lois de nos censeurs ; jamais je n'ai fait rougir d'aucune faiblesse mes augustes pénates. Cornélie s'est montrée digne de tant de grands hommes : que dis-je ? elle était pour sa noble famille un modèle de plus. Sa vie fut toujours la même, toujours sans tache : le flambeau funéraire m'a trouvée pure, comme le flambeau de l'hymen. Mes vertus, je les ai dues à la nature et à mon origine, et la crainte d'un juge n'y pouvait rien ajouter. Quelque sévère que soit l'arrêt porté sur ma conduite, aucune femme ne se croira déshonorée par ma présence, ni Claudia, cette chaste prêtresse, qui dégagea avec sa ceinture la statue pesante de Cybèle, ni toi, qui vis s'enflammer jadis ta blanche écharpe, quand Vesta redemandait le feu confié à tes soins vigilans. Et toi, Scribonia, mère tendre et chérie, t'ai-je offensée jamais ? Regretteras-tu autre chose dans ta fille que son trépas ? Les pleurs d'une mère et les gémissemens de ma patrie font ma gloire ; César me protège lui-même de ses regrets ; il rappelle avec douleur qu'on me vit la digne sœur de sa fille, et les Romains ont aperçu les larmes d'un dieu.

Cependant j'ai acquis les honneurs d'une heureuse fécondité, et le destin qui m'enlève ne m'a point trouvée stérile. Lepidus, Paulus, que j'aime à vous voir me survivre ! c'est dans vos bras que j'ai fermé les yeux. J'ai vu mon frère s'asseoir deux fois sur la chaise curule, et prendre les faisceaux l'année même que je lui fus ravie. Pour toi, ma fille, qui rappelles par ta naissance la censure de ton père, imite mon exemple ; ne sois jamais qu'à un seul époux, et, tous, perpétuez une illustre famille. Je quitte sans répugnance une vie que tant de maux pourraient flétrir. Le dernier est le plus beau triom-

Hæc est feminei merces extrema triumphi,
  Laudat ubi emeritum libera fama rogum.
Nunc tibi commendo, communia pignora, natos:
  Hæc cura et cineri spirat inusta meo.
Fungere maternis vicibus, pater: illa meorum
  Omnis erit collo turba ferenda tuo.
Oscula quum dederis tua flentibus, adjice matris.
  Tota domus cœpit nunc onus esse tuum.
Et si quid doliturus eris sine testibus illis,
  Quum venient, siccis oscula falle genis.
Sat tibi sint noctes, quas de me, Paulle, fatiges,
  Somniaque in faciem credita sæpe meam.
Atque, ubi secreto nostra ad simulacra loqueris,
  Ut responsuræ singula verba jace.

Seu tamen adversum mutarit janua lectum,
  Sederit et nostro cauta noverca toro;
Conjugium, pueri, laudate et ferte paternum:
  Capta dabit vestris moribus illa manus.
Nec matrem laudate nimis: collata priori
  Vertet in offensas libera verba suas.
Seu memor ille mea contentus manserit umbra,
  Et tanti cineres duxerit esse meos;
Discite venturam jam nunc sentire senectam,
  Cœlibis ad curas nec vacet ulla via.
Quod mihi detractum est, vestros accedat ad annos!
  Prole mea Paullum sic juvet esse senem!
Et bene habet: numquam mater lugubria sumsi;
  Venit in exsequias tota caterva meas.

phe d'une femme, c'est le libre souvenir qu'on en garde après sa mort.

Il est encore un soin qui respire dans mon cœur, tout poudre qu'il est : cher Paulus, je te recommande nos enfans, ces gages de notre union mutuelle. Rends-leur une mère qui n'est plus, toi leur père, toi qui les sentiras seul se suspendre tous à ton cou; redouble en mon nom les baisers qui sécheront leurs larmes. Hélas! tout aujourd'hui ne pèse plus que sur toi. Si tu veux répandre quelques pleurs en leur absence, réprime ta douleur quand ils viendront, et trompe-les par mille caresses : la nuit est assez longue, Paulus, pour te fatiguer à me pleurer. Souvent il te semblera voir mon image dans un songe ; et quand tu t'épancheras sans témoin devant mes traits, parle toujours comme si j'allais répondre.

Mais quoi ! si Paulus contractait un nouvel hymen? si une adroite belle-mère prenait ma place dans sa couche? O mes enfans, louez, respectez l'engagement d'un père, et captivez par vos prévenances celle qu'il aura choisie. Ne louez votre mère qu'avec réserve : dans vos paroles, dans vos justes regrets, cette femme ne verrait qu'un parallèle injurieux. Mais s'il reste fidèle à mon ombre, s'il conserve à ma cendre un précieux souvenir, apprenez à lui adoucir dès aujourd'hui les approches de la vieillesse, et que vos tendres soins lui fassent oublier qu'il est seul. Puissent les dieux ajouter à vos ans les ans qu'ils m'ont refusés, et qu'heureux au milieu de vous, Paulus coule en paix ses vieux jours ! Pour moi, tout est bien ; mère fortunée, jamais je n'ai porté le deuil, et j'ai vu ma nombreuse famille suivre en pleurant mes funérailles.

Causa perorata est. Flentes me, surgite testes,
 Dum pretium vitæ grata rependit humus.
Moribus et cœlum patuit : sim digna merendo,
 Cujus honoratis ossa vehantur avis.

Ma cause est plaidée. Levez-vous comme témoins, vous qui pleurez ma mort, et qu'un jugement équitable accorde à ma vie la récompense qui lui est due. La vertu a mérité le ciel même : que mon ombre obtienne, à ce titre, de voguer vers ses nobles aïeux.

NOTES

DU LIVRE PREMIER.

ÉLÉGIE PREMIÈRE.

AD TULLUM. On s'est demandé quel était ce Tullus auquel Properce adressa plusieurs autres élégies. D'après l'opinion la plus commune, ce serait L. Tullus Volcatius, qui fut collègue d'Auguste dans son second consulat, et qui aurait obtenu plus tard (liv. III, élég. 21) le gouvernement de l'Asie.

Castas (v. 5). Si l'on admet, ce qui paraît probable, que Hostilia était mariée, il sera aisé de comprendre l'épithète *castas* sans recourir à des interprétations qui n'auraient pas dû concilier à Properce l'attachement de sa maîtresse. Par *castas puellas*, Broukhusius entend Minerve et les Muses, ce qui est forcé et faux par le fait même.

Milanion (v. 9). Ovide rapporte l'histoire de ce prince, dans son *Art d'aimer*, liv. II, v. 185.

Iasidos (v. 10). Il y eut deux Atalantes : l'une, fille d'Iasus, était de Nonacris en Arcadie; l'autre, qui fut vaincue à la course par Hippomènes, et changée avec lui en lions, était fille de Schœnus, roi d'Argos. On aurait donc tort de confondre Milanion avec Hippomènes. Celui-ci mourut sans enfans; le premier, au contraire, que l'on appelle encore Méléagre, eut un fils nommé Parthénopée.

Partheniis (v. 11). Le Parthénus ou Parthénius était une montagne célèbre en Arcadie, dont parle Pline, liv. IV, chap. 10, et Callimaque, *Hymne à Délos*, v. 71. Atalante, exposée jadis sur cette montagne par l'ordre de son père, y avait été allaitée par une tigresse.

Hylæi (v. 13). Pour *Hylæii*, comme *Thesea* pour *Theseia*. Hylé fut un centaure amoureux d'Atalante, qui voulut se défaire d'un rival en tuant Milanion, et qu'Atalante perça plus tard d'une de ses flèches, s'il en faut croire Apollodore.

Cytæœis (v. 24). Cytée était une ville de la Colchide, patrie de Médée et de Circé.

Pares (v. 32). Expression consacrée par les meilleurs poètes pour indiquer un amour partagé. Il ne faudrait pas la prendre dans le sens de *constance*, bien que les vers qui suivent paraissent l'autoriser.

Voyez Madame DUFRÉNOY, *Élégie* 1; QUINAULT, *Atys*, acte IV, sc. 5; PARNY, II; ANDRÉ CHÉNIER, 15 et 23.

ÉLÉGIE DEUXIÈME.

Coa (v. 2). Cos était une île située sur les côtes de la Carie, dont elle fait partie. Ce fut la patrie d'Hippocrate et d'Apelle. Des éditeurs ont voulu lire *Cea* au lieu de *Coa*, parce que Pline a dit, liv. XI, chap. 26, que la soie avait été travaillée pour la première fois à Céos par Pamphile, fille de Platis. Or, d'après eux, Céos serait une des Cyclades. Mais, au commencement du chap. 27, le même Pline ajoute que l'on trouve à Cos des vers à soie, et de plus il dit, liv. V, ch. 34, que Cos est appelée Céa par quelques auteurs. Quoi qu'il en soit de l'identité des deux noms, il est certain qu'il y avait à Cos, aujourd'hui Lango, des manufactures de soie très-estimées des anciens.

Orontea (v. 3). La myrrhe, que nous appelons aujourd'hui benjoin, s'extrait par incision de différens arbres, qui croissent dans l'Inde ou dans l'Arabie. Cependant Properce lui donne l'épithète de *Orontea*, l'Oronte étant un fleuve de la Syrie, parce que les Romains ne tiraient la myrrhe que de ce dernier pays, où elle était transportée par un commerce continuel avec l'Arabie et l'Inde.

Arbutus (v. 11). Cet arbrisseau, élevé de quatre à cinq pieds, est très-commun en Italie et dans les provinces méridionales de la France, où il porte les noms de *fraisier en arbre*, *frôle*, etc. Sa baie, qui ressemble beaucoup à la fraise, est bonne à manger.

Leucippis (v. 15). Épithète patronymique se rapportant à *Phœbe*.

On pourrait dire encore *Leucippi*, comme *Deiphobe Glauci*, *Hectoris Andromache*, etc.

Leucippe, roi de Sycione, eut deux filles, Phébé et Thélayre, celle-ci prêtresse de Diane, et celle-là de Minerve. Il les avait promises à Lyncée et à Idas, qui étaient frères : mais Castor et Pollux les enlevèrent. Il s'ensuivit un combat dans lequel Castor succomba sous les coups de Lyncée, qui fut percé à son tour par Pollux, et Idas fut frappé de la foudre comme il s'avançait contre le vainqueur. Ovide raconte au long cette histoire au vers 699 du livre VIII des *Fastes*. De son récit et de celui d'Apollodore résulterait, contre Properce, que ce fut Pollux qui épousa Phébé, et Castor, Thélayre.

Eveni (v. 18). Marpesse, fille d'Evénus, avait été enlevée par Idas, d'une beauté remarquable. Son père, ne pouvant atteindre le ravisseur, se précipita dans le fleuve Lycormas, qui prit son nom. Apollon, épris de Marpesse, vint la ravir à son premier amant. Idas dirigea ses flèches contre le dieu. Jupiter, pour terminer la dispute, permit à la fille d'Evénus de choisir pour époux celui qu'elle préfèrerait, et Idas eut la gloire de l'emporter sur Apollon.

Phrygium (v. 19). Pélops, fils de Tantale, roi de Phrygie.

Hippodamia (v. 20). Hippodamie, fille d'OEnomaüs, roi d'Élide, devait épouser celui qui vaincrait son père à la course des chars. Pélops corrompit le cocher Myrtile, qui fit verser le char du roi. OEnomaüs étant mort de sa chute, Pélops lui succéda et donna son nom au Péloponnèse.

Ne sim tibi (v. 25). Cette leçon est la plus ancienne. Un grand nombre d'éditions donnent, après Scaliger, *ne sis mihi*; ce qui paraît s'accorder moins bien avec *vereor*.

Aoniam (v. 28). C'était l'ancien nom de la Béotie, dans laquelle on trouve le mont Hélicon, le Permesse, les fontaines Aganippe et Hippocrène, lieux consacrés aux Muses.

Voyez ANDRÉ CHÉNIER, *Fragmens sur l'Art d'aimer*; BERNARD, liv. II, *Art d'aimer*; LEBRUN, III, 1.

ÉLÉGIE TROISIÈME.

Gnosia (v. 2). Ariadne, ainsi appelée de la ville de Gnosse, l'une des premières de la Crète. On sait comment cette princesse dirigea, au moyen d'un fil, parmi les nombreux détours du Labyrinthe, Thésée, qui allait combattre le Minotaure. Ce prince l'enleva après sa victoire, et l'abandonna ensuite dans l'île de Naxos, où Bacchus en devint amoureux.

Cepheia (v. 3). Cassiope, femme de Céphée, roi d'Éthiopie, et mère d'Andromède, ayant préféré sa beauté à celle des Néréides, sa fille fut exposée sur un rocher à la fureur d'un monstre marin. Persée la délivra, monté sur le cheval Pégase, et la prit ensuite pour épouse.

Edonis (v. 5). Les Bacchantes sont ainsi nommées du mont Édon, en Thrace, où se célébraient leurs orgies.

Apidano (v. 6). L'Apidanus, rivière de Thessalie, se jette dans le Pénée.

Inachidos (v. 20). Io, fille d'Inachus, fut aimée de Jupiter. Junon, qui en devint jalouse, la changea en génisse, et la confia à la garde du vigilant Argus. Mais celui-ci fut endormi par les chants de Mercure, qui le tua; et Io, rendue à sa forme première, épousa Osiris, avec lequel elle fut adorée sous le nom d'Isis par les habitans de l'Égypte.

Poma (v. 24). *Les contours de sa belle gorge*, traduit Delongchamps. Rien n'empêche, quoi qu'il en dise, de prendre ici l'expression dans son sens propre et naturel.

Voyez Bertin, *Amours*, 1, 4; Dorat, *Baiser*, iii; André Chénier, xxxix; Tissot, *le Sommeil d'Eucharis*.

ÉLÉGIE QUATRIÈME.

Basse (v. 1). On ignore quel est positivement le Bassus auquel cette élégie est adressée. Cependant tout porte à croire que ce fut un poète iambique qu'Ovide loue dans la dernière élégie du livre iv des *Tristes* :

Ponticus herois, Bassus quoque clarus iambis.

Antiopæ (v. 5). Antiope, fille de Nyctée, épousa Lycus, roi de Thèbes. Jupiter se changea en satyre pour lui ravir ses faveurs. Il en eut deux fils, Zéthus et Amphion.

Spartanæ (v. 6). Sparte fut célèbre dès les anciens temps par la beauté de ses femmes. Homère, *Odyssée*, liv. XIII, v. 412, l'appelle Σπάρτην καλλιγύναικα.

Quibus... perire (v. 12). Ce verbe est pris ici, comme dans une multitude d'endroits, dans le sens métaphorique de *perdite amare*. C'est donc à tort que Marolles a traduit, avec quelques autres, *pour lesquelles je voudrais mourir.*

Lapis (v. 24). Chez les anciens, on trouvait de toutes parts, dans les campagnes, des images en bois grossièrement taillées ou des pierres, qui servaient à limiter les champs, mais que l'on adorait comme des divinités, et devant lesquelles le voyageur s'inclinait avec respect. La religion chrétienne leur a substitué les croix en bois ou en pierre. Voir à l'appui TIBULLE, liv. I, élég. 1; APULÉE, au commencement du liv. I; LUCRÈCE, liv. V; ARNOBE, liv. I; SÉNÈQUE, *Hippolyte*, acte II, sc. 2.

Adoro (v. 27). Ce mot, comme l'observent les commentateurs, est fréquemment employé chez les poëtes dans le sens de *oro*. Tite-Live lui-même a dit, liv. V, chap. 12 : « Romanus dictator... quum... hostia cæsa pacem deum adorasset... »

ÉLÉGIE CINQUIÈME.

Invide (v. 1). Gallus s'était déclaré le rival de Properce, qui lui adressa cette élégie. On suppose qu'il s'agit de Cornelius Gallus dont les poésies sont souvent réunies aux poésies de Properce.

Toxica Thessalia (v. 6). La Thessalie a toujours été renommée chez les poëtes pour ses poisons et ses plantes vénéneuses. *Voy.* TIBULLE, liv. II, élég. 4, et HORACE, liv. I, *ode* 27.

Quod si forte (v. 9). Scaliger prétend cette leçon fausse, et propose, d'après un manuscrit : *Aut si forte ausis non est contraria nostris*, en cherchant à établir que Gallus avait prié Properce de le servir auprès de Cynthie. Quelques éditeurs ont en effet adopté le raisonnement et la leçon. Cependant comment croire que Gallus ait pu demander à son ami un semblable service? La chose est peu naturelle. Le texte d'ailleurs s'enchaîne si bien, qu'on ne saurait pourquoi Scaliger a prétendu le changer.

Cadent (v. 14). Expression fréquemment employée pour indiquer la faiblesse. Elle contraste avec les mots qui la précèdent.

Nobilitas (v. 23). La famille Cornelia, à laquelle appartenait Gallus, comptait parmi ses différentes branches, les Gallus, les Lentulus, les Syllas et les Scipions.

Imaginibus (v. 24). Pline, au liv. xxxv, chap. 2, nous apprend que les Romains réunissaient dans leurs demeures les images de leurs ancêtres. Elles étaient d'abord en cire; plus tard, on employa des matières plus précieuses; mais jusque sous l'empire les familles puissantes portaient en grande pompe leurs images aux funérailles de chacun de leurs membres.

ÉLÉGIE SIXIÈME.

Tulle (v. 2). Tullus, nommé proconsul en Asie, voulait emmener avec lui Properce qui s'en défend et s'excuse sur son amour pour Cynthie.

Rhipœos (v. 3). Les monts Riphées étaient en Thrace. Ce nom leur vient, dit Servius, du verbe ῥίπτειν, parce qu'ils sont battus continuellement par les vents et les orages.

Memnonias (v. 4). Leçon à conserver, malgré les commentateurs qui veulent la changer pour *Æmonias*. On a demandé s'il s'agissait de l'Éthiopie, ou de Suze, ou de tout autre pays. Qu'importe? Le poëte veut parler en général des peuples d'Orient. *Voyez* livre II, élég. 18.

Patrui secures (v. 19). Le seul Tullus qui ait été consul vers cette époque est Volcatius Tullus, collègue de Lepidus, deux ans avant le consulat de Cicéron. C'est peut-être le même qui fut plus tard collègue d'Auguste. Alors le Tullus, auquel Properce adressa plusieurs de ces élégies, ne nous serait plus connu que par ces élégies elles-mêmes.

Jura refer sociis (v. 20). Passerat et d'autres, comme lui, rappellent, pour expliquer ce vers, qu'Auguste et Tibère enlevèrent successivement et rendirent à Cyzique ses privilèges pour avoir fait battre de verges des citoyens romains; or, Properce nous apprend, par l'élégie 12 du liv. III, que Gallus demeura long-temps à Cyzique. Reste à savoir si cet échafaudage d'érudition est réellement nécessaire, et si les mots tels qu'ils sont ne présentent pas un sens satisfaisant.

Ultima nota (v. 24). Turnèbe donne *omina nota*; Passerat, *somnia nota*; Brouckh., d'après un manuscrit, *ultima vota*, nempe martem. Cette dernière leçon surtout est assez difficile à défendre : aussi y consacre-t-on plus de deux pages.

Ionia (v. 31). L'Ionie, peuplée par la postérité d'Ion, fils de Xuthus et petit-fils d'Hellen, fut toujours regardée, pour sa température et ses richesses, comme l'une des contrées où le luxe régnait avec le plus d'empire.

Pactoli (v. 32). Le Pactole, en Lydie, roulait de l'or dans ses flots.

Tinguit aratra (v. 32). *Tinguit* est pour *tingit*, et se trouve plusieurs fois dans Horace. Avec *aratra*, il faut rapporter cette pensée à celle de Justin sur l'Espagne, liv. XLIV : *Auro quoque ditissima adeo, ut etiam aratro frequenter glebas aureas exscindant.* Mais au lieu d'*aratra*, on trouve *arata* qui équivaut à *arva*, dans Beroald., Turnèbe, Brouckh., etc.

Voyez PARNY, III, *Le Voyage manqué.*

ÉLÉGIE SEPTIÈME.

Pontice (v. 1). Ovide a fait l'éloge de ce poète épique dans la dernière élégie du quatrième livre des *Tristes* : mais il ne nous est rien parvenu de ses ouvrages, non plus que de Bassus.

Fraternæ militiæ (v. 2). C'est la guerre d'Étéocle et de Polynice que Ponticus avait chantée.

Eviolasse (v. 16). On trouve pour ce mot, suivant les éditions, *hæc voluisse, se voluisse, heu voluisse, he voluisse, evoluisse*, etc. Passerat retient la leçon la plus ordinaire, *eviolasse*, et donne pour glose, *si cupido te concusserit eviolasse, quod nolim, nostros deos*, nempe meam Cynthiam. Cette dernière interprétation paraît dure. En conséquence, j'ai traduit d'après la construction suivante, *quod nolim*, nempe *nostros deos*, id est amorem, Venerem, etc., *eviolasse* te. Le sens est à peu près le même, et l'explication est peut-être plus naturelle.

Agmina septem (v. 17). L'armée qui assiégea Thèbes était commandée par sept chefs, Adraste, Polynice, Tydée, Amphiaraüs, Hippomédon, Capanée et Parthenopée.

Voyez BERTIN, *Amours*, III, 2, et 1, 16; A. CHÉNIER, XXXIV.

ÉLÉGIE HUITIÈME.

Tune igitur demens (v. 1). Cynthie songeait à un voyage en Illyrie, où l'appelaient les promesses et l'amour d'un préteur, rival de Properce. Celui-ci la détourne de cette pensée, et se réjouit ensuite d'avoir persuadé son amante.

Illyria (v. 2). L'Illyrie, qui conserve de nos jours son ancien nom, fut ainsi appelée d'Illyrus, fils de Polyphème et de Galatée. Le poète lui donne l'épithète de *gelida*, par opposition à la température de Rome et des contrées méridionales de l'Italie.

Positas sulcare ruinas (v. 7). C'est l'ancienne leçon, que Scaliger voulait changer, sur la foi d'une édition qu'il ne nomme pas, pour *fulcire ruinas*. Gronov. et Brouckh. n'adoptent qu'à moitié la correction proposée, et lisent *fulcire pruinas*. En comparant ces différentes leçons, on trouve, 1° que *fulcire* pour *calcare*, comme le veut Scaliger, est très-dur, et, de plus, qu'il faudrait admettre un hypallage; 2° que si l'on dit *ruina cœli* pour *ruentem cœlo aquæ concretæ et nivis stragem*, on n'a jamais trouvé *ruina* employé seul dans ce sens, comme l'observe Gronovius. Mais aucun auteur, ajoute Scaliger, n'a jamais dit *sulcare pruinas*. Passerat observe d'abord que Tite-Live, au passage des Alpes, nous offre une expression semblable dans *secare nives*; et en second lieu, de ce qu'une alliance de mots n'a pas encore été faite, en peut-on légitimement conclure qu'elle ne doive l'être jamais? Je ne le pense pas.

Vergiliis (v. 10). *Vergiliæ*, dit Festus, *ita dictæ, quod earum ortu ver finitur et æstas incipit*. On les appelle encore Pléiades, ἀπὸ τοῦ πλέειν, dit Servius, parce qu'elles annoncent le temps le plus favorable à la navigation. Cette constellation se compose de sept étoiles qui sont voisines du Taureau.

Galatea (v. 18). Ce n'est point sans raison que Properce invoque Galatée : elle était nymphe de la mer, et de plus mère d'Illyrus.

Vectam per cærula (v. 19). C'est la leçon de Passerat. D'excellentes éditions donnent *prævecta ceraunia r.*, *prævecta* étant le nominatif au lieu de l'accusatif, comme dans Virgile :

> Sensit medios delapsus in hostes.

Mais les deux constructions sont bien différentes. On dit encore que *prævecta* pourrait être au vocatif. Ce serait une tournure bien peu usitée.

Oricos (v. 21). Cette ville, l'une des principales de l'Épire, fut fondée par une colonie venue de Colchide, comme le rapporte Pline, liv. III, ch. 26.

Tædæ (v. 21). Nous reproduisons l'ancienne leçon, mais nous nous écartons du sens presque généralement donné : *Nullius mulieris amor adeo me immutabit, ut,* etc.

Atraciis (v. 25). Les Atraciens étaient un peuple d'Étolie. Ils tiraient leur nom du fleuve Atrax, qui sépare l'Étolie de l'Achaïe, et qui se jette dans la mer Ionienne.

Eleis (v. 26). On peut supposer qu'il s'agit ici d'Élée, ville d'Illyrie, dont parle Ptolémée. Mais rien n'empêche d'entendre la ville d'Élis, dans le Péloponnèse, où se célébraient les jeux Olympiques. Les vers qui suivent confirmeraient encore dans cette opinion.

Voyez MALHERBE, *Stances*, II; BERTIN, *Amours*, I, 14; A. CHÉNIER, *Fragmens*.

ÉLÉGIE NEUVIÈME.

Quævis (v. 4). Scaliger, Sylvius, Broukh. donnent *quovis.... modo*, ce qui est bien froid. *Quævis de ignota et vili dicitur*, expose avec raison Passerat, ce qui répond à l'objection de Scaliger : *Unam tantum deperibat*.

Chaoniæ (v. 5). La Chaonie était une province d'Épire, ainsi appelée du Troyen Chaon, qui s'y établit. Elle renfermait la ville et surtout la forêt de Dodone, consacrée à Jupiter, où les colombes et les chênes eux-mêmes prédisaient l'avenir. Pour l'explication de cette fable, *voyez* HÉRODOTE, liv. II, ch. 57.

Amphioniæ (v. 10). Il ne faut pas oublier que Ponticus avait composé une *Thébaïde.* On connaît l'histoire d'Amphion, et l'explication de cette ingénieuse allégorie.

Mimnermi (v. 11). Mimnerme, poète élégiaque de Colophon ou de Smyrne, inventa, dit-on, le vers pentamètre et aima, dans un âge avancé, une joueuse de flûte appelée Nanno. Il était célèbre chez les anciens par la facilité, la douceur et l'harmonie de son style.

Armenias (v. 19). Le Tigre appartient plus particulièrement aux Indes et à l'Hyrcanie; mais l'Arménie est limitrophe de cette dernière province : de là vient que Properce, Virgile et Tibulle ont donné au Tigre l'épithète d'*arménien.*

Manu (v. 24). Le sens de ces deux vers serait, d'après Passerat : *L'amour n'accourut jamais d'une aile si prompte, que plus tard il ne refusât d'accourir à nos vœux.* L'explication de Broukh. est préférable et se lie mieux avec les idées qui suivent : *Nemo unquam adeo felix in amore fuit, ut semel captus, posset abire quum vellet.*

Manus adtigit ossa (v. 29). Plusieurs éditions donnent *cutis* au lieu de *manus,* et celles même qui conservent la leçon vulgaire, expliquent : *Jusqu'à ce que la main touche les os à travers la peau.* N'est-il pas plus naturel de voir dans ces mots une métaphore empruntée si l'on veut à la médecine, et d'entendre : *Jusqu'à ce que la main de l'Amour, coupant dans le vif, parvienne à toucher l'os.* Delongchamps traduit : *Dont les symptômes ne se laissent sentir que lorsqu'il est incurable;* ce qui est éluder la difficulté.

Voyez A. CHÉNIER, v, et *Fragmens.*

ÉLÉGIE DIXIÈME.

Conscius in lacrymis (v. 2). Cette tournure, ordinaire à Properce, se trouve quelquefois dans Catulle, mais elle est d'ailleurs peu usitée chez les écrivains latins.

Puella (v. 5). Probablement Lycoris, s'il est ici question, comme on le suppose généralement, de Cornélius Gallus, ami de Properce, de Virgile et de tous les poètes du siècle d'Auguste.

Voyez A. CHÉNIER, *Fragmens sur l'Art d'aimer;* BERNARD, liv. 1, *Art d'aimer.*

ÉLÉGIE ONZIÈME.

Baiis (v. 1). Cette ville tirait son nom de Baïus, l'un des compagnons d'Ulysse. Elle était célèbre par ses bains et la douceur de son climat. Horace a fait son éloge. Selon lui,

> Nullus in orbe locus Baiis prælucet amœnis.

Mais Sénèque l'appelle, liv. VII, ép. à Lucilius, *vitiorum diversorium*. Isidore, liv. XIV, chapitre dernier, fait dériver le nom de Baïes *a bajulandis mercibus*.

Herculeis (v. 2). L'histoire d'Hercule porte qu'après avoir enlevé les bœufs de Géryon, ce héros vint en Italie, près de Baïes, et se fraya un passage, au moyen d'une digue, sur le rivage même occupé par la mer. De là l'expression *semita, quasi semi iter*, Varron, liv. IV.

Thesproti regno (v. 3). De toutes les explications données sur ces deux mots, celle de Scaliger paraît la plus raisonnable. Thesprotus, fils de Pélasgus, régna sur l'Épire et jamais sur l'Italie. Mais dans les temps anciens, les rivages de Cumes et de Pouzzoles furent peuplés par une colonie des Abantes, nation qui habitait la partie de l'Épire appelée Thesprotie. C'est ainsi, ajoute le commentateur, que la Gaule fut appelée France, du nom des Francs; la Neustrie, Normandie, de celui des Normands, etc.

Lucrina (v. 10). Le lac Lucrin, en Campanie, a été célébré par tous les anciens poëtes. Ce n'est plus aujourd'hui qu'un marais bourbeux.

Teuthrantis (v. 11). Ce mot a exercé la sagacité des commentateurs. On le trouve remplacé tour-à-tour par *tentantis, natitantis, te navis in alvo, te fluminis alveo*. Scaliger, en proposant *teuthrantis*, s'est appuyé sur des manuscrits, sur ce que le nom convient à une colonie grecque, sur ce que Silius Italicus, qui prête à ses personnages du second ordre des noms empruntés aux lieux de leur origine, a nommé Teuthras un habitant de Cumes. On trouve à la marge de l'un des manuscrits qui donnent cette leçon : *Insula, vel fluvius parvulus*.

Baiœ (v. 3o). Pour *Baianœ*, dit Broukh. : il y a seulement une double apposition.

Voyez A. CHÉNIER, III; BERTIN, *Amours*, 1, 10; CHAULIEU, tome II, page 139, édition 1825.

ÉLÉGIE DOUZIÈME.

AD AMICUM. Dans la plupart des éditions, cette élégie est adressée à Cynthie. Mais si l'on en suit attentivement les idées, il paraît de toute évidence que Properce l'a écrite en effet à un de ses amis, qui l'avait probablement invité, en lui reprochant sa paresse, à quitter Rome quelque temps pour le suivre à la campagne. Properce en prend occasion de déplorer encore l'éloignement de sa maîtresse.

Conscia Roma (v. 2). On lisait dans quelques vieux manuscrits *nobis, Cynthia, Roma moram*. De là vint l'erreur signalée dans la note précédente.

Hypanis (v. 4). Il y avait deux fleuves de ce nom, l'un dans les Indes et l'autre en Scythie, auprès du Borysthène, aujourd'hui le Dniéper. Sur les rives du premier naissaient, au rapport de Pline, des insectes qui ne vivaient qu'un jour. Le second avait des eaux pures et limpides, jusqu'à ce qu'une source sans nom, en se mêlant avec elles, leur communiquât une amertume insupportable.

Eridano (v. 4). L'Éridan, aujourd'hui le Pô, que Virgile appelle le roi des fleuves, se jette dans la mer Adriatique, en traversant une partie du territoire de Venise.

Prometheis (v. 10). Prométhée, selon la fable, s'attira le courroux de Jupiter en formant l'homme avec de l'argile, et en dérobant le feu du ciel pour animer son ouvrage. Il fut enchaîné sur les sommets du Caucase, en punition d'une telle audace, et un vautour lui rongeait les entrailles qui renaissaient sans cesse.

Voyez PARNY, liv. II, *Retour à Eléonore*, et IV, 4; BERTIN, *Amours*, II, 1 et 2; A. CHÉNIER, III; LEBRUN, *Él.* IV, 5.

ÉLÉGIE TREIZIÈME.

Abire (v. 8). Delongchamps traduit, d'après Passerat, Sylvius et beaucoup d'autres, *broncher au premier pas que vous faites dans cette nouvelle carrière*, en lisant *adire* pour *abire*. Nous adoptons *abire* avec le petit nombre, et l'explication de Broukh. *Lapsus abire*, suivant lui, est une périphrase poétique pour *labi*, et *labi gradu primo*, est la même locution que *dejici, demoveri de gradu*, que l'on trouve dans les meilleurs auteurs. Au lieu d'*abire*, quelques manuscrits donnent encore *amore*.

Verbis (v. 17). Scaliger voudrait *membris*, mais pourquoi? *Labris*, que Passerat dit avoir trouvé dans de vieilles éditions, et que reçoit Broukh. sur l'autorité de Passerat, aurait plus de délicatesse et de grâce. Toutefois le mot *verbis* me semble prêter à un assez beau sens pour qu'il devienne inutile de le changer.

Salmonida (v. 21). Tyro, fille de Salmonée, aimait l'Énipée et en était aimé. Neptune, qui brûlait aussi pour elle, prit, pour la tromper, les traits de son rival, et en eut deux fils, Pélias et Nélée.

Enipeo (v. 21). Il y eut deux fleuves de ce nom, l'un en Élide, et l'autre, dont il est ici question, qui se réunit à l'Apidanus, après avoir arrosé les plaines de Pharsale.

Tænarius (v. 22). Le Ténare était un promontoire de Laconie où s'élevait un temple consacré à Neptune.

Ledæ (v. 30). Léda, fille de Thestius, et femme de Tyndare, roi de Lacédémone, eut de Tyndare, Castor et Clytemnestre, et de Jupiter, qui la trompa sous la forme d'un cygne, Pollux et la célèbre Hélène.

Una tribus (v. 30). *Nempe Leda matre, Helena et Clytemnestra filiabus*. Scaliger ponctue ainsi :

..... partu : gratior una tribus
Illa sit Inachiis et blandior heroinis.

Inachiis (v. 31). Ce mot peut être pris dans un sens général : mais rien n'empêche de l'entendre à la lettre, puisque Inachus eut pour fille Io, et pour petite-fille Niobé.

ÉLÉGIE QUATORZIÈME.

Lesbia vina (v. 2). L'île de Lesbos, sur les côtes de l'Asie mineure, était célèbre dans l'antiquité, par l'excellence et la délicatesse de ses vins. Properce leur donne encore, liv. IV, élégie 8, l'épithète de *Metymnœa*, Métymne, aujourd'hui Métélin, étant une des villes principales de Lesbos.

Mentoreo opere (v. 2). Mentor fut un sculpteur habile, dont les ouvrages étaient très-recherchés. Pline, liv. XXXIII, ch. 53, nous apprend que Crassus acheta deux coupes, que Mentor avait ciselées, au prix de cent sesterces.

Silvas (v. 5). Ce mot est employé quelquefois pour *arbres*, et même pour *rameaux*. Ainsi Virgile a dit, *Énéide*, liv. III, v. 24 :

..... viridemque ab humo convellere silvam
Conatus, ramis tegerem ut frondentibus aras.

Caucasus (v. 6). Le Caucase, qui continue le mont Taurus, en s'étendant au nord de l'Asie, et qui s'élève à une hauteur considérable, séparait anciennement les Indes de la partie inconnue appelée Scythie asiatique.

Arabium (v. 19). Pour *ex Arabio lapide*. Au rapport de Pline, liv. XXXVI, chap. 12, et de Diodore de Sicile, liv. II, on tirait d'Arabie une espèce de marbre précieux, dont les anciens faisaient des colonnes. Pline ajoute que, dans l'origine, on se contentait d'en faire des vases et des pieds de lits ou des sièges : « Potoriis primum vasis inde factis, dein pedibus lectorum sellisque.... post triginta duorum pedum longitudine columnas vidisse testatur. »

Serica (v. 22). Les étoffes de soie étaient ainsi appelées parce que les vers qui produisent la soie étaient élevés originairement chez les Sères, peuple de l'Orient.

Alcinoi (v. 24). Homère, liv. VII de *l'Odyssée*, a décrit la magnificence d'Alcinoüs, roi des Phéaciens. On peut supposer, avec les commentateurs, que par *munera* le poète fait allusion aux riches présens qu'Ulysse, à son départ, reçut de ce roi généreux.

Voyez LEBRUN, *Élég.* 1, 5, *Odes* II, 4 ; LA FONTAINE, *Élég.* II ; A. CHÉNIER, XXXIII.

ÉLÉGIE QUINZIÈME.

Periclo (v. 3). On ne sait rien sur la nature des dangers que le poète a dû courir. Lachmann suppose qu'il s'agit des dangers de la mer, et ce qui le prouve, ajoute-t-il, c'est le choix du premier exemple que cite Properce. La supposition et la preuve n'ont assurément rien qui persuade.

Hesternos (v. 5). Sylvius et beaucoup d'autres donnent *externos*, *chevelure empruntée*. L'expression pouvait piquer Cynthie, et rien n'indique que ce soit l'intention du poète.

Eois lapillis (v. 7). C'est de l'Orient que venaient et que viennent encore la plus grande partie des pierres précieuses.

Calypso (v. 9). Calypso, fille d'Atlas, régna dans l'île d'Ogygie, rocher presque désert sur les côtes du Brutium. Ulysse et Télémaque, d'après la fable, y abordèrent tour-à-tour, et furent aimés de la déesse.

Alphesibœa. (v. 15). Alphésibée, fille de Phégée, roi d'Arcadie, épousa Alcméon, qui la répudia pour un nouvel hymen avec la jeune Callirhoë. Les frères d'Alphésibée massacrèrent Alcméon, et Alphésibée, à son tour, vengea sur ses frères le meurtre d'un ingrat qu'elle chérissait encore.

Hypsipyle (v. 18). Les femmes de Lemnos ayant massacré tous les hommes, se choisirent pour reine Hypsipyle, fille de Thoas, qui accueillit parfaitement les Argonautes, lorsqu'ils allaient conquérir la toison d'or. Hypsipyle devint même amoureuse de Jason, fils d'Éson, et en eut deux fils. *Voyez* OVIDE, *Héroïd.*, VI.

Hæmonio (v. 20). L'Hémonie était une partie de la Thessalie, et la Thessalie était la patrie de Jason.

Evadne (v. 21). Cette princesse avait épousé Capanée, l'un des sept chefs qui entreprirent de rendre à Polynice le trône de Thèbes. Capanée ayant été foudroyé par Jupiter, à cause de son impiété, Évadné se précipita dans le bûcher qui dévorait le corps de son époux.

Non aliena tamen (v. 32). *Que du moins Cynthie ne me haïsse pas*, traduit Delonchamps. Les mots peuvent prêter à ce sens : mais ce n'est pas ainsi que les ont entendus les meilleurs commentateurs, et Bertin, lorsqu'il dit par imitation (*Amours*, II, 3):

Sois plus coupable encor : je t'aimerai toujours.

Quamve mihi (v. 33). Les manuscrits donnaient : *Quam mihi ne viles*, ou *quam tibi ne viles*, d'où Béroalde a tiré la leçon généralement admise. Lachm. a voulu la changer en écrivant :

..... cura.
Sis quodcumque voles, non aliena tamen.
Nam mihi ne viles.....

On serait, il est vrai, plus près des manuscrits : mais le style deviendrait trop haché.

Voyez LEBRUN, *Élég.* 11, 5, *Odes*, 1, 7; Madame DUFRÉNOY, *Élég.* 2, *la Constance*; A. CHÉNIER, XXVIII; PARNY, IV, *Élég.* 1 ; BERTIN, *Amours*, II, 3.

ÉLÉGIE SEIZIÈME.

Tarpeiæ (v. 2). Il est difficile d'énoncer sans aucun doute le sens qu'il faudrait donner au vers et au mot *Tarpeiæ* en particulier. Remarquons d'abord qu'il peut être au génitif ou au datif, ainsi que *pudicitiæ* : mais comme on a presque le même sens avec l'un ou l'autre cas, nous ne nous arrêterons pas à cette première difficulté, purement grammaticale. Maintenant faut-il traduire *Tarpeia pudicitia* par *Tarpeia pudica*, comme Passerat l'indique? Alors il resterait à chercher quelle est cette Tarpeia : car d'après l'élégie 4 du livre IV, il n'est pas permis de penser qu'il s'agisse de la fille de Tarpeius, par laquelle les Sabins, du temps de Romulus, pénétrèrent sur le Capitole. Ou si l'on traduit *Tarpeia* par l'adjectif *capitolin*, comment l'entendre? Admettons-nous que la maison dont parle Properce était située sur le mont Capitolin? La chose pourrait être, malgré les sarcasmes que Broukhusius a lancés contre cette hypothèse. Cependant il parait plus naturel de faire de *Tarpeiæ* un synonyme de *vestale* : car nous savons que Tarpeia était en effet consacrée au culte de Vesta.

Corollæ (v. 7). C'était la coutume des amans d'orner de couronnes et de guirlandes la porte de leur maîtresse.

Faces (v. 8). L'usage si commode de nos réverbères étant une invention toute moderne, il fallait un flambeau lorsqu'on voulait sortir pendant la nuit. L'amant, qui était resté jusqu'au jour devant la demeure de sa maîtresse, en laissait en se retirant les derniers restes, afin qu'ils la rendissent sensible, en lui attestant qu'un amant avait veillé à sa porte toute une nuit.

Luxuria (v. 12). Lachm. regarde ce distique comme une interpolation certaine. Quoi qu'il en soit de cette assertion, le sens en est tel que le donne Kuinoel; et quand Lachm. le trouve trop libre, c'est qu'il dirige plutôt ses attaques contre la glose que contre le texte lui-même.

Has (v. 13). Lachm. et d'autres rapportent ce mot à *noctes*: pourquoi ne pas le rapporter à *querelas*, que l'on sous-entendrait d'après le *querelis* du même vers? Broukhusius lit *hæc inter*.

Excubiis (v. 14). Nous avons suivi dans ce distique la leçon des manuscrits. Scaliger et Sylvius veulent: *Has inter gravius cogor deflere querelas Supplicis, a longis tristior excubiis*. Broukhusius écrit au contraire: *Hæc inter gravibus.... Supplicis ah! longas tristior excubias*.

Sicano (v. 29). La Sicile fut appelé *Sicanie*, du nom des Sicaniens, colonie d'Espagne, qui vint s'y fixer.

Chalybe (v. 30). Les anciens appelaient ainsi l'*acier*, parce qu'il avait été découvert chez les Chalybes, peuples voisins de la mer Noire, au sud-ouest de la Colchide.

Quæ solet (v. 38). Ce vers a été corrigé d'une multitude de manières par les commentateurs. La plupart des manuscrits donnent *quæ solet irato dicere tuta* ou *tota loco*; Scaliger met *iratus* pour *irato*, et *trita* pour *tuta*; Kuinoel lit *ingrato dicere turba joco*; Heinsius, Lachm. et Lemaire répètent l'un après l'autre: *Quæ solet ingrato dicere torva loco*. La leçon de Passerat, que nous avons adoptée, est plus naturelle. Seulement, au lieu de construire avec lui *iis verbis quæ solet*, etc., *quæ* se rapporterait à *linguæ* ou à *petulantia*.

Voyez Théocrite, *Idylle* xxiii; Catulle, lxvii; Horace, liv. iii, *Ode* 10.

ÉLÉGIE DIX-SEPTIÈME.

Fugisse (v. 1). On voit par l'élégie même qu'il s'agit d'un voyage que Properce a dû faire : mais on en ignore absolument le but, les motifs et les détails.

Alcyonas (v. 2). Alcyoné, fille d'Éole, épousa Ceyx, roi de Trachine en Thessalie. Ce prince ayant péri dans un naufrage, Alcyoné pleura sur son corps avec une douleur si vive, que les dieux, touchés de pitié, la changèrent, elle et son époux, en oiseaux appelés de son nom *Alcyons*. L'alcyon fait son nid sur le bord de la mer, et l'on dit qu'Éole renferme alors en faveur de sa fille les vents qui excitent les tempêtes. De là vient que l'alcyon était invoqué par les navigateurs comme un présage de beau temps. *Voyez* OVIDE, *Métamorphoses*, XI, v. 410.

Cassiope (v. 3). Cassiope, mère d'Andromède et femme de Céphée, osa préférer sa beauté à celle des Néréides, et fut changée en un astre composé de treize étoiles. Lachm. veut que ce soit un port de l'Épire ou de Corfou : car, dit-il, le mot *visura* empêche d'admettre le premier sens. Cependant il est bien évident que si le ciel devient nébuleux, il sera tout aussi impossible à l'astre d'apercevoir le vaisseau, qu'au vaisseau d'apercevoir l'astre. Le même Lachm. trouve que *solito* est une expression déplacée, vu que Properce n'a jamais voyagé beaucoup. Mais *solito*, suivant nous, est pour *ut solet alias cernere*, et non pas *meam*. Il est donc inutile de changer avec lui *Cassiope solito* pour *Cassiopis statio*, le port de Cassiope.

Ah pereat (v. 13). *Voyez* HORACE, liv. I, *Odes* 3, 9, et LEBRUN, liv. V, *ode* 10.

Primus (v. 14). Icare trouva le premier les voiles, et Dédale les mâts et les antennes. On varie davantage sur le nom de celui qui inventa la navigation. Cet honneur est attribué tantôt à Jason, tantôt à Sémiramis, ou à Danaüs, ou encore à un certain Érythrus, qui régnait sur les côtes de la mer Rouge.

Tyndaridas (v. 18). Castor et Pollux, fils de Léda, qui avait épousé Tyndare, formaient au ciel une constellation favorable aux navigateurs. *Voyez* HORACE, *Odes* 1, 3.

Crines (v. 21). Ce fut une coutume très-ancienne chez les Grecs d'offrir ses cheveux sur le tombeau de la personne que l'on avait perdue. Au temps de Properce, les Romains l'avaient empruntée à la Grèce.

Doride (v. 25). Doris, fille de l'Océan et de Thétis, épousa Nérée, et en eut les Néréides, nymphes qui présidaient à la mer.

Litoribus (v. 28). Broukhusius traduit différemment, surtout le premier vers. Voici sa glose : *Si aliquando contigerit ut amator tempestate deprehensus ad litus vestrum detineatur, parcite ei, Nymphæ expertæ quid sit amor.* Et pour qu'il n'y ait pas lieu à erreur, il annonce que *labens amor* est pour *amator navigans.*

Voyez LEBRUN, *Odes*, v, 10 et 17, *Élég.* 1, 7.

ÉLÉGIE DIX-HUITIÈME.

Zephyri... aura. (v. 2). Le Zéphyr ou Favonius est le vent d'ouest opposé à l'*Eurus.*

Notam (v. 8). Sylvius donne pour glose, d'après Passerat : *Dedecus, quod impudicæ puellæ serviam.* Mais le même Passerat indiquait encore le vrai sens en ajoutant *aut translatum a censoria nota.* Les censeurs, en effet, *notaient* d'infamie en privant un citoyen de son rang, et c'est ainsi que Properce était exclus par Cynthie du nombre de ses amans.

Calore (v. 17). De nombreux manuscrits, Burmann, Kuinoel et plusieurs autres nous offrent *colore*, qui donnerait un bon sens. L'autre leçon a pour elle des éditions estimées, et surtout le manuscrit de Groningue.

Amores (v. 19). Delongchamps traduit : *arbres, dépositaires de mon amour*, et Passerat donne pour glose : *amicarum nomina incisa in cortice suo.* Sylvius, Lachm., Lemaire et Piétre, dont l'autorité ne peut être bien grande, ont donné au contraire le sens que nous avons adopté. Il ne faut qu'avoir lu les *Métamorphoses* pour savoir qu'un très-grand nombre d'amans ont été changés en arbres. Nous citerons le pin, dont il est question plus bas, le laurier, le cyprès, la myrrhe, le lotos, etc. Ajoutons encore que les arbres étaient chacun sous la protection d'une hamadryade, et que ces nymphes ne furent pas toujours insensibles, témoin ce que Properce raconte dans l'élégie xx.

Fagus (v. 20). Cet arbre fut, dit-on, consacré aux amans pour l'épaisseur de son ombrage.

Pinus (v. 20). Selon Ovide, *Métam.*, liv. x, v. 105, ce fut Atys, chéri de Cybèle, qui aurait été changé en pin. Mais selon d'autres mythologues, Pan, dieu d'Arcadie, aurait métamorphosé en cet arbre la nymphe Pitys qu'il aimait et que Borée, dans son impétueuse fureur, avait brisée contre terre par jalousie. Ovide, *Fastes*, liv. 1, v. 412, nous représente le dieu Pan couronné de pin.

Divini fontes (v. 27). On s'est demandé pourquoi le poète s'adressait aux fontaines, et presque tous les commentateurs se sont accordés à regarder le texte comme altéré. Dès-lors la nécessité de le corriger les a conduits à donner, Palm., *di! vinum fontes;* Scal., *di! vivi fontes;* Markl., *di! nudi montes*, Lachm., *di! nivei montes*, etc. En supposant réelle l'altération du texte, aucune des corrections proposées n'est assez heureuse pour que l'on change la leçon commune.

Voyez BERTIN, *Amours*, II, 1 et 12; PARNY, IV, 5.

ÉLÉGIE DIX-NEUVIÈME.

Phylacides (v. 7). Phylacus fut le fondateur de Phylaca en Thessalie. Il eut pour fils Iphiclus et pour petit-fils Protésilas, qui se rendit à Troie, et périt le premier des Grecs, comme il s'élançait sur le rivage. Laodamie, que Protésilas venait d'épouser, conçut une vive douleur en apprenant son trépas, et demanda aux dieux de revoir son mari. Protésilas obtint cette grâce de Pluton, et Laodamie mourut en l'embrassant. Selon d'autres, après avoir passé avec sa femme les trois heures que Pluton lui avait accordées, il fut ramené aux enfers par Mercure, et celle-ci se poignarda de regret.

Heroinæ (v. 13). L'on compte en effet plusieurs femmes célèbres, telles que Ilionée, Cassandre, Andromaque, Polyxène, Tecmesse, Hélène, etc., que la prise de Troie mit au pouvoir des Grecs.

Et Tellus (v. 16). Burmann et Kuinoel conjecturent, mais à tort, *et Venus hoc, si dea justa, sinat*. Les anciens plaçaient les enfers au centre de la terre.

Minis (v. 24). Burmann, pour expliquer ce mot, suppose que la mère ou les parens de Cynthie voudront la forcer à l'hymen. Markland pense qu'il équivaut à *promissis*, parce que ἀπειλή, en grec, a les deux sens; Lemaire, admettant comme certain que Cynthie était mariée, attribue à son mari les menaces dont parle Properce. Pourquoi ne pas entendre avec Barthius, Kuinoel, Delongchamps, etc., les attaques de l'amour?

Voyez LEBRUN, *Sur l'Usage de la vie.*

ÉLÉGIE VINGTIÈME.

Minyis (v. 4). Les Argonautes furent appelés *Minyæ*, ou parce que plusieurs d'entre eux descendaient de Minyas, roi d'Orchomène, ou plutôt encore du nom que portait un des peuples de la Thessalie : or, on sait que Jason était d'Iolcos.

Ascanius (v. 4). L'Ascanius est un lac que Properce lui-même, vers 20 et 34, place tantôt en Mysie, tantôt en Bythinie : mais ces deux provinces étaient limitrophes. On le dit *fatal aux Argonautes*, parce que l'évènement rapporté dans les vers qui suivent, les priva des secours qu'ils auraient dû attendre d'Hercule.

Thiodamanteo (v. 6). Théodamas eut pour fils Hylas. Hercule, après avoir tué le père, enleva l'enfant jeune encore, et s'y attacha tellement, qu'il l'emmena avec lui dans l'expédition de Colchide. Les Argonautes relâchèrent sur les côtes de la Mysie. Hylas descendit à terre pour aller chercher de l'eau, et laissa tomber son urne dans le lac Ascanius, dont les bords étaient très-élevés. Comme il se baissait pour la reprendre, le pied lui manqua et il se noya dans les eaux. Hercule, au désespoir, abandonna les Argonautes pour aller à la recherche de son jeune ami. Tel est le fond sur lequel Properce a brodé son histoire.

Aniena (v. 8). L'Anio, aujourd'hui le Tévéron, est une petite rivière qui baigne les champs de Tibur ou Tivoli, et qui se jette ensuite dans le Tibre. Scaliger lit *Amerina*.

Gigantæa... ora (v. 9). Auprès de Cumes était le mont Phlégrée, habité par les géans, et célèbre dans leurs combats contre les dieux. Il ne faut pas oublier cependant qu'il y avait une autre montagne du même nom dans la Thessalie.

Durum montes (v. 13). C'est la leçon ancienne. Cependant des manuscrits donnent encore *duro*, qu'adopte Sylvius, et *duros* que préfère Broukhusius. Lachm. veut un point d'exclamation après *durum :* il nous semble inutile.

Pagasæ (v. 17). Cette ville était située en Thessalie, auprès du mont Pélion.

Phasidos (v. 18). Le Phase, aujourd'hui Rioné, traversait, du nord au sud-ouest, le nord de la Colchide.

Athamantidos (v. 19). Il s'agit de l'Hellespont; Hellé, qui donna son nom à ce détroit, parce qu'elle y perit, étant fille d'Athamas, roi de Thèbes. En effet, il faut franchir l'Hellespont pour arriver sur les côtes de Mysie, qui sont placées dans l'intérieur de la Propontide, aujourd'hui mer de Marmara.

Aquilonia proles (v. 25). Borée ayant enlevé Orythie, petite-fille de Pandion et fille d'Erechthée, roi d'Athènes, en eut Zéthès et Calaïs, qui sont comptés au nombre des Argonautes.

Pendens (v. 29). Le vers entier, et surtout ce mot, est assez difficile à saisir. Le sens paraît être qu'Hylas se réfugie à droite ou à gauche, veut arrêter les deux frères par leurs ailes et est soulevé un instant par eux, jusqu'à ce qu'il prenne le parti de les éloigner avec une baguette.

Hamadryasin (v. 32). C'est le régime de *ibat*, par une construction semblable à celle du vers 8, élégie 15. On lit dans toutes les anciennes éditions : *Ah! dolor ibat Hylas, ibat Hamadryasin;* mais ce sens ne répond en rien aux idées qui suivent.

Arganthi (v. 33). L'Arganthe est une montagne située en Bythinie, auprès de la ville de Pruse.

Pegæ (v. 33). Apollonius, liv. 1, indique le pluriel au lieu de la leçon vulgaire *Pege*. Pour concilier ce nom avec celui d'Ascanius que Properce a répété plus haut, il faut admettre avec Burmann que celui-ci est le nom propre, et celui-là le nom commun pris dans une acception particulière. Quant à la construction, elle est analogue à celle du vers 14, liv. IV, élég. 1.

Thyniasin (v. 34). Une partie de la Bythinie avait été appelée jadis *Thynia*, du nom de Thynus, fils de la nymphe Arganthone, qui la gouverna.

Iterat responsa (v. 49). Ces mots ont excité la sagacité des commentateurs : car Hercule, disent-ils, ne peut répondre, puisqu'Hylas n'a pas crié. On a dû proposer dès-lors des corrections nombreuses, et c'est en effet ce qui a eu lieu. Cependant ne peut-on expliquer *Hercule répète un nom* auquel on répond : *mais hélas! c'est l'écho seul qui le redit ?* Cette traduction littérale paraît assez naturelle pour mériter d'être admise.

Voyez Théocrite, *Idylle* 13; Apollonius de Rhodes, i; Valerius Flaccus, iii; A. Chénier, *Hylas;* Parny, *la Journée champêtre.*

ÉLÉGIE VINGT-UNIÈME.

Etruscis (v. 2). Il s'agit de la guerre de Pérouse, dans laquelle Antoine, frère du triumvir, fut vaincu, assiégé et pris par Auguste. Cette ville était en Étrurie ou Toscane.

Turgentia (v. 3). Non pas à cause du trépas de Gallus, que le soldat ne connaît pas encore, mais à cause du désastre de Pérouse et de la défaite d'Antoine, dont Gallus et son compagnon avaient embrassé le parti.

Acta (v. 6). Scaliger voudrait *Acca,* nom propre, qui serait celui de la sœur de Gallus.

Gallum (v. 7). Le Gallus dont il est ici question n'est pas le même assurément que celui à qui Properce adressa plusieurs élégies. Celui-ci vécut long-temps après la guerre de Pérouse, et se tua lui-même; l'autre était probablement un parent de Properce, dont il n'est point question dans l'histoire.

Ignotas manus (v. 8). On a supposé, sans aucune raison peut-être, que ce Gallus avait été massacré par des voleurs.

Montibus Etruscis (v. 10). C'est l'Apennin, qui borde l'Étrurie.

ÉLÉGIE VINGT-DEUXIÈME.

Sepulcra (v. 3). C'est la leçon des manuscrits, que toutes les éditions, depuis Scaliger, avaient changée à tort pour *sepultæ.*

Umbria (v. 9). Properce indique seulement le pays et non la ville où il est né. L'Ombrie, aujourd'hui duché d'Urbin, est située à l'est de la Toscane, sur les côtes de l'Adriatique.

Voyez Bertin, *Épilogue.*

LIVRE DEUXIÈME.

ÉLÉGIE PREMIÈRE.

Quæritis (v. 1). Il semblerait qu'il faut le singulier, puisque cette élégie est adressée à Mécènes. La seconde personne est ici pour la troisième : *On me demande.*

Cois (v. 5). Ce vers a subi bien des vicissitudes. On lisait dans presque tous les anciens manuscrits : *Sive illam Cois fulgentem incedere togis*. Béroalde fit disparaître le premier la faute de quantité en retournant les mots comme ils se trouvent dans notre texte, et cette correction fut, pendant long-temps, presque généralement adoptée. Plus tard, un critique observa qu'à l'époque où écrivait Properce, la toge n'était plus l'habillement des femmes, qui lui avaient substitué le vêtement long appelé *stola*; mais qu'elle était portée seulement par les hommes, ou bien, au rapport de Porphyrion, par les femmes surprises en adultère, ou bien encore par les courtisanes, comme le dit Martial, II, 39; Tibulle, IV, 10 :

>   Sit tibi cura togæ potior, pressumque quasillo
>   Scortum, quam Servi filia Sulpicia;

et Ovide, *Fastes*, IV :

>   Rite deam (Venerem) colitis matresque nurusque;
>   Et vos, quis vittæ longaque vestis abest.

Scaliger et Sylvius n'en ont pas moins conservé *togis*, en concluant de là que Cynthie était une courtisane : comme si l'on pouvait supposer que Properce eût osé faire une allusion aussi grossière aux mœurs de sa maîtresse, en admettant qu'elles fussent telles. Aussi les autres commentateurs ont préféré torturer le vers de mille manières. Quelques-uns lisent *Cois cogis*, d'après une vieille édition; ce qui n'a pas de sens. Kuinoël donne *Cois vidi*; Broukh., *Cois totis*; Lachm., *Cois coccis* : de plus, Lachm. voudrait que ces vers devinssent les neuvième et dixième.

Il demeure évident qu'il y avait dans le texte primitif une altération quelconque. Béroalde l'avait fait disparaître au moyen d'une transposition bien simple, et sa leçon ne me paraît pas à rejeter. Sans vouloir prétendre que Properce aurait pu employer une fois un mot impropre, ce qui arrive aux plus grands poètes; sans proposer la correction non moins simple de *stolis* pour *togis*, j'observerai, 1° que la toge était primitivement commune aux deux sexes, et que les dames romaines n'adoptèrent la *stole* que vers le temps de Properce, quand Auguste eut donné l'exemple de diminuer presque jusqu'au genou la toge, qui avait été d'abord traînante; 2° que le mot de *toga* a si bien pu s'appliquer à l'habillement des femmes honnêtes, long-temps même après Properce, que Pline (*Hist. nat.*, liv. VIII, ch. 74), dit en parlant de Tanaquil : « Ea prima texuit rectam tunicam, quales cum *toga* pura tirones induuntur novæque nuptæ. »

Heroas manus (v. 18). Pour *heroum copias*.

Titanas (v. 19). Les Titans, enfans de la Terre, voulurent escalader le ciel pour détrôner Jupiter. En conséquence, ils entassèrent l'un sur l'autre l'Ossa, l'Olympe et le Pélion, montagnes de la Thessalie. Mais ils furent frappés de la foudre, et ensevelis sous les masses qu'ils avaient amoncelées.

Vada (v. 22). On sait que Xerxès, craignant de voir ses vaisseaux fracassés par une seconde tempête, s'il essayait de doubler le mont Athos, le fit percer pour ouvrir un passage à sa flotte.

Remi (v. 23). Pour *Romuli*, comme liv. IV, élég. 6, 80; CATULLE, LVIII, 5; JUVÉNAL, X, 73.

Cimbrorum (v. 24). Les Cimbres, partis du nord de la Germanie, envahirent les Gaules et l'Italie, de concert avec les Teutons. Ils furent battus et anéantis par Marius auprès d'Aix et sur les rives de l'Adige.

Mutinam (v. 27). Après le meurtre de César, Décimus Brutus s'était retiré dans Modène, où Antoine l'assiégea. Auguste, qui craignait alors la puissance d'Antoine, secourut l'un des meurtriers de son oncle, de concert avec les deux consuls Hirtius et Pansa, et fit lever par une victoire le siège de la ville.

Philippos (v. 27). Bientôt réconcilié avec Antoine, Auguste poursuivit Brutus et Cassius, et les défit l'un après l'autre en Macédoine, auprès de Philippes. Tous deux se donnèrent la mort.

Siculæ (v. 28). Il s'agit de la guerre entreprise contre Sextus Pompée, qui tenait la mer avec une flotte nombreuse. Défait dans un grand combat, il laissa trois cent cinquante vaisseaux au pouvoir de l'ennemi, et ne fit plus qu'errer de mers en mers, jusqu'à ce qu'il périt misérablement en Asie.

Focos gentis Etruscæ (v. 29). Le poète veut parler de la ruine de Pérouse, qui fut l'unique résultat d'une guerre entre Auguste et Antoine. *Voir* liv. 1, élégie 22.

Phari (v. 30). Le Phare, île peu considérable à l'entrée du port d'Alexandrie, fut joint dans la suite à cette ville. Antoine, s'y étant réfugié après la défaite d'Actium, fut poursuivi par Auguste, qui réduisit alors l'Égypte en province romaine.

Canere inciperem (v. 31). Les premières éditions donnaient *canerem Cyprum et*. Comme il est faux qu'Auguste ait soumis l'île de Chypre, on remplaça le mot *Cyprum* par *Ægyptum*, qui demeura exclusivement adopté. Lachm. remarqua le premier, que *Ægyptum* était une redondance inutile, quand on le rapprochait de ce qui précède et de ce qui suit; et qu'il y avait ainsi une consonnance de terminaisons peu harmonieuse. En considérant le premier texte, il en a tiré facilement la leçon que nous reproduisons comme la plus probable, quoique l'ancienne puisse, à la rigueur, se défendre.

Nilum (v. 31). Les Romains portaient, dans leurs triomphe les images des villes et des peuples qu'ils avaient vaincus.

Septem (v. 32). Le Nil avait autrefois sept embouchures. La plupart d'entr'elles sont aujourd'hui fermées par le sable.

Sacra via (v. 34). La voie Sacrée conduisait de l'amphithéâtre au Capitole. Elle fut ainsi appelée, dit Festus, soit parce qu'elle vit Romulus et Tatius conclure entre les Romains et les Sabins le premier traité, soit parce que les prêtres la parcouraient dans certaines processions publiques.

Theseus (v. 37). On connaît l'amitié de Thésée pour Pirithoüs, qu'il accompagna aux enfers, et celle d'Achille pour Patrocle, fils de Ménécée. Dès-lors il est aisé de comprendre la liaison des idées; mais il n'est pas aussi facile de l'expliquer grammaticalement. Tout porte à croire que le passage est altéré. Pour rétablir le texte, Lachm. propose *cui fatur* au lieu de *testatur*, correction un peu hardie.

Phlegræos (v. 39). Phlégrée, qu'il ne faut pas confondre avec un autre lieu du même nom, situé en Italie, près de Cumes, était en Thessalie, où se livra le combat des Géans contre les dieux.

Callimachus (v. 40). Callimaque, poëte grec, né à Cyrène, écrivit des élégies, que Properce s'est efforcé plusieurs fois d'imiter.

Avos (v. 42). La famille des Jules se prétendait issue d'Énée par son fils Iule.

Helena (v. 50). Hélène, infidèle à Ménélas, avait suivi Pâris, ce qui amena la ruine de Priam et de Troie. Ménélas, vainqueur, la ramena à Lacédémone.

Pocula Phædræ (v. 51). On ne trouve nulle part dans la mythologie que Phèdre ait préparé des breuvages ou des philtres pour Hippolyte. Apparemment Properce suivait quelque tradition qui ne nous est pas parvenue.

Circæo (v. 53). Circée, fille du Soleil, et femme du roi de Colchos, est célèbre par ses enchantemens et sa connaissance des plantes. Après avoir fait périr son mari, elle chercha un asile en Italie, dans le Latium, et ce fut là qu'elle accueillit Ulysse après la guerre de Troie.

Iolciacis (v. 54). De nombreux éditeurs et Sylvius donnent *Colchiacis*, ce qui donnerait pour traduction : « Quand Médée emprunterait à la Colchide tous ses poisons. » Avec *Iolciacis*, que Scaliger a proposé le premier, le poète fait allusion à la mort de Pélias, que Médée fit égorger par ses filles, sous prétexte de le rendre, comme Éson, à la jeunesse et à la santé.

Machaon (v. 59). Blessé au pied par une flèche empoisonnée, et abandonné par les Grecs dans l'île de Lemnos, Philoctète fut enfin guéri par Machaon, fils d'Esculape, et l'héritier de la science de son père.

Phœnicis (v. 60). Phénix, fils d'Amyntor et précepteur d'Achille, avait été privé de la vue dans sa jeunesse. Le centaure Chiron, fils de Saturne et de Phyllire, la lui rendit par son art.

Androgeona (v. 62). Androgée, fils de Minos, roi de Crète, avait vaincu les Athéniens à différens jeux, et ceux-ci l'assassinèrent lâchement pour se venger de sa gloire. Minos, vainqueur d'Athènes, condamna les habitans à envoyer chaque année dix jeunes gens qui seraient dévorés par le Minotaure. Esculape cependant rappela Androgée du tombeau, et le rendit à son père.

Mysus (v. 63). Télèphe, roi de Mysie, voulut s'opposer au débarquement des Grecs, et fut blessé par la lance d'Achille. Plus tard il s'unit d'amitié aux vainqueurs, et fut guéri par celui même qui l'avait blessé. Parmi les auteurs anciens, les uns expliquent cette guérison par la connaissance que Chiron avait donnée à son élève des différens simples : ainsi il se serait servi de l'herbe qui, de son nom, est appelée encore aujourd'hui *achillée*, et dont une variété est connue sous la dénomination de *millefeuille* ou *herbe aux charpentiers*. Les autres supposent qu'elle eut lieu par le fer même qui avait causé la blessure, ce que Pline explique (xv, 19) en nous apprenant qu'Achille composa le premier, avec la rouille de fer et des simples, un emplâtre qui cicatrisait les plaies.

Avem (v. 70). La croyance commune fait de cet oiseau un vautour, d'après les beaux vers de Virgile : cependant la plupart des auteurs anciens s'accordent à dire que c'était un aigle.

Quandocumque (v. 71). Broukh. intercale ici huit vers empruntés à la quatrième élégie : *Non hic herba valet*, etc. Nous aurons occasion de remarquer plusieurs fois de semblables corrections, qui ne sont données par aucun manuscrit. On rapproche des passages parce qu'ils se ressemblent, comme s'il devait être étonnant de retrouver les mêmes idées, quand le poète est sous l'influence constante des mêmes sentimens et des mêmes inspirations.

Esseda (v. 76). Les chars à deux roues, dont les Gaulois et les Bretons se servaient à la guerre, étaient renommés pour leur légèreté. Les Romains en adoptèrent bientôt l'usage, et ce fut une des jouissances du luxe. — *Britanna* est pour *Britannica*, selon la manière de Properce.

Cælatis (v. 76). Pline (liv. XXIII, 21) rapporte que les chars en général étaient ornés de peintures et diversement travaillés.

Voyez A. Chénier, *él.* VIII et *od.* VIII; Bertin, *Amours*, I, 16, et II, 12.

ÉLÉGIE DEUXIÈME.

Scaliger le premier, puis Burmann et Broukh., et enfin Piètre dans sa traduction, ont fondu ensemble la deuxième et la troisième élégie.

Dulichias (v. 7). Dulichie était l'une des îles sur lesquelles régnait Ulysse. Heinsius et Burmann ont voulu changer ce mot pour *Munychias*, de *Munychie*, l'un des ports d'Athènes.

Gorgonis (v. 8). Les Gorgones étaient les trois filles de Phorcus, Euryale, Sthéno et Méduse, la seule des trois qui fût mortelle. Persée la vainquit par le secours de Mercure et de Pallas, lui coupa la tête, et en fit présent à la déesse. Cette tête, hérissée de serpens, changeait en pierres ceux qui l'apercevaient.

Ischomache (v. 9), la même qu'Hippodamie, fut mariée à Pirithoüs, à qui les Centaures, échauffés par le vin, voulurent l'enlever au milieu du festin des noces. Il s'ensuivit un combat, chanté par Ovide, dans lequel les Lapithes demeurèrent vainqueurs.

Bæbeidos (v. 11). Lac de Thessalie, auprès de Phères.

Brimo (v. 12). Cette leçon est due à Scaliger et à Turnèbe. On lisait avant eux, et quelques éditeurs ont lu depuis *primo*. Sylvius rapporte ces deux vers à Ischomaque, et Delongchamps, d'après Béroalde, à Pallas, en les transposant après *operta comis*. Or, la fable nous apprend que Mercure, près du Bæbéis, voulut faire violence à Proserpine, que l'on appelle encore *Brimo a terrendo* (βριμᾶν). La fille de Cérès résista avec succès; en sorte que Properce s'éloigne, dans son pentamètre, des traditions reçues.

Viderat (v. 13). Quand Junon, Vénus et Minerve disputèrent sur l'Ida le prix de la beauté, Pâris exigea qu'elles parussent nues à ses yeux. On sait que Vénus eut la pomme.

Cumææ (v. 16). Ovide, liv. XIV, *Métam.*, dit que la Sibylle fut aimée d'Apollon; qu'elle demanda au dieu le don de voir l'avenir et de vivre autant d'années qu'elle avait de cailloux dans les mains, ce qui lui fut accordé; mais qu'elle oublia de demander aussi une éternelle jeunesse, en sorte qu'elle se vit réduite à déplorer son triste privilège.

Voyez, sur les différentes sibylles, les notes de notre *Virgile*, t. III, p. 192.

ÉLÉGIE TROISIÈME.

Mæotica (v. 11). Le Palus Méotide, aujourd'hui mer de Zabache, se trouve dans cette partie de l'Asie que les anciens connaissaient sous le nom générique de Scythie, et où des froids continuels entretenaient toujours des neiges abondantes.

Minio (v. 11). Le vermillon dont les anciens se servaient au rapport de Pline (*Hist. nat.*, liv. xxxiii, ch. 36) pour la peinture, l'écriture et la toilette, fut découvert en exploitant les mines d'argent. Le plus beau venait de l'Espagne. Aussi le vermillon a-t-il porté, même en France, le nom de *rouge d'Espagne*.

Arabio (v. 15). L'Arabie était renommée pour les tissus précieux que l'on y fabriquait.

Evantes (v. 18). Bacchus avait le surnom d'*Evan*, d'où les bacchantes sont appelées *Evantes*.

Æolio (v. 19). A l'Éolie se rattachaient différentes îles, dont la principale était Lesbos. Ce fut la patrie de Sapho et d'Alcée.

Aganippeæ (v. 20). La fontaine Aganippe en Thessalie, était, au rapport des poètes, l'un des endroits que les Muses chérissaient le plus.

Corinnæ (v. 21). Il y eut deux Corinnes, toutes deux poètes. L'une était de Thespies, ou, selon d'autres, de Corinthe; l'autre était de Thèbes, en Béotie, et remporta le prix de la poésie sur Pindare.

Erinnes (v. 22). Érinne fut contemporaine de Sapho. On s'accorde généralement à lui donner pour patrie Rhodes, ou Téos, qui vit naître Anacréon.

Sternuit (v. 24). Les anciens regardaient l'éternûment comme un augure. C'est ce que nous apprennent Homère, *Odyssée*, xiv; Aristote, 1, *De animal. natura*, et *Probl. quæst.* xx; Pline, xxviii, 5 et 15, et Catulle dans les deux vers suivans :

> Amor sinistram, ut ante,
> Dextram sternuit adprobationem.

Decem (v. 28). Virgile a dit aussi :

> Matri longa decem tulerunt fastidia menses.

Les Romains partageaient l'année en douze mois lunaires, de vingt-neuf jours, ce qui renvoyait la naissance d'un enfant dans le courant du dixième. Pour rétablir une correspondance exacte avec les saisons et l'année solaire, tous les deux ans on avait une année intercalaire qui comprenait un treizième mois, alternativement de vingt-deux ou de vingt-trois jours.

Jovi (v. 30). Ce vers a été l'objet de bien des commentaires. Il a semblé extraordinaire que Properce consentît de céder même à Jupiter la possession de Cynthie. En conséquence, Scaliger écrivit *loco* au lieu de *Jovi*, et *Romano* pour *Romana*, en expliquant, *tu tiendrais le premier rang* à table (*accumbes*) *parmi les beautés romaines, et le second parmi les beautés grecques*. Or, Passerat observe d'abord que l'on peut donner le même sens à *accumbes* en lisant *Jovi :* mais cette explication serait froide. Il faut seulement reconnaître une hyperbole du poète, et l'objection tombe si l'on traduit le futur *accumbes* par le conditionnel français : « Tu mériterais de partager la couche, etc. »

In ante (v. 41). Expression employée par Ovide, *Métamorphoses*, II, 524... *Argolica quod in ante Phoronide fecit*, mais en général peu usitée. Elle est prise ici dans un sens détourné; car son acception première était celle que lui donne Cicéron, quand il dit dans une de ses lettres *à Atticus :* « Bibulus comitia *in* (die) *ante* diem xv cal. nov. distulit. » Des éditeurs ont donné *in arte*.

His saltem (v. 45). Il est difficile de saisir la liaison entre ce qui précède et les dix derniers vers. Aussi a-t-on voulu les transposer ou plus haut, ou dans les élégies suivantes.

Melampus (v. 51). Mélampe, devin et médecin célèbre, eut pour père Amythaon, et Bias pour frère. Celui-ci fut épris d'amour pour Péro, fille de Nélée; mais Nélée ne voulait accorder la main de Péro qu'à celui qui parviendrait à dérober les troupeaux d'Iphiclus, fils de Phylax, d'après Apollodore. Ces troupeaux paissaient auprès de la ville de Phylaca, en Thessalie, sous la garde de chiens fidèles qui empêchaient bêtes et gens d'arriver jusqu'à eux. Mélampe, qui voyait son frère dépérir de langueur, tenta l'entreprise malgré ses dangers. Pris en flagrant délit, il fut jeté dans les fers et demeura captif une année. Iphiclus le rendit alors à la liberté, et Nélée, cédant à l'amour de Bias pour sa fille, lui accorda sa main.

Voyez LEBRUN, *él.* III, 8; BERTIN, *Amours*, I, 8; BERNARD, *Poésies diverses; Madrigaux*, IV.

ÉLÉGIE QUATRIÈME.

Multa (v. 1). Un manuscrit intitule cette pièce : *De laboribus, qui in amore puellarum sunt.*

Expenso (v. 6). Passerat doute s'il ne faut pas lire avec un manuscrit *extenso, quia qui extendunt gradum lente eunt. Expenso* a le sens de *suspenso*. C'est l'idée que Bertin a si heureusement rendue par ce vers, *Am.*, III, 7 :

Suspendant sur l'orteil une jambe craintive.

Perimedeæ (v. 8). Les premières éditions donnaient : « *Non per Medeæ gramina cocta manus.* » Muret écrivit le premier : « *Non Perimedeæ gramina cocta manu,* » et son exemple fut suivi. Mais comme l'expression *cocta manu* était peu latine, Lachm. a proposé la leçon que nous adoptons, et a repris *manus*, au génitif. Périmédée est une magicienne dont parle Théocrite, *Idylles*, II, 16.

ÉLÉGIE CINQUIÈME.

Aliquo (v. 4). Avant Lachmann on lisait *Aquilo*, que Burmann seul avait voulu changer pour *alio*. Il en résultait une foule de commentaires sur le sens. « Et nobis erit aliquando suda tempestas, » disait Scaliger : car le vent du nord sèche la terre; « Nos ventis quoque discerpendum trademus jusjurandum, » expliquait Turnèbe; et Passerat : « Fides tua, ut Aquilo ventus, res est levissima. » Avec la leçon de Lachmann, tout est clair et facile.

Carpathiæ (v. 11). La mer de Carpathos prenait son nom de l'île de Carpathos, située entre Rhodes et la Crète, en tirant vers l'Égypte. Cette mer, comme l'Adriatique, était fréquemment agitée par les vents et les tempêtes.

Noto (v. 12). Le Notus, autrement appelé Auster, est le vent du midi, et l'on sait qu'il amène ordinairement la pluie.

Junonis (v. 17). Junon était la déesse des femmes, et non-seulement des mères. Toutes juraient par elle, comme les hommes par Castor et Pollux.

Hederæ (v. 26). Une couronne de lierre faisait l'ornement des poètes. *Voyez* VIRGILE, *Égl.* VII, et HORACE, liv. I, *Ode* I.

Levis (v. 28). Scaliger a voulu à toute force changer ce mot pour *lues* ou *luis*; mais il n'a pu persuader personne. La construction du premier hémistiche est plus irrégulière peut-être que celle du second; car le *verba levis* n'est pas plus difficile à comprendre et à construire que le πόδας ὠκὺς Ἀχιλλεύς d'Homère, ou bien *os humerosque deo similis* de Virgile.

Voyez BERTIN, *Amours*, II, 3.

ÉLÉGIE SIXIÈME.

Ephyreæ (v. 1). Corinthe s'appelait, dans un âge plus reculé, *Ephyre*, du nom d'une nymphe fille de l'Océan.

Laidos (v. 1). Il y eut deux Laïs, mère et fille. La première, qui fut la plus célèbre par son esprit et sa beauté, naquit en Sicile, fut amenée en Grèce par Nicias, et vécut à Corinthe. Elle ne demandait à Démosthène que 10,000 drachmes (9,000 fr.); ce qui fit répondre à celui-ci : « Je n'achète pas si cher un repentir. »

Menandreæ (v. 3). Ménandre, qui fut à Athènes le père de la comédie nouvelle, avait introduit Thaïs sur la scène, ce qui fait donner à celle-ci par Properce l'épithète de *Menandreæ*.

Thaidos (v. 3). Thaïs, autre courtisane célèbre, naquit à Alexandrie, mais passa presque toute sa vie à Athènes. Sa maison devint constamment le rendez-vous de toute la jeunesse athénienne.

Erichthonius (v. 4). Érichthon, fils de Vulcain, fut l'un des premiers rois d'Athènes. Il inventa l'usage des chars pour cacher ses pieds, qui étaient difformes.

Phryne (v. 6). Phryné, dont le vrai nom était Mnésarète, naquit à Thespies et se fixa à Thèbes. Cette ville ayant été renversée par Alexandre, elle offrit de la rebâtir tout entière à ses frais, pourvu qu'une inscription en transmît la mémoire à la postérité.

Admeti (v. 23). Admète, roi de Phères, en Thessalie, eut pour épouse Alceste, qui supplia les dieux de trancher ses jours à elle-même, et de rendre à son mari la vie qu'ils lui avaient enlevée. L'échange eut lieu; mais Hercule, touché des pleurs d'Admète, arracha aux enfers leur victime et la rendit au jour.

Pudicitiæ (v. 25). Le premier temple qui fut consacré à Rome à la Chasteté, était situé dans le forum Boarium, et exclusivement réservé aux dames patriciennes. Virginie, fille du sénateur Aulus, en ayant été repoussée parce qu'elle avait épousé un plébéien, éleva dans sa propre maison un second temple à la Chasteté plébéienne. (TITE-LIVE, X.)

Paries (v. 34). Les anciens ne peignaient pas sur toile comme les modernes, mais sur bois, et souvent à fresque, sur les murailles et sur les voûtes.

Nos uxor (v. 41). Nous rétablissons ici, avec Delongchamps, Lachmann, Lemaire, etc., ces deux vers que Scaliger avait renvoyés à la fin de l'élégie suivante. On lisait dans les anciens manuscrits : *Nos. u. n. n. me ducet amica*; Béroalde, afin de rétablir la concordance, avait écrit *Ux. me n., n. me d. a.* : la leçon actuelle mène au même but et s'éloigne moins du texte primitif.

Voyez BERTIN, *Amours*, I, 15; P. CORNEILLE, *Psyché*, acte III, sc. 3; DORAT, *Baiser*, XVII; LA FONTAINE, *la Coupe enchantée* et *le Tableau*; MOLIÈRE, *École des maris*, acte I, sc. 2.

ÉLÉGIE SEPTIÈME.

Legem (v. 1). Pour réparer les pertes nombreuses que la république avait faites pendant les guerres civiles, Auguste défendit le célibat par une loi, en l'an de Rome 726. L'impossibilité qu'il éprouva à la faire exécuter l'obligea de la laisser tomber en désuétude, et même de la révoquer.

Divideret (v. 3). Ces mots sont un des argumens les plus forts pour prouver que Cynthie était mariée. On sait en effet que Properce n'eut jamais d'épouse. Si Cynthie eût été libre, pourquoi se seraient-ils plaints d'une loi qui comblait leurs vœux?

Somnos (v. 11). Dans ce vers Scaliger voudrait, comme suite des vers précédens, *aut mea quum tales caneret...*; Broukh. et d'autres, *Ah! mea tum quales faceret tibi tibia somnos, tibia....*;

Delongchamps.... *caneret tibi, Cynthia, cantus....* Par *tibia*, il faut entendre les instrumens qui conduisaient les nouveaux mariés, au milieu de la nuit, dans la chambre nuptiale. C'est ce que Delongchamps, Piètre et d'autres traducteurs paraissent ne pas avoir compris.

Tuba (v. 12). A Rome le cortège funèbre était toujours ouvert par un ou plusieurs joueurs de flûte ou de trompette, qui faisaient retentir les rues de sons lugubres.

Quod si (v. 15). Les plus anciens manuscrits donnent *quod si vera meæ comitarem castra puellæ*; leçon que les commentateurs s'accordent tous à regarder comme fautive. Sylvius se contente de changer *comitarem* par *comitarer;* Lachmann propose *quod si cura meæ comitari castra puellæ* (construisez *cura p. com. c.*); Broukh. lit, d'après Heinsius, *quod mea si teneræ comitarent castra puellæ.* Correction pour correction, celle de Scaliger, que nous reproduisons, paraît préférable. Le *comitarent* vaut bien *comitarem*, et Scaliger dit l'avoir lu en toutes lettres dans un manuscrit. Nous savons d'ailleurs que les femmes ne pouvaient paraître dans les camps romains ; ce qui a fait dire au même Properce :

> Romanis utinam patuissent castra puellis!
> Essem militiæ sarcina fida tuæ.

Castoris equis (v. 16). Il s'appelait Cyllarus. Neptune l'avait donné à Junon avec Xanthus, et la déesse les donna, à son tour, l'un à Castor et l'autre à Pollux.

Borysthenidas (v. 18). Le Borysthène, aujourd'hui le Don, est un fleuve de la Scythie, d'où le poète appelle les habitans *Borysthenidæ;* et comme la Scythie est couverte de neiges presque continuelles, il leur donne l'épithète de *hiberni.*

Voyez LEBRUN, *Odes*, II, 21.

ÉLÉGIE HUITIÈME.

Thebæ (v. 10). La pensée est également vraie, que le poète veuille parler de la patrie d'Épaminondas, ou de la fameuse Thèbes aux cent portes, qui fut la capitale de la Haute Égypte.

Temerarius (v. 13). Lachmann donne au distique cette interprétation différente de la nôtre : *Suis-je donc trop audacieux d'espérer ton amour, après avoir supporté long-temps tes dédains ?*

Sic igitur (v. 17). Lachmann commence ici une nouvelle élégie. Rien ne la motive. La liaison des idées, bien qu'elle soit elliptique, est cependant facile à saisir. Avant lui Scaliger avait fait précéder ce morceau, de l'élégie suivante presque entière, depuis *Penelope poterat*....

Hæmon (v. 21). Ce prince était fils de Créon, frère de Jocaste. Il aima éperdûment Antigone, fille d'OEdipe. Créon ayant condamné à mort cette princesse, parce qu'elle avait enseveli, malgré ses ordres, le corps de son frère Polynice, Hémon se perça lui-même de son glaive sur le tombeau de l'infortunée. *Voyez* SOPHOCLE, *Antigone*.

Mors (v. 27). Virgile, en excluant de l'Élysée les hommes qui se sont donné la mort à eux-mêmes, nous atteste les idées des Romains sur le suicide; et alors, comme aujourd'hui, c'était encore une honte de lever la main sur une femme.

Conjuge amica (v. 29). L'épouse d'Achille était Déidamie.

Fuga tractos (v. 31). C'est la leçon de Scaliger, de Pass., de Sylvius, etc. D'autres lisent *fugas, fractos et*....., en admettant l'ellipse de la conjonction *et*. Lachm. lit *pyras* pour *fugas*, d'après l'*Iliade*, où l'on voit que pendant sept jours les Grecs, affligés de la peste, brûlaient des monceaux de corps sur le rivage. La suite des idées ne permet guère d'adopter cette dernière leçon.

Dorica (v. 32). On appelait particulièrement de ce nom un peuple qui habitait auprès du Parnasse, et qui tirait son nom de Dorus, fils de Neptune. Ici il est pris en général pour tous les Grecs.

Briseida (v. 35). Briséis, fille de Brisès, tomba au pouvoir d'Achille, quand ce héros prit la ville de Lyrnesse. Agamemnon la lui enleva, et les évènemens qui en furent la suite jusqu'à la mort d'Hector ont fait le sujet de l'*Iliade*.

Hæmoniis (v. 38). Les Hémoniens étaient un peuple de Thessalie, patrie d'Achille.

Marte (v. 39). De bonnes éditions lisent *matre*, qui n'est point en effet à dédaigner. Achille avait pour mère Thétis, fille de l'Océan : mais s'ensuit-il nécessairement qu'il n'ait dû avoir aucune faiblesse ? Au contraire, les combats distraient de l'amour.

Voyez BERTIN, *Amours*, II, 9 et 12 ; LEBRUN, *él.* II, 5 ; III, 6, et *od.* III, 12.

ÉLÉGIE NEUVIÈME.

Iste (v. 1). Il faut entendre par ce terme de mépris le rival que Cynthie avait donné à Properce; ce qui lui attira les plaintes qui vont suivre.

In Simoenta (v. 12). L'acc. pour l'abl., comme dans *in possessionem esse, in mentem esse,* etc. *In* est pour *ad.* La construction est *adp. i. s. vadis fl.* — Le Simoïs et le Xanthe étaient deux ruisseaux qui coulaient auprès de Troie; ils ont dû aux vers d'Homère toute leur célébrité.

Fœdavit (v. 13). Le sens de la traduction est le plus en rapport avec les temps antiques : mais on pourrait encore entendre que Briséis se coupa les cheveux pour les offrir aux mânes d'Achille, comme Électre, dans Eschyle, dépose les siens sur le tombeau d'Agamemnon.

Scyria (v. 16). Pélée avait envoyé son fils à Scyros, l'une des Cyclades, afin qu'il évitât la mort dont il était menacé sous les murs de Troie. Le roi Lycomède, qui l'accueillit avec bienveillance, avait pour fille Déidamie, que le héros épousa.

Hæc mihi (v. 25). En conservant le point après le troisième vers, il est bien certain, comme l'observe Lachm., qu'il est impossible de lier ces vers aux précédens. Mais que l'on mette avec Broukh. un point d'interrogation, et les idées s'enchaînent...... *Eh bien! jouis de sa conquête. Cependant sont-ce là les vœux que j'adressais.....* On aurait le même résultat en changeant *mihi* pour *ubi,* ce que le rapprochement des lettres permet. Ces vers indiqueraient la place de l'élégie après la XXVIIIe du même livre.

Syrtes (v. 33). On appelait Syrtes deux bancs de sable situés sur la côte d'Afrique. Ces écueils, dont les navigateurs redoutaient l'approche, surtout pendant les tempêtes, changent d'aspect avec la mer, selon que les flots apportent ou entraînent le limon, le sable et les pierres, qui en font la base.

Sidera (v. 41). On veut ici une lacune, parce que les idées changent tout à coup. Mais n'est-ce pas ainsi que procède Mithridate dans Racine, et Vendôme dans *Adélaïde Duguesclin?* et dans un cœur emporté par la passion, des transitions ménagées avec art doivent-elles donc lier toutes les idées?

Thebani duces (v. 5o). Étéocle et Polynice, qui se percèrent mutuellement de leurs glaives sous les yeux de leur mère Jocaste. Comme cette princesse mourut après ses fils, Passerat veut que le *tua* du dernier vers se rapporte à Cynthie, et Sylvius veut que l'on entende *pourvu que je meure après toi et après lui* (mon rival).

Voyez BERTIN, *Amours*, I, 7 et II, 3, 6, 10; PARNY, III, *les Sermens.*

ÉLÉGIE DIXIÈME.

Sed (v. 1). Plusieurs commentateurs ont conclu de ce mot que ce n'était pas là le commencement de l'élégie : car, disent-ils, il indique une réponse à un raisonnement précédent. Mais Xénophon ne commence-t-il pas sa *Cyropédie* par ἀλλά.... et notre La Fontaine une de ses fables par :

> Mais d'où vient qu'au renard Ésope accorde un point?

Æmonii (v. 2). Les traducteurs et commentateurs voient une allusion à la rapidité dont les coursiers de Thessalie étaient doués. Malgré leur unanimité, comme Émonie est synonyme de Thessalie, et que la Thessalie était le séjour ordinaire des Muses, par *Æmonio equo* l'on doit entendre Pégase, et c'est le véritable sens. Heinsius conjecturait *Aonio.*

Ducis (v. 4). Probablement Auguste.

Surge (v. 11). Nous donnons ces deux vers tels que presque toutes les éditions nous les offrent. Burmann et Lemaire adoptent au contraire la leçon et la ponctuation suivantes :

> Surge, anime, ex humili; jam, carmina, sumite vires.
> Pierides, magni nunc erit oris opus.

Euphrates (v. 13). Fleuve d'Asie, qui descend des montagnes de l'Arménie, traverse la Syrie, la Mésopotamie et la Babylonie, se réunit au Tigre et se jette par deux embouchures dans le golfe Persique.

Crassos (v. 14). On sait que Crassus fit déclarer la guerre aux Parthes, par le désir d'augmenter encore ses richesses. L'armée romaine fut anéantie tout entière dans les déserts de la Mésopotamie, et Crassus lui-même périt misérablement avec son fils. Quand Auguste fut maître de l'empire, le roi des Parthes, saisi de crainte, lui renvoya les étendards qui avaient été pris alors sur les légions romaines.

India (v. 15). D'après Florus et Suétone, les ambassadeurs indiens vinrent solliciter, pour la première fois, sous le règne d'Auguste, l'amitié et l'alliance de Rome.

Arabiœ (v. 16). Strabon rapporte (liv. VI) qu'Auguste envoya une armée sous les ordres d'Élius Gallus, pour soumettre de gré ou de force l'Arabie. Toutefois cette province, à peine connue aujourd'hui même dans son intérieur, échappa par son éloignement à l'empire romain.

Signis (v. 21). Il s'agit des statues des dieux, qui seraient trop élevées pour que la main d'un homme pût y atteindre. Comparaison juste et bien rendue.

Ascrœos (v. 25). Ascra, ville de Béotie, fut la patrie d'Hésiode. Auprès d'elle se trouvaient l'Hélicon, montagne consacrée aux Muses; l'Aganippe et l'Hippocrène, sources qu'invoquaient les poètes; et le Permesse, fleuve que formait l'Aganippe. Properce veut donc dire qu'il boit l'eau du fleuve, comme les poètes vulgaires, sans qu'il lui ait été donné, comme à d'autres, de s'abreuver à la source elle-même.

Voyez BERTIN, *Amours*, III, él. dern.

ÉLÉGIE ONZIÈME.

Scribant (v. 1). Scaliger rattache ces trois distiques à l'élégie précédente. Le sens indique qu'il faut les en séparer.

ÉLÉGIE DOUZIÈME.

Hamatis (v. 9). Ovide s'est plusieurs fois servi de la même épithète dans le même sens. Par *hamata sagitta*, il faut entendre une flèche qui avait à son fer un appendice en forme d'hameçon, à peu près comme sont en grand nos hallebardes. Il en résultait que lorsqu'elle était entrée dans la chair, on ne pouvait la retirer qu'avec de grandes douleurs, parce que la partie recourbée déchirait par sa lame intérieure, mais ne coupait point.

Gnosia (v. 10). La Crète fournissait d'excellens archers, et Gnosse était une des villes principales de la Crète.

Pedes (v. 24). Ces quatre derniers vers sont écrits comme dans toutes les éditions avant Lachmann. Celui-ci dispose ainsi les vers et la ponctuation :

> Quam si perdideris, quis erit, qui talia cantet,
> Hæc mihi Musa levis gloria magna tua est,
> Qui caput et digitos et lumina nigra puellæ
> Et canat, ut soleant molliter ire pedes?

D'après cela, le premier pentamètre serait une parenthèse et le second distique serait une suite de *quis erit*. Il y aurait en effet plus d'élégance dans l'expression des deux derniers vers : mais la parenthèse serait bien dure.

Voyez PARNY, *la Journée champêtre;* CHAULIEU, *l'Apologie de l'Inconstance;* LEBRUN, *él.* III, 6 et IV, 6.

ÉLÉGIE TREIZIÈME.

Achæmeniis (v. 1). Achéménès fut un des plus anciens rois de la Perse, et ses successeurs, jusqu'à Darius, fils d'Hystaspe, s'appelèrent Achéménides, parce qu'ils étaient de la même famille. Après avoir été au pouvoir des Macédoniens, la Perse fut une des provinces des Parthes, jusqu'au moment où leur empire fut remplacé par le second royaume de Perse, sous les Sassanides.

Susa (v. 1). Suze, ville très-grande, fut une des capitales de la Perse. — On a lu pendant long-temps *Etrusca*.

Pieriæ (v. 5). Épithète tirée du mont Piérus, en Thrace, l'un des séjours que préféraient les Muses.

Ismaria (v. 6). L'Ismarus était une autre montagne de la Thrace, qu'Orphée fit souvent retentir de ses chants.

Lino (v. 8). Linus, fils d'Apollon, se distingua par ses talens en musique et en poésie. Il compta parmi ses disciples Hercule et Orphée. Properce lui donne l'épithète d'*Inachius*, parce qu'il avait été élevé à Argos, dont Inachus fut le fondateur.

Quandocumque (v. 17). Nul doute, répéterons-nous ici après tous les critiques, que ce passage ait été altéré : car il y a entre les idées une incohérence que l'on n'expliquera jamais d'une manière plausible. Ou il manque des vers qui liaient les deux parties, ou l'on a réuni mal-à-propos deux pièces qui devaient être séparées. Le *tres libelli* du vers 25 indiquerait de plus que la véritable place de cette élégie doit être assignée au livre troisième, et non pas au second, comme l'ont fait jusqu'à ce jour les éditions les meilleures.

Attalico (v. 22). Attale, roi de Pergame, inventa le premier l'art de brocher d'or la soie et les autres étoffes.

Syrio (v. 30). Les parfums venaient de la Syrie, ou du moins de l'Arabie par la Syrie.

Onyx (v. 30). L'onyx ou albâtre servait et sert encore à faire des vases de différente espèce. Les anciens, au rapport de Pline (XXVI, 12), croyaient que l'albâtre conservait surtout les parfums sans les altérer.

Horrida (v. 35). Properce prend ici *pulvis* au féminin, malgré l'usage. Il est très-rare, même chez les auteurs les moins purs, de le trouver employé avec ce genre.

Phthii (v. 38). Achille était de la Phthiotide, en Thessalie. On sait qu'après la ruine de Troie Pyrrhus immola sur le tombeau de son père une des filles de Priam, Polyxène.

Memento Hoc iter (v. 39-40). C'est la ponctuation de Sylvius, Pass., etc. Lachmann voudrait.... *ad fata, memento, hoc iter*.... Mais *venire hoc iter ad lapides* serait une locution bien dure. Scaliger proposait *ad fata memento — Hoc itere* (vieux mot, pour *itinere*) *ad lapides cana venire meos*; ce qui a été adopté par Broukh. et ses autres copistes.

De tribus una soror (v. 44). Il s'agit des Parques, qui étaient au nombre de trois. Clotho tenait la quenouille, Lachésis tournait le fuseau, et Atropos coupait le fil. C'étaient les filles de l'Érèbe et de la Nuit.

Nestoris (v. 46). Nestor, d'après la fable, aurait vécu 300 ans, ou du moins trois âges d'homme. Or, les scholiastes prétendent (*Il.* 1, 247) que, par le mot âge (γενεά), il faut entendre seulement l'espace de trente années.

Cui si (v. 47). Ce distique a été l'objet de bien des commentaires. On lisait d'abord *qui si tam longæ min.* ou *quis tam longævæ*, et la leçon actuelle est due à Santenius. Scaliger disait avoir trouvé *meminisset*, laissait *longævæ*, et expliquait : *Aurait-il raconté sa longue vieillesse, lorsqu'il faisait la guerre avec tant de vigueur sous les remparts de Troie?* Car, ajoute Scaliger, *Gallicus* fait allusion au proverbe κελτικὸν θράσος.

Ce sens du distique entier est peu probable, et l'application du proverbe a trouvé peu de créance. Comment alors expliquer *Gallicus?* Suivant les uns par *Asiaticus*, vu que les Gaulois se sont établis plus tard en Asie; suivant les autres, d'un fleuve Gallus, qui baignait la Phrygie. Mais les meilleurs critiques pensent qu'il y a erreur et qu'il faudrait changer ce mot pour un autre, tel que *Ilius* ou *Dardanus*.

Antilochi (v. 49). Antiloque, fils de Nestor, périt dans l'un des combats qui se livrèrent sous les murs de Troie.

Adonin (v. 53). Adonis, fils de Myrrha, fut aimé de Vénus. Il fut tué par un sanglier qu'il poursuivait avec trop d'imprudence. *Voyez* OVIDE, *Métam.* x.

Idalio (v. 54). Le nom d'Idalie était commun à une ville, à une montagne et à un bois, situés dans l'île de Chypre, qui était consacrée particulièrement à Vénus.

Flevisse (v. 55). Ce vers a encore été lacéré d'une manière quelconque. La plupart des éditions donnent *Illis formosum jacuisse*: mais alors il faudrait *formosus*, et l'opposition serait bien froide. Lachmann propose *formosis*, et le sujet de *jacuisse* serait Vénus. D'autres, comme Sylvius, lisent *lavisse*; d'autres enfin *flevisse*, auquel la préférence me semble appartenir et pour le sens et pour la relation avec la leçon primitive *jacuisse*. J'avoue cependant que l'adjectif *formosum*, complément unique du verbe, semble une construction un peu dure, bien que l'on trouve *miserum* et quelques autres adjectifs employés par les meilleurs poètes de la même manière.

Voyez BERTIN, *Amours*, I, 1; PARNY, III, *Ma mort*; LEBRUN, *él.* I, 2; A. CHÉNIER, *él.* VII.

ÉLÉGIE QUATORZIÈME.

Dardanio (v. 1). L'empire de Troie avait été fondé par Dardanus. L'un des successeurs de ce prince fut Laomédon.

Atrida (v. 1). Ce pourrait être Ménélas; mais tout porte à entendre Agamemnon.

Electra (v. 5). Électre et Oreste étaient les enfans d'Agamemnon. Ce prince ayant été assassiné à son retour de Troie, par Clytemnestre, sa femme, et par Égysthe, amant de Clytemnestre, Oreste se déroba d'Argos et sema le bruit de sa mort pour échapper aux embûches du meurtrier de son père. Il y revint enfin et vengea Agamemnon par la mort d'Égysthe et de Clytemnestre.

Dædaleum (v. 8). Le fameux labyrinthe de Crète avait été construit par Dédale. Ce célèbre artiste, banni d'Athènes, sa patrie, pour avoir fait périr son neveu, s'était réfugié à la cour de Minos, qui le retenait prisonnier. Il s'échappa enfin et se retira en Sicile: mais Cocalus, qui y régnait, le fit périr, pour complaire au roi de Crète, qui le menaçait de ses armes.

Columna (v. 25). Le vers 27 indique qu'il faut entendre les colonnes qui soutenaient le portique, et auxquelles on appendait ordinairement les offrandes.

Nunc ad te.... (v. 29). Ce distique est un de ceux qui ont le plus exercé la sagacité des critiques. Les uns ont écrit avec Passerat : « N. a. t. m. l. veniet, mea *litora*, n. — Servata, a. m. s. o. vadis? » *mea litora* étant une apposition à *te*; les autres « *veniet mea litore* n. — S. a. m. *sidet* o. v. ? » *litore* signifiant *après avoir quitté le rivage*; Lachm. veut « *N. da* te mea lux ; *venit mea litore navis*. — S. a. m. s. o. v.? » d'autres enfin lisent « Nunc *in* te, m. l. veniat *sua litora* n. — S. a. m. s. o. vadis. » Le sens que l'on tire de cette dernière leçon nous a paru le véritable; mais était-il nécessaire de changer la leçon commune? Il est évident que *mea* vaut *sua*, et, à la rigueur, *ad te* offre à l'esprit le même sens que *in te* (*est* s. ent.), quoiqu'il soit peut-être moins employé. Lachmann réprouve cette explication avec trop de légèreté; il va même jusqu'à dire que ces vers sont d'un amoureux transi, qui mériterait d'être mis à la porte. Cette décision est tranchante et bien dure : je doute que le lecteur la partage. Properce, après avoir chanté son bonheur, souhaite que Cynthie lui conserve les mêmes sentimens et ne l'abandonne pas au milieu de sa course amoureuse. Si ce malheur lui arrivait par sa faute, à lui Properce, il veut mourir devant la porte de Cynthie. N'est-ce pas là le langage de la passion? et y a-t-il lacune dans les idées?

Voyez BERTIN, *Amours*, I, 14; A. CHÉNIER, *él.* XVII; LEBRUN, *Odes*, IV, 5; DORAT, *Baiser*, XVIII.

ÉLÉGIE QUINZIÈME.

Endymion (v. 15). La fable rapporte que la Lune ou Diane s'éprit d'amour pour le berger Endymion, fils d'Aëthlius. Elle l'endormit sur le mont Latmus, en Carie, mais de manière à ce qu'il eût toujours les yeux ouverts. De leur commerce secret naquirent cinquante filles. Ceux qui veulent expliquer la fable par des allusions continuelles, ont prétendu qu'Endymion avait observé le premier la lune et ses différentes phases.

Viderit (v. 22). « Amorem sibi vetitum sentiat, » dit Lemaire. C'est plutôt le sens donné par Sylvius : « Illi curæ sit, cui partus et rugæ comites pudorem incutiunt. »

Crines solvere (v. 46). Le désordre dans la chevelure était, chez les anciens, une des marques de deuil les plus ordinaires.

Pocula (v. 48). La traduction littérale des mots donne un sens satisfaisant. En prenant *pocula* trop à la lettre, les uns veulent qu'il s'agisse de poison. D'autres, en admettant notre traduction, voient dans ces mots une allusion aux débauches d'Antoine, et la chose est possible, surtout d'après ce qui précède.

Voyez LEBRUN, *él.* I, 4; PARNY, liv. II, *Souvenir*, et liv. III, *Délire*; BERTIN, *Amours*, III, 4 et 15; DORAT, *Baiser*, X; A. CHÉNIER, *él.* XXXIII.

ÉLÉGIE SEIZIÈME.

Prætor (v. 1). C'est probablement le même rival dont il est question dans l'élégie VIII du livre I. A son départ de Rome, il offrait à Cynthie de la suivre, et son retour fait le désespoir du poète. Remarquons que Properce ne paraît pas très-étonné de la conduite de Cynthie, ce qui peint la corruption profonde dont Rome à cette époque se trouvait déjà le théâtre.

Non sequitur fasces (v. 11). Il me semble que, pour lier ces vers à ceux qui les précèdent, il faut admettre une ironie amère dans la bouche de Properce. Cette hypothèse sauverait de plus son honneur, gravement compromis par les conseils qu'il serait censé donner, si on refusait de la reconnaître.

Sinus (v. 12). Les anciens suspendaient leur bourse à leur cou et la mettaient dans leur sein sous les vêtemens extérieurs.

Indigna merce (v. 16). Palmérius, long-temps avant Lachmann, avait donné la leçon *indignum! merce p. p.* Passerat a préféré l'écriture vulgaire, mais sans en donner de raison. On peut dire que l'exclamation est assez indiquée par le *Jupiter*, et qu'il y aurait redondance à en admettre une autre. Le sens d'ailleurs n'exige ici aucun changement.

Gemmas (v. 17). La perle est le produit de différens coquillages qu'il faut aller chercher avec grande peine jusqu'au fond de l'Océan. Sur le luxe qui régnait à Rome dans le choix des perles, voyez PLINE, IX, 53 et suiv. (tome VII, page 85.)

Agitat vestigia (v. 27). « Nempe magnifice incedere, » dit Turnèbe, ou « pedes agitare, » explique Passerat. Le sens que nous avons adopté est dû à Broukh., qui lit *agitare mea vestigia*.

Eriphyla (v. 29). Ériphyle, sœur d'Adraste, épousa Amphiaraüs, devin célèbre, que Polynice voulait engager dans son parti, lorsqu'il marcha contre Étéocle, son frère. Amphiaraüs se cacha, parce qu'il avait découvert par son art qu'il devait périr sous les murs de Thèbes : mais Ériphyle ayant reçu un collier de Polynice, découvrit à ce prince la retraite de son mari. Amphiaraüs fut englouti dans un abîme. Alcméon, son fils, voulut se venger sur celle qui était la cause de sa mort, et se souilla, comme Oreste, d'un patricide.

Creusa (v. 30). Créüse, fille de Créon, roi de Corinthe, reçut les hommages de Jason, qui venait de répudier Médée. Celle-ci, pour s'en venger, envoya à la princesse une robe imprégnée de poisons, qui la fit périr, comme autrefois Hercule, au milieu des plus cruelles tortures, dès qu'elle eut eu l'imprudence de s'en revêtir.

Cerne ducem (v. 37). Allusion à la guerre civile d'Antoine et d'Auguste.

Smaragdos (v. 43). L'émeraude, au rapport de Pline (liv. xxxvii, ch. 16), était, parmi les pierres colorées, la plus estimée chez les anciens. On accordait à sa couleur verte la propriété de récréer la vue lorsqu'elle avait été fatiguée par d'autres objets.

Chrysolithos (v. 44). Les anciens, d'après Pline (xxxvii, 42, tome xx, page 380), distinguaient la chrysolithe du topaze, comme nous le faisons encore aujourd'hui ; mais nous avons renversé les noms qu'ils donnaient à ces deux espèces de pierres.

Orion (v. 51). Jupiter, Mercure et Neptune, voulant récompenser l'hospitalité avec laquelle un vieillard nommé Hyrée les avait accueillis sans les connaître, accordèrent à ses vœux un fils, qui fut appelé Orion. Grand chasseur et chéri de Diane, il offensa la Terre, qui fit naître un scorpion, et une piqûre de cet animal lui donna la mort. Diane obtint des dieux qu'il serait transporté au ciel, où il forme une constellation, qui annonce ordinairement les orages et les tempêtes.

Sidonia (v. 55). Sidon, ville de Phénicie, était voisine de Tyr, et se rendit célèbre, comme elle, par ses manufactures et son commerce.

Ne... Ut timeas (v. 55-56). La traduction littérale serait : « Que pourpre ne paraisse pas à tes yeux d'un assez grand prix pour *que tu te condamnes à* craindre..... »

Voyez BERTIN, *Amours*, ii, 4 et iii, 12.

ÉLÉGIE DIX-SEPTIÈME.

Utroque toro (v. 4). C'est l'idée de Bertin, *Am.*, iii, 7 :

Je me roule aux deux bords de ma couche brûlante.

Sisyphios (v. 7). Sisyphe, fils d'Éole, infestait l'Attique de ses brigandages, et fut tué par Thésée. Les poètes ont supposé qu'il avait été condamné dans les enfers à rouler au sommet d'une montagne un rocher énorme, qui retombait toujours.

Nunc licet (v. 15). Avant Béroalde, on lisait *nec licet;* mais tous les éditeurs et commentateurs jusqu'à Lachmann ont admis la correction proposée. Lachmann, au contraire, professe la plus grande vénération pour l'ancien texte, en cet endroit du moins; car, au distique précédent, il voudrait *jubet* pour *juvat*. Les raisons sur lesquelles il appuie et sa leçon et son retour à l'ancien texte, me paraissent si légères, que je renvoie à son édition ceux qui désireraient les connaître.

Sicca (v. 15). La lune attire la rosée, excepté dans les temps froids.

Voyez BERTIN, *Amours*, II, 2 et III, 7.

ÉLÉGIE DIX-HUITIÈME.

Tithoni (v. 7). Tithon, fils de Laomédon, fut enlevé par l'Aurore, et transporté en Éthiopie. La déesse obtint pour lui l'immortalité. Mais comme elle avait oublié en même temps de demander une éternelle jeunesse, Tithon, parvenu à la décrépitude, fut changé en cigale.

Indos (v. 11). Les Indes étaient, chez les anciens, la limite orientale de leurs connaissances géographiques. Les poètes avaient placé au delà de ce pays la demeure ordinaire et les palais de l'Aurore.

Memnone (v. 16). Memnon, fils de Tithon et de l'Aurore, conduisit les peuples d'Éthiopie au secours de Priam, et fut tué par Achille. De ses cendres sortirent des oiseaux. OVIDE, *Métam.*, XIII, 57.

Quin ego (v. 21). Scaliger fait de ce distique le troisième de l'élégie. Il peut d'ailleurs s'appliquer à son rival ou à Cynthie; à son rival, car il peut être éconduit en moins d'une heure; à Cynthie, qui peut aimer à son tour sans être aimée.

Nunc etiam (v. 23). Kuinoël, Lachmann et Lemaire séparent ces vers de ceux qui précèdent, en se fondant sur l'incohérence des idées.

Britannos (v. 23). Au rapport de César (*de Bello Gallico*, v), les Bretons, anciens habitans de l'Angleterre, pour faire ressortir leurs veines, se peignaient tout le visage avec le pastel, qui donne une couleur bleue. Broukh. observe d'ailleurs avec raison que le fard était connu à Rome long-temps avant la découverte de la

Bretagne par les Romains, puisque Caton l'ancien le reprochait déjà aux femmes.

Belgicus (v. 26). Pour *Britannicus*, à cause du voisinage, dit Passerat; ou parce qu'une partie de la Bretagne fut peuplée par les Belges, au rapport de César, liv. v, ch. 12, dit Broukh. Sans recourir à tant d'érudition, les Gaulois et les Germains étaient généralement blonds, comme ils le sont encore, et les Italiens presque tous bruns.

ÉLÉGIE DIX-NEUVIÈME.

Ludi... Fanaque (v. 6-9). On peut conclure de ces vers qu'il en était chez les Romains comme chez nous, et que souvent l'on ne se rendait aux temples ou au théâtre que pour voir et pour se montrer. Ovide, *Art d'aimer*, est encore plus précis :

> Sed tu præcipue curvis venare theatris :
>   Hæc loca sunt voto fertiliora tuo....
> Spectatum veniunt, veniunt spectentur ut ipsæ :
>   Ille locus casti damna pudoris habet.

Externo..... viro (v. 16). « Que les hommes soient exclus de vos danses, » traduit Delongchamps par un contre-sens. *Vir externus* me paraît être ici un homme étranger à la campagne, un citadin avec sa corruption et ses ruses.

Ponere vota (v. 18). C'est porter ses offrandes à la déesse, disent généralement les commentateurs, afin qu'elle soit favorable malgré l'absence. Il y a entre *sacra suscipere* et *ponere vota*, une opposition trop marquée pour qu'il soit permis d'admettre ce sens. Delongchamps avait traduit : « O Vénus ! tu n'auras alors que mes vœux ! tous mes sacrifices seront pour la déesse des forêts. »

Reddere pinu (v. 19) pour pinui *cornua*. Les chasseurs, chez les Romains, avaient l'habitude de suspendre aux arbres les cornes, et quelquefois la peau des bêtes qu'ils avaient domptées. Ils choisissaient de préférence le pin, parce que cet arbre était consacré à Diane, déesse de la chasse. *Voyez* OVIDE, *Métam.*, XII, 266; CATULLE, *Argon.*, 106.

Clitumnus (v. 25). Le Clitumnus était un fleuve de l'Ombrie, qui passait à Mévania, patrie de Properce, et se jetait dans le Tibre. La fable dit que les troupeaux qui s'y baignaient en sortaient blancs, et communiquaient cette blancheur à leur race.

ÉLÉGIE VINGTIÈME.

Andromacha (v. 2). Les malheurs d'Andromaque, veuve d'Hector, ont été traités tour-à-tour par Eschyle, Sophocle et notre Racine. D'après les témoignages les plus certains, elle fut emmenée en Épire par Pyrrhus, fils d'Achille, et elle en eut un fils nommé Molossus. Voyez *Énéide*, III.

Volucris (v. 5). Béroalde veut que ce soit l'hirondelle, qui ne s'est jamais posée sur les arbres; d'autres commentateurs entendent le hibou, consacré à Minerve et honoré à Athènes; d'autres enfin appliquent cette dénomination au rossignol, qui chante la nuit dans le feuillage; et l'épithète *Attica* s'expliquerait très-bien, puisque Philomèle était fille de Pandion, et que Pandion était roi d'Athènes. L'épithète *funesta* nous a fait ranger au second sens.

Cecropiis foliis (v. 6), pour *silvis*. Ce n'est point un arbre particulier, comme on a pu le croire. L'Égyptien Cécrops fut le premier roi d'Athènes.

Niobe (v. 7). Niobé, fille de Tantale et femme d'Amphion, roi de Thèbes, osa mépriser Latone, parce qu'elle avait quatorze enfans, sept fils et sept filles, au rapport d'Ovide, ou seulement douze, d'après Properce. Apollon et Diane, voulant venger leur mère, percèrent de leurs flèches la nombreuse postérité de Niobé. Celle-ci pleurait ses fils, mais s'irritait contre les auteurs de ses maux. Latone la transporta sur le mont Sipyle, en Phrygie, et la changea en un rocher.

Superba (v. 7). Lachmann voudrait *superne;* car, dit-il, l'épithète *flebilis* conviendrait mieux à Niobé... La raison ne vaut rien en elle-même, et *superba* est donné par tous les manuscrits.

Æratis... nodis (v. 9). On peut regarder ces mots comme une allusion au sort de Prométhée. *Voyez* I, 12.

Danaes (v. 10). Acrisius, roi d'Argos, avait enfermé dans une tour d'airain sa fille Danaé, parce que l'oracle lui avait prédit qu'il mourrait de la main de son petit-fils. Jupiter pénétra dans la tour en pluie d'or, et eut de Danaé le demi-dieu Persée, qui tua par mégarde son grand-père d'un coup de palet, dans des jeux funèbres.

Erinnyes (v. 29). On appelait de ce nom les Furies, ou Euménides. Selon Hésiode, elles étaient filles du Ciel et de la Terre. Comme elles étaient chargées aux enfers de punir les coupables, les poëtes grecs les ont introduites quelquefois sur la scène dans le même but, ce qui leur a fait donner par Properce l'épithète *tragicæ*.

Æace (v. 30). Éacus fut, avec Minos et Rhadamante, le troisième juge des enfers. Fils de Jupiter et d'Europe, il avait gouverné avec sagesse l'île d'Égine, aujourd'hui Engia, dans le golfe Saronique.

Tityi (v. 31). Tityus, fils de Jupiter, voulut faire violence à Latone, et fut précipité dans les enfers, où il couvre de son corps neuf arpens. Un vautour lui ronge le foie, qui renaît sans cesse.

Pœna (v. 31). D'autres lisent *penna*; mais le sens est le même. La traduction littérale et développée serait : « Qu'un autre vautour destiné à me punir erre parmi ceux qui font le supplice de Titye. »

Supplicibus...... tabellis (v. 33). Cynthie, croyant à l'inconstance de Properce, lui avait apparemment adressé une lettre de reproches et de prières, et cette élégie en est la réponse.

ÉLÉGIE VINGT-UNIÈME.

Panthi (v. 1). On ignore quel fut ce rival de notre poëte. Plusieurs commentateurs prétendent que le nom est supposé.

Huic quoque qui restet (v. 17). Toutes les anciennes éditions lisent ce vers comme il est écrit ici, excepté que le verbe *restet* est à l'indicatif. Il en résultait une foule de sens plus ou moins obscurs, parmi lesquels est cette explication de Passerat. *Huic* (mihi) *qui restat* (resto) *alter quæritur*. Lachmann proposait *huic quoque qui restat? Jampridem...... Comment se venge-t-elle? depuis long-*

temps..... ce qui est très-froid. La correction de Broukh. est simple et donne un sens en harmonie avec le reste. « Alter ab hoc quæritur qui restet, nempe qui remaneat, constanter amet. »

ÉLÉGIE VINGT-DEUXIÈME.

Demophoon (v. 2). Nom inconnu, et que pour cela, sans doute, on a regardé quelquefois comme supposé.

Aliquis (v. 15). Les prêtres de Bellone et de Cybèle parcouraient la ville à certains jours en se déchirant le corps, et quelquefois même ils poussaient le fanatisme jusqu'à se couper des membres entiers. Ces jeux sanglans s'exécutaient au son de la flûte. Le poète lui donne l'épithète de *Phryx*, parce que cette espèce de culte avait pris naissance en Phrygie.

Thamyræ (v. 19). Thamyras, fils de Philémon, eut pour patrie la Thrace. Devenu célèbre par son habileté dans la musique et par la beauté de sa voix, il osa provoquer les Muses elles-mêmes. Celles-ci, justement irritées de tant d'orgueil, lui ôtèrent, après l'avoir vaincu, sa voix et son talent sur la lyre, et, de plus, elles le rendirent aveugle.

Alcmenæ (v. 25). Tandis qu'Amphitryon, roi de Thèbes, vengeait sur les habitans de Télèbe le meurtre de son beau-frère, Jupiter prit ses traits et trompa ainsi Alcmène, qui eut de lui le célèbre Hercule. On dit que Jupiter arrêta le cours des astres pour prolonger ses plaisirs.

Geminas requieverat arctos (v. 25). Littéralement *il avait reposé pour Alcmène les deux pôles*. Comment *arctos* pourrait-il signifier *nuit*, comme le veut Delongchamps ainsi que plusieurs autres?

Voyez A. Chénier, *élégie* xl.

ÉLÉGIE VINGT-TROISIÈME.

Cui fuit indocti (v. 1). Scaliger fait de cette élégie la continuation de la précédente. De plus, il lit *indocto* pour *indocti*.

Lacu (v. 2). Il y avait à Rome de nombreux réservoirs pour abreuver et baigner les animaux; mais l'eau en était trop peu limpide et trop impure, pour que les riches surtout consentissent à en boire.

Porticus (v. 5). A Rome, la plupart des temples et la demeure des principaux citoyens étaient environnés de portiques, qui devinrent un lieu de promenade et le rendez-vous des amans.

Euphrates (v. 21). L'Orient était renommé, chez les anciens, pour la beauté de ses femmes, et cette réputation subsiste encore de nos jours. On sait que les Turcs préfèrent les esclaves de Circassie ou de Géorgie, pays qui sont un peu au dessus de l'Arménie.

Voyez LA FONTAINE, *Joconde* et *les Rémois*.

ÉLÉGIE VINGT-QUATRIÈME.

Tu loqueris (v. 1). Properce suppose qu'un ami, Démophoon, par exemple, lui reproche le langage qu'il a tenu dans l'élégie précédente. Mais s'ensuit-il que l'élégie soit adressée à un de ses amis? Et les idées ne s'enchaînent-elles pas mieux en adoptant, comme nous l'avons fait, le titre qu'a donné Delongchamps dans sa traduction.

Nomine (v. 8). Scaliger écrit *ureret et quamvis nomine* (Cynthia); v. d. *Nomine*, selon Sylvius, Lemaire, etc., est pour *de nomine puellæ fallerem*. Comment accorder ce sens avec la vérité, et mieux encore avec les idées qui précèdent et qui suivent? Pour moi, je crois que le sens est *je tromperais sur les apparences*, *nomine* étant l'opposé de *re*, que rien n'empêche de sous-entendre dans la première partie du pentamètre.

Pavonis (v. 11). Les dames romaines se faisaient avec les plumes du paon, différens éventails. Claudien rend aussi témoignage à cette coutume, quand il dit, *contre Eutr.*, 1, 108 :

> Et quum se rapido fessam projecerat æstu,
> Patricius roseis pavonum ventilat alis.

Pila (v. 12). A Rome, les femmes riches avaient souvent à la main des globes de cristal, pour tempérer les chaleurs de l'été par une douce fraîcheur. Pline, liv. VII, attribue l'idée de ce luxe à un certain Pithus.

Talos... eburnos (v. 13). Littéralement *des osselets*. Ce jeu, ainsi que celui des dés (*tesseræ*), était fort en usage chez les Romains.

Vilia dona (v. 14). On pourrait entendre *vilia* relativement au poète. Mais on ne peut se méprendre sur le vrai sens, quand on sait que l'on vendait des fruits dans la voie Sacrée, et que l'on rapproche ce vers, entre autres passages, de ce que dit Ovide, *Art d'aimer*, II :

> Rure suburbano poteris tibi dicere missa
> Illa (poma), vel in Sacra sint licet emta via.

Hoc erat (v. 17). En admettant que Properce se parle à lui-même, on comprendra comment la seule pensée de Cynthie l'amène, par une association naturelle d'idées, à cette tirade qui termine la pièce.

Lernæas (v. 25). Les marais de Lerne, auprès d'Argos, étaient infestés, selon la fable, par une hydre à plusieurs têtes, et si l'on en coupait une seule, il en renaissait trois. Hercule les trancha toutes d'un seul coup, ce qui délivra l'Argolide de ce monstre affreux.

Hesperio..... dracone (v. 26). Atlas, roi de Mauritanie, eut trois filles, appelées les Hespérides, et qui habitaient la Libye. Elles cultivaient un jardin dont les fruits étaient d'or, et que défendait un dragon redoutable. Après avoir vaincu le monstre, Hercule offrit à Eurysthée les fruits que celui-ci avait demandés. Ce qui a donné naissance à la fable du dragon, si l'on en croit Pline, c'est que le jardin des Hespérides était bordé au loin par un rivage sinueux.

Minoida (v. 43). Ariadne, que Thésée abandonna dans l'île de Naxos.

Phyllida Demophoon (v. 44). Démophoon, fils de Thésée et de Phèdre, fut jeté sur les côtes de Thrace, lorsqu'il revenait dans sa patrie après la guerre de Troie. Lycurgue, roi du pays, l'accueillit avec bienveillance, et lui accorda sa fille Phyllis. Bientôt Démophoon partit pour Athènes, en promettant de revenir dès qu'il aurait mis ordre aux affaires du royaume. Comme il tardait d'accomplir sa promesse, Phyllis le crut parjure, se pendit de désespoir et fut changée en amandier. *Voyez* OVIDE, *Héroïde* II.

Voyez PARNY, liv. II, *Retour à Éléonore;* LEBRUN, *él.* IV, 8.

ÉLÉGIE VINGT-CINQUIÈME.

Veni (v. 2). Nous avons donné la leçon commune à tous les manuscrits. Scaliger voulait la changer et mettre *excludit q. s. m. s. venis, venis* p. *es* se rapportant à *nata :* mais il est évident qu'il y aurait ainsi contradiction dans les idées. Avec le texte vulgaire, la contradiction n'est qu'apparente. Supposons en effet que Cynthie voulant recevoir un rival, le préteur d'Illyrie, par exemple, ait fait défendre à Properce de venir auprès d'elle : n'est-il pas alors naturel que celui-ci lui dise *excludit q. s. m.*, *sæpe veni;* et en récompense *ista f. n. f. libellis*. On dira que c'est là une pure hypothèse. Cela est vrai ; mais qui empêche de l'admettre? Ne voit-on pas dans Térence la courtisane Thaïs convenir avec Pamphyle de lui fermer la porte pendant quelques jours, afin qu'elle puisse recevoir le capitaine Thrason? Cette hypothèse d'ailleurs a le mérite d'expliquer un passage qui a été l'écueil des commentateurs.

Calve (v. 4). Calvus, de la famille Licinia, fut le contemporain et l'ami de Catulle. Quintilia fut celle qui captiva son cœur et à qui il adressa des pièces nombreuses, qui ne nous sont point parvenues.

Catulle (v. 4). Catulle, autre poète érotique, chanta Lesbie. Ses écrits ne nous sont parvenus que tronqués et mutilés.

Parma (v. 8). Chez les anciens, celui qui abandonnait le service militaire suspendait ordinairement ses armes à la voûte des temples, comme pour remercier les dieux de l'avoir conservé à travers tant de périls.

Perille (v. 12). Périllus, habile ouvrier athénien, avait fait pour Phalaris, tyran d'Agrigente, un taureau d'airain, dans lequel celui-ci devait enfermer et brûler ses victimes. Périllus fut le premier que le tyran condamna à périr par cet affreux supplice.

Septima quam metam (v. 26). Pour obtenir le prix de la course des chars, il fallait, chez les Romains, parcourir sept fois l'étendue du Cirque, et tourner chaque fois autour de la borne qui en indiquait l'extrémité. C'était le moment de la course le plus décisif et le plus dangereux. Si l'on s'écartait trop de la borne, on était dépassé par celui qui l'aurait rasée de plus près; mais si l'on en approchait trop, on brisait infailliblement son char, et souvent même on perdait la vie.

Sandicis (v. 45). Le mot *sandyx*, employé aussi par Virgile, Églogue IV, indiquait une couleur analogue à celle de la pourpre, et se prenait en conséquence comme synonyme de *purpura*. Son étymologie, d'après Hésychius, est σάνδυξ, espèce d'arbrisseau dont la fleur avait presque la couleur du safran. Selon Pline, on obtenait le sandyx par un mélange de *sandaraque*, nom que les anciens donnaient à une espèce de minerai probablement arsénical, qui accompagnait l'or et l'argent, et de *rubrica*, terre d'un rouge plus foncé que ne l'était le sandaraque lui-même. *Voyez* PLINE, liv. XXXV, ch. 23 (tome XIX, page 374); et liv. XXXIV, ch. 55 (tome XIX, page 291).

Voyez A. CHÉNIER, *él.* XXII; LEBRUN, *Odes*, I, 22.

ÉLÉGIE VINGT-SIXIÈME.

Hellen (v. 5). Athamas ayant épousé Ino en secondes noces, Phryxus et Hellé, qu'il avait eus de Néphélé, sa première épouse, furent contraints de s'enfuir pour se dérober aux injustes traitemens d'une marâtre. La fable dit qu'ils voulurent traverser l'Hellespont sur un bélier, mais qu'Hellé, effrayée au milieu du passage, se laissa tomber dans les flots, auxquels elle a donné son nom. Phryxus parvint en Colchide, et consacra au dieu Mars la toison du bélier, que Jason alla revendiquer plus tard à la tête des Argonautes.

Leucothoee (v. 10). Ino avait eu deux fils d'Athamas, Léandre et Mélicerte. Junon, irritée contre le roi, le rendit furieux au point qu'il arracha Léandre des bras de sa mère et l'immola sous ses yeux. Celle-ci s'enfuit effrayée avec son autre fils, et se précipita du haut d'un rocher dans la mer. Les dieux, touchés de pitié, la mirent au rang des divinités marines, ainsi que le jeune

Mélicerte, qui prit le nom de Palémon. Ino fut appelée Leucothoé par les Grecs, et par les Latins Matuta. *Voyez* OVIDE, *Métam.*, IV.

Glaucus (v. 13). Glaucus fut un pêcheur qui voyait les poissons s'élancer dans la mer, lorsqu'il les posait sur une certaine herbe. La curiosité le porta à en manger. Aussitôt il s'élança lui-même dans les flots et devint une divinité marine. *Voyez* OVIDE, *Métam.*, XIII.

Nereides (v. 15). Les Néréides, ou nymphes de la mer, étaient filles de Doris et de Nérée. Properce compte parmi elles Niséé, que nomme aussi Virgile, *Géorg.* IV, et Cymothoé, la même sans doute que Cymodocé.

Arioniam (v. 18). Arion, musicien célèbre, se rendait de Lesbos à Corinthe, où régnait alors Périandre, lorsque les matelots complotèrent sa mort, pour s'emparer de ses richesses. Arion demanda la grâce de s'accompagner une dernière fois sur la lyre, et l'obtint. Quand il eut terminé ses chants, il se précipita dans la mer : mais un dauphin qu'il avait attiré par ses accords le reçut et le porta jusqu'à Corinthe. Périandre, ayant appris l'aventure, punit les matelots du dernier supplice.

Cambysæ (v. 23). Cambyse, fils de Cyrus, gouverna après lui l'empire des Perses, et mourut en Égypte d'une blessure que son épée, en tombant, lui avait faite à la cuisse. On sait qu'à cette époque les Perses possédaient toutes les provinces d'Asie connues des Grecs, et de plus une partie de la Thrace et l'Égypte.

Crœsi (v. 23). Crésus fut le dernier roi de Lydie. Vaincu par Cyrus, il vit ses trésors tomber au pouvoir des Perses et ses états devenir une province de leur empire.

Eurus (v. 35). L'Eurus, ou vent de l'est, excite les tempêtes surtout dans la Méditerranée ; l'Auster ou vent du midi amène la pluie et les calmes.

Mille (v. 38). Homère, dans son dénombrement, porte à 1186 les vaisseaux des Grecs qui partirent pour Ilion. La colère de Diane les arrêta, en leur refusant des vents favorables, sur les côtes de l'Eubée, aujourd'hui l'île de Négrepont, et ils ne purent mettre à la voile qu'après avoir apaisé la déesse par le sacrifice d'Iphigénie. Toutefois il est plus probable que le poète fait allusion au désastre que la flotte grecque eut à souffrir à son retour. Nauplius, roi de l'Eubée, avait perdu son fils Palamède, qu'Ulysse avait fait condamner à mort sur une accusation fausse de trahison. Pour se venger, il saisit le moment où la flotte était battue d'une affreuse tempête, et il fit allumer de grands feux sur des écueils. Les Grecs s'y dirigèrent comme vers un port assuré : mais ils ne trouvèrent que le plus cruel naufrage.

Duo litora (v. 39). Le poète veut parler des îles Cyanées ou Symplégades, situées à l'embouchure du Bosphore de Thrace. Elles flottaient au gré des vents, selon la fable : mais Junon et Minerve les fixèrent, lors du passage des Argonautes, et en outre une colombe fut envoyée pour guider le navire dans ces mers inconnues.

Amymone (v. 47). Neptune, irrité contre les Argiens, avait frappé leur pays de sécheresse. Amymone, fille de Danaüs, alla chercher de l'eau dans la forêt voisine. A son retour, elle réveilla imprudemment un Satyre, qui voulut lui faire violence, mais qui en fut empêché par Neptune. Ce dieu, amoureux à son tour de la princesse, s'en fit favorablement écouter et eut d'elle Nauplius, père de Palamède. L'eau que portait Amymone s'étant répandue, Neptune, pour la consoler, frappa la terre de son trident et en fit jaillir une fontaine, que les poètes appellent indifféremment de Lerne ou d'Amymone.

Scylla (v. 53). On appelait de ce nom un écueil situé dans le détroit de Messine, et qui était creusé à sa base en plusieurs cavernes, dans lesquelles l'eau s'engouffrait avec un bruit semblable aux aboiemens des chiens et aux hurlemens des loups. Les poètes ont supposé que Scylla était une femme qui s'attira le couroux des dieux; ils la plongèrent dans ce détroit et attachèrent à la partie inférieure de son corps des chiens et des loups, qui dévoraient les malheureux marins. *Voyez* OVIDE, *Métamorph.*, XIII, 730.

Charybdis (v. 54). Charybde, selon la fable, était une femme qui voulut ravir à Hercule ses troupeaux. Jupiter la foudroya et la précipita ensuite dans le détroit de Messine, vis-à-vis Scylla. Dès-lors il y eut à cet endroit un gouffre qui dévorait souvent les marins dans ses tourbillons, lorsqu'ils ne songeaient qu'à fuir l'écueil opposé.

Voyez LEBRUN, *Odes*, II, 21 ; PARNY, liv. 1, *Projet de solitude.*

ÉLÉGIE VINGT-SEPTIÈME.

Phœnicum inventa (v. 3). Strabon, liv. xvi, Pline, v, 13, et Eusèbe, nous apprennent que les Grecs reçurent des Phéniciens l'alphabet, l'astronomie, et plusieurs arts. Suivant Eusèbe, les Phéniciens auraient appris des Chaldéens l'astronomie et l'astrologie.

Arundine (v. 13). Certains commentateurs ont pris le mot *arundo* pour synonyme de *cymba*, parce qu'au rapport de Pline, xvi, 64, de Diodore et autres auteurs, les barques, dans l'origine, furent faites avec des roseaux. Mais comme les marais sont ordinairement couverts de roseaux, il est plus naturel de prendre *arundo* dans ce dernier sens, et telle est en effet l'explication la plus générale.

Remex (v. 13). En traduisant *remex* par Charon, il faut mettre *amator* sous-entendu pour sujet du verbe *cernat*, ce qui n'est pas conforme aux règles de la clarté et de la grammaire. Mais il vaut mieux admettre cette faute grammaticale, que de faire rapporter cette épithète à l'amant lui-même, quoique Virgile, *Énéide*, vi, nous représente les Ombres qui rament avec Charon dans la barque fatale :

.....Illæ remis vada livida verrunt.

Que signifierait, en effet, le second vers, après l'idée contenue dans le premier ? Il y aurait gradation inverse ; ce qui serait ici une faute de goût.

Voyez CHAULIEU, *à M. de Malézieux* ; VOLTAIRE, ép. CXIII, *à M. le prince de Ligne.*

ÉLÉGIE VINGT-HUITIÈME.

Cane (v. 4). Le Chien, chez nous la Canicule, est une constellation que le soleil parcourt en brûlant et desséchant la terre de ses feux les plus vifs. C'est, dit-on, la chienne dont Jupiter fit présent à Europe, et que Minos, fils d'Europe, donna à Procris, qui la donna à son tour à Céphale.

Peræque (v. 9). Lachmann, d'après un seul manuscrit d'ailleurs estimé, veut lire *doluit Venus ipsa paremque? Per se formosis....* car, dit-il, comment expliquer *peræque* et *præ se?* D'une manière simple, à notre avis : *est peræque inv. form. præ se; elle est toujours envieuse des* femmes qui sont *belles* même *auprès d'elle.*

Junonis Pelasgæ (v. 11). Junon était l'une des principales divinités honorées par les Grecs.

Callisto (v. 23). Calisto, fille de Lycaon, roi d'Arcadie, fut une des compagnes de Diane. Séduite par Jupiter, qui en eut Arcas, elle éprouva tour-à-tour l'indignation de Diane, qui la chassa loin d'elle, et la jalousie de Junon, qui la métamorphosa en ourse. Jupiter en fit une constellation du même nom, et les nautonniers considèrent souvent sa position pour éclairer leur route.

Semelæ (v. 27). Sémélé, fille de Cadmus, roi de Thèbes, fut aimée de Jupiter et persécutée par Junon. Cette déesse prit une forme étrangère, et, en élevant des doutes sur le rang de celui qui l'avait séduite, elle l'engagea à demander que Jupiter parût devant elle dans toute sa gloire. Sémélé fut brûlée de la foudre. Jupiter retira de son corps l'enfant qu'elle portait et le conserva à la vie ; ce fut Bacchus.

Mæonias (v. 29). La Méonie était l'ancien nom de la Lydie, province de l'Asie Mineure. Le poète veut donc dire que Cynthie verra toutes les beautés de l'Asie. D'autres ont expliqué toutes les beautés chantées par Homère, qui est souvent appelé *Mæonides* ou *Mæonius vates.*

Perit (v. 34). On sait que Junon présidait aux mariages ; *cui vincla jugalia curæ.* Quant à l'application de ce vers, ceux qui prétendent que Cynthie vécut libre, disent que la déesse regarde la mort d'une jeune fille comme une atteinte à ses droits. Mais si l'on admet que Cynthie ait été mariée, le sens se présente de lui-même, sans qu'il soit besoin de commentaires.

Rhombi (v. 35). On a donné ce nom à un instrument dont on se servait dans les cérémonies magiques. Il ressemblait, selon les uns, à un rouet, selon les autres, à un losange, et on le faisait tourner avec la rapidité la plus grande.

Laurus (v. 36). Un présage usité chez les anciens consistait à jeter au feu une branche de laurier. Si elle pétillait en brûlant, le présage était favorable; si elle ne rendait aucun bruit, on perdait tout espoir de réussir dans son entreprise.

Hæc tua (v. 47). Lachmann veut commencer à ce vers une nouvelle élégie : car, dit-il, dans la première partie, Properce veut éloigner de son amante la mort qui la menace, et dans la seconde il se réjouit de la voir sauvée. Ces péripéties dans la même pièce sont assez ordinaires pour que nous conservions l'unité généralement admise. Après avoir rappelé ses vœux, le poète en montre le succès en quelques vers. C'est la même marche que dans la pastorale charmante de Daphnis et Chloé : seulement la transition est brusque et le poète est toujours en scène.

Iole (v. 51). Iole, fille du roi Eurytus, fut aimée d'Hercule. Déjanire, qu'il avait épousée, en fut jalouse, et envoya au héros la tunique que le centaure Nessus avait trempée dans son sang, en le priant de s'en revêtir. Hercule mourut au milieu des douleurs les plus atroces, parce que le centaure avait été percé d'une flèche empoisonnée et que le poison avait circulé dans ses veines. — De nombreuses éditions lisent *Iope* au lieu de *Iole*. On ignore quelle serait cette Iopé. Comme il existe en Palestine une ville de ce nom, et que près de là se trouve le rocher où fut attachée Andromède, on a supposé que le nom de Iopé pouvait convenir soit à Andromède elle-même, soit à sa mère Cassiope.

Europe (v. 52). Europe, fille d'Agénor, roi de Phénicie, fut enlevée par Jupiter sous la forme d'un taureau, et en eut Minos, qui régna sur la Crète. Cadmus, envoyé par Agénor à la recherche de sa sœur, s'arrêta en Grèce, parce qu'il ne put la trouver, et y fonda la ville de Thèbes.

Pasiphae (v. 52). Fille du Soleil et femme de Minos, Pasiphaé conçut pour un taureau une passion monstrueuse. Le Minotaure, moitié homme, moitié taureau, qui provint de leur commerce, fut enfermé dans le labyrinthe, où Thésée le tua. On explique cette fable en disant que Pasiphaé aima un seigneur de la cour nommé Taurus.

Voyez PARNY, liv. III, *Sur la maladie d'Éléonore*.

ÉLÉGIE VINGT-NEUVIÈME.

Hesterna (v. 1). On a voulu changer *hesterna* par *extrema*, à cause du dernier vers de l'élégie, en donnant à ce mot un sens qu'il n'a pas, *una de nuperis*, et qui conviendrait mieux à *hesterna* lui-même.

Quæ quum (v. 15). Le sens de ces quatre vers nous a paru généralement peu compris. Passerat, Sylvius et Lemaire entendent « quum somnum demitteret et mitram, quam noctu gestabat, solverit, afflabunt..... » ce qui est un contre-sens formel; car ce que Properce appelle *mitra*, regardé par tous les commentateurs comme une coiffure qui servait en même temps d'ornement, ne peut être considéré en aucune manière comme une coiffure de nuit. Delongchamps est plus près de la vérité quand il dit : « Tandis que ta maîtresse eût dénoué les rubans de sa coiffure de pourpre, etc... tes sens pourraient s'enivrer... » Il était cependant facile d'apercevoir la suite des idées. Ce qui a dû arrêter les commentateurs et traducteurs, c'est qu'en réalité Properce trouve sa maîtresse couchée et endormie. Mais, deux vers plus haut, les amours ne lui disent pas qu'elle l'a attendu; elle l'attend encore, *exspectat*. Puis la réalité est-elle donc toujours conforme aux pensées que l'amour nous suggère?

Sidoniæ (v. 15). Passerat voudrait *Mygdoniæ*, parce que la mitre était l'ornement des femmes de Lydie, et ne le fut jamais des femmes de Tyr et de Phénicie. *Sidoniæ* est pour *purpureæ*.

Ibat et... (v. 27). Lachmann et Lemaire après lui ne trouvent aucun sens dans cette leçon. Comment supposer, disent-ils, que Cynthie dorme et marche à la fois? La réponse est facile : rien dans ce qui précède n'indique le sommeil; il y a seulement *in lecto sola fuit*. Il est donc inutile de corriger *in tunica, ibat ut...*

Vestæ (v. 27). Les anciens avaient la plus grande foi aux songes, et ils se les faisaient expliquer par les prêtres. Quelquefois même ils passaient la nuit dans les temples, espérant que l'avenir se dévoilerait avec plus de vérité au moyen des songes que les dieux leur enverraient pendant le sommeil.

Voyez A. CHÉNIER, *él*. XXXV; DORAT, *Baiser* XVI; *le Pardon*.

DU LIVRE DEUXIÈME. 407

ÉLÉGIE TRENTIÈME.

Tanain (v. 2). Le Tanaïs, aujourd'hui le Don, traversait la Sarmatie, la Chersonèse Taurique, et se jetait dans le Pont-Euxin, aujourd'hui la mer Noire.

Persei (v. 4). Mercure avait prêté ses ailes à Persée, lorsque ce héros alla combattre Méduse.

Mœandri (v. 17). Le Méandre, fleuve de l'Asie Mineure, renommé par ses mille détours, parcourt les pays connus autrefois sous les noms de Mysie, de Lydie et de Carie, et se jette dans la Méditerranée auprès de Milet.

Turpia Palladis ora (v. 18). Minerve inventa la flûte ancienne. S'étant regardée dans les eaux du Méandre pendant qu'elle en jouait, elle se trouva si laide avec ses joues gonflées, qu'elle jeta l'instrument dans le fleuve et y renonça pour toujours. Le Satyre Marsyas le retrouva dans la suite. Enorgueilli d'un tel trésor, il osa provoquer Apollon, qui le vainquit.

Phrygias undas (v. 19). L'Hellespont.

Hyrcani maris (v. 20). La mer Caspienne.

Spargere et alterna (v. 21). Broukhusius, qui adopte les corrections de Scaliger, explique ce vers en supposant que Cynthie fut accusée d'avoir fait périr dans un pays lointain le préteur rival de Properce, et en donne pour preuve le vers 27 de l'élégie XXXII. Lachmann, que Lemaire a suivi, suppose qu'au milieu d'un festin, Cynthie, piquée contre Properce, l'a menacé de partir pour se mêler aux guerres civiles (*alterna cæde*), qui divisaient alors la république, et que l'élégie a été composée d'après cette menace. Assurément l'une des deux explications ne vaut pas mieux que l'autre. Le texte, disons-le, offre ici des difficultés réelles, et qu'on ose espérer à peine de résoudre. A la rigueur, on pourrait s'en tenir à l'explication de Passerat, qui voit dans ce vers une menace analogue à celle de la VIIIe élégie : « Sed non effugies : mecum moriaris oportet... » Mais ne peut-on pas tirer des mots cet autre sens, qui est du moins raisonnable : « Arroser nos pénates *long-temps* communs d'un sang *qui coulera après le tien* (alterna), *si tu venais à périr.....* ? » Quant à la liaison qui doit exister avec le pentamètre, on la trouverait en supposant, ce que rien n'empêche, que le poète raisonne par hypothèses. Or, deux hypothèses contraires ne se réalisent pas à la fois.

Præmia dira (v. 22). Admettons qu'il s'agisse d'un voyage que Cynthie devait faire avec le préteur, comme dans une élégie précédente, et la pensée n'aura rien que de clair : « Et tu entreprendras ce voyage pour des richesses qui me sont odieuses. »

Una (v. 23). Lachmann ne voit aucune liaison avec ce qui précède. Selon nous, tout s'enchaîne. Le dépit arrache au poète une menace, et ensuite il essaie encore de retenir Cynthie par la peinture du bonheur qu'ils goûteront ensemble.

Avis (v. 30). Jupiter, épris de la beauté de Ganymède, fils de Tros, se changea en aigle et l'enleva dans le ciel, où il devint l'échanson des dieux, à la place d'Hébé.

OEagri quædam (v. 35). OEagrus, roi de Thrace, fut aimé de Calliope, qui eut de lui Linus et Orphée.

Bistoniis (v. 36). On appelait *Bistons* l'un des peuples qui habitaient la Thrace.

Bacchus (v. 38). Bacchus est une des divinités le plus souvent invoquées par les poètes; et les Muses, selon Diodore, l'accompagnèrent dans ses expéditions, ce qui motive sa présence au milieu d'elles.

Te (v. 40). Passerat, Sylvius et Delongchamps rapportent cette invocation à Bacchus, père du génie. Il est plus naturel de la rapporter à Cynthie, avec Piètre, Lachmann, Lemaire, sans cependant écrire comme ces derniers au vers 37 : *Hic ubi te.*

ÉLÉGIE TRENTE-UNIÈME.

Porticus (v. 2). Suétone écrit qu'Auguste fit élever un temple à Apollon sur le mont Palatin. Il y joignit un portique d'une beauté remarquable, dont Properce ébauche ici la description, et une bibliothèque, où l'on rassembla un grand nombre d'auteurs grecs et latins. Ce fut là qu'il assembla souvent les sénateurs sur la fin de son règne.

Pœnis (v. 3). Les marbres de Numidie étaient renommés, et la Numidie faisait partie de l'Afrique, où dominèrent long-temps les Carthaginois.

Hic equidem Phœbo (v. 5). Nous savons qu'il existait dans la bibliothèque Palatine, une statue d'Auguste avec les attributs d'Apollon, et que ce prince l'avait fait placer lui-même. Si le poète voulait faire allusion à cette circonstance, comme l'ont prétendu certains commentateurs, on en concevrait mieux l'obscurité qui règne dans ces vers. Autrement il faudrait entendre une statue d'Apollon plus belle qu'Apollon lui-même, ce que l'on prendrait pour une hyperbole poétique.

Myronis (v. 7). Myron, né à Éleuthère, fut un statuaire habile, qui excella surtout à rendre les troupeaux. *Voyez* PLINE, XXXIV, 19.

Ortygia (v. 10). C'était l'ancien nom de Délos, où Apollon reçut le jour.

Libyci dentis (v. 12). L'ivoire se tire des dents de l'éléphant, et cet animal se trouve surtout dans les Indes et en Afrique.

Vertice Gallos (v. 13). Quand les Gaulois envahirent la Grèce sous les premiers successeurs d'Alexandre, une de leurs armées, conduite par Brennus, s'avança pour piller le temple de Delphes. Un ouragan mit le désordre parmi ces Barbares, et facilita leur défaite, ce qui donna lieu à la tradition que des pierres, détachées par une main divine du haut de la montagne, les avaient punis, en les écrasant, de leur invasion sacrilège.

Deus ipse (v. 15). Cette statue était l'ouvrage du célèbre Scopas. *Voyez* PLINE, XXXVI, 4.

ÉLÉGIE TRENTE - DEUXIÈME.

Prænestis (v. 3). Préneste, ville du Latium, aujourd'hui Palestrine, avait un temple consacré à la Fortune, et un oracle très-renommé. Les auteurs anciens font souvent mention de l'un et de l'autre.

Telegoni (v. 4). Télégone, fils d'Ulysse et de Circé, à qui Properce donne l'épithète d'*Æœi*, parce que Circé habitait l'île d'Æœa, tua par mégarde son père, qui voulait l'empêcher de descendre dans l'île d'Ithaque, faute de le reconnaître, et vint s'établir en Italie. Il y jeta les fondemens de Tusculum, aujourd'hui Frascati.

Herculeum (v. 5). Tibur, maintenant Tivoli, petite ville des Sabins, à peu de distance de Rome, avait un temple consacré à Hercule.

Appia (v. 6). La voie Appienne, établie par Appius Claudius Cécus, conduisait de Rome à Brindes à travers la Campanie. C'était une route magnifique et très-fréquentée; mais, de plus, elle servait aux Romains de promenade, et Lemaire la compare à nos Champs-Élysées.

Anus (v. 6). Pour *annosa*. De même Pline a dit *terram anum*, XVII, 5; et Martial, *Épigr.* I, 106, *tessam anum*.

In nemus (v. 10). Il s'agit du bois d'Aricie, auprès de Rome, dans lequel Diane était honorée d'un culte tout particulier. Les femmes qui voulaient se rendre la déesse favorable, y allaient en portant des flambeaux allumés, ce qu'Ovide exprime aussi dans ces vers, *Fastes*, III :

> Sæpe potens voti, frontem redimita coronis,
> Femina lucentes portat ab urbe faces.

Triviæ (v. 10). Diane était ainsi appelée, soit parce qu'elle présidait aux carrefours, soit parce qu'on la trouvait à la fois au ciel, sur la terre et dans les enfers.

Pompeia (v. 11). Le portique de Pompée, l'une des promenades de Rome, était porté sur des colonnes magnifiques, et environné de platanes au feuillage épais. De plus, on couvrait en général le pavé et les murs des portiques avec des tapis précieux, pour préserver du froid et du soleil, de la pluie et de la poussière. Le poète donne à ces tapis l'épithète d'*Attalicis*, afin d'indiquer leur richesse. Ce fut en effet Attale, roi de Pergame, qui s'imagina le premier de tisser ensemble l'or, l'argent et la soie.

Marone (v. 14). On ne sait quel est le Maron dont il s'agit ici. Les uns veulent que ce soit un prêtre dont parle Homère, qui donna à Ulysse le vin dont s'enivra Polyphème; les autres, un des compagnons d'Osiris; d'autres, le nourricier de Bacchus. Rien n'empêche d'entendre Virgile, surtout si on le supposait déjà mort, quand cette élégie fut écrite.

Triton (v. 16). Triton était un dieu de la mer, fils de Neptune. Il résulterait du vers de Properce, qu'on lui avait élevé dans Rome une statue d'où l'eau sortait en abondance. On rapporte généralement tous ces ouvrages à Agrippa, qui fit construire entre autres merveilles, pendant son édilité, de nombreux canaux, sept lacs et trois cents fontaines. *Voyez* PLINE, liv. xv, ch. 36.

Non tua (v. 27). « Ce n'est pas du crime de poison qu'on t'accuse, » traduit Delongchamps, et en cela il est l'interprète fidèle de tous les commentateurs : c'est faire un contre-sens en bonne et surtout en nombreuse compagnie. Il y a là une comparaison qui n'a pas été sentie. *On me calomnie,* dit Cynthie. — *Sans doute,* répond le poète, on ne t'a pas surprise en flagrant délit comme l'homme qui tient encore le poison entre les mains. D'ailleurs qu'importe, etc. Le pentamètre est une ironie, comme les vers qui suivent.

Ida (v. 35). Burmann et Lachmann veulent que ce soit Vénus elle-même qui ait aimé Pâris, ce qui vaudrait mieux pour le texte; mais aucune donnée mythologique ne sert de base à leur sentiment. Au contraire, on sait que la nymphe Énone aima Pâris et en fut aimée avant le jugement des trois déesses.

Sileni (v. 38). Silène fut le nourricier de Bacchus, et, de son nom, les compagnons du dieu furent appelés Silènes.

Lesbia (v. 45). Lesbie ou Clodia, comme le dit Sidoine Apollinaire, fut aimée de Catulle, qui la célébra dans plusieurs de ses poésies. Mais elle lui fut infidèle, et mérita qu'il l'accablât dans la suite des reproches les plus sanglans.

Tatios (v. 47). Tatius fut le roi des Sabins, qui fit la guerre à Romulus pour venger l'enlèvement des Sabines, et qui unit ensuite les deux nations par un traité.

Deucalionis (v. 53). Le règne de Deucalion, roi de Thessalie, fut signalé par un déluge affreux qui dépeupla la Grèce. *Voyez* OVIDE, *Métam.*, I.

Tuque es imitata (v. 61). L'autorité unanime des manuscrits fait conserver cette leçon malgré la faute de quantité.

ÉLÉGIE TRENTE-TROISIÈME.

Noctes operata decem (v. 2). Les fêtes d'Isis, comme celles de Cérès et de Bacchus, duraient dix ou trente jours. Pendant ce temps il fallait observer la continence la plus rigoureuse, et s'imposer différentes privations indiquées par les prêtres ou par la coutume.

Inachis (v. 4). Rome avait élevé un temple à Isis dans le Champ-de-Mars.

Fugabimus (v. 19). D'après Valère-Maxime (1, 3, 3), le sénat, au temps de la république, avait déjà proscrit à Rome le culte d'Osiris et de Sérapis; et Dion (liv. LIV) rapporte qu'Agrippa en fit autant l'an de Rome 733.

Ter faciamus iter (v. 22). « Honestis verbis rem turpem tegit, » dit Passerat. Mais pourquoi? n'avons-nous pas au second vers, « Jam noctes est operata decem, » et le *jam* n'indique-t-il pas que Cynthie ne lui est pas encore rendue? Cette idée se confirme et par le ton de la pièce elle-même, puisque Properce se plaint constamment de son abandon, et par le témoignage de Festus, qui déclare positivement que souvent les cérémonies duraient trente jours. Or 30 est égal à trois fois 10. Ces considérations ont motivé le sens donné dans la traduction. Lachmann prétendait prouver que le vers était obscène, en le rapprochant du vers 32 de l'élégie 10, liv. III, où il lit : « Natalisque tui ter peragamus iter. » Mais dans ce vers même la plus grande partie des manuscrits donnent *sic peragamus*, et c'est la leçon que nous avons cru devoir adopter.

Icarii boves (v. 24). Suivant une tradition, le Bouvier, qui suit toujours l'Ourse, était Arcas, fils de Calisto, que Jupiter ne voulut pas séparer de sa mère. *Voyez* XXVIII, 23, et les notes, p. 404. Mais il est une autre origine de cette constellation, et Properce la préfère ici à la première. Un berger de l'Attique, nommé Icarus, reçut de Bacchus une outre pleine de vin, et en donna à ses compagnons tant qu'ils en voulurent. Ceux-ci, égarés par l'ivresse, dont ils n'avaient pas connu jusqu'alors les effets, se crurent empoisonnés, massacrèrent Icarus dans leur fureur, et le précipitèrent au fond d'un puits. Jupiter eut pitié du berger athénien, et le plaça dans les cieux à la suite de l'Ourse.

Eurytion (v. 31). Ce fut un des Centaures conviés aux noces de Pirithoüs. Échauffé par le vin, il voulut aider ses compagnons à enlever les femmes des Lapithes, et mourut sous les coups de Thésée. *Voyez* OVIDE, *Métam.*, liv. XII.

DU LIVRE DEUXIÈME.

Polypheme (v. 32). Lorsqu'Ulysse voulut échapper aux mains de Polyphème, il l'enivra avec du vin de Thrace, et profita de son ivresse pour crever l'œil unique qu'il avait au milieu du front.

Falerno (v. 39). Le vin de Falerne, en Campanie, si souvent chanté par Horace, était l'un de ceux que les Romains estimaient et recherchaient le plus.

Voyez PARNY, liv. 1, *Fragment d'Alcée.*

ÉLÉGIE TRENTE-QUATRIÈME.

AD LYNCEUM. Ce poète ne nous est connu que par les vers de Properce. On a supposé, sans trop de fondement peut-être, que c'était le même que Ponticus, à qui Properce a adressé deux élégies dans le premier livre.

Socraticis (v. 27). Socrate n'a rien écrit lui-même. Aussi, par cette épithète, il faut entendre les livres qui contenaient la doctrine platonicienne, ou de l'académie, qui florissait alors à Rome. On sait que Platon fut le disciple de Socrate qui a fait le plus d'honneur à son maître.

Lucreti (v. 29). Lucrèce, l'un des plus anciens poètes latins dont les ouvrages nous soient parvenus, a développé en vers la doctrine d'Épicure. Au lieu de *Lucreti*, de vieux manuscrits donnaient *Cretæi*, que Passerat, Sylvius, et beaucoup d'autres, ont donné de préférence. Par *Cretæi*, il faudrait entendre Épiménide, philosophe crétois, qui donna des lois à Athènes.

Senex (v. 30). Épicure, que Properce veut désigner par ce mot, est un philosophe d'Athènes, qui prétendit que le bonheur consistait dans le plaisir. Sa doctrine était sage, parce qu'il est démontré aujourd'hui qu'il mettait le plaisir dans la pratique de la vertu et l'accomplissement de ses devoirs. Ses disciples prirent le mot *plaisir* dans son acception vulgaire, et faussèrent ainsi les enseignemens de leur école.

Philetam (v. 31). Philétas de Cos se livra à la poésie érotique. Aucune de ses pièces ne nous est parvenue. Élien, IX, rapporte qu'il était si maigre, qu'il mettait dans ses souliers du fer ou du plomb pour résister au vent.

Callimachi (v. 32.) Les commentateurs ne sont pas d'accord sur la construction et le sens du vers. Les uns, et c'est le plus grand nombre, font porter la négation sur *inflati*; les autres, tels que Sylvius, construisent *et non imitere somnia Callimachi inflati*. Par *somnia* ceux-ci comprennent des pièces de vers assez obscures que l'on attribuait au même Callimaque, et qui portaient le nom d'*OEtia*. Martial y fait allusion dans une de ses épigrammes.

Acheloi (v. 33). L'Achéloüs, aujourd'hui Aspro-Potamo, séparait l'ancienne Étolie de l'Acarnanie. La fable raconte que ce fleuve, épris d'amour pour Déjanire, voulut en disputer la possession à Hercule; qu'il prit inutilement différentes formes pour vaincre le héros, et qu'il dut enfin céder, après avoir perdu, sous la forme d'un taureau, une de ses cornes.

Arion (v. 37). Ce fut le nom d'un cheval dont Neptune fit présent à Adraste, roi d'Argos, l'un des chefs qui entreprirent de rétablir Polynice sur le trône de Thèbes. Properce lui donne l'épithète de *vocalis*, parce qu'il avait reçu avec la parole le don de prédire l'avenir.

Archemori (v. 38). Lycurgue, roi de Némée, avait eu d'Eurydice un fils nommé Opheltès, qui eut Hypsipyle pour nourrice. Lorsqu'Adraste et les autres princes traversèrent le pays en marchant contre Thèbes, celle-ci déposa le jeune prince sur une touffe d'ache, pour conduire l'armée à une fontaine. Pendant son absence, un serpent s'approcha de l'enfant et le dévora. Après avoir tué le serpent, les princes ligués instituèrent des jeux en faveur du fils de Lycurgue, qu'ils appelèrent Archémore. Arion entra en lice et remporta la palme pour Adraste.

Capanei (v. 40). Capanée, l'un des sept chefs, se vanta de prendre Thèbes malgré Jupiter, et périt frappé de la foudre. Végèce (IV, 21) dit qu'il inventa le premier l'escalade, et qu'il mourut percé d'une grêle de flèches, ce qui a donné lieu à la Fable de le faire périr sous les foudres de Jupiter.

Æschyleo (v. 41). Eschyle, l'un des trois tragiques grecs, nous a laissé sept pièces, dans lesquelles il célèbre presque toujours le triomphe de la Grèce sur les Barbares de l'Asie.

Antimacho (v. 45). Antimaque de Colophon, en Asie Mineure, avait composé une *Thébaïde*, qui lui mérita, chez les anciens, le premier rang après Homère. Ce poëme ne nous est pas parvenu.

Me juvet (v. 59). Les idées s'enchaînent ainsi à la manière d'Horace et de Pindare. Une transition amène le poète à parler de Virgile, et sur-le-champ, oubliant à la fois et les idées qui précèdent et celui à qui l'élégie est adressée, il paie à son amitié vive pour le premier poète de Rome le juste tribut d'éloges qu'il lui devait.

Actia Virgilium (v. 61). Properce fait allusion au récit de la bataille d'Actium, que Virgile nous a donné, *Én.*, VIII, 675. Apollon avait un temple sur le rivage.

Galæsi (v. 67). Le Galèse était un fleuve de Calabre, à quelque distance de Tarente. On dit que Virgile écrivit sur ses rives la plupart de ses églogues et de ses géorgiques.

Thyrsin (v. 68). *Voyez* VIRGILE, *égl.* VII et V.

Puellam (v. 69). VIRGILE, *égl.* III, 70.

Corydon (v. 73). VIRGILE, *égl.* II.

Ascræi (v. 77). VIRGILE, *Géorg.* II, 174.

Cynthius (v. 80). Surnom d'Apollon, de Cynthus, montagne dans l'île de Délos.

Aut, si minor ore (v. 83). De nombreuses éditions donnent *nec se minor ore*, ce que l'on pourrait entendre de la même manière. Mais les commentateurs expliquent cette dernière leçon, en disant que Properce loue Virgile de n'avoir pas répondu aux provocations ridicules d'un mauvais poète, nommé Anser. Quelle recherche et quelle érudition en pure perte!

Varro (v. 86). Il y eut à Rome deux Terentius Varron: l'un, Marcus, fut célèbre par son érudition profonde; l'autre, Publius, né dans la Gaule Narbonnaise, et dont il s'agit ici, par son talent pour la poésie épique et élégiaque. Il commença sa réputation par une *Argonautique*, fit quelques satires peu estimées de son siècle, et composa ensuite de nombreuses pièces pour Leucadie, qui lui avait inspiré l'amour le plus ardent. A trente-cinq ans, Varron apprit la langue grecque et s'adonna à l'histoire. On cite encore de lui plusieurs ouvrages; mais aucun de ses écrits ne nous est parvenu.

LIVRE TROISIÈME.

ÉLÉGIE PREMIÈRE.

Primus (v. 3). Catulle, qui fleurissait avant Properce, l'avait précédé dans la carrière élégiaque, ce qui paraît accuser notre poète d'une jactance déplacée. Observons cependant pour le défendre, 1° que parmi les différentes pièces de Catulle, que l'on met au nombre des élégies probablement pour leur rhythme, la plus grande partie devrait être rangée parmi les épigrammes; 2° que Catulle n'a pas fouillé, comme Properce, la mythologie et la poésie élégiaque des Grecs, pour en habiller l'élégie latine, et qu'il n'est souvent que traducteur; 3° que d'après cela Catulle, même chez les anciens, a été compté plutôt parmi les lyriques, et Vossius, ainsi que Lilius Giraldus, lui contestent ce titre, prétendant qu'il doit être rangé parmi les auteurs d'épigrammes. Properce, au contraire, n'est presque jamais sorti de ce qui constitue véritablement le genre de l'élégie.

Bactra (v. 16). Bactres, capitale de la Bactriane, dans la région nord-est de la Haute-Asie, était l'une des principales villes de l'empire des Parthes. Au nord de ces contrées, les anciens n'admettaient que des déserts ou des hordes barbares; jamais on n'y avait pénétré.

Pegasides (v. 19). Les Muses furent ainsi appelées de la fontaine d'Hippocrène, que Pégase avait fait jaillir en frappant la terre de son pied.

Fluminaque Hæmonio (v. 26). Lorsqu'Achille vainqueur poursuivait au loin les Troyens, le Xanthe et le Simoïs, joignant leurs eaux, essayèrent de le faire périr; mais Vulcain vint au secours du héros, et desséca les deux fleuves.

Idæum Simoenta (v. 27). Tout en avouant avec Lachmann que ce vers fait disparate avec ceux qui l'entourent, on ne saurait admettre comme certain qu'il soit l'ouvrage d'un copiste. Au contraire, il me paraît impossible qu'un autre que l'auteur ait saisi la liaison fugitive qui existe entre les idées. Mais, ajoute Lachmann, on a confondu le mont Ida de la Crète avec le mont

Ida en Phrygie. Pourquoi? Jupiter fut élevé en Crète, mais sans y être né, et Cybèle, sa mère, était particulièrement honorée sur les montagnes de Phrygie, l'Ida et le Bérécynthe.

Deiphobum (v. 29). Déiphobe et Hélénus étaient, comme Pâris, les enfans de Priam, et Polydamas, fils du Troyen Panthus, un devin célèbre et un guerrier valeureux.

OEtæi.... dei (v. 32). Hercule, qui mourut sur le mont OEta, avait pris Troie une première fois, lorsque Laomédon lui eut refusé les chevaux qu'il avait promis pour la délivrance de sa fille Hésione; et la ruine de cette ville par Agamemnon est encore attribuée à Hercule, parce qu'elle n'aurait pu succomber, si Philoctète n'eût porté au camp des Grecs les flèches que le héros, en mourant, avait remises entre ses mains.

Lycio (v. 38). Apollon est surnommé *Lycius*, parce qu'il était honoré en Lycie, province de l'Asie Mineure, et surtout à Patare, l'une des villes principales.

Voyez A. CHÉNIER, *élégie* XXXII.

ÉLÉGIE DEUXIÈME.

Orphea (v. 1). Scaliger, Burmann, Lachmann, réunissent les deux élégies, la seconde développant, disent-ils, les deux derniers vers de la première. Passerat et Sylvius commencent la seconde au distique précédent; mais tous les manuscrits s'accordent à diviser, et nous avons cédé à leur autorité, malgré le mérite bien connu des hommes qui les combattent.

Cithæronis (v. 3). Le Cithéron était une petite colline auprès de Thèbes. C'est là que fut exposé OEdipe, et que, plus tard, il périt frappé de la foudre.

Tænariis (v. 9). Le Ténare, promontoire de Laconie, est pris ici pour la Laconie elle-même. On y trouvait un marbre vert très-estimé des anciens, et dont parle Pline (XXXVI, 11).

Martius... liquor (v. 12). Pline (XXXI, 24) rapporte que, parmi les différens canaux qui fournissaient de l'eau à Rome, on distinguait surtout celui qui portait le nom de Marcius, à cause de la salubrité et de la pureté de ses eaux. Il avait été commencé par Ancus Martius, et achevé par le préteur Q. Marcius, de la même famille. Agrippa y fit les réparations que le temps avait rendues nécessaires, ainsi qu'à un grand nombre des monumens anciens que l'on voyait à Rome.

Pyramidum (v. 17). Les Pyramides furent construites par les anciens rois d'Égypte, et leur servaient de sépulture. C'étaient des bâtimens d'une hauteur considérable. Ils avaient quatre faces, qui allaient en rétrécissant à mesure qu'elles s'élevaient : au sommet se trouvait une plate-forme; mais on aurait cru d'en bas, qu'il se terminait exactement en une pointe. On a compté jusqu'à sept pyramides, qui sont aujourd'hui dégradées pour la plupart, et enterrées dans le sable. Pour donner quelque idée des travaux immenses qu'avaient exigés ces monumens, qui, selon la belle expression de Bossuet, portaient jusqu'aux cieux le néant de la grandeur humaine, il suffit de rapporter avec Pline que trois cent soixante mille ouvriers passèrent vingt années à en construire une seule.

Jovis Elei (v. 18). Le temple de Jupiter, à Olympie, fut très-célèbre dans l'antiquité. On y voyait une statue du dieu, en or massif, et une autre en ivoire, qui était l'ouvrage de Phidias. En outre, on avait reproduit sur les voûtes les différentes constellations, ce qui fait dire au poète, *cœlum imitata domus*.

Mausolei (v. 19). Mausole, roi de Carie, étant mort, Artémise, sa veuve, lui fit élever un tombeau magnifique, qui fut rangé parmi les sept merveilles du monde. Il était haut de vingt-cinq coudées (environ 38 pieds) et entouré de trente-six colonnes.

Voyez A. Chénier, *élégie* XXXII; Bertin, *Amours*, III, 1; Lebrun, *Odes*, VI, 23.

ÉLÉGIE TROISIÈME.

Bellerophontei... equi (v. 2). Pégase est ainsi appelé, parce qu'il fut monté par Bellérophon, lorsque ce prince alla combattre la Chimère.

Ennius (v. 6). Ennius, né à Tarente ou à Rudia, ville de Calabre, peut être regardé comme le père de la poésie latine. Il avait écrit en vers alexandrins les annales de la république : mais nous n'avons recueilli de cet ouvrage que des fragmens peu considérables qui se trouvaient dans certains auteurs; le reste paraît à jamais perdu.

Æmilia (v. 8). « Peu de jours après, Paul-Émile, monté sur un navire d'une grandeur extraordinaire, que faisaient agir seize rangs de rames, et qui était orné des dépouilles macédoniennes... remonta le Tibre jusqu'à la ville, au milieu d'une foule immense qui couvrait au loin tous les rivages..... » (TITE-LIVE, XLV, 35.)

Castalia (v. 13). La fontaine de Castalie, sur le Parnasse, fut ainsi appelée d'une nymphe qui se précipita dans ses ondes pour échapper aux poursuites d'Apollon. Comme le laurier croissait en quantité sur le Parnasse, et qu'il est consacré aux Muses, le poète l'appelle *arbor Castalia.*

Pan Tegeæe (v. 30). Pan, que la fable représente avec des cornes au front, une queue de bouc, des cuisses et des pieds de chèvre, était le dieu des troupeaux et des campagnes. La nymphe Syrinx, qu'il aimait, ayant été changée en roseaux, il en coupa quelques-uns et en fit le premier chalumeau, sur lequel il chantait ses peines. Ce dieu fut particulièrement honoré en Arcadie, cette province n'étant presque peuplée que de pasteurs. De là vient que Properce l'appelle *Tegeæe*, parce que la ville de Tégée était l'une des principales du pays.

Gorgoneo... lacu (v. 32). Pégase naquit du sang de la Gorgone, et, d'un coup de pied, fit jaillir la fontaine d'Hippocrène.

Præconia classica (v. 41). Cette leçon de tous les manuscrits avait été changée par Béroalde en *prætoria classica*, « la trompette qui sonne devant le prétoire, » et tous les éditeurs, jusqu'à Lachmann, avaient adopté la correction. Cependant on y trouvait la redondance de *classica* avec *cornu*, tandis que la leçon première est aisée à expliquer. On peut ajouter même qu'il y a là réellement une allusion à la victoire d'Actium, victoire que Properce ne cesse de chanter en mille endroits.

Mariano... signo (v. 43). L'expression s'entend assez d'elle-même : cependant elle peut offrir un sens particulier, parce que Marius, dans son deuxième consulat, fit de l'aigle la seule enseigne romaine. Auparavant on voyait sur les drapeaux, avec l'aigle, un loup, un minotaure, un cheval et un sanglier.

Suevo (v. 45). De nombreux manuscrits donnent *sævo*. On a rapporté ce distique à la soumission des Suèves sous Auguste (SUÉTONE, 11). Mais, en supposant qu'il fallût lire les Suèves et non pas les Ubiens avec Casaubon, cette soumission ne fut pas sanglante. Il est donc plus juste d'entendre la défaite d'Arioviste par César (*Guerre des Gaules*, 1, 53).

Voyez Madame Dufrénoy, ii, *le Poëme interrompu*; A. Chénier, élégie xxxii.

ÉLÉGIE QUATRIÈME.

Tigris (v. 4). Le Tigre, l'un des principaux fleuves d'Asie, prend sa source au mont Taurus, baigne les pays connus des anciens sous le nom d'Assyrie, de Mésopotamie, de Babylonie et de Chaldée, et se jette auprès de l'Euphrate, dans le golfe Persique.

Braccati (v. 17). On appelait *braccæ* une espèce de pantalon que portaient les Germains, les Gaulois, et plusieurs peuples au nord et à l'est de l'Asie.

ÉLÉGIE CINQUIÈME.

Campania (v. 5). La Campanie, aujourd'hui terre de Labour, au royaume de Naples, a toujours été renommée pour la fertilité de son territoire.

Æra (v. 6). Pline (xxxiv, 3) rapporte que, dans l'incendie de Corinthe, l'or, l'argent et le cuivre, se fondant ensemble, composèrent un alliage très-recherché des anciens. On peut d'ailleurs expliquer le texte sans avoir recours à ce fait, qui n'est guère prouvé, en se rappelant seulement que Corinthe, lorsqu'elle fut prise par Mummius, était l'une des villes grecques les plus célèbres par ses arts et par ses richesses.

Jugurtha (v. 16). Jugurtha, devenu roi de toute la Numidie par l'assassinat de ses deux frères, fut poursuivi par les Romains et vaincu par Marius, dont il releva le triomphe.

Iro (v. 17). Irus, dont le nom est passé en proverbe, fut un mendiant d'Ithaque, qu'Homère a immortalisé dans ses vers (*Odyssée*, xviii).

Parcæ (v. 18). Heureuse correction de Lachmann, qu'il appuie de l'autorité de Virgile, xii, 150 : « Parcarumque dies et vis inimica propinquat. » On lisait auparavant *parca.... die*, expression inusitée et presque dénuée de sens.

Perrhœbi (v. 33). Les Perrhèbes habitaient une partie de la Thessalie au pied du Pinde.

Gigantum (v. 39). Les Géans, enfans de la Terre, avaient voulu détrôner les dieux, qui les précipitèrent dans le Tartare.

Tisiphones (v. 40). Tisiphone, l'une des Furies, était particulièrement chargée de punir les meurtres. On la représentait, comme ses sœurs, les mains et la tête hérissées de serpens et de couleuvres.

Phinei (v. 40). Phinée, roi de Thrace, fut privé de la vue, soit pour avoir révélé les secrets des dieux, soit pour avoir fait crever les yeux à ses fils. En outre, il avait à se défendre des Harpyes, monstres ailés qui souillaient sa table ou enlevaient les alimens qui y étaient servis.

Voyez J.-B. ROUSSEAU, *Odes*, 1, 3; A. CHÉNIER, *él.* XXV.

ÉLÉGIE SIXIÈME.

Lygdame (v. 2). On a demandé si Lygdamus était l'esclave de Cynthie ou de Properce. La question serait difficile à résoudre d'après cette élégie et la septième du liv. IV, dans laquelle il est encore question de lui : mais la scène de l'élégie 9, liv. IV, me paraît de nature à ne pas permettre de supposer qu'il ait appartenu à Cynthie.

Speculum (v. 11). Les miroirs des anciens n'étaient point en verre, comme les nôtres, mais en métaux polis, tantôt isolés, tantôt alliés ensemble, tels que l'étain, le cuivre, l'or, l'argent, etc. *Voyez* PLINE, XXXIII, 45.

Tristis (v. 15). Quelques éditeurs, entre autres Delongchamps dans sa traduction, et Sylvius à en juger par ses notes, ont supposé un dialogue entre Properce et Lygdamus. L'esclave raconte ce qu'il a vu et entendu à partir de ce vers, et Properce reprend au vers 31. Les meilleures éditions n'indiquent point le dialogue, qui n'ajouterait rien au sens ou à la pensée.

Æqualem (v. 22). Ce vers a été torturé de mille manières par les commentateurs, et Lemaire, qui est venu après eux tous, ne donne la leçon des manuscrits que faute d'en trouver quelque autre qui soit meilleure. Le sens que l'on en tire s'adapte cependant assez bien aux idées qui sont exprimées dans cette partie de l'élégie.

ÉLÉGIE SEPTIÈME.

Pætum (v. 5). On ignore quel est ce Pétus. Catulle (épigr. LXXXIV) parle bien d'un Arrius Pétus, mais il n'est pas probable que ce soit le même.

Argynni (v. 22). Au rapport d'Athénée (XIII, 8), Argynnus fut un jeune enfant aimé d'Agamemnon, qui se noya dans le Céphise. Beaucoup de commentateurs ont donc entendu par *litora* les bords du fleuve; mais il en est aussi qui ont cru trouver dans les idées une connexité plus grande en supposant que Properce avait voulu parler des rivages de la mer, et s'était écarté lui-même de la vérité historique. Cette hypothèse me paraît mal fondée. En effet, le poète dit plus haut que l'*onde* en général, et non pas seulement la mer, *ne connaît aucun dieu*, aucune pitié; et c'est au contraire prouver son assertion d'une manière bien forte que de citer à l'appui la conduite d'un fleuve presque inconnu de la Béotie.

Minantis aquæ (v. 22). Scaliger a lu : « Quæ notat Argynni pœna natantis aquæ, » et explique « quibus dedit notam aqua facta olim pœna Argynni natantis. » Passerat, Sylvius, etc., donnent « qua natat Arg. p. m. aquæ, » avec la glose « qua natat Argynnus punitus a fluvio lævo et minaci. » Lachmann veut *minacis*, correction inutile, puisque le participe est employé souvent dans le même sens. Il construit « litora m. a. quæ p. Arg. notat. » On pourrait encore dire que « pœna minantis aquæ » est, par un hellénisme commun, pour « aqua minax facta pœna ; » mais cette construction serait un peu dure.

Capharea (v. 39). Quand les Grecs partirent pour aller à Troie, Ulysse feignit d'être fou, afin de ne prendre aucune part à l'expédition. Palamède, fils de Nauplius, qui gouvernait l'Eubée, ayant dévoilé cette ruse, le roi d'Ithaque lui jura une haine mortelle, et parvint à le faire condamner par l'armée entière en l'accusant faussement de trahison. Après la ruine de Troie, les Grecs, déjà à la hauteur de l'île d'Eubée, furent assaillis par une affreuse tempête. Nauplius, qui ne songeait qu'à venger son fils, alluma des feux sur le promontoire Capharée, et les Grecs, qui se dirigèrent vers le fanal comme vers un port, succombèrent misérablement au milieu des écueils.

Flere potest (v. 46). Le sens que tous les commentateurs ont donné à ce vers est fidèlement rendu par la glose de Sylvius : « Pauper quidem esset, sed in ea regione, in qua nihil timere aut lugere posset. » Malheureusement l'hypallage de *potest* pour *posset* est forcé, ce qui a porté Lachmann à écrire *flere potis*; de plus la pensée en elle-même est fausse; car les payens eux-mêmes ont reconnu et consigné dans leurs écrits que « la terre est une vallée de larmes. » Un examen plus approfondi donne la construction « et in terra, ubi pauper potest nil flere, » pensée exagérée sans doute, mais d'une exagération toute poétique, et qui paraît satisfaisante pour sa clarté et pour sa justesse.

Thyæ (v. 49). Le thuya, arbre odoriférant, paraît répondre au cèdre atlantique de Desfontaines. Homère nous dit, dans son *Odyssée*, que Circé en brûlait pour parfumer sa demeure. Pline (XIII, 30) nous apprend qu'il était très-estimé à Rome pour son odeur et son incorruptibilité. Tantôt on en faisait des poutres qui servaient dans les édifices des riches, tantôt des tables, comme en avait Cicéron, et différens meubles. Sa racine surtout avait le plus grand prix.

Terebintho (v. 49). Le térébinthe, que les Grecs appelaient τέρμινθος ou τερέβινθος, est un arbre dont le bois noir et incorruptible était recherché des Romains, comme le précédent. Il parvenait en Syrie à une hauteur très-grande. En Macédoine et en Épire on le trouve encore, mais beaucoup plus petit. *Voyez* PLINE, XIII, 12.

Et miser invitam (v. 52). Des manuscrits lisent *niger*, d'autres *invisam*. Passerat propose « et miseri invitam.... » Lachmann « et miserum invita traxit hiatus aqua. » Cette dernière leçon serait la plus claire, et l'on doit regretter qu'aucun manuscrit n'ait ainsi construit ce pentamètre. Si l'on veut s'arrêter à la leçon ordinaire, on trouve que tous les commentateurs ont expliqué *hiatus* par *gouffre*, ce qui donne pour sens unique, à notre avis, « Et un gouffre affreux entraîne l'eau qui se dérobe à Pétus malgré elle. » Mais on voit combien il faut forcer ces mots pour qu'ils se rapportent, au moins indirectement, à Pétus. Kuinoel seul a entendu *hiatus* par *hians*; et, en abandonnant aux sarcasmes des éditeurs qui l'ont suivi l'explication ridicule qu'il donne du reste du vers, nous avons adopté ce sens comme le seul raisonnable, le seul qui convienne à l'enchaînement des idées.

Longas (v. 60). Douza explique *integras*, en rapportant le mot au vers 51, et Scaliger *puras* : car, dit-il, c'était la croyance des anciens (HORACE, *Ode*, II, 3, et OVIDE, *Am.*, III, 3), que l'homme coupable devait porter immédiatement des signes extérieurs de la vengeance céleste. Passerat propose *moras* pour *manus*.

Voyez LEBRUN, *Odes*, III, 1 et 20.

ÉLÉGIE HUITIÈME.

Tecta superciliis (v. 25). Ou il faut reconnaître avec Burmann que ces deux vers ont été transposés, ou il est impossible de ne pas admettre comme le seul vrai, le sens que présente la traduction. En effet, quelle liaison existe-t-il, si l'on veut expliquer, comme l'ont fait les commentateurs, « mutuos illos amantium nictus et nutus, et arcana seu scriptura brevi (PASSERAT, SYLVIUS), seu digitis loquacibus, id est digitorum signis (BROUKHUSIUS) prodita. »

Nexisti (v. 37). On lit dans plusieurs éditions et dans tous les manuscrits, *tendisti*, qui est un véritable barbarisme.

Voyez A. CHÉNIER, *él.* XXIX.

ÉLÉGIE NEUVIÈME.

Etrusco de sanguine regum (v. 1). Horace a dit aussi : « Mæcenas atavis edite regibus; » et en effet le favori d'Auguste était de la famille Cilnia, la première d'Arretium (Arrezzo), et qui avait donné des lois à une partie de la Toscane.

Lysippo (v. 9). Lysippe, statuaire célèbre, laissa, au rapport des anciens, six cent dix statues, qui auraient pu chacune immortaliser leur auteur. Horace a dit de lui, *Ép.* II, 1 :

> Edicto vetuit, ne quis se, præter Apellem,
> Pingeret, aut alius Lysippo duceret æra,
> Fortis Alexandri vultum simulantia....

Calamis (v. 10). Comme Lysippe, Calamis a laissé un grand nombre d'ouvrages très-estimés dans l'antiquité : mais surtout on admirait l'art avec lequel il savait rendre les chevaux et leurs différentes attitudes. Pline rend ainsi témoignage à son habileté (xxxiv, 8) : « Ipse Calamis et alias bigas quadrigasque fecit, equis sine æmulo expressis. »

Apelles (v. 11). Apelle, que Pline regarde (xxxv, 36) comme le premier de tous les peintres passés et futurs, avait représenté Vénus sortant de la mer, et ce tableau a passé pour le premier de ses chefs-d'œuvre. Auguste l'avait placé à Rome dans le temple de César. Mais il fut altéré dans sa partie inférieure sous le règne de Néron, et se perdit, parce qu'il ne se trouva aucun peintre qui osât entreprendre de le restaurer. Plus heureux que les anciens, nous savons dérober aux injures du temps ces ouvrages de l'homme, et l'immortalité qu'ils méritent leur est acquise.

Parrhasius (v. 12). Parrhasius, né à Éphèse ou à Athènes, car ces deux villes revendiquent son nom, se distingua par une connaissance plus approfondie des proportions, par la vérité avec laquelle il rendit l'expression du visage et la chevelure, enfin par son talent à mener des lignes d'une délicatesse infinie.

Parva (v. 12). On explique cette épithète par le passage suivant de Pline (xxxv, 36) : « Pinxit et *minoribus* tabellis libidines, eo genere petulantis *joci* se reficiens. » En même temps le mot *joci* expliquerait encore *jocum*, que certaines éditions ont donné pour *locum*.

Myos (v. 14). Mys fut un sculpteur célèbre, dont Rhodes, au temps de Pline (xxxiii, 55), conservait encore un Silène et plusieurs Amours.

Phidiacus (v. 15). Pour connaître l'estime que l'antiquité faisait du sculpteur Phidias et de son Jupiter, il suffit de rapporter les paroles de Quintilien (*Instit.*, xii, 10, 9) : « Phidias diis quam hominibus efficiendis melior artifex creditur, in ebore vero longe citra æmulum, vel si nihil nisi Minervam Athenis, aut Olympium in Elide Jovem fecisset : cujus pulchritudo adjecisse aliquid etiam receptæ religioni videtur; adeo majestas operis deum æquavit. »

Praxitelen (v. 16). Béroalde, Sylvius, etc. : *P. parius v. urbe lapis.* Le marbre de Paros, dont la capitale portait le même nom, était très-recherché des anciens, et Praxitèle n'eut pas moins de réputation que Phidias. On accourait en foule à Gnide pour voir la statue de Vénus que le ciseau de Praxitèle avait créée.

Scæas (v. 39). L'une des portes de Troie s'appelait la porte Scée. Andromaque y reçut les derniers adieux de son Hector, quand ce héros sortit de la ville pour aller combattre les Grecs en rase campagne. *Voyez* HOMÈRE, *Il.* VI ; et VIRGILE, *Én.* II, 612.

Neptunia (v. 41). Les murs de Troie avaient été élevés par Neptune et Apollon, lorsque ces dieux, exilés du ciel par Jupiter, furent contraints d'habiter parmi les hommes.

Coe (v. 44). Tous les manuscrits donnent *dure*, épithète qui ne convient nullement à Callimaque. Scaliger propose *pure*, adopté par nombre d'éditeurs : Béroalde *Coe*, suivi par Burm., Passerat, Sylvius, etc. En effet, on trouve presque toujours, dans Properce, le nom de Philétas (*voyez* II, 34, 31, et III, 1, 1) associé à celui du poète de Cyrène. Brouck. a changé *dure* en *Dorc*, dont on n'aurait point d'autre exemple : il en donne pour raison que l'île de Cos faisait partie de la Doride ainsi que de la Carie.

Cœum (v. 48). Céus est encore mis au nombre des géans qui escaladèrent le ciel, par Valérius Flaccus, III, 224, et Claudien, *Enlèv. de Pr.*, III, 347. Quant à Oromédon, son nom ne se trouve dans aucun autre auteur que Properce.

Pelusi (v. 55). Péluse, ville frontière d'Égypte, était regardée comme imprenable et l'une des clefs du pays. Auguste la soumit, ainsi que toute l'Égypte, à la domination romaine.

Antoni (v. 56). Antoine, vaincu à Actium, se sauva en Égypte, et se perça de son épée sur un faux bruit que Cléopâtre s'était donné la mort.

ÉLÉGIE DIXIÈME.

Niobe (v. 8). De bons manuscrits et de bonnes éditions donnent *Niobæ* ; mais le génitif pourrait se construire après *lapis* ou *lacrymas*, et le meilleur sens résulte de la première construction. Avec *Niobe*, il n'y a plus lieu à aucun doute.

Ityn (v. 10). On connaît l'histoire de Philomèle, fille de Pandion, roi d'Athènes. Térée, roi de Thrace, qui avait épousé sa sœur Procné, lui fit cependant violence, l'enferma, et lui coupa la langue pour mieux cacher son crime. Procné, l'ayant su, fit servir au tyran son fils Itys, qu'elle avait coupé en morceaux de ses propres mains. Les dieux changèrent Philomèle en rossignol, Térée en épervier et Procné en hirondelle.

Poscentes (v. 12). Lachm. propose *poscendos justa p. d.*

Myrrheus (v. 22). Littéralement *couleur de myrrhe*, c'est-à-dire qui est jaune comme la myrrhe; car l'onyx, au rapport de Pline, xxxvi, 12, « probatur quum maxime mellei coloris, in vorticem maculosi atque non translucidi. » D'autres éditions donnent *murrheus*, qui est évidemment le même mot, puisque *u* vaut *y* : cependant on a voulu en faire une expression différente, qui désignerait une variété particulière de l'albâtre. Rien, dans Pline ni dans les autres auteurs, n'appuie cette conjecture un peu hasardée.

Trientibus (v. 29). On appelait *triens* chez les Romains une coupe qui contenait quatre *cyathes*, et le *cyathe* correspondait à un verre un peu plus petit que nos verres ordinaires. En poids, le *triens* devait contenir environ huit onces de liquide.

Sic (v. 52). Quelques manuscrits donnent *ter peragamus*, qu'il faudrait traduire ainsi : « Et puissions-nous célébrer trois fois encore le jour heureux qui t'a vu naître, » en prenant *ter* pour un nombre quelconque. Passerat voulait donner à *ter peragamus* un sens obscène, comme à *ter faciamus*, ii, 33 : c'est prêter à un auteur des intentions qu'on ferait mieux de ne supposer jamais sans la plus grande évidence.

Voyez PARNY, liv. iii, *le Bouquet de l'Amour.*

ÉLÉGIE ONZIÈME.

Colchis (v. 9). Jason, avant d'enlever la toison d'or, devait atteler deux taureaux qui respiraient la flamme par leurs narines, vaincre le dragon à qui la garde en était confiée, et semer ses dents qui devaient produire dans l'instant une armée de défenseurs. Jason triompha de tous ces obstacles avec le secours de Médée, et rapporta le prix de sa victoire dans le palais de son père Éson.

Penthesilea (v. 14). Penthésilée, reine des Amazones, vint au secours de Troie, osa affronter Achille, et tomba sous ses coups après avoir long-temps disputé sa vie. Quand le héros voulut la dépouiller de ses armes, il fut tellement touché de son éclatante beauté, qu'il regretta son triomphe, et la fit ensevelir avec les plus grands honneurs. Une autre tradition peu suivie suppose qu'Achille eut de Penthésilée un fils appelé Cayster, qui donna son nom à un fleuve de Lydie.

Omphale (v. 17). Omphale, reine de Lydie, vit Hercule, épris d'amour, tourner à ses pieds un indigne fuseau.

Gygæo (v. 18). Strabon nous apprend qu'à environ quarante stades de Sardes se trouvait un lac qui a porté le nom de Gigée. Ses eaux avaient-elles une vertu particulière, ou le pentamètre entier n'est-il que pour le nombre? c'est ce qu'il serait difficile de décider aujourd'hui avec certitude.

Semiramis (v. 21). *Voyez* pour plus de détails, JUSTIN, I; QUINTE-CURCE, V; HÉRODOTE, I; DIODORE, II, etc.

Subdere (v. 26). Les manuscrits donnent unanimement *surgere*; mais alors comment concilier cette leçon avec la vérité historique? Bactres fut prise par Ninus et Sémiramis, au rapport de Diodore, III; elle ne fut jamais la capitale de l'empire, et Properce pouvait d'autant moins tomber dans cette erreur, qu'il parlait dans les vers précédens de la fondation et de la splendeur de Babylone. Ces raisons me font admettre la correction de Burmann et de Schraderus.

Conjugis (v. 31). C'est la leçon de tous les manuscrits, et je la crois bonne. Les critiques ont proposé *conjugii*; Lachm. adopte *conjugi et*: mais pourquoi ne dirait-on pas *pretium conjugis?* L'expression est plus elliptique, si l'on veut; mais elle est aussi plus énergique.

Memphi (v. 34). Memphis, aujourd'hui le grand Caire, fut bâtie par Osiris ou Uchoréus à l'extrémité du Delta, et devint la capitale de l'Égypte du milieu.

Tres (35). « Tot habuit triumphos, dit Cicéron dans son discours *pour Balbus*, quot oræ sunt partesque terrarum. »

Canopi (v. 39). Canope était une ville de l'Égypte située à l'une des embouchures du Nil. Le poète lui donne l'épithète de *incesti*, non pas, comme le veut un commentateur moderne, parce que la corruption y régnait plus dépravée qu'ailleurs, mais parce que les mariages entre frère et sœur étaient communs chez les Ptolémées.

Anubim (v. 41). L'un des principaux dieux de l'Égypte s'appelait Anubis : on le représentait avec une tête de chien.

Baridos (v. 44). On nommait *baris* dans la langue égyptienne les barques qui transportaient les morts à travers le lac Achéron jusqu'à leur dernière demeure.

Liburna (v. 44). Les vaisseaux des Romains les plus légers étaient construits sur le modèle de ceux des Liburnes, peuple d'Illyrie que ses pirateries continuelles rendirent long-temps célèbre.

Conopia (v. 45). On donnait le nom de *conopium* à un tissu très-fin et transparent, qui servait à se défendre des cousins et sans doute aussi de la poussière.

Nec ducis (v. 45). Le distique ainsi écrit est dû aux corrections de Heinsius.

Hannibalis (v. 59). Nous avons conservé l'ordre des vers tel que l'ont donné tous les manuscrits. Passerat proposait au contraire de placer avant ce distique les vers 67 et 68 « *ubi nunc Scipiadæ.....* » et de bonnes éditions ont embrassé l'avis de Passerat. Les idées s'enchaîneraient de cette manière ; mais elles s'enchaînent encore très-bien sans la transposition, et par conséquent la transposition est inutile. En effet, suppléez *sunt* dans le vers *Hannibalis spolia*, et vous aurez un sens tout-à-fait analogue aux vers suivans : *Curtius statuit, Decius rupit*, etc. D'un autre côté, l'interrogation *ubi nunc Scipiadæ.....* me paraît une véritable beauté en la laissant devant *Leucadius.....* C'est mettre en parallèle les plus glorieux triomphes de l'ancienne Rome avec le trophée d'Actium, et la tournure interrogative indique assez que dans la pensée de l'auteur il les surpasse tous.

Curtius (v. 61). Un gouffre s'était ouvert au milieu du Forum, et l'oracle avait dit qu'il ne serait fermé qu'après avoir englouti ce que les Romains avaient de plus précieux. Curtius, jeune Romain, s'y précipita avec son cheval et ses armes, et soudain le gouffre se referma. *Voyez* TITE-LIVE, VII.

Decius (v. 62). Trois Décius, le père, le fils et le petit-fils, se dévouèrent chacun au milieu d'un combat pour satisfaire les dieux, et ramener la victoire du côté de Rome.

Coclitis (v. 63). On connaît l'histoire de Coclès, qui défendit seul la tête d'un pont que l'on coupait, contre Porsenna et ses Étrusques; et celle de Valérius Corvus, qui combattait contre un Gaulois, lorsqu'un corbeau vola à son secours, et lui facilita la victoire en attaquant les yeux du Barbare.

Leucadius (v. 69). Leucade était un promontoire de l'Épire auprès de la ville d'Ambracie, et où Apollon avait un temple. Pour guérir d'un amour malheureux, il fallait, suivant la fable, se précipiter du haut de ce promontoire dans la mer. Reste à savoir si bien des amans ont osé tenter l'entreprise.

ÉLÉGIE DOUZIÈME.

Postume (v. 1). Ce Postumus ne nous est connu que par l'élégie de Properce et par la lettre d'Aréthuse à Lycotas, dans le IVe livre. On y voit qu'il avait épousé Élia Galla, et qu'il fit long-temps la guerre en Orient, sous les ordres d'Élius Gallus, son beau-père.

Parthi (v. 3). En 731, Auguste reçut des Parthes les drapeaux de Crassus. A la même époque, il y avait guerre contre les Arabes et certains peuples de l'Orient.

Araxis (v. 8). L'Araxe ou Phase prend sa source dans les montagnes d'Arménie, à peu de distance de l'Euphrate; mais il coule à l'opposé de ce fleuve, et va se jeter dans la mer Caspienne.

Aurato (12). Broukh., Burm., etc., ont mis *armato*, et Passerat propose *ærato*, parce qu'ils font rapporter à la fois *cataphractus* et *equo* à la cavalerie des Parthes. Même dans ce sens, on n'est point rigoureusement forcé d'altérer le texte; et la chose est complètement inutile, si l'on entend avec Sylvius, Lemaire, etc., *cataphractus* de la cavalerie parthe, *equo* du cheval de Postumus, qui serait resplendissant d'or.

Ciconum mons, Ismara, Calpe (v. 25). Lemaire, d'après un seul commentateur, a lu *Ciconum manus, Ismara capta*. Or, il est certain, contre lui et Lachmann, qu'Ulysse aborda au pied du mont Ismarus, puisque Homère dit, *Odyss.* IV, 39 : Ἰλιόθεν με φέρων ἄνεμος Κικόνεσσι πέλασσεν Ἰσμάρῳ; et, en second lieu, une tradition attestait qu'Ulysse était venu en Espagne, tandis que rien ne prouve que la ville, prise par ses compagnons sur les Ciconiens, se soit appelée Ismarus. Dès-lors, pourquoi changer le texte? On objecterait en vain que le héros n'a dû venir en Espagne qu'après son séjour chez Polyphème; car Properce ne s'est jamais attaché à l'ordre chronologique, pas plus dans ce morceau que dans toute autre énumération semblable.

Lotos (v. 27). Le lotos était un arbre d'Afrique dont les fruits étaient si doux, qu'ils faisaient, dit-on, oublier leur patrie à ceux qui en mangeaient. D'après la description que Pline en donne (XIII, 32), il paraîtrait que cet arbre appartient à la famille des jujubiers.

Lampeties (v. 29). Lampétie et Phaëtuse, filles du Soleil, faisaient paître en Sicile les troupeaux de leur père. Les compagnons d'Ulysse, pour échapper à la faim, immolèrent quelques taureaux. Dès qu'ils se furent remis en mer, Jupiter, à la prière du Soleil, éleva une tempête qui dura neuf jours, et à laquelle Ulysse seul put échapper.

Veteres arcus (v. 35). D'après les récits d'Homère, Ulysse tua les amans de Pénélope à coups de flèches, et se servit d'un arc qu'il avait abandonné dans son palais pendant vingt ans d'absence.

ÉLÉGIE TREIZIÈME.

Formica (v. 5). Pline rapporte dans son *Histoire naturelle*, XI, 36 : « Indicæ formicæ..... aurum ex cavernis egerunt terræ..... Erutum hoc ab iis tempore hiberno, Indi furantur æstivo fervore, conditis propter vaporem in cuniculos formicis. »

Erycina (v. 6). Pourquoi Properce donne-t-il à *concha* l'épithète que l'on donne ordinairement à Vénus ? c'est ce qui serait difficile à décider. Peut-être était-ce une espèce particulière de coquillage; peut-être y a-t-il dans le texte une altération quelconque. On lit encore *Erythræa*, qui serait meilleur, mais qui ferait double emploi avec *rubro*.

Cinnamon (v. 8). Cet espèce de parfum naissait en Éthiopie, et parvenait aux peuples policés de l'ancien continent par le commerce de l'Arabie. On peut voir les fables dont il a été l'objet, et la description de l'arbuste qui le donne, dans Pline, XII, 42. Aujourd'hui il est à peu près reconnu qu'on le devait à l'écorce de divers amyris.

Icarioti (v. 10). Pénélope, fille d'Icare.

Aut si qua est (v. 14). C'est la leçon unanime, et j'explique : « aut si qua est reverentia, mora ipsa *quam facit votis irata mulier, non nisi* pretio tollitur. » Lemaire lit : « *Et,* si qua est, pr. t... » ce qui offre un sens également bon et plus facile à saisir : mais il me semble qu'en l'admettant, on aurait un tableau plein de force dont le dernier trait serait assurément le plus faible.

Ora perusta viris (v. 22). Cette coutume barbare n'a pu être entièrement détruite, malgré les efforts des missionnaires, quand ils ont voulu établir le christianisme dans les Indes, et ceux des Anglais, qui sont obligés de tolérer des sacrifices que l'humanité réprouve. On peut voir ce qu'en disent les voyageurs modernes.

Cydonia (v. 27). *Des coings*, ainsi appelés de Cydon, ville de Crète, d'où le cognassier était originaire. *Voyez* PLINE, v, 10.

Corniger Idæi (v. 39). On a voulu changer cette leçon pour *cornigerique dei*, et Lachmann propose *corniger inque dies*. Rien n'empêche cependant de la conserver ; car Properce peut citer, tout en généralisant, l'exemple de Pâris qui abandonnait ses troupeaux sur le mont Ida, dans son empressement auprès d'Énone.

Lumina (v. 51). Scaliger, Brouck., Lemaire et d'autres, donnent *limina;* mais aucun auteur n'indique que le temple ait été brûlé, et Pausanias, au contraire, rapporte formellement que les Gaulois, assaillis par l'orage et la foudre, furent en partie anéantis, en partie aveuglés.

Polymnestoris (v. 55). *Voyez* VIRGILE, III, 49.

Voyez BERTIN, *Amours*, III, 12.

ÉLÉGIE QUATORZIÈME.

Trochi (v. 6). Aucun monument de l'antiquité ne nous apprend positivement ce qu'il faut entendre par le mot *trochus*. On conjecture que c'était un cercle d'airain ou de fer, garni en dedans d'une foule d'anneaux, et que l'on mettait en mouvement avec une baguette. Quelques commentateurs, ne voyant pas pourquoi la baguette serait crochue, ont voulu construire *increpat adunca* pour *aduncos annulos*, selon eux ; ce qui déplace seulement la difficulté, mais sans la faire disparaître. Dans notre jeu de *cer-*

ceau, qui correspondrait à celui du *trochus*, les joueurs préfèrent souvent des bâtons qui décrivent une courbe légère, et qui soient même quelquefois tout-à-fait crochus par le bout : on a plus de facilité à relever de terre le cerceau quand il tombe.

Pancratio (v. 8). Le pancrace était la réunion de la lutte, où l'on cherchait seulement à se renverser en s'embrassant l'un l'autre, et du ceste, où l'on se portait des coups terribles, mais sans pouvoir s'embrasser. Le ceste tirait son nom d'un gantelet de cuir, de plomb et de fer, dont on armait ses mains pour combattre.

Disci (v. 10). On appelait *disque* une boule de plomb ou de fer qu'il fallait lancer. Celui qui l'avait envoyée le plus loin était vainqueur.

Qualis Amazonidum (v. 13). Dans beaucoup d'éditions, ce distique change de place avec le suivant. Tout le passage a donné lieu à des interprétations différentes et à une note longue et savante de Lachmann, que nous ne reproduirons pas ici. Je pense, contre l'opinion du célèbre Allemand, 1° que *lavatur* est simplement pour *incolit*; 2° que rien n'empêche Castor et Pollux d'avoir chassé sur les bords de l'Eurotas : ce qui motive la manière dont la phrase a été construite, ponctuée et traduite.

Thermodontiacis (v. 14). On n'est pas d'accord sur la situation géographique du Thermodon, fleuve dont les Amazones habitaient les rives. Il a été placé par les uns en Scythie, par Servius et d'autres en Thrace, par Pline (vi, 4) en Cappadoce.

Taygeti (v. 15). Le Taygète était une montagne de Laconie, et l'Eurotas un petit fleuve qui coulait près de Lacédémone.

Domi (v. 28). Pour *odoratæ*, Scaliger lit *adoratæ*; pour *domi*, Canterus propose *comæ*, que reçoivent Brouck., Lemaire, etc. Outre l'inconvénient d'une altération, qu'il faut toujours éviter autant que possible, cette dernière leçon se lie moins bien à la suite des idées; seulement elle rend le vers plus facile à comprendre.

ÉLÉGIE QUINZIÈME.

Lycinna (v. 6). Nous ne la connaissons que par ce que Properce en rapporte. Il paraît qu'elle était esclave de Cynthie.

Testis erit (v. 11). La seule construction possible est celle-ci : « *Dirce testis erit* verborum, Dirce *sæva tam vero crimine*, nempe *Ant. acc. Lyco.* »

Antiopen..... Lyco (v. 12). Lycus, roi des Thébains, avait épousé Antiope, fille de Nyctée. Bientôt il la quitta parce qu'il la soupçonna d'infidélité; et en effet elle avait eu de Jupiter Amphion et Zéthus. Mais après s'être uni en secondes noces à Dircé, il revint encore à Antiope, dont les charmes captivaient toujours son âme. La nouvelle épouse, irritée d'une telle injure, se fit livrer sa rivale par son faible mari, et l'accabla de mauvais traitemens et d'outrages. Antiope trouva moyen de fuir. Son fils Zéthus lui refusa d'abord un asile sur le Cythéron, parce qu'il ne connaissait pas sa mère; mais instruit de sa naissance par un vieillard qui l'avait élevé, il s'unit à Amphion, son frère; tous deux massacrèrent Lycus, et attachèrent Dircé à un taureau furieux qui la mit en pièces.

Asopi (v. 27). L'Asope est un fleuve de Béotie, qui baigne le pied du Cithéron, Thèbes, Platée et Tanagra.

Aracynthe (v. 42). L'Aracynthe était une montagne de Béotie auprès de la mer. Pline (IV, 3) nous apprend qu'il y en avait une autre de même nom dans l'Acarnanie.

ÉLÉGIE SEIZIÈME.

Scironis (v. 12). Sciron, brigand fameux, infestait le chemin qui conduisait de l'isthme de Corinthe dans l'Attique; il dépouillait les voyageurs, et les précipitait dans les flots. Thésée, l'ayant vaincu, lui fit subir le même supplice.

Scilicet (v. 12). De nombreux manuscrits donnent *si licet*, et Heinsius, suivi par Broukh. et Burm., corrige « *Scironis* medias his *licet ire* vias. »

Exclusis (v. 20). Lachm. voudrait *et cursus*. Il y a plus de force à supposer que Vénus protège un amant, même lorsqu'il est éconduit; alors que ne ferait-elle point pour l'amant dont on réclame la présence?

ÉLÉGIE DIX-SEPTIÈME.

Lyncibus (v. 8). Les anciens appelaient *lynx* un animal auquel ils accordaient une vue très-perçante, et ils l'avaient consacré à Bacchus. Son existence est rejetée aujourd'hui parmi les fables de leur mythologie. Pline en dit à peine un mot (VIII, 30).

Ariadna (v. 8). En général, les mythologues ne placent au ciel que la couronne d'Ariadne. Properce a été plus loin qu'eux, en l'y plaçant elle-même.

Ætnœo fulmine (v. 21). Sémélé voulut voir Jupiter dans sa gloire, et fut brûlée de la foudre : or, c'était dans les cavernes du mont Etna que les Cyclopes fabriquaient les traits dont s'armait le souverain des dieux.

Nysæis (v. 22). Bacchus était appelé *Nysæus*, parce qu'il eut une nourrice appelée Nysa, ou un père nourricier nommé Nysus, ou enfin parce qu'il fut élevé par les nymphes de la ville de Nisa. Quant à la position de cette ville, Pline nous apprend qu'il en existait deux du même nom; l'une (v, 16) auprès de l'Arabie, élevée en mémoire de Nysa, nourrice du dieu; l'autre (VI, 23) dans les Indes, auprès du mont Μηρός, et qui aurait vu naître Bacchus : ce qui a fait dire qu'il avait été enfermé, lors du trépas de Sémélé, dans la *cuisse* de son père.

Lycurgum (v. 23). Lycurgue, roi des Édoniens en Thrace, avait fait arracher toutes les vignes. Bacchus, pour se venger, lui inspira une telle fureur, qu'il massacra son propre fils et se coupa à lui-même les jambes.

Pentheos (v. 24). Penthée, petit-fils de Cadmus et roi de Thèbes, avait méprisé Bacchus qui traversait en triomphe le pays. Sa mère Agavé et ses deux tantes, à la tête chacune d'une troupe de bacchantes, tombèrent sur lui et le mirent en pièces sans l'avoir reconnu. *Voyez* OVIDE, *Métam.*, III, 511.

Tyrrhenos (v. 25). Le même Ovide rapporte (*Métam.*, III, 597) que Bacchus était monté sur un vaisseau toscan, qui devait le conduire à Naxos; mais que les matelots, sans l'écouter, voulurent voguer directement vers l'Asie. Tout à coup les cordes se couvrirent de pampres, et le vaisseau de lions et de tigres. Les matelots effrayés se précipitèrent dans les ondes, et furent changés en dauphins.

Bassaricas (v. 3o). Un autre surnom de Bacchus était *Bassarus*. Suivant les étymologistes, ce mot vient de *Bassares*, qui veut dire renard dans la langue des Thraces, ou de *Bassara* ou *Bassaris*, qui, dans la même langue et dans celle des Lydiens, signifie une tunique tombant jusque sur les talons. Or, d'un côté, on représentait souvent le dieu avec une semblable tunique, et, d'autre part, les bacchantes dans ses fêtes se couvraient souvent de peaux de renards et autres bêtes.

DircϾ (v. 33). Au lieu où expira Dircé se trouvait une fontaine, qui prit son nom, et dans laquelle on dit que l'infortunée princesse avait été changée. *Voyez* les notes, page 434.

Cybele (v. 35). Cybèle, fille du Ciel et de la Terre, et femme de Saturne, était encore appelée Vesta, Rhéa, la Grande Déesse, etc. On la représentait le front couronné de tours et traînée par des lions. Elle était surtout honorée sur le mont Ida en Phrygie, et ses prêtres s'appelaient Corybantes. Son culte et celui de Cérès avait avec le culte de Bacchus la plus grande analogie.

Pindarico (v. 4o). Pindare, poète thébain et le premier lyrique de la Grèce, se distingua par la majesté et la hauteur de ses poésies. Outre les pièces que nous avons de lui, et dans lesquelles il célèbre les vainqueurs aux différens jeux, il écrivit en l'honneur de Bacchus des dithyrambes très-estimés des anciens, mais qui ne nous sont pas parvenus.

Voyez A. Chénier, *Élég.* xxii; Parny, ii, *la Rechute*.

ÉLÉGIE DIX-HUITIÈME.

Marcelli obitus. Marcellus, fils d'Octavie, qui était sœur d'Auguste, avait été fiancé à Julie, sa cousine, et devait hériter de la puissance de son oncle. Il mourut à Baïes, âgé de vingt ans. *Voyez* Virgile, *Énéide*, vi.

Mortales (v. 5). Passerat doutait que Properce n'eût point écrit *mortalis*, et Lemaire a admis cette dernière leçon en établissant une antithèse avec *deo*. L'antithèse n'en est que plus belle, si l'on conserve l'accusatif avec tous les manuscrits et les anciennes éditions.

Thebano (v. 6). Hercule et Bacchus étaient les deux divinités principales des Thébains.

His pressus (v. 9). Dion nous apprend (LIII, 30) que Marcellus fut soigné pendant une maladie légère par un médecin nommé Antoine Musa, et que celui-ci fut la seule cause de sa mort, en lui ordonnant de se laver à l'eau froide en sortant du Bain. Il ajoute, mais sans le discuter, qu'on accusa Livie d'avoir provoqué par jalousie la mort de ce jeune homme, que le peuple romain saluait de ses vœux. Les expressions dont se sert Properce peuvent très-bien s'appliquer au récit de Dion : mais, si l'on en croit Scaliger, il dirait au contraire que Marcellus s'est noyé (*pressus*, *submersus interiisse*), et il aurait ainsi altéré la vérité pour faire sa cour à Livie, tout en pleurant la malheureuse victime.

Fluitantia vela (v. 13). A Rome, sur la fin de la république, les édiles faisaient couvrir de toiles le Forum et les amphithéâtres pendant les jeux. Marcellus fit plus encore; pendant son édilité, il fit constamment couvrir le Forum, afin que les plaideurs et les juges ne fussent point incommodés par la trop grande ardeur du soleil. *Voyez* PLINE, XIX, 6.

Gesta manus (v. 14). Plutarque rapporte que Marcellus, étant malade, remit à sa mère Octavie le soin des affaires dont il était chargé, et qu'elle les administra avec beaucoup de gloire pour elle et pour son fils.

Nirea (v. 27). Nirée fut roi de Naxos, et se ligua, pour assiéger Troie, avec les différens princes de la Grèce. Homère, au liv. II de l'*Iliade*, l'appelle le plus beau des guerriers qui se rendirent à ces combats fameux, et son nom est devenu synonyme de beauté, comme celui d'Achille rappelle une impétueuse valeur, et celui de Crésus les plus éclatantes richesses.

Hoc animæ (v. 32). Nous avons donné la leçon et le sens de Lachmann, dont on ne saurait contester la bonté. Avant lui, on lisait *huc a. p. c. i. tuæ, qua, etc.* Il en résultait, ou qu'il fallait admettre qu'on arrivait au ciel par les enfers, ou que l'on tom-

bait dans les mêmes divagations que Heinsius, Burmann, Kuinoël, etc.

Claudius (v. 33). M. Claudius Marcellus, surnommé l'épée de
Rome, vainquit Annibal dans la seconde guerre punique, et em-
porta, après un long siège, Syracuse, qui avait abandonné le
parti des Romains.

ÉLÉGIE DIX-NEUVIÈME.

Malea (v. 8). Le promontoire de Malée, à l'extrémité de la
Laconie, était exposé aux orages, parce qu'il s'avançait au loin
dans la mer. De là était venu le proverbe « Quum ad Maleam de-
flexeris, domesticos obliviscere. »

Myrrha (v. 16). Myrrha, fille de Cynire, roi de Chypre, conçut pour son père une passion incestueuse, le trompa par la pernicieuse adresse de sa nourrice, et en eut Adonis. Cynire, ayant
reconnu trop tard sa ruse, poursuivit sa fille pour la tuer; mais
elle se retira en Arabie, où elle fut changée en l'arbre qui porte
son nom. *Voyez* OVIDE, *Métam.*, x, 298.

Pelopea domus (v. 20). Pélops, fils de Tantale, roi de Lydie,
aborda à la tête d'une colonie dans le Péloponnèse, et lui donna
son nom. Il laissa deux fils, Atrée et Thyeste. Thyeste eut avec
Érops, sa belle-sœur, un commerce incestueux, et eut ensuite de
sa propre fille, Égisthe, qui assassina Agamemnon de concert avec
Clytemnestre. Ces détails, sans en rappeler d'autres, motivent assez l'expression du poète.

Scylla (v. 21). Minos assiégeait Nisus, roi de Mégare. Scylla,
fille de Nisus, s'éprit d'amour pour son ennemi, et lui livra la
ville en coupant, dit la fable, sur la tête de son père, un cheveu
d'or auquel la vie et l'empire du vieillard étaient attachés. (*Voyez*
OVIDE, *Métam.*, VIII, 1.) Minos lui avait promis qu'elle le suivrait. Pour éluder sa parole et punir sa trahison, il fit attacher à
son vaisseau l'infortunée princesse, qui trouva la mort dans les
flots et fut métamorphosée en alouette.

ÉLÉGIE VINGTIÈME.

Tu quoque (v. 11). Tous les manuscrits joignent ces vers à ceux qui précèdent. Scaliger, le premier, a prétendu qu'ils devaient être séparés, et Lachmann lui-même s'est déclaré ici pour lui. Cependant les idées s'enchaînaient très-bien, ce qui porte à rejeter la division aussi bien que la proposition de Scaliger et de Lachmann, qui voudraient placer avant *Tu quoque* le distique suivant, *Nox mihi prima venit.*

Hæc Amor (v. 17). Scaliger intervertit l'ordre des deux distiques qui suivent. En outre, on peut remarquer dans les différentes éditions une différence de ponctuation qui s'écarte plus ou moins de celle de Lachmann. La ponctuation est une partie à laquelle le savant Allemand a donné les plus grands soins, et souvent il n'en a pas fallu davantage pour expliquer d'une manière satisfaisante des passages auparavant si difficiles.

Voyez BERTIN, *Amours*, II, 4 et III, 3; QUINAULT, *Roland*, acte IV, scène 2.

ÉLÉGIE VINGT-UNIÈME.

Ducite sorte vices (v. 12). De ce passage et de plusieurs autres, soit dans Homère, soit dans Virgile, on peut conclure que, chez les anciens, les rameurs tiraient au sort leur rang, ou pour se succéder les uns aux autres, ou pour savoir la place que chacun occuperait.

Ionium (v. 19). On appelait Ionienne la mer qui était comprise entre l'Italie et la Grèce, et qui baignait la Sicile, la Macédoine, l'Épire, l'Achaïe et le Péloponnèse.

Lechæo (v. 19). Corinthe avait deux ports; l'un, c'était le Léchée, sur un promontoire qui s'avançait dans la partie de la mer Ionienne, appelée aujourd'hui golfe de Lépante; l'autre, sur la côte opposée, qui portait le nom de Cenchrée, dans la partie de l'Archipel, nommée aujourd'hui golfe de Napoli.

Isthmos (v. 22). Les commentateurs s'accordent à donner à ce mot la signification de *détroit*, qui lui est cependant étrangère.

Piræi (v. 23). Le Pirée, port d'Athènes, mais à quelque distance de la ville, était protégé par un double mur de deux mille pas, qui conduisait des remparts à la mer. Le poète appelle ce mur *longa brachia*; il ajoute *viæ Theseæ*, parce que Thésée régna à Athènes; car ce fut par les conseils de Thémistocle que l'on fortifia ainsi le Pirée. Quatre cents vaisseaux pouvaient y être aisément contenus.

Illic vel (v. 25). Lachmann trouve ce distique intercalé par quelque copiste, et Lemaire embrasse son avis. Cette décision me paraît appuyée chez eux par deux argumens bien faibles. Le premier se tire de la répétition des mots *studium* et *docte*, que l'on retrouve dans le vers suivant; mais ce peut être ou une négligence de Properce ou une erreur de quelque copiste. Le second est plus spécieux, mais vaut encore moins. Voici leur argumentation : « Dans le distique précédent, Properce monte le Pirée, et nous avons *illic* dès le commencement du troisième vers; c'est donc au Pirée même qu'il se livrera à ces différentes études : quelle absurdité ! » Il y a dans les vers de Properce une ellipse de pensée facile à suppléer. En effet, il est évident que s'il suit la double muraille du Pirée, c'est pour arriver à Athènes, et l'on conçoit très-bien à quoi se rapporte *illic*, *dans ces lieux*, *dans cette ville*, sur cette terre. Le poète ni l'orateur ne sont point tenus, heureusement, à cette exactitude dont les commentateurs voudraient leur faire souvent une loi rigoureuse.

Tuis (v. 26). Construisez avec Lachmann *inc. em. an. hortis Platonis aut Ep.* On sait que Platon enseignait la philosophie dans les jardins d'Académe, et Diogène-Laërce nous apprend qu'Épicure introduisit le premier dans les murs d'Athènes l'usage des jardins : c'était là qu'il instruisait aussi ses nombreux disciples.

Ménandre (v. 28). Ménandre, poète comique d'Athènes, laissa quatre-vingts pièces, dont aucune ne nous est parvenue. Sa réputation était si grande, que les premiers Ptolémées lui offrirent des richesses et les plus grands honneurs s'il voulait passer en Égypte. Térence a imité et même copié en latin quelques-unes de ses pièces.

Voyez BERTIN, *Amours*, II, 11; A. CHÉNIER, *Fragmens d'élégies*.

DU LIVRE TROISIÈME.

ÉLÉGIE VINGT-DEUXIÈME.

Cyzicus (v. 1). Cyzique, en Mysie, fut une des villes les plus importantes de l'Asie Mineure. Aujourd'hui elle est entièrement déchue de son ancien rang et de son opulence.

Propontiaca (v. 2). La Propontide, aujourd'hui mer de Marmara, sépare l'Europe de l'Asie entre le Bosphore et le détroit des Dardanelles.

Dindymus (v. 3). C'était une montagne auprès de Cyzique, sur laquelle les Argonautes élevèrent à la mère des dieux un temple célèbre. De là vient que Cybèle est souvent appelée *Dindymene*.

Juvenca (v. 3). Avant Vossius, on lisait unanimement *inventa*. Ce savant nous a donné la leçon actuelle. Selon lui, il s'agit d'une génisse en marbre que l'on voyait sur l'une des montagnes environnant Cyzique, dans un antre où l'on sacrifiait des taureaux à la Grande Déesse. Là on joignait à son culte celui d'Atys.

Ditis (v. 4) Certains auteurs ont supposé que Pluton, lorsqu'il enleva Proserpine, parcourut la Méditerranée jusqu'à Cyzique, et disparut en cet endroit sous les flots.

Atlanta (v. 7). Atlas, fils de Japet et de Clymène, et roi de Mauritanie, étudia les astres et inventa la sphère, ce qui fit dire aux poètes qu'il soutenait le ciel sur ses épaules. Persée, ajoute la fable, le changea en une montagne, en lui montrant la tête de Méduse.

Geryonæ (v. 9). Géryon fut roi d'Érythée, l'une des iles qui environnent Cadix, bâtie elle-même dans l'île de Léon. *Voyez* PLINE, III, 3, et IV, 36. La fable rapportait qu'il avait trois corps ou du moins trois têtes, ce que l'on explique en disant qu'il avait deux frères, auxquels il était lié par l'union la plus étroite. Ses troupeaux sont célèbres dans l'antiquité. Hercule les lui enleva, dit-on, après l'avoir vaincu; mais Pline traite de fabuleuses les expéditions du héros dans cette contrée de l'Europe.

Antæi (v. 10). Antée, fils de la Terre, habitait l'Atlas, où se trouvaient aussi les jardins des Hespérides. Fier de ses forces, il contraignait les étrangers à lutter avec lui, et les massacrait s'ils étaient vaincus. Hercule, voyant qu'il puisait, en touchant la terre, une nouvelle vigueur, l'éleva en l'air et l'étouffa.

Sylvius veut qu'il soit ici question de statues, parce que Pline rapporte (XXXIV, 19) que Polyclète avait fait un Antée enlevé de terre par Hercule. La fin de l'hexamètre ne permet pas ce sens.

Ortygiæ (v. 15). La leçon première était *origæ*, dont Scaliger a fait *quadrigæ*, Vossius *Cycnæi* et *Gygæi*, d'autres *olorigeri*. Mais Pline dit (v, 21) que le Caïstre, fleuve de Lydie, passait à Éphèse, et que cette ville s'appelait autrefois Ortygie. Vossius en a tiré *Ortygii*, d'où Lachmann a rétabli *Ortygiæ* en se rapprochant du texte. *Gygæi* n'est point d'ailleurs une leçon à dédaigner.

Septenas (v. 16). Les commentateurs ont entendu le Rhésus, petite rivière de Phrygie, à laquelle Homère donne sept embouchures, et d'autres ou le Tanaïs ou le Gange, comme l'observe Passerat. Malgré les autorités que ce dernier apporte, il est plus probable que Properce a voulu parler du Nil. Une idée préoccupait ceux qui ont étudié cette élégie : c'est que Tullus avait dû aller partout où le poète nous mène. Or, il dit seulement à son ami : « Quand même tu irais, etc. »

Albanus lacus (v. 25). Les anciennes éditions donnent, d'après Scaliger, « Albanusque *lacus socii* Nem. ab. unda. »

Nemorensis (v. 25). Properce entend par ce mot un lac qui se trouvait dans le bois de Diane Aricine.

Lympha (v. 26). Scaliger préférait *nympha*. Dans tous les cas, il s'agit de la source à laquelle présidait Juturne, sœur de Turnus. Florus (II, 2) rapporte que le jour où Persée fut vaincu en Macédoine, deux hommes, couverts de sueur, se lavaient dans les eaux de cette source, et annoncèrent aux Romains la victoire de Paul-Émile. Une croyance générale, ajoute Florus, les honora comme Castor et Pollux.

Phœbe fugate (v. 30). Le Soleil recula d'horreur lorsque Atrée fit servir à Thyeste les membres de son malheureux fils.

In caput ignes (v. 31). La vie de Méléagre était attachée à un tison que conservait précieusement sa mère Althée. Mais quand il eut mis à mort ses deux oncles, qui avaient enlevé à Atalante la hure du sanglier de Calydon, Althée, pour les venger, jeta le tison fatal dans les flammes, et fit ainsi périr Méléagre qui était loin d'elle. *Voyez* OVIDE, *Mét.*, VIII, 260.

In arbore (v. 33) peut vouloir dire *au milieu des forêts*, synecdoque qui serait un peu dure : mieux vaut le rapporter à ce que disent Euripide et Théocrite, que Penthée s'appuya contre un hêtre pour résister.

Sinis (v. 37). Émule de Sciron, ce brigand infestait l'isthme de Corinthe. Quand il avait vaincu un voyageur, il courbait deux arbres, y attachait sa malheureuse victime, puis, les rendant à eux-mêmes, il la faisait ainsi périr au milieu des tortures les plus affreuses. Thésée délivra la terre de ce monstre en lui infligeant le même supplice.

Trabes (v. 38). Le verbe manque. On pourrait reprendre au vers précédent, *non valent dedecorare*, ce qui est dur.

Voyez Lebrun, *Odes*, III, 14.

ÉLÉGIE VINGT-TROISIÈME.

Forsitan (v. 11). Pour conserver à ce mot la signification ordinaire, il faut admettre, avec Lemaire, que ces tablettes furent égarées, tandis que Cynthie les renvoyait à Properce. Delongchamps traduit par un sens tout différent : « Si je ne me trompe, Cynthie avait gravé ces vers sur mes tablettes, etc. »

Ephemeridas (v. 20). Les anciens écrivaient souvent jour par jour ce qui leur arrivait, et l'on donnait à ce recueil le nom d'Éphémérides. Plutarque nomme ainsi les *Commentaires* de César.

Esquiliis (v. 24). C'était le quartier de Rome qu'habitait Properce. (*Voyez* IV, 8, 1.) Son nom venait d'une colline qui fut ajoutée à la ville par Tullus Hostilius. Pendant long-temps on enterra les morts dans ce quartier; mais, sous le règne d'Auguste, Mécénas le purifia et le rendit salubre. *Voyez* IV, 8, 2, et Horace, *Satire* I, 8, 14.

ÉLÉGIE VINGT-QUATRIÈME.

Exciderant (v. 20). Tous les manuscrits donnent cette leçon. Livineius et Heinsius proposaient *exciderint*, que son élégance ferait avec raison préférer, si les manuscrits n'étaient point unanimes sur la première.

Voyez A. Chénier, *Élég.* XXXVIII; Parny, *Élég.* IV, 4, 5 et 10.

ÉLÉGIE VINGT-CINQUIÈME.

Risus eram (v. 1). Les manuscrits donnent séparément cette élégie et la précédente, que des critiques distingués voudraient réunir, comme ont fait Scaliger, Brouckh., etc. Nous n'adopterons ni l'opinion des uns, ni l'exemple des autres; car, de leur aveu même, il faudrait supposer en outre une lacune ou quelque transposition pour expliquer l'incohérence qui règne entre le premier distique de cette élégie et le dernier de l'élégie précédente.

Cupias (v. 13). Quelques éditions donnent le futur *cupies*, et *patiere, quereris*, pour *patiare, queraris*. Souvent aussi on trouve *et* au vers suivant pour *ah*; les manuscrits donnent seulement *a* sans *h*.

Voyez A. CHÉNIER, *Élég.* XXXII; BERTIN, *Amours*, II, 7 et 10; PARNY, IV, 5, et *Mélanges, le Courroux d'un amant*.

LIVRE QUATRIÈME.

ÉLÉGIE PREMIÈRE.

Navali..... Phœbo (v. 3). Ce temple fut élevé en mémoire de la victoire d'Actium, ce qui lui fait donner l'épithète de *navali*.

Evandri (v. 4). Évandre, né en Arcadie, dans le Péloponnèse, fut chassé du trône et du pays, parce qu'il avait tué son père par accident. Il vint en Italie à la tête d'une colonie grecque, et s'établit sur la montagne que l'on appela plus tard le mont *Palatin*.

Qua Gradibus (v. 9). On a toujours lu *quo gradibus*, et expliqué *à quelle grandeur s'est élevée par degrés la ville de Romulus!* Heinsius, qu'ont suivi Lachmann et Lemaire, a observé le premier que *domus* ne signifie pas *ville*, et que *gradibus* n'est pas la même chose que *gradatim*. Appelant l'histoire à son secours, il nous a montré, d'un côté, Plutarque écrivant dans la *Vie de Romulus*, x, que ce prince habitait, *ad pulchri litoris quos vocant Gradus*; de l'autre, Vitruve (II, 1), nous apprenant que les Romains conservèrent, en la réparant, mais toujours en chaume, la maison de leur fondateur; d'où il a tiré, sans difficulté, la leçon que nous ne craignons pas d'adopter comme la véritable.

Oluere crocos (v. 16). Par *crocus*, il faut entendre une eau odorante que l'on faisait tomber en pluie extrêmement fine sur les spectateurs pour les rafraîchir pendant les jeux. *Voyez* Sénèque, ép. xc, 12 ; et Martial, épigr. v, 25, 7.

Palilia (v. 19). Les fêtes de Palès, déesse des prés et des troupeaux, se célébraient le 11 des kalendes de mai, c'est-à-dire, le 21 avril, jour où, dit-on, les premiers fondemens de Rome furent jetés par Romulus. Ovide, *Fastes*, iv, 820.

Curto equo (v. 20). Dans les fêtes de Palès, on coupait la queue à un cheval, et l'on en présentait le sang à la déesse, comme le dit Ovide au liv. iv des *Fastes*, 733.

Vesta (v. 21). Priape s'approchait de Vesta qui dormait, lorsqu'elle fut réveillée par les braiemens d'un âne. De là vint que cet animal lui fut consacré.

Sacra (v. 22). On peut entendre indifféremment les statues des dieux ou les vases sacrés; car les statues et les vases étaient portés en grande pompe dans certaines solennités publiques.

Porci (v. 23). C'était la victime offerte dans les fêtes appelées *Compitalia*, aux dieux qui présidaient aux carrefours.

Lupercus (v. 26). Le poëte veut parler des Lupercales, fêtes instituées en l'honneur de Pan. Le sacerdoce de ce dieu était le privilège exclusif de deux familles, les Quintilius et les Gabius.

Lucmo (v. 29). Lucmon ou Lucumon était le nom commun aux chefs des Toscans. L'un d'eux fut, avec son peuple, l'allié de Romulus dans la première guerre contre les Sabins. Les trois peuples s'étant réunis en un seul, Romulus établit trois tribus, les *Luceres*, du nom de Lucumon; les *Tatienses*, du nom de Tatius, roi des Sabins; et les *Rhamnes* ou *Rhamnenses*, qui le reconnaissaient plus particulièrement pour leur prince.

Gabi (v. 34). On sait que les Gabiens résistèrent aux forces des Romains sous Tarquin le Superbe, et ne furent réduits que par la trahison et la ruse.

Alba (v. 35). Albe fut la métropole de Rome, bâtie par Ascagne, fils d'Énée, à l'endroit où il rencontra, d'après l'oracle, une truie blanche ; c'est ce qui donna à la ville le nom qu'elle a porté.

Fidenas (v. 36). Les Fidénates, situés à trente stades de Rome, c'est-à-dire, à moins de deux lieues, furent vaincus par Romulus, mais ne furent soumis que long-temps après.

Sibyllæ (v. 49). Le poète l'appelle *Avernalis*, parce que le lac Averne était à peu de distance de Cumes.

Aventino (v. 50). Ce fut sur le mont Aventin que Romulus prit les augures, et qu'il fut enterré pour expier le meurtre de son frère. La Sibylle ordonna à Romulus des fêtes en l'honneur de Rémus. Elles furent instituées et nommées *Remuria*.

Ille meo (v. 66). Il est difficile de comprendre comment Delongchamps a pu traduire « ces forteresses..... on les appréciera désormais d'après la description que j'en vais tracer. » C'était la pensée qu'Ovide exprime au liv. III des *Amours*, 15, 11 :

> Atque aliquis spectans hospes Sulmonis aquosi
> Mœnia, qua campi jugera pauca tenent :
> Quæ tantum, dicet, potuistis ferre poetam,
> Quantulacumque estis, vos ego magna voco.

Quo ruis (v. 71). S'il faut en croire Lachmann, Properce, à l'exemple d'Ovide et de quelques poètes contemporains, dont le nom est à peine connu, aurait voulu écrire à son tour les fastes de Rome, et les élégies II, IV, IX, X, et même la VIe, seraient des parties plus ou moins considérables de cet ouvrage. Dans cette hypothèse, et toujours d'après Lachmann, ce que nous avons vu jusqu'à présent de l'élégie 1re était une ébauche de l'avant-propos. C'étaient des idées jetées au hasard sur le papier, et sur lesquelles le poète n'aurait pas eu le temps ou la volonté de revenir. Ce qui le prouve, ajoute Lachmann, c'est que les idées sont en général mal enchaînées entre elles; et en conséquence, on trouve, dans son édition, un grand nombre de vers séparés par des points ou des interlignes, parce qu'il les regardait comme des pierres d'attente pour un édifice plus vaste et plus régulier.

On peut à son gré admettre ou rejeter l'hypothèse sur laquelle repose toute cette théorie; car rien ne la prouve. Quant au décousu qui règne dans les vers que nous venons de lire, il me semble qu'on y verrait aussi bien, et même avec plus de probabilité, le désordre si naturel au génie lui-même quand il s'exerce dans un genre qui n'est pas le sien. Cette réflexion me servira encore à expliquer la liaison qui existe entre les soixante-dix premiers vers et la fin de l'élégie. Lachmann voudrait séparer entièrement ces deux parties; car, dit-il, comment un poète tel que Properce aurait-il pu réunir un morceau du genre le plus relevé, à un autre qui vise sans cesse au comique? On peut répondre à cela, ou que Properce a voulu traiter cette idée si rebattue par mille poètes, qu'il n'était pas né pour la poésie épique, ou que, découragé par de premiers essais, il aura terminé par une plaisanterie ce qu'il avait entrepris dans un dessein bien différent.

Même dans cette seconde partie, il se trouvait des vers qui faisaient disparate, tels que le 41e, le 44e, le 56e distique et suivans. Scaliger en avait transporté quelques-uns dans la première partie. Lachmann prononçait que le passage était tronqué, et les autres commentateurs suaient sang et eau pour lier ce qui ne pouvait se réunir. Il m'a semblé qu'en admettant deux interlocuteurs, Horus le Babylonien, qui détourne Properce de l'épopée, et Properce lui-même qui résiste, soit par esprit de contradiction, soit par honte de s'avouer vaincu, on avait un enchaînement qui satisfaisait la pensée. Properce, encore plein de son premier enthousiasme, répond par des boutades aux discours peu sensés d'Horus, sur lequel il essaie de verser la raillerie. Le texte et la traduction sont la suite naturelle de cette première idée, que j'abandonne au jugement des érudits.

Pila (v. 76). Les astrologues se servaient de sphères d'airain, sur lesquelles était indiqué le Zodiaque, avec ses différens signes.

Archytæ (v. 77). Archytas, né à Tarente, et disciple de Pythagore, se distingua par ses talens pour la philosophie et les mathématiques. Il construisit, le premier, un automate : c'était une colombe qui volait comme si elle eût été réelle.

Horops, Horon (v. 87 et 88). Noms inconnus, et probablement inventés. Properce appelle le premier *Babylonius*, parce que ce fut en Chaldée que l'astronomie et l'astrologie prirent naissance.

Cononc (v. 88). Conon, mathématicien célèbre, naquit à Samos. Il avait laissé, sur l'astrologie, sept livres qui ne nous sont pas parvenus.

Nunc pretium (v. 81). « Dicitur hoc in mathematicos, » explique Passerat : mais alors, comment supposer cette phrase dans la bouche d'Horus ? De plus, presque toutes les éditions mettent une virgule, deux points au plus après *Jupiter*, et un point après *rotæ*, ce qui paraît inintelligible, et intraduisible.

Signa iterata rotæ (v. 82). Littéralement : « Les signes du zodiaque qui reviennent sans cesse. »

Jovis (v. 83). L'étoile de Jupiter présageait le bonheur, celle de Saturne ou de Mars l'adversité.

Dicam (v. 87). Presque toutes les éditions mettent un point après *aqua*, ce qui laisse sans verbe l'énumération qui précède. Sylvius, qui ne place le point qu'après *dicam*, faisait de la fin du vers le régime de *canam*, qui termine le pentamètre.

Dixi ego (v. 89). Horus, interrompu quand il vantait ses talens en raison de ce qu'il allait prédire, se rabat sur le passé; et quand Properce ennuyé l'interrompra encore, il cherchera enfin à mériter sa confiance en lui parlant de ce qui doit le toucher personnellement.

Arria (v. 89). On ne connait ni la mère, ni les deux fils, Lupercus et Gallus, ni Cynara, dont il sera parlé plus bas.

Avaræ (v. 97). On explique cette épithète en disant qu'Arria avait envoyé ses deux fils au combat, afin qu'ils revinssent chargés de butin.

Lucina (v. 99). Junon présidait aux accouchemens sous le nom de Lucine.

Versusque per astra Trames (v. 107 et 108). Littéralement : « Le sentier qui tourne à travers les astres, c'est-à-dire le zodiaque. »

Oilide (v. 117). Ajax, fils d'Oïlée, poursuivit Cassandre jusque dans le temple de Minerve. La déesse, pour venger cet affreux sacrilège, suscita une tempête horrible qui brisa les vaisseaux des Grecs; et comme Ajax insultait encore les dieux du rocher aride où il s'était réfugié avec peine, elle le perça de la foudre, et précipita son corps dans les flots.

Incipe (v. 120). « Prête une oreille attentive aux nouveaux accords que je vais produire, » traduit Delongchamps d'après la glose de Sylvius. N'y a-t-il pas plutôt dans ces vers une allusion du poète? car, nous dit Boileau,

> La plaintive élégie, en longs habits de deuil,
> Sait, les cheveux épars, pleurer sur un cercueil,
> Célèbre des amans la joie ou la tristesse.

Pertica (v. 130). Chez les Romains, on appelait *pertica*, en français *perche*, une mesure d'arpentage qui avait dix pieds de long. On sait que dans les guerres civiles le parti vainqueur dépouilla plus d'une fois les vaincus des terres qu'ils possédaient en Italie, et les distribua à ses créatures. Ainsi Virgile se trouva privé de son mince héritage auprès de Mantoue, lorsque Auguste distribua à ses vétérans les terres qui environnaient cette ville. Sylla, avant lui, en avait fait de même de la plus grande partie de l'Étrurie, et c'est probablement dans cette circonstance que la famille de Properce aura été dépouillée de ce qui faisait son patrimoine et sa fortune.

Bulla (v. 131). Avec la prétexte, les jeunes Romains portaient à leur cou une bulle d'or en forme de cœur, jusqu'au moment où ils prenaient la robe virile, c'est à-dire jusqu'à seize ans.

At tu (v. 135). Sylvius et Delongchamps ont supposé dans la bouche d'Apollon les vers qui suivent. Rien dans le texte n'indique qu'il en doive être ainsi. Sans doute, si l'on place l'élégie par ordre de date, après toutes celles qui précèdent, l'astrologue paraîtra prédire le passé; mais sa place n'est pas tellement arrêtée, qu'on ne puisse la supposer une des premières, soit parce qu'il en est réellement ainsi, soit parce que Properce peut l'avoir supposé lui-même. Peut-être argumenterait-on encore du double présent *dictat, vitat*, après plusieurs passés : or, il est aisé de voir qu'à l'instant où parle Horus, l'action des verbes à temps passé est complètement écoulée, tandis que l'action marquée par les deux présens a subsisté et subsiste toujours.

Uncum (v. 141). On appelait au propre *uncus* le crochet avec lequel le bourreau traînait le corps des suppliciés au lieu nommé les *Gémonies*. La partie courbe est désignée au vers suivant par *ansa*.

Octipedis Cancri (v. 150). On ne saurait dire pourquoi Horus fait craindre à Properce le signe du Cancer. Peut-être y a-t-il là quelque jeu de mots qui nous échappe. L'idée est d'ailleurs la même que celle de l'astrologue d'Agathias. Après avoir promis au laboureur qui le consulte une heureuse moisson, s'il ne fait ni trop froid, ni trop chaud, ni trop de vent, ni trop de pluie, si aucun animal ni aucun fléau ne ravage ses blés : Tu n'as, ajoute-il, à craindre que les sauterelles.

ÉLÉGIE DEUXIÈME.

Volsinios (v. 4). Vulsinium, ville de Toscane, à peu de distance de Rome, fut soumise l'une des premières. *Voyez* TITE - LIVE, v, 31.

Videre Forum (v. 6). Le dieu Vertumne avait à Rome un temple en ivoire, qui était dans le treizième quartier de la ville; mais, de plus, il avait une statue dans le huitième quartier, appelé *Velabrum;* c'est d'elle qu'il est ici question.

Sobrius ad lites (v. 29). *Aversus sum a discordiis*, explique Lemaire; ce qui est assurément un contre-sens.

Arundine (v. 33). Apulée a écrit (liv. II), « qui diversis arundinibus, alter aucupem cum visco, alter piscatorem cum hamo inducerent. »

Institor (v. 38). On appelait à Rome *institor* un esclave que son maître chargeait de colporter dans les maisons les différentes marchandises. Cet esclave faisait l'office de ce que nous appelons chez nous un *commis marchand*.

Curare (v. 39). Quelques éditions donnent « *Pastor me* ad baculum possum *curvare*, » et Lachmann « *Pastor ego et* baculum possum *rurale* vel idem *Serpiculis*..... »

Tuscus (v. 50). Denys d'Halicarnasse (liv. v) rapporte que, de son temps, il existait encore, entre le mont Palatin et le Capitole, un quartier de Rome qui s'appelait le quartier Toscan, *vicus Tuscus;* mais il ajoute que ses premiers habitans furent des soldats de Porsenna, qui demeurèrent à Rome après le siège. Ou Properce s'écarte de la vérité historique, ou il faut entendre par *vicus Tuscus* le mont Célius. En effet Varron (liv. IV, *de la Langue latine*) nous apprend que cette montagne reçut le nom de Célius Vibennus, noble capitaine toscan, qui vint avec ses troupes au secours de Romulus, dans la guerre contre les Sabins. Quant au nom de *Lucumonius*, on sait que les chefs toscans s'appelaient tous *Lucumon*, ce qui était le titre de leur puissance.

Togata (v. 56). Delongchamps traduit : « Puissent-ils jamais ne s'offrir à ma vue sous le costume de Mars. » La toge était en effet le vêtement des Romains en temps de paix ; mais *turba togata* veut seulement dire ici *le peuple romain*, le premier et le seul qui ait porté la toge.

Mamuri (v. 61). Mamurius, graveur célèbre, florissait sous le règne de Numa. Plutarque en parle dans la vie de ce roi, qui le chargea de faire les boucliers appelés *ancilia*.

Osca (v. 62). Les Osques étaient un des peuples de la Campanie. Ou Mamurius en fut originaire, ou du moins il y fut enterré; et de là le souhait que fait Vertumne. D'autre part, comme la Campanie était célèbre par ses ouvrages en poterie, des commentateurs ont entendu, mais à tort : « Que l'argile n'avilisse plus tes mains industrieuses. » *Voyez* PIÈTRE.

Voyez OVIDE, *Métamorphoses*, XIV, 641.

ÉLÉGIE TROISIÈME.

Arethusa (v. 1). Sous le nom d'Aréthuse, le poète veut parler d'Élia Galla ; et de Posthumus, sous le nom de Lycotas. *Voyez* III, élég. 3.

Getæ (v. 9). Les Gètes, peuples de Scythie, habitaient originairement vers le Pont-Euxin et le Tanaïs; mais ils s'étaient rapprochés du Danube et de la Dacie, à l'époque où écrivait Properce.

Indus (v. 10). Au rapport de Strabon (XII), les anciens croyaient que si les Éthiopiens, les Indiens et autres peuples, avaient la peau noire, ils le devaient aux fleuves des pays qu'ils habitaient. On lit encore *Eois.... aquis*, ou, avec Broukh., *Eoo.... equo*.

Deductæ (v. 13). La nouvelle mariée était conduite chez son mari par deux jeunes gens, et un troisième portait devant elle le flambeau nuptial.

Ocno (v. 21). Ὄκνος veut dire *paresse*. Le peintre Socrate avait personnifié ce vice sous les traits d'un homme qui tressait une corde, mais avec tant de négligence qu'un âne la rongeait à mesure. Suivant Pausanias, il avait réellement existé un Ocnus, artiste distingué et laborieux; mais sa femme, adonnée au luxe et à la prodigalité, dévorait en un instant ce qu'il gagnait à force de veilles.

Radios (v. 34). On lisait anciennement *gladios*, que l'on expliquait en admettant des étoffes chargées de petites lances. Mais si ce genre d'étoffes a été connu des Grecs, il n'a pas été adopté par les Romains, au moins dans leur habillement guerrier. Juste-Lipse a rétabli *radios*, et tous les éditeurs l'ont suivi. Lachmann veut entendre les cardes à carder la laine, et Sylvius la navette qui sert à tisser.

E tabula (v. 37). L'usage des cartes géographiques remonte à une haute antiquité. On en attribue l'invention à Anaximandre de Milet, qui fleurit vers la cinquante-huitième olympiade.

Hippolyte (v. 43). Hippolyte, reine des Amazones, fut vaincue par Thésée, et eut ensuite de son vainqueur un fils qui porta son nom.

Africus (v. 48). Bien qu'Horace ait appelé l'Africus *pestilens*, et Virgile *creber procellis*, le mot est impropre : car il indique le vent d'ouest relativement à la Scythie, et le vent d'ouest fond les glaces, bien loin d'en augmenter les masses. Lachmann proposait *Quum Pater* (Jupiter) *alt. Arctoo in glaciem*, etc.

Crystallus (v. 52). Suivant les uns, il faut entendre par ce mot les globes de cristal que les dames romaines portaient dans leurs mains pour se procurer quelque fraîcheur; selon les autres, une pierre précieuse et transparente. Le rapprochement avec le vers de Virgile, *Ut gemma bibat* (*Géorg.*, II, 507), a donné un troisième sens que Sylvius embrasse.

Herba Sabina (v. 58). Il existait chez les Sabins une herbe qu'ils brûlaient pour honorer les dieux. *Voyez* PLINE, XXIV, 61.

Lucerna (v. 60). Les anciens versaient du vin sur leurs lampes, et tiraient, du pétillement plus ou moins prolongé, différens augures. *Voyez* OVIDE, *Héroïdes*, XIX, 151.

Pura... hasta (v. 68). L'une des récompenses accordées au courage chez les Romains, était une lance sans fer, qu'ils appelaient *pura hasta*. Pline, VII, 29, Virgile, *Énéide*, VI, 760, Suétone, *Vie de Claude*, XXVII, et Stace, *Thébaïde*, II, ont employé cette expression dans le même sens.

Capenœ (v. 71). En sortant par la porte Capène, on se trouvait sur la voie Appienne, qui conduisait de Rome à Capoue. Il existait près de cette porte un temple consacré au dieu Mars. Mais, de plus, c'était la coutume de placer auprès des portes les images des dieux; et les citoyens, en quittant la ville ou en revenant dans leurs foyers, leur adressaient ordinairement leurs vœux et leurs prières.

ÉLÉGIE QUATRIÈME.

TARPEIA. L'histoire nous dit que Tarpeïa livra la citadelle aux Sabins, en leur demandant pour récompense ce qu'ils portaient à leur bras gauche. Elle entendait des bracelets en or, et ils l'accablèrent sous leurs boucliers par une perfidie égale à la sienne. Properce ennoblit le motif de la trahison, en supposant que ce fut l'amour dont elle aurait brûlé pour le roi des Sabins, Tatius.

Curetis (v. 9). Les Sabins s'appelaient encore *Curetes*, parce que l'une de leurs principales villes se nommait *Cures*.

Fonte (v. 14). C'était probablement *le lac de Juturna*, qui était à peu de distance du Forum.

Deœ (v. 15). Tarpeïa était consacrée au culte de Vesta.

Meos... amores (v. 37). « In castra Sabinorum me cum amore meo reportet, » dit Lemaire, quoique la lecture de Passerat dût lui faire éviter le contre-sens. N'est-il pas simple que Tarpeïa voie avec peine son amant retourner vers le soir dans ses tentes?

Scyllam (v. 39). Le poète confond Scylla, fille de Nisus (III, 18, 21), avec Scylla, fille de Phorcus, qui fut aimée de Glaucus, et dont il est question au liv. II, 26, et III, 12. Virgile, *églog.*, VI, 74, et Ovide, *Amours*, III, 12, 21, lui en avaient donné l'exemple.

Fraterni (v. 41). Ariadne était sœur du Minotaure, puisque tous deux avaient Pasiphaë pour mère.

Cape (v. 48). C'est la leçon des anciennes éditions, que Passerat voulait changer pour *cave*, correction adoptée par Broukhusius, Lemaire, etc. Avec *cave*, le distique suivant se lie mieux, a-t-on prétendu; mais, avec *cape*, le sens général me paraît plus complet.

Le *sic* du vers 55 est plus facile à entendre, et on saisit une connexité plus grande du pentamètre avec son hexamètre. Le distique 25 se lie encore très-bien. Tarpeïa, en exagérant les dangers de la route, acquiert des titres plus grands à la reconnaissance de Tatius.

Toga picta (v. 53). C'était le même vêtement que la robe de pourpre, comme on le voit évidemment lorsqu'on rapproche les deux passages de Tite-Live (liv. xxx et xxxi), dans lesquels l'historien énumère les présens envoyés à Masinissa.

Pariamne (v. 55). Les anciennes éditions donnent « Sic, hospes, *patiare* tua regina sub aula. » *Pariamve* serait une leçon préférable.

Strymonis (v. 72). Le peuple donne ce nom aux Bacchantes, parce que la Thrace était célèbre par les fêtes de Bacchus. Or, le Strymon est un fleuve qui descend de l'Hémus et qui se jette dans la mer Égée.

O vigil (v. 94). Les commentateurs se sont exercés à l'envi sur ce vers, d'une obscurité complète, et que tous leurs efforts n'ont pu éclairer. Les uns rapportent le mot *vigil* à Jupiter, les autres à Tarpeïus, d'autres enfin à sa fille. Broukh. l'applique avec une sagacité rare aux chiens qui protégeaient les approches du Capitole. Suivant lui, Properce aurait donné cette origine au sacrifice d'un chien que les Romains faisaient tous les ans, bien qu'il soit constant que ce sacrifice n'a été institué qu'après la défaite des Gaulois par Manlius Capitolinus. Le sens que présente la traduction m'a paru vraisemblable; mais est-il le vrai sens? Rien assurément ne le prouve.

Voyez PLUTARQUE, *Vie de Romulus*; DENYS D'HALICARNASSE, II, 38; TITE-LIVE, I, 11; OVIDE, *Métamorphoses*, XIV, 775.

ÉLÉGIE CINQUIÈME.

Antinoo (v. 8). De tous les amans de Pénélope, Antinoüs était celui qu'elle haïssait le plus, à cause de son caractère arrogant et débauché.

Collinas (v. 11). Auprès de la porte Colline se trouvaient, suivant Festus, les tombeaux des Vestales qui avaient été condamnées pour avoir laissé éteindre le feu sacré, ou pour avoir manqué à leurs vœux.

Lupo (v. 14). C'est la même idée que présente Virgile, *Églogue* VIII, 97 :

> His ego sæpe lupum fieri et se condere silvis
> Mœrin.....

Cornicum (v. 16). Ovide dit aussi, *Métam.*, VII, 274 :

> .....Quibus insuper addit (Medea)
> Ora caputque novem cornicis sæcula passæ.

Hippomanes (v. 18). Tibulle emploie ce mot en l'expliquant, II, 4, 58 :

> Quidquid habet Circe, quidquid Medea veneni,
>   Quidquid et herbarum Thessala terra gerit,
> Et quod, ubi indomitis gregibus Venus afflat amores,
>   Hippomanes cupidæ stillat ab inguine equæ,
> .....misceat.....

Eurypyli (v. 23). Euripyle fut roi de l'île de Cos et des contrées voisines.

Thebæ (v. 25). On tirait de Thèbes en Égypte des coupes de verre ou de cristal qui étaient fort estimées.

Murrhea (v. 26). Les vases dont parle Properce étaient faits avec une matière qui paraît être l'agathe, ou une espèce de fluorure de calcium. Pline (XXXVII, 7) nous apprend que Pompée montra le premier, dans son second triomphe, six de ces vases jusqu'alors inconnus, et en peu d'années ils devinrent si recherchés, que Néron acheta une seule coupe trois cents sesterces (environ 50,000 fr.).

Iole... Amycle (v. 35). Noms supposés d'esclaves.

Natalem (v. 36). C'était une coutume que l'amant envoyât à sa maîtresse des présens pour l'anniversaire de sa naissance. *Voyez* OVIDE, *Art d'aimer*, I, 429; MARTIAL, VIII, épigr. 64.

Thaïs (v. 43). Courtisane que Ménandre introduisait dans ses pièces, aussi bien que Géta, nom ordinaire aux esclaves chez les anciens comiques.

Cretati.... saluere (v. 52). Tibulle, II, 6; Ovide, *Am.*, I, 8; Juvénal, I, 111; Pline, XXXV, 58, nous disent que l'on marquait au pied avec de la craie les esclaves que l'on voulait vendre. Ils étaient exposés au milieu du Forum, et on les faisait courir et sauter, afin que l'acheteur pût juger de leur agilité.

Pæsti (v. 59). Pestum, dans la Lucanie, était célèbre par ses rosiers qui fleurissaient deux fois l'année.

Per tenues (v. 62). Ce vers, que donnent les manuscrits, est regardé avec raison comme altéré, et pour la pensée elle-même et pour la faute de quantité qui s'y trouve. Plusieurs éditions modernes l'ont élagué de leur texte.

Torquatæ (v. 63). On sait que les pigeons et les colombes ont souvent autour de la gorge un collier de couleurs assez vives.

Pergula (v. 68). Parmi les différentes leçons, il en est deux qu'on peut défendre, savoir *pergula*, *cabane*, *chaumière*, *petite maison du pauvre*, et *tegula*, *vase* quelconque dans lequel les pauvres, chez les anciens, mettaient leur feu (chez nous on l'appelle *gueux*). *Tegula*, correction de Heinsius, est adopté par plusieurs éditions modernes; *pergula* se trouve dans les manuscrits, et a pour lui l'ancienneté.

Caprifice (v. 74). Le figuier sauvage croissait assez souvent sur les tombeaux. Les anciens croyaient que ses racines avaient assez d'énergie pour arrêter un bœuf, si elles étaient attachées à ses cornes, et pour se frayer un passage en brisant les murs les plus épais. *Voyez* PLINE, xv, 21, et xxiii, 64.

ÉLÉGIE SIXIÈME.

Costum (v. 5). Le costus, dont les anciens reconnaissaient différentes espèces, avait une racine odorante (PLINE, xii, 25) qui servait d'aromate, et se brûlait sur les autels des dieux (*id.* xxii, 56). Tous les commentateurs le rapportent au *costus Arabicus* de Linnée : mais on ne retrouve pas dans cette plante une odeur assez suave, pour que les anciens l'aient estimée autant qu'on le voit dans Pline.

Mygdoniis (v. 8). Le mode phrygien, par sa noblesse et sa majesté, fut consacré à célébrer les héros et les dieux : or, la Mygdonie était une partie de la Phrygie; et par *Cadi* il faut entendre une de ses villes. Certains éditeurs ont proposé *modis*, que les manuscrits ne donnent pas.

Athamana (v. 15). Les Athamanes étaient l'un des peuples de l'Épire. Pour la construction, mettez avec Lachmann: *Est pelagus, mon. car. Jul., fug. ad Ath. litora port. Phœbi*, etc.

Pythona (v. 35). Un serpent né de la terre, après le déluge de Deucalion, effrayait, par ses sifflemens et ses ravages, le Parnasse, et les Muses, dont cette montagne était le séjour. Apollon perça le monstre de ses flèches, et l'on couvrit de sa peau le trépied de la prêtresse de Delphes.

Centaurica (v. 49). Guyet, Broukh. et quelques autres ont corrigé *Centauros s. min.* Le sens est le même. Il s'agit dans l'un et l'autre cas d'une figure de Centaure lançant des pierres, que Cléopâtre avait fait mettre comme ornement sur la proue du vaisseau qu'elle montait.

Idalio (v. 59). On donnait à Vénus le surnom d'Idalie, ville de Cypre, où elle était particulièrement honorée.

Tum deus (v. 60). Correction de Lachmann. Des manuscrits donnent *sum deus*.

Luco (v. 71). En général, les temples des anciens étaient environnés d'un bois sacré, où souvent l'on offrait les sacrifices. Ils semblaient vouloir éloigner de leurs dieux la vue des misères et des vices de l'humanité.

Spica Cilissa (v. 74). Les commentateurs varient sur ce qu'il faut entendre par ce mot. On a le choix entre le nard, d'après Dioscoride; le safran ou l'iris, d'après Pline. Avec la poudre de safran l'on parfumait les théâtres; avec chacun des deux autres l'on obtenait des huiles et des parfums très-recherchés. Des trois, le safran mériterait avec plus de raison le nom de *spica*, à cause de ses étamines pendantes.

Cepheam hic Meroën (v. 78). Méroë est l'une des îles que forme le Nil, et Properce lui donne l'épithète de *Cephea*, parce que Céphée, père d'Andromède, la compta au nombre de ses provinces.

Voyez VIRGILE, *Énéide*, VIII, 675.

ÉLÉGIE SEPTIÈME.

Beryllon (v. 9). Le béril, qui venait de l'Inde, ressemblait beaucoup à l'émeraude, et variait, pour la couleur, du vert au jaune d'or. C'était une pierre peu estimée.

Lethæus (v. 10). Le Léthé, fleuve des enfers, faisait oublier, dit-on, aux morts qui en buvaient, les peines qu'ils avaient éprouvées sur la terre.

Suburræ (v. 15). C'était un quartier de Rome, auprès du mont Célius, qui était habité par une foule de débauchés de toute espèce. De là vient l'épithète méritée de *vigilacis*.

Nec crepuit (v. 25). Le sens de la traduction paraît probable : mais il ne deviendrait évident qu'autant que l'on viendrait à connaître avec exactitude les cérémonies des funérailles chez les anciens. En transposant ce distique après le dixième, Scaliger et les commentateurs qui l'ont suivi entendent par *custos*, le portier qui aurait prévenu sa maîtresse, ou que Properce aurait frappé pour le rendre plus traitable; et par *tegula*, les tuiles qu'on aurait lancées sur le poète pour l'éloigner de la demeure de Cynthie.

Nardo (v. 32). Cette plante, différente de celle appelée aujourd'hui *nard*, paraît correspondre, dans l'Inde, à l'*andropogon nardus* de Linnée, ou au *valeriana spica* de Jones; et en France, au *valeriana Celtica* de Linnée. On en tirait un parfum très-estimé des anciens.

Hyacinthos (v. 33). Passerat, Broukh., Lemaire, Delongchamps, entendent par ce mot la pierre précieuse que nous appelons encore *hyacinthe;* ce qui ne rend pas le vers plus facile à expliquer. J'ai préféré traduire d'après Béroalde par *hyacinte, fleur,* puisqu'on jetait des fleurs sur les restes de ceux à qui l'on rendait les derniers honneurs.

Salivas (v. 37). La salive jouait un assez grand rôle dans les superstitions des anciens, comme l'indique Pline XXVIII, 7. On se dérobait à un péril en crachant trois fois dans son sein.

Cyclade (v. 40). C'était une robe ornée d'une frange d'or, à l'usage des femmes.

Petale (v. 43). Nom d'une esclave de Cynthie, aussi bien que *Lalage,* au vers 45, *Parthenie* et *Latris,* aux vers 74 et 75.

Altera (v. 57). On a proposé *unaque, utraque, ac rate,* etc. : car, disait-on, la même route devait conduire Clytemnestre et Pasiphaë. Pourquoi ne pas rapporter *altera* à *monstra ? Una* peut se rapporter à *aqua.*

Hypermnestre (v. 63). Hypermnestre, l'une des Danaïdes, refusa de massacrer son mari Lyncée, comme le lui avait ordonné, ainsi qu'à ses sœurs, le parjure Danaüs, leur père.

. *Doridos* (v. 72). On suppose que c'est quelque magicienne, à qui Nomas se serait adressée pour mieux enchaîner Properce.

Herculeo (v. 82). Hercule était le dieu de Tibur, et une tradition populaire supposait qu'à Tibur l'ivoire conservait toute sa blancheur.

Püs...... portis (v. 87). On suppose que les songes sortaient du palais du Sommeil par deux portes; l'une, de corne, donnait passage aux songes vrais; l'autre, d'ivoire, à des images trompeuses.

ÉLÉGIE HUITIÈME.

Lanuvium (v. 3). Lanuvium était une ville du Latium, auprès de la voie Appienne. Élien, XI, 16, rapporte la même fable. Il ajoute que l'autre dont il est question se trouvait au milieu d'un bois sacré, et que près de là s'élevait un temple en l'honneur de Junon Argienne. Plutarque rappelle aussi la superstition de Lanuvium dans un de ses *parallèles.*

Saginæ (v. 25). On engraissait les gladiateurs, pour leur donner une belle apparence. Properce prédit à son rival que bientôt il lui faudra se vendre, après qu'il aura dissipé toute sa fortune.

Quum fieret (v. 27). Quelques éditeurs ont commencé à ce vers une nouvelle élégie : rien cependant qui ne s'enchaîne et qui motive cette division que les manuscrits ne donnent pas.

Dianæ (v. 29). Sur Diane et son temple, *voyez* VARRON, IV, *de la Langue latine ;* DENYS D'HAL., III; TITE-LIVE, I; MARTIAL, VI, épigr. 64.

Venerem (v. 45). Parmi les coups que les anciens distinguaient au jeu de dés; l'un, c'était le *chien,* se composait des as et passait pour le plus mauvais; l'autre, c'était *Vénus,* était regardé comme le plus favorable, et consistait à amener, selon le plus grand nombre des auteurs, tous les six, mais selon quelques autres, des dés qui eussent chacun un point différent. *Voyez*, entre autres, SUÉTONE, *Auguste*, LXI.

Lanuvii (v. 48). *Et, quoique aux portes de Lanuvium, je me croyais dans un désert*, traduit Delongchamps, d'après plusieurs commentateurs. Le contre-sens est de toute évidence. Properce cherche à couvrir sa faute en reportant sa pensée sur Cynthie.

Eruitur (v. 69). Les manuscrits et presque toutes les éditions donnent *exuitur*, qui suppose dans Cynthie moins de vivacité et de colère.

Sulfuris igne (v. 86). Le soufre était employé chez les anciens pour les expiations. C'est ce que prouvent nombre de passages des auteurs, et Pline surtout, XXXV, 50 : *Habet et in religionibus locum, ad expiandas suffitu domos.*

ÉLÉGIE NEUVIÈME.

Per tria (v. 10). Properce est le seul auteur connu qui ait donné trois têtes à Cacus.

Mœnalio (v. 15). Le Ménale est une montagne d'Arcadie : or, Pausanias contredit Properce, lorsqu'il dit (*Corinth.*) qu'Hercule se fit une massue avec le bois d'un olivier qu'il coupa auprès d'un lac de l'Achaïe.

Boaria (v. 19). Il y avait à Rome un marché que l'on appelait *forum Boarium*.

Femineœ..... deœ (v. 25). C'est la déesse appelée *Bona*, que certains auteurs regardent comme une divinité particulière, et que d'autres confondent avec Ops, Fauna, Sémélé, Hécate, la Terre, etc. *Voyez* MACROBE, I, 12.

Circaque sonantia (v. 35). Sous-entendu *sunt loca*, comme au vers 12 de la Ve élégie, même livre. Scaliger écrivait *circo*, vieux verbe employé quelquefois par les grammairiens, mais jamais par les bons auteurs.

Accipite (v. 42). Ce vers, que donnent les manuscrits, étant répété presque mot pour mot au 33e distique, Broukh., Lemaire, et quelques autres l'ont retranché ici, comme une répétition inutile, et ont supposé dans l'auteur une lacune.

Magno Tiresias (v. 57). Tirésias, de Thèbes, fut un devin célèbre. Selon tous les auteurs, il fut privé de la vue pour avoir déplu à Junon; mais Callimaque, Properce et un ou deux autres prétendent qu'il vit Minerve au bain, et que cette déesse le rendit aveugle pour le punir de son imprudence.

Ara (v. 68). On voyait en effet à Rome, auprès du temple d'Hercule, dans le *forum Boarium,* un autel dont la tradition faisait remonter l'origine à ce dieu, et auquel Virgile a donné aussi l'épithète de *Maxima* (*Én.,* VIII, 271).

Voyez VIRGILE, *Énéide,* VIII, 190; TITE-LIVE, I, 7; OVIDE, *Fastes,* I, 543; MACROBE, *Saturn.* I, 12.

ÉLÉGIE DIXIÈME.

Cœninum Acronta (v. 7). Acron, roi des Céniniens, fut le premier à vouloir venger l'enlèvement des Sabines. Romulus le vainquit et le tua. *Voyez* TITE-LIVE, I, 10. Le poète lui donne au vers suivant l'épithète de *Herculeus,* parce que les peuples de cette partie de l'Italie se prétendaient issus d'Hercule, ou des compagnons que le demi-dieu avait amenés avec lui en Italie.

Pyropo (v. 21). C'était une combinaison d'une once d'airain et six scrupules d'or : le composé réduit en lames très-minces devenait d'un rouge de feu, et les anciens le recherchaient beaucoup. *Voyez* PLINE, XXIV, 20.

Tolumni (v. 23). Les Fidénates avaient égorgé des ambassadeurs que Rome leur avait envoyés, et s'étaient donnés aux Véiens. Le dictateur Mamercus Émilius marcha contre les deux peuples qu'il défit. Pendant l'action, Cornélius Cossus, alors tribun des soldats, combattit et tua Tolumnius, roi des Véiens, dont il porta les dépouilles au Capitole. *Voyez* TITE-LIVE, IV, 19.

Nomentum,.... Coræ (v. 26). Petites villes du Latium.

Pauca (v. 26). Leçon des manuscrits. D'autres donnent *trita* ou *terra,* que Juste-Lipse et Scaliger changeaient pour *terna,* adopté par Lemaire. Il se fondaient sur ce que l'on divisait le territoire conquis aux soldats : mais alors même ils sont forcés d'avouer que chaque soldat n'avait que deux arpens et non pas trois.

Vinea (v. 34). Le mantelet, d'après la description de Végèce (IV, 15), avait huit pieds de haut, dix-sept de large et seize de longueur. C'étaient des poutres légères, enlacées d'osier et recouvertes de peaux fraîches pour les défendre du feu. On en réunissait plusieurs, et on les approchait des murailles que les soldats sapaient alors à coups de béliers, sans craindre les flèches et autres projectiles que l'ennemi aurait pu lancer sur les travailleurs.

Claudius (v. 39). Les Gaulois Insubriens ayant attaqué les possessions romaines, le consul Claudius Marcellus les battit, et triompha en combat singulier de leur roi Viridomare.

Eridanum (v. 39). Leçon que propose Passerat. Les manuscrits donnaient *a Rheno*, ce qui était absurde, à moins cependant que l'on n'entendît un petit fleuve dont parle Silius Italicus (VIII), qui prenait sa source dans les Apennins, et se jetait dans le Pô, en traversant le territoire de Bologne.

Gæsa rotis (v. 42). César, *Guerre des Gaules*, IV, 33, nous apprend que les Gaulois combattaient sous un char couvert. Ils couraient sur le timon, lançaient leurs flèches et rentraient ensuite, dès qu'ils apercevaient le moindre danger.

Jaculanti ut ab agmine (v. 43). Leçon de Lachmann.

ÉLÉGIE ONZIÈME.

CORNELIA. Livia Scribonia avait épousé successivement deux consulaires, un Cornélius Scipion et Tibérius Néron, avant d'appartenir à Auguste. De son premier mariage était issue Cornélie. L'empereur la donna à L. Émilius Paulus, dont il avait proscrit le père pendant son triumvirat, et qui fut successivement consul et censeur. Cornélie fut enlevée par une mort prématurée, en 738.

Immatura licet, tamen.... (v. 17). C'était une croyance des anciens, qu'une mort prématurée était la punition de quelque crime. On en trouve dans plusieurs auteurs des monumens nombreux.

Pila (v. 20). Chez les Romains, on tirait au sort les juges qui devaient connaître d'une affaire. Cornélie demande donc que l'on hâte son jugement, puisqu'il doit lui être favorable.

Numantinos (v. 30). Un Scipion vainquit Annibal; un autre Scipion détruisit Carthage et Numance.

Libones (v. 31). C'était le surnom de la famille Scribonia.

Vitta (v. 34). Les femmes portaient la coiffure droite (IV, 3, 16), et les jeunes filles la portaient penchée.

Uni (v. 36). Il y avait pour les femmes, chez les anciens, une espèce de déshonneur à se marier une seconde fois. La mère de Cornélie n'en eut pas moins trois époux.

Quique (v. 40). Émilius Paulus comptait, parmi ses aïeux, le fameux Paul-Émile, qui soumit la Macédoine à l'empire romain.

Claudia (v. 52). On amenait de Pessinunte à Rome la statue de Cybèle; mais le vaisseau était arrêté dans les sables du Tibre. La vestale Claudia, soupçonnée d'avoir violé ses vœux, pria la déesse de la suivre, si elle était pure. En même temps elle tira, avec sa ceinture, le vaisseau que des milliers de bras, dit-on, ne pouvaient même remuer.

Cui (v. 53). La vestale Émilia avait laissé éteindre le feu sacré, ce qui était un crime capital. Elle déchira sa robe et la jeta sur l'autel, où elle s'enflamma aussitôt, et la vie d'Émilia fut sauvée.

Sororem (v. 59). Émilia était sœur de mère avec la fameuse Julie, fille d'Auguste.

Vestis (v. 61). Une loi, du temps de l'empire (Dion, LV), permettait un vêtement particulier aux femmes qui avaient eu trois enfans.

Fratrem (v. 65). P. Cornélius Scipion fut édile et censeur, et obtint le consulat en 738.

Consul quo factus tempore (v. 66). Correction heureuse de Lachmann. On lisait avant lui : « *Consule quo facto* tempore r. s. »

Mutarit janua lectum (v. 85). Quand on se remariait, on avait soin d'ôter et de changer le lit des premières noces, et généralement tous les meubles qui avaient servi à l'époux défunt. *Adversum* indique la place de cette couche nuptiale, consacrée ordinairement au *génie*, et il ne signifie pas *odieux*, comme le disent quelques commentateurs.

FIN.

TABLE

DES MATIÈRES.

                                                         Pages.

Notice sur Properce.................................... j
ÉLÉGIES. — Livre Ier............................... 3
           Livre II............................... 65
           Livre III.............................. 181
           Livre IV.............................. 271
Notes du livre Ier............................... 346
       du livre II.............................. 369
       du livre III............................. 416
       du livre IV............................. 444

ICONOGRAPHIE
DE LA
BIBLIOTHÈQUE
LATINE-FRANÇAISE

PUBLIÉE

PAR C. L. F. PANCKOUCKE

CHEVALIER DE LA LÉGION D'HONNEUR

CONDITIONS DE LA SOUSCRIPTION.

La collection de l'*Iconographie* sera composée de VINGT-QUATRE bustes, avec les médailles doubles, coloriées en or, en argent et en bronze.

Ces vingt-quatre portraits seront divisés en *six* livraisons; il paraîtra une livraison, composée de quatre planches, tous les deux ou trois mois.

Le prix est fixé à CINQ francs la livraison de quatre portraits. Ce prix, si peu élevé, ne sera accordé qu'aux Souscripteurs de la *Bibliothèque Latine-Française*; tout autre souscripteur paiera un prix double.

Livraison.

CLAUDE
Avec une médaille en bronze.

NÉRON
Avec une médaille en bronze.

MESSALINE
Avec une médaille en bronze.

AGRIPPINE
Avec une médaille en or.

Ces médailles, par leur parfait coloriage à reflets métalliques, imitent exactement le bronze, l'argent et l'or des médailles antiques.

www.ingramcontent.com/pod-product-compliance
Lightning Source LLC
Chambersburg PA
CBHW050254230426
43664CB00012B/1945